COLLECTION FOLIO

Frédéric Roux

Alias Ali

ÉDITION AUGMENTÉE

Gallimard

Pour l'écriture de ce roman, l'auteur a bénéficié en 2008 d'une mission Stendhal aux États-Unis financée par l'Institut français.

Les paroles de chansons sont reproduites avec l'aimable autorisation de Warner Chappell Music France (*Night Train*, de Jimmy Forrest, page 126 et *Got my Mojo Working*, de Muddy Waters, page 391); Hal Leonard Corporation (*Stand by Me*, de Ben E. King, page 266) et EMI Music France (*You Were Made for Me*, de Sam Cooke, page 525, et *Help Me Make it Through the Night*, de Kris Kristofferson, page 655).

Stand by Me Words and Music by Jerry Leiber, Mike Stoller and Ben E. King Copyright © 1961 Sony/ATV Music Publishing LLC Copyright Renewed
All Rights Administrated by Sony/ATV Music Publishing LLC, 8 Music Square West, Nashville, TN 37203
International Copyright Secured All Rights Reserved
Reprinted by Permission of Hal Leonard Corporation

Night Train *(Jimmy Forrest/Oscar Washington/Lewis Simpkins)* © Frederick Music Co
Droits exclusifs pour la France : Warner Chappell Music France
Code œuvre : WW001043747

Got my Mojo Working *(Preston Foster)* © Dare Music Inc.
Droits exclusifs pour la France : Warner Chappell Music France
Code œuvre : WW001300799

© Librairie Arthème Fayard, 2013.

Frédéric Roux, artiste sous différents pseudonymes, a publié une quinzaine de livres chez une douzaine d'éditeurs. *L'hiver indien* (Grasset) a été classé dans les 20 meilleurs livres de l'année 2007 par *Le Point* ; le dernier, *Alias Ali*, a reçu le prix France Culture-*Télérama* 2013.

> Je m'appelle comment ? Alors, comment je m'appelle ?
>
> MUHAMMAD ALI

À la mémoire de Sonji Roi

1

Moi, je commence par le commencement.

Lloyd Hefner

Et le principal, tout le monde en est d'accord, c'est de commencer correctement.

Pelham Grenville Wodehouse

Que les choses puissent continuer d'être sans but, que les saisons suivent leur cours. Et, surtout, n'obligeons pas les choses à obéir à un plan.

Don DeLillo

Les autres font comme ils veulent… ils font naître Ali quand ils veulent, en 60, en 70 ou même en l'an 2000! Où ils veulent, à Miami, au Zaïre, à Manille ou aux Bahamas! Eh bien, que les journalistes sportifs et les diplômés des ateliers d'écriture avec leurs flash-backs téléphonés aillent se faire voir!

Lloyd Hefner

La première règle, quand on raconte une histoire, c'est de rendre parfaitement clair, dès le début, qui est qui, quand, où et pourquoi.

P.G. WODEHOUSE

Nos vies débutent par le chaos, par le bredouillement. En faisant irruption dans le monde, nous essayons de trouver une trame, une forme, un plan.

DON DELILLO

Il ne faut être ni en avance ni en retard sur le récit. Moi, je commence par le commencement : Cassius Marcellus Clay Jr est né à l'hôpital général de Louisville dans le Kentucky, le 17 janvier 1942 à 6 h 35, de Cassius Marcellus Clay Sr et d'Odessa Grady Clay. À sa naissance, il pesait trois kilos.

LLOYD HEFNER

Il était pas très noir. C'est vrai que, quand il est né, il était pas très noir, mais il était noir quand même, jamais il aurait pu passer pour un Blanc, jamais ! Même quand il est né ! Et puis, on était là, nous... son père et sa mère, et là d'où l'on venait. Cassius, il était peut-être pas très noir, mais il était noir quand même. Moi, ça m'était égal, il aurait bien pu être vert ou bleu ou même blanc, ça m'était égal, je suis sa mère et Cassius, c'était le plus joli enfant du monde. Il a toujours été noir, il a toujours été beau, toujours ! Personne a jamais pu dire le contraire, jamais !

ODESSA CLAY

Quand il est né, il était sacrément balèze, il avait des muscles, c'était pas un truc tout mou qui pleure et qui bave, non ! Il avait des muscles, des muscles et une grosse tête. On aurait dit Joe Louis, il avait la même couleur que Joe et que sa mère. Il était sacrément pâle, sacrément pâle et sacrément balèze.

CASSIUS MARCELLUS CLAY SR

C'était un bébé spécial... il a marché à dix mois ! Il a mangé tout seul très tôt. Il était debout à cinq heures du matin. Il voulait que personne l'habille, il adorait son biberon, il adorait l'eau, il grimpait dans l'évier pour jouer avec. Il s'amusait pas avec ses jouets, il faisait du tambour sur tout ce qui lui tombait sous la main. Il était chou ! Il a toujours été grand pour son âge, il a toujours aimé jouer avec des enfants plus âgés que lui et être le chef. Il avait peur de rien, sauf d'un bout de fourrure qui le terrorisait, c'était le seul moyen de le faire tenir tranquille. Quand il a grandi, il est resté spécial... après, quand il est devenu champion, tout le monde l'a trouvé spécial. J'ai jamais compris pourquoi Dieu m'avait choisie pour être sa mère !

ODESSA CLAY

Qui est son père, demandai-je, et qui sa mère ?

PLATON

Son père, il était comme tous les hommes, les bébés, c'était pas son affaire ! J'ai pas dit que c'était un mauvais père. Il gagnait bien sa vie... enfin, pas trop mal. Il peignait des enseignes, et du travail, il en a toujours eu. Il était connu pour ça... il travaillait bien, vite et bien. Il aurait voulu faire autre chose, ça c'est sûr, il aurait voulu être artiste ! Il était doué, il peignait bien, des portraits, des paysages, un peu de tout, mais personne voulait lui donner des choses de ce genre à faire. Y avait pas trop d'artistes noirs à Louisville, ils étaient tous blancs.

ODESSA CLAY

J'aurais peint *La Joconde*, je l'aurais rendue plus vivante. Avec un pinceau et des couleurs, je savais tout faire, et tout ce qu'on me donnait à faire, c'était des enseignes : « King Karl, le roi du meuble bon marché », « Joyce's, coiffeur pour dames », « Docteur Harris, accouchements et maladies vénériennes »... Market Street, Dumesnil Street... dans toute la ville, les enseignes les mieux peintes, c'est moi qui les ai peintes. J'étais bien payé pour ça... encore heureux ! Vingt-cinq dollars par jour et un poulet ! Pas de quoi se retrouver millionnaire, mais suffisamment pour élever sa famille et aller boire un coup à la fin de la semaine.

CASSIUS MARCELLUS CLAY SR

Quand son fils est devenu célèbre, Senior invitait souvent les journalistes à faire un tour en ville pour leur montrer ces fameuses enseignes. On aurait dit Mies van der Rohe faisant visiter Chicago. Le chauffage de sa Cadillac décapotable 1961 était en panne, l'aiguille du compteur tournait dans le vide, l'allume-cigare ne marchait pas et le Klaxon se déclenchait quand Senior prenait un virage, le sol était couvert de mégots et Senior éteignait ses clopes dans la boîte à gants.

JACK OLSEN

J'suis le père qu'il lui fallait... j'suis pas stupide comme la plupart des pères.

CASSIUS MARCELLUS CLAY SR

Cash aimait bien s'en jeter un de temps en temps. Pas seulement de temps en temps, d'ailleurs, Cash aimait bien boire, un point c'est tout... Faut bien le dire ! C'était pas le genre de type à rouler par terre ni à passer ses journées assis sur un tabouret de bar à raconter des conneries au barman, mais je l'ai vu soûl plus d'une fois. Quand il était pas trop soûl, il était plutôt marrant, il chantait des chansons de Nat King Cole, de Bing Crosby... il chantait pas mal, une jolie voix de baryton... il aurait pu être chanteur. Il aurait pu être tout un tas de trucs, il était doué un peu pour tout... peut-être pas Michel-Ange comme il disait, mais bon... il aurait pu être quelque chose de mieux qu'un peintre d'enseignes qui s'en prend une bonne le samedi soir.

Thomas Catskill

Deux ou trois fois, les collègues sont intervenus chez monsieur et madame Clay. C'est madame Odessa Clay qui les avait appelés... d'après ses dires, son mari, monsieur Clay, la menaçait. Je sais pas exactement s'il la battait vraiment quand il avait bu un coup de trop, mais ce qui est sûr, c'est qu'il menaçait de le faire et que madame Clay prenait la menace suffisamment au sérieux pour nous appeler. Il a bien dû se battre aussi plus souvent qu'à son tour, mais j'en ai pas trop entendu parler, je m'occupais pas de ça, j'avais d'autres choses à fabriquer. C'était pas un terrible ivrogne ni un terrible bagarreur... C'était pas un ange, mais pas le type à problèmes non plus, il était dans la moyenne, l'honnête moyenne. Sa spécialité, d'après ce que je me suis laissé dire, c'était plutôt les femmes. C'est drôle, Cassius était drôlement timide avec les filles du temps que je l'ai connu, alors que son père, on pouvait pas dire qu'il était timide… il l'était pas assez.

Joe Martin

Quand il avait trop bu, ça devenait emmerdant, il était agressif… vraiment agressif ! Y a des types comme ça qui ont l'alcool mauvais et Cash faisait partie de ce genre de types. Comme il était chambreur en plus, des fois, ça finissait mal, des fois, les types en face appréciaient pas vraiment ses vannes, et ça finissait mal. Je suis pas sûr non plus que sa femme y ait pas eu droit de temps en temps. Je crois pas qu'il ait jamais frappé ses enfants, c'était pas trop ce genre, mais Odessa, j'en mettrais pas ma main au feu, elle a dû y avoir droit… Dans ces moments-là, sa frustration ressortait… qu'il était un grand peintre et tout ça. Le plus grand ! Ça m'a toujours fait drôle quand j'ai entendu Cassius brailler dans les micros qu'il était le plus grand, celui que j'ai toujours entendu le dire, longtemps avant lui, eh bien, c'était son père !

Thomas Catskill

Je suis le vrai coq de ce pâté de maisons, le plus terrible, le pire bagarreur ! Je suis un type *génial*. Vous feriez mieux de vous en souvenir, bande d'enfoirés !

Norman Mailer

La police faisait des rondes sur Grand Street. Une nuit, devant la maison des Clay, les flics ont trouvé Odessa en pétard, Cassius avait une estafilade sur la joue. Il saignait. Le gosse a raconté qu'il était tombé sur une bouteille de lait. Une autre fois, Rudy sera obligé d'aller vivre quelque temps chez des parents après s'être interposé entre son père et sa mère.

MARK KRAM

J'ai jamais passé une nuit en prison.

CASSIUS MARCELLUS CLAY SR

En tout et pour tout, je crois que la police a arrêté monsieur Clay une petite dizaine de fois. Quatre fois pour conduite dangereuse, deux fois pour troubles à l'ordre public et deux fois pour coups et blessures. Dans le coin de Louisville où il habitait, le West End, c'est une bonne moyenne.

JOE MARTIN

Jeune, Odessa était très jolie. Elle a grossi quand elle a eu les enfants, elle avait le tempérament à grossir et puis elle était gourmande, mais elle était très jolie. Pas très noire, pas noire du tout même. Je sais plus si sa mère ou sa grand-mère avait eu un enfant avec un Blanc, mais le Blanc n'était pas très loin chez elle. Senior était pas mal non plus dans son genre… le genre Ike Turner, si vous voyez ce que je veux dire ! Un beau mec, le genre de mec qu'il faut pas laisser approcher de sa femme si l'on veut pas la voir cavaler. C'est un peu normal, hein ? que Cassius ait été joli garçon lui aussi. Il nous l'a assez seriné qu'il était joli. Chaque fois que je l'entendais hurler ça dans le poste : « Je suis joli, je suis le plus joli ! Regardez comme je suis joli ! », j'avais envie de lui dire : « Évidemment que t'es joli, avec la mère que t'as ! »

DOUG REED

Cassius, il a toujours voulu parler, même quand il savait pas. Je sais pas s'il a pas voulu parler aussitôt qu'il est né. G ! G ! G ! Je l'appelais comme ça, G.G. ! C'était un bébé vraiment formidable, tout le monde l'aimait, tout le monde aurait voulu un bébé comme lui. Je jouais des heures avec lui, je lui chantais des hymnes, je lui lisais la Bible. Rudolph Arnett est né deux ans plus tard, c'était un joli bébé aussi, mais il était plus calme. À dix-huit mois, sans faire exprès, Cassius m'a donné un coup de poing... pas méchamment, mais n'empêche... il m'a déchaussé une dent. J'ai pas été chez le dentiste, ça coûtait trop cher et puis je me suis dit qu'elle finirait bien par s'arrêter de bouger, mais elle a pas arrêté et à la fin, quand j'ai été chez le dentiste, toutes mes dents de devant remuaient et j'ai dû me faire poser un bridge. Cassius m'avait déchaussé toutes les dents de devant avec ses petits poings. Je sais pas si c'était un signe de quoi que ce soit, mais c'était un bébé formidable, très bavard et très costaud aussi.

Odessa Clay

À Louisville, les Noirs à problèmes, c'était du côté de Snake Town qu'on les trouvait, à Snake Town, les types du genre de Cash étaient en prison. Les Noirs les plus riches habitaient California Area, les Clay habitaient le West End. Ils étaient dans l'honnête moyenne... pas trop riches, mais pas pauvres non plus. C'est sûr, ils n'étaient pas très riches, à l'époque à Louisville il n'y avait pas de Noirs vraiment riches, même ceux qui habitaient California Area n'étaient pas vraiment riches, il n'y avait pas de millionnaires chez eux, c'était des pasteurs, des toubibs, des commerçants, des entrepreneurs de pompes funèbres, ce genre-là... pas des millionnaires. Louisville, c'est essentiellement le bourbon et le tabac, et les propriétaires des grosses boîtes étaient tous blancs. Faut imaginer Louisville à l'époque, ça n'est pas le Sud profond, mais c'est le Sud quand même. Il y avait des cinémas pour les Blancs... le Brown, le Loew's, le Strand, le Kentucky, le Mary Anderson, où passaient les meilleurs films, le Lyric était pour les Noirs. Au Savoy, le théâtre, les Noirs étaient au balcon, Chickasaw Park était pour les Noirs, Shawnee Park était mixte. Les Noirs montaient à l'arrière des bus et les Blancs à l'avant comme dans le Tennessee ou en Alabama. Les magasins pour les Noirs étaient sur Walnut Street, entre la 5e et la 10e Rue. Les Noirs avaient le droit d'être clients chez Woolworth, chez Sears, chez Roebuck, mais ils n'avaient pas le droit de manger à la cafétéria, il y avait des fontaines pour les Noirs et d'autres pour les Blancs... En fait, les Noirs, dans les grands magasins, ils avaient surtout le droit de nettoyer les toilettes.

Coretta Bather

Mon mari gagnait bien sa vie, mais on avait des frais, la voiture, l'essence à mettre dedans, deux enfants et puis la maison. La maison était pas très grande, mais dans un quartier correct, sans histoires, et elle était à nous, on l'avait payée quatre mille cinq cents dollars. Les enfants mangeaient comme quatre, il y aurait eu que ce que ramenait mon mari, ç'aurait été juste, alors j'ai toujours travaillé, je faisais la cuisine et le ménage pour les Blancs d'Indian Hill ou de Mockingbird Valley. Ils disaient : « Odessa fait partie de la famille, Odessa fait partie de la famille ! » et ils me payaient quatre dollars par jour. Pas vraiment le Pérou, j'achetais pas toujours des vêtements neufs pour les enfants, mais ils étaient toujours bien habillés, quand ils partaient à l'école, ils avaient pas à avoir honte.

ODESSA CLAY

Le Kentucky, d'accord, c'est juste à la frontière, c'est la porte d'entrée en quelque sorte, mais à l'époque, aussitôt qu'il était question de race, c'était pas très différent du Sud profond.

BEVERLY EDWARDS

La ségrégation était partout, les parcs, les spectacles, tout... Le Shawnee Park était blanc... entièrement blanc... complètement blanc. Vous pouviez pas jouer au golf ou au tennis, quand un orchestre de rock noir jouait, les Blancs étaient devant et les Noirs derrière.

FRED STONER

L'apartheid régnait au Kentucky comme en Afrique du Sud.

MIKE MARQUSEE

La classe moyenne noire, la classe moyenne noire dans le Sud, ça n'est pas du tout la classe moyenne blanche. C'est très différent.

CHLOE ANTHONY WOFFORD
ALIAS TONI MORRISON

Les Blancs m'ont jamais donné ma chance, les Blancs donnaient jamais leur chance aux Noirs... pas plus à cette époque qu'à une autre. On travaillait pas dans les champs avec le contremaître et le fouet, mais les champs de tabac commençaient juste derrière la maison. Si j'avais pas été noir, j'aurais peut-être été le plus grand peintre fresquiste de tous les temps, mais ils m'ont pas donné ma chance ! Le plus grand, j'étais le plus grand, mais ils m'ont pas passé une seule commande. J'ai peint quelques fresques dans quelques églises, mais dans des églises noires. Quand Cassius, je sais pas quel âge il pouvait bien avoir, peut-être six ou sept ans, m'a demandé : « Pourquoi j'peux pas être riche ? », je lui ai dit : « Regarde, regarde mes mains, regarde tes mains. Tu vois leur couleur ? Voilà pourquoi tu peux pas être riche ! Apprends à peindre, apprends à dessiner des lettres... tes lettres... peut-être qu'un jour tu sauras peindre tes lettres à toi, dessiner des lettres aussi bien que moi. Si tu vaux pas mieux que ça, tu vaux au moins ça et ton amour propre sera sauf. »

CASSIUS MARCELLUS CLAY SR

Il faisait souvent le même rêve, un petit bonhomme posait une couronne sur sa tête. Tu es sacré roi, alors ? je lui demandais. Roi de quoi ? Et il me répondait : « Roi du monde, Bird ! Du monde entier ! »

ODESSA CLAY

Louisville à l'époque était séparée en deux par un mur... peut-être pas tout à fait un mur, un rideau si vous voulez ! D'un côté du rideau tout était blanc, de mon côté, tout était noir. Il y avait deux Louisville et deux Amérique et l'on pouvait pas oublier à quelle Amérique on appartenait. Je savais ce qu'il fallait que je fasse et ce que je pouvais faire, les gens à qui je pouvais parler et même ce que je devais penser. Je savais ce qu'il fallait que je sache, j'étais un nègre.

BLYDEN JACKSON

Cassius a jamais supporté l'injustice... même petit ! Il comprenait pas pourquoi l'épicier était blanc, pourquoi le docteur était blanc, pourquoi le juge était blanc, pourquoi Jim Crow était toujours vivant. Un jour, j'ai demandé un verre d'eau pour lui à la cafétéria de chez Woolworth, il faisait très chaud, il avait très soif, il pleurait. L'employé m'a répondu : « J'peux pas vous servir, Ma'm. Vous le savez, si je vous sers, je perds ma place. » G.G. m'a dit : « Mais, il était noir, Bird ! » J'ai pas su quoi lui répondre. À sa place, à la place du serveur, j'aurais fait la même chose.

ODESSA CLAY

Il avait peur du noir... il a jamais pu dormir sans une lampe allumée.

CASSIUS MARCELLUS CLAY SR

Cash admirait Marcus Garvey, il n'a jamais fait partie de son organisation, mais il admirait Garvey. Il était un peu mythomane aussi, il lui arrivait de raconter que, dans une autre vie, il avait été un cheik arabe ou un maharadjah.

DOUG REED

Il n'adhérait pas à l'idée du retour en Afrique de Garvey.

HOWARD BINGHAM & MAX WALLACE

Tout le monde raconte des histoires. La jolie petite famille de gentils nègres méritants avec leur petite maison, 3302 Grand Avenue, les quatre marches en ciment qui mènent au porche, l'orme dans l'arrière-cour, et tous les clichés qui vont avec. La vérité, c'est que Cash était un sacré connard, toujours à se foutre de la gueule des uns et des autres. C'était un braillard, un prétentieux et un sacré connard ! Tout ce à quoi il pensait, c'était baiser tout ce qui passait. Il était bon qu'à ça... baiser la femme du voisin ! Cassius a dû prendre autant de coups à la maison qu'il en a pris sur le ring, j'en suis presque sûr. Cash, y avait que sa bite qui l'intéressait, sa bite et la chatte de la femme du voisin. Ses fils l'intéressaient pas plus que ça, il a jamais été voir un seul combat de Cassius quand Cassius boxait chez les amateurs. Pas un seul, et Cassius a dû en faire une centaine. Il a commencé à s'intéresser à lui quand il a signé chez les pros... quand le pognon a commencé à tomber. Rudy ? n'en parlons pas ! Je sais même pas s'il le considérait comme son fils... Les deux gosses, ils ont trinqué, mais celle que je plains le plus dans l'histoire, c'est Odessa parce qu'Odessa, c'était vraiment une brave femme.

JAY HUBERMAN

Une rue bordée d'arbres où chaque maison de bois avait son perron de briques rouges surmonté d'un toit terminé en auvent et son jardin grand comme un mouchoir de poche, délimité par des haies basses.

PHILIP ROTH

Sur les poteaux de téléphone, partout en ville, il y a des affichettes dessinées à la main, qui décrivent des chats et des chiens perdus. L'écriture est parfois celle d'un enfant.

DON DELILLO

Le seul problème qu'on avait avec les Blancs, c'est quand on marchait dans la mauvaise rue. Si on faisait ça, les Blancs nous demandaient : « Hey les négros, qu'est-ce que vous foutez là ? »

Rudolph Arnett, « Rudolf Valentino »,
« Rudy » Clay alias Rahaman Ali

Cassius n'a jamais manqué de rien, jamais il n'a sauté de repas. Des fois, il aidait son père, quelquefois, il faisait le ménage à la bibliothèque du collège Nazareth. Bon, je ne suis pas sûr que quand il courait derrière le bus, soi-disant pour s'entraîner, ce n'était pas pour économiser le prix du billet, mais Cassius n'a jamais manqué de rien.

Lamont Johnson

J'aime bien boire un verre de temps en temps… un verre ou deux… plutôt trois.

Cassius Marcellus Clay Sr

Un soir, Cash est rentré dans ma boutique couvert de sang. « Qu'est-ce qui t'arrive ? je lui ai demandé. — J'ai pris un coup de couteau, il m'a dit. — Qui t'a fait ça ? je lui ai demandé. — Une folle, il m'a dit. — Tu veux que je t'amène à l'hosto ? je lui ai demandé. — Laisse tomber, Junior, il m'a dit. Fais ce qu'on fait dans les westerns, refile-moi un petit whisky et nettoie ma plaie avec… Ça ira comme ça ! »

John « Junior Pal » Powell

Ces histoires avec les Blancs, ces histoires de Cassius avec les Blancs, c'est un peu n'importe quoi. Cassius n'est pas très noir et sa mère était presque blanche. Un de ses grands-pères, Tom Moorehead, était le fils d'un Blanc et d'une esclave qui s'appelait Dinah, son autre grand-père, Abe Grady, était carrément blanc, c'était un immigré irlandais, un de ses fils a épousé une Noire et il a eu Odessa avec elle.

Jake « Sunny » Meremount

Odessa avait douze chats et des taches de rousseur.

Sharon Robinson

Le pire, c'est que son nom : Cassius Clay, était celui d'un abolitionniste célèbre... Cassius Clay ! Ce Cassius Clay-là mesurait deux mètres et des poussières, après avoir servi dans l'armée pendant la guerre contre le Mexique, il a libéré les quarante esclaves de White Hall, sa plantation de Foxtown dans le comté de Madison. Il éditait une gazette à Lexington, *The True American*, qui plaidait la cause de l'anti-esclavagisme. Il s'est même battu pour ça, c'était un géant, une personnalité hors du commun, une force de la nature, à quatre-vingt-quatre ans, il a épousé une fille de quinze ans !

Mickey Kagan

Lorsqu'il a été menacé de mort pour ses opinions s'il mettait les pieds à Stanford, Clay s'est rendu au Palais de justice de la ville, il est monté à la tribune pour dire : « J'ai ça pour ceux qui respectent les lois divines » et il a brandi sa Bible ; « J'ai ça pour ceux qui respectent les lois » et il a montré un exemplaire de la Constitution ; « Et pour ceux qui ne croient ni aux unes ni aux autres, j'ai ça » et il a posé devant lui deux pistolets et un Bowie Knife.

JACK OLSEN

Ce n'est pas une légende, Henry Clay était l'arrière-arrière-grand-père de Cassius.

MARY CLAY TURNER

Ali est le petit-fils d'un esclave.

JOYCE CAROL OATES

Ali est un descendant d'esclaves.

HOWARD WILLIAM COHEN
ALIAS HOWARD COSELL

Il n'y a pas de doutes, nous avons des ancêtres blancs, mais ça me concerne pas vraiment. Ce sont des choses qui arrivent.

EVA CLAY WADDELL

On a beau dire ce qu'on voudra, en fait, les Noirs et les Blancs de ce pays sont liés les uns aux autres. Ils sont tous cousins et pas des cousins éloignés. La moitié des familles noires du Sud sont liées aux juges, aux avocats et aux familles blanches du Sud.

WILLIAM BALDWIN

Clay a intoxiqué tout le monde. Il est né en 42, quelque temps après Pearl Harbor, dans une famille sans histoires. Ses parents travaillaient tous les deux, ils avaient leur maison à eux, ils n'ont eu que deux enfants, Rudy et lui, pas une ribambelle de moutards en guenilles qui crient famine, Cassius a toujours mangé à sa faim. Jack Dempsey était le neuvième d'une famille de treize, Joe Louis était le septième enfant d'une famille de métayers, Rocky Marciano avait six frères et sœurs, Floyd Patterson était le troisième d'une famille de onze enfants, il avait été arrêté trente ou quarante fois alors qu'il n'avait qu'une dizaine d'années, Sonny Liston était le vingt-deuxième enfant d'un ouvrier agricole qui lui tannait le dos jusqu'au sang, Joe Frazier était le douzième enfant d'une portée de treize, il a commencé à travailler à six ou sept ans, George Foreman était le cinquième d'une famille de sept enfants et son père le battait comme plâtre. Ali a eu beau jeu de se faire passer pour une victime, mais la plupart de ses prédécesseurs, la plupart de ses adversaires, ont eu une enfance bien plus difficile que la sienne, ils ont tous été des victimes bien davantage qu'il n'en a été une, sans compter qu'ils étaient tous beaucoup plus noirs que lui.

Jack Cashill

J'en ai marre de traiter chaque Noir qui déconne avec des égards dus aux femmes enceintes.

Roman Kacew alias Romain Gary

Ali ne vient pas de la classe moyenne, c'est un mythe, il vient de la classe ouvrière.

Mike Marqusee

Cette histoire de vélo, c'est un peu le début de la légende... la même histoire qu'Adam et Ève ou Romulus et Rémus... un mythe fondateur! Tout le monde l'a racontée mille et une fois et tout le monde l'a entendue davantage encore… comme la médaille jetée dans l'Ohio, le gant déchiré… comme la pommade dans les yeux… le Vietnam… « *Ali, bomayé !* » Il était parti se balader avec un de ses copains, Johnny Willis, son père lui avait acheté un Schwimm rouge avec des pneus à flancs blancs, soixante dollars, le genre de vélo qui est fait pour frimer autant que pour rouler ! Il s'est mis à pleuvoir, ils se sont réfugiés à l'auditorium Columbia et puis ils ont été se taper du pop-corn au Louisville Home Show et quand ils sont ressortis, le vélo s'était envolé !

Mickey Kagan

Cash lui avait offert un nouveau vélo pour Noël. Comme ça, il pouvait aller à l'école en vélo. C'était pas un mauvais calcul pour économiser le bus de ramassage et ce couillon se le fait piquer à la foire. Il devait pas flamber quand il a annoncé la nouvelle à Cash. À quelque chose malheur est bon, comme on dit, s'il s'était pas fait piquer sa bécane, il aurait peut-être jamais fait de boxe de sa vie… il serait entrepreneur de pompes funèbres ou disc-jockey.

Jay Huberman

Il pleurait comme une madeleine, je pouvais pas faire grand-chose pour lui de toute manière… j'ai enregistré sa plainte mais, cinq minutes après être rentré dans le gymnase, il pleurait plus. Il a tout regardé, les gars qui s'entraînaient, les sacs, les punching-balls. Ça avait l'air de lui plaire vraiment, alors, à tout hasard, je lui ai donné un formulaire d'inscription.

Joe Martin

Ses collègues appelaient Joe Martin « Sergent », mais c'était pour rigoler, en vingt-cinq ans de carrière, il avait pas trouvé le moyen de passer sergent, il est jamais passé sergent, il a même pas essayé, il relevait les parcmètres. Avec sa solde et les à-côtés, il gagnait bien sa vie, il animait un programme télé local, *Tomorrow's Champions*, tous les ans il partait en vacances en Floride en Cadillac.

MICKEY KAGAN

La salle de Joe était en face du collège Nazareth où Cassius travaillait de temps en temps, les séances avaient lieu tous les jours de six à huit.

DOUG REED

Il hurlait qu'il tannerait le cuir de celui qui lui avait piqué son vélo. « Tu sais te battre ? je lui ai demandé. — Non, non ! Mais je le battrai quand même ! il m'a répondu. — Vaudrait mieux que tu viennes apprendre d'abord, on sait jamais », je lui ai dit.

JOE MARTIN

Cassius avait douze ans à l'époque, il devait peser cinquante kilos tout mouillé, il avait jamais fait beaucoup de sport, il aimait pas réellement ça, mais la boxe lui a tout de suite plu. C'est le genre de choses qui se commandent pas, hein ?

ROSCOE WEBB

Les odeurs de ce monde sont aigres et âcres, celles de la sueur et du liniment mêlées et de tant et tant de corps qui se sont habillés et déshabillés dans des vestiaires qui sentent le renfermé. Les bruits de ce monde sont nombreux et variés, mais ils finissent par faire comme une musique dans votre tête. Le rythme du punching-ball comme une mitraillette qui s'enraye parfois et celui des autres qui font contre-point, le bruit sourd des coups dans le sac, le staccato des cordes à sauter sur le sol, la cloche, le raclement des chaussures de sport sur le tapis du ring, la respiration courte des boxeurs au travers de leur cloison nasale déviée, les conversations des uns et des autres, les coups de gueule de l'entraîneur, le bruit des gants, celui des coups, le brouhaha.

SEYMOUR WILSON SCHULBERG
ALIAS BUDD SCHULBERG

Au début, il était pas plus mauvais que les autres, mais pas meilleur non plus, il savait pas la différence entre un crochet du gauche et un coup de pied au cul. Il était pas plus doué que n'importe qui.

JOE MARTIN

Souvent, il me demandait de lui jeter des cailloux. « T'es malade ? », je lui demandais, mais il insistait. J'ai jamais pu le toucher. Quand on jouait au football, il était difficile à choper, il était trop rapide pour ça. Par contre, il aimait pas y jouer, il trouvait ça trop brute, il préférait jouer aux billes ou lire la Bible avec Bird.

RAHAMAN ALI

Les premiers combats de Cassius, il les a pas faits au Columbia Gym, mais derrière mon épicerie. Je laissais toujours traîner dans la cour une vieille paire de gants récupérée à la YMCA et les gosses venaient boxer vers sept heures du soir. Personne a jamais pu coincer Cassius. On voyait que ce serait un champion.

Leonard Tucker

Le foot, le basket, il faut faire des études, Cassius le savait, il était pas doué à l'école, il aurait jamais pu aller à l'université, la boxe c'était parfait pour lui.

Roscoe Webb

À l'école, il n'était pas très brillant, ce n'était pas vraiment un cancre, mais il n'était pas doué pour les études. C'était un élève agréable, très ouvert, très sympathique, ses copains l'aimaient beaucoup, ses profs aussi, mais il n'était pas très brillant. En rien.

Sharon Robinson

Il parlait tout le temps, tout le temps. Un jour, je l'ai retrouvé en train de faire la leçon à cinquante gosses sur le porche de la maison. Cinquante gosses et il y avait que lui qui parlait. Les autres, les cinquante autres, ils écoutaient.

Cassius Marcellus Clay Sr

Il a toujours voulu être le chef. Quand Rudy est né, c'était SON bébé... fallait pas battre son bébé !

Odessa Clay

Rudolph était un gosse bizarre. Tout le temps en train de se battre. Se battre, pleurer, se battre, pleurer, il ne faisait que ça, mais il y a une chose à porter à son crédit, quand les choses tournaient vraiment mal, il avait le courage de tenir tête à son père. Une fois, il s'est même battu avec lui, il a été obligé d'aller passer deux ou trois jours chez des parents le temps que ça se tasse.

NATHAN EADS

Rudy était toujours dans mes jupes.

ODESSA CLAY

C'était le fi-fils à sa maman.

CASSIUS MARCELLUS CLAY SR

Cassius et Rudolph étaient inséparables et Cassius a toujours protégé Rudy.

EVA WADELL

Pour son premier combat, Cassius a rencontré un autre gamin de son âge. Ronnie O'Keefe, trois reprises d'une minute avec des gants de quatorze onces. Ils se sont battus comme des chiffonniers, Cassius a donné quelques coups de plus qu'O'Keefe et a été déclaré vainqueur. Vous le croyez si vous le voulez, mais après ça il disait à tous ceux qui voulaient l'entendre qu'il serait le meilleur boxeur de tous les temps… le plus grand de tous !

ROSCOE WEBB

À l'école, il rêvassait, il faisait pas grand-chose, mais une chose est sûre, à partir du moment où il a commencé la boxe, il a travaillé pour ça d'une manière incroyable. Le matin, il se levait deux heures à l'avance pour faire son footing. Tous les jours il était au gymnase. Premier arrivé, dernier parti.

ROSS PRINE

La plupart du temps, il s'entraînait chez Joe Martin qui était blanc, mais de temps en temps il allait s'entraîner chez Fred Stoner qui était noir.

JAY HUBERMAN

Pendant les inter-cours, il boxait. Aussitôt qu'il avait un moment de libre, il boxait. Quand il boxait pas, il courait. Il fumait pas, il a jamais fumé. Il buvait du lait. Il disait que les sodas étaient un vrai poison, pire encore que les cigarettes. Il était debout quand le soleil se levait, quand le soleil se couchait, il dormait déjà. Il courait dans Chickasaw Park en chaussures de chantier. Il avait toujours une bouteille d'eau à portée de la main avec de l'ail trempé dedans. Il disait que cette mixture donnait la forme, faisait baisser la tension et qu'elle était bonne pour le cœur. Le matin, il buvait du lait et mangeait deux œufs durs. À douze ans, il s'entraînait comme un pro.

ROSS PRINE

Quand il parlait de son corps, il en parlait comme d'un temple.

BEVERLY EDWARDS

Il se battait jamais. Jamais il s'est battu en dehors du ring. Jamais de la vie. Jamais de toute sa vie.

ROSCOE WEBB

Il était rapide, très rapide, mais sa principale qualité, c'était le courage, et encore plus que ça, le sang-froid. Quand il était sonné, quand il était en difficulté, il paniquait jamais. Il oubliait jamais sa boxe.

JOE MARTIN

Il se levait à quatre ou cinq heures du mat' pour faire son footing. Tout ce à quoi il pensait, c'était la boxe. Tout ce qu'il voulait, c'était courir, s'entraîner et mettre les gants. Il restait à la salle tant qu'il y avait quelqu'un. Il partait toujours le dernier.

JIMMY ELLIS

S'il était toujours fourré à la salle, c'est qu'il était terrorisé par son père ! Il avait peur de tout : des fantômes, de la violence, du sang... le sang lui donnait envie de vomir.

JOE MARTIN

Avec ces histoires de restaurants interdits aux Noirs, quand j'amenais les garçons à Chicago, Indianapolis ou Toledo, je prenais des hamburgers avec moi dans la voiture, je les ai jamais exposés à se faire refouler. À l'époque, on avait une Ford Station Wagon... c'est moi qui conduisais quand les combats avaient pas lieu à Louisville. Cassius était très poli, très bien élevé, très obéissant, quand on lui demandait quelque chose, il le faisait. C'était un garçon très gentil. Les autres cherchaient toujours quelles bêtises ils pouvaient faire, ils sifflaient les filles, le genre de choses de leur âge. Cassius était pas comme eux, il se baladait toujours avec sa Bible et il la lisait quand les autres chahutaient.

CHRISTINE MARTIN

Pas une seule petite amie, jamais... y avait que la boxe qui comptait pour lui.

ODESSA CLAY

Il était poli, très mûr pour son âge et bien élevé. Il avait la douceur de sa mère. Je crois qu'il avait du goût pour les belles choses. Je l'ai encouragé à lire, mais s'il est venu à la poésie, c'est plus par osmose que grâce à ses lectures. Il devait balayer le lino, ranger ce qui traînait, mais il ne faisait pas grand-chose. Un jour, je l'ai retrouvé qui dormait sur un coin de table. Plus tard, on a installé une petite plaque : « Cassius Clay a dormi ici. »

SŒUR JAMES ELLEN HUFF

Toutes les filles étaient folles de lui, on voulait toutes sortir avec lui, mais il était incroyablement timide. Je suis la première fille avec laquelle il est sorti. Pendant trois mois, il m'a parlé de Floyd Patterson, la seule chose un peu perso qu'il ait réussi à me dire, c'est qu'il aimait bien ma nouvelle coiffure. À l'époque, je m'étais fait couper les cheveux comme Dorothy Dandridge dans *Carmen Jones*, c'était la dernière mode. Au bout de trois semaines à me parler de Floyd Patterson, il m'a demandé s'il pouvait m'embrasser... Il savait pas comment faire, c'est moi qui lui ai expliqué, c'est moi qui lui ai appris. Eh bien, je l'ai embrassé, et lui... il s'est évanoui !

AREATHA SWINT

Cassius Clay était le chouchou du collège. Quelquefois, quand il participait à un tournoi, il ne venait pas en classe. On adaptait le collège à ses activités sportives. Il n'a rien appris parce que rien ne l'intéressait en dehors de la boxe. On lui a donné son diplôme, on aurait plutôt dû lui remettre un certificat de présence.

JESSIE CARDIFF

Les profs n'étaient pas d'accord pour lui donner son diplôme de fin d'études. Moi, j'ai toujours cru en lui, j'ai toujours cru qu'il deviendrait ce qu'il avait décidé d'être, le champion du monde toutes catégories. Vu l'acharnement qu'il y mettait, je n'avais aucun doute à ce sujet, ce n'était pas possible autrement. Quand je le croisais dans les couloirs, je disais aux autres élèves : « C'est Cassius Clay, le prochain champion du monde poids lourd ! » C'est moi qui ai dit à ses profs : « Vous croyez peut-être pas que je vais me contenter d'être le proviseur célèbre pour avoir refusé son diplôme de fin d'études à Cassius Clay ! On aura tous l'air malin quand il aura gagné en un seul soir ce que nous tous réunis ne gagnons pas en une année... Ce n'est pas dans mon école qu'il échouera, ce n'est pas vous qui le ferez échouer. »

ATWOOD WILSON

Atwood Wilson, le proviseur, l'a toujours soutenu. On lui a donné son diplôme par protection... il était nul, complètement nul ! La dernière année, il a fini 376e sur 391, il avait 83 de Q.I., aux tests professionnels soixante-treize pour cent des élèves faisaient mieux que lui. Il était sympa, mais il était nul, complètement nul.

JESSIE CARDIFF

Au réfectoire, il lui fallait deux plateaux à lui tout seul pour trimballer son déjeuner... une montagne de sandwiches... six bouteilles de lait...

BEVERLY EDWARDS

J'ai été à l'école avec lui quand j'avais six ans et pour moi il était déjà le plus grand.

STEVEN TELLE

Aussitôt qu'il avait posé un pied dans les vestiaires, il devenait infernal. Fini la Bible, fini le gentil garçon bien poli. Quand il montait sur le ring, c'était pire, il arrêtait pas. Les garçons boxaient pas toujours devant un public énorme, mais ce que l'on entendait le plus souvent quand Cassius boxait, c'était : « Ferme-la ! »

Christine Martin

Quand je l'ai rencontré, j'avais vingt et un ans et j'avais déjà un gosse, lui, il avait même pas treize ans. Dans les vestiaires, il me tournait autour, il donnait des gauches dans le vide... Bam ! Bam ! Bam ! et il me disait : « Tu crois que tu peux arrêter celui-là ? Et celui-là, tu crois que tu peux l'arrêter ? » Sur le ring, j'en ai arrêté aucun.

George King

Il passait la tête dans le vestiaire de ses adversaires et il gueulait : « C'est auquel que je passe une trempe ? »

Roscoe Webb

Il a toujours fait ça, depuis le début, mais c'était pour se donner du courage.

Joe Martin

Il fallait être aveugle pour pas voir que ce type était doué. Plus il prenait de l'âge, meilleur il était. Il arrêtait pas de faire des progrès. La première fois que je l'ai vu boxer, il a été battu par Kent Green, un boxeur de Chicago beaucoup plus vieux que lui, eh bien, je suis sûr qu'un mois plus tard il l'aurait battu. Cassius ressemblait à un jeune poulain avec ses jambes minces, mais on voyait qu'il était doué. Sa classe crevait les yeux, je me souviens qu'après le combat j'avais dit à sa mère : « Dans ma vie, j'ai jamais vu quelqu'un comme votre fils, si je savais pas que vous étiez sa mère, je croirais que c'est un extra-terrestre. »

CHUCK BODAK

J'ai toujours eu tendance à arrêter mes boxeurs plus vite que les autres... j'aime pas voir mes garçons sonnés... Contre Green, Cass aurait pu continuer, mais il était touché, alors j'ai jeté l'éponge. Il avait seize ans, il avait arrêté un an parce que son docteur lui avait trouvé un souffle au cœur. J'ai préféré prendre aucun risque, de toute façon j'ai tendance à arrêter plus vite que les autres, j'aime pas voir mes boxeurs en difficulté. Il m'a dit qu'il aurait pu continuer, j'en suis sûr, Cass est le môme le plus vaillant que j'aie jamais connu, il était rapide, très rapide, c'est sûr, mais il était surtout incroyablement vaillant. Il était impossible à décourager, à quatorze ans il était prêt à faire tous les sacrifices possibles et imaginables pour y arriver.

JOE MARTIN

Je suis arbitre depuis 1943, la première fois que j'ai arbitré Cassius Clay, je savais pas qui c'était, je l'avais jamais vu boxer, mais il avait des réflexes exceptionnels. Personne pouvait le toucher. Il boxait déjà comme il a boxé plus tard, les mains en bas, pas de garde... mais personne pouvait le toucher, il était trop rapide.

BOB SURKEIN

Quand j'ai vu Ali pour la première fois, c'était à la télé et il a battu un copain à moi. C'est ce qui m'a poussé à faire de la boxe… je me suis dit : « Un jour, je battrai ce type ! » J'avais deux ans de plus que lui, on s'est rencontrés deux fois en amateurs. La première fois, il m'a battu… de justesse, mais il m'a battu. C'était ma première défaite. La deuxième fois, c'est moi qui ai gagné. C'est comme ça qu'on est devenus copains.

JIMMY ELLIS

Willie Moran l'a sonné. Moran frappait comme une mule… il est passé pro ensuite, il a rien fait d'ailleurs… une vingtaine de combats en poids welter avant d'arrêter les frais, il aimait pas trop s'entraîner. Willie l'a séché net. C'était la première fois que je voyais Cassius sonné à la salle. La première et la dernière ! Le lendemain, il mettait les gants avec Willie Moran et il lui passait une danse.

JOE MARTIN

J'ai rencontré Ali beaucoup plus tôt qu'on le pense d'habitude. La première fois, on s'est juste aperçus, j'accompagnais Willie Pastrano à Louisville pour son combat contre Johnny Holman, lui et Jimmy Ellis ont voulu nous voir, c'était deux très bons amateurs, mais moi, à l'époque, je m'intéressais pas vraiment aux amateurs. Pastrano est revenu boxer à Louisville… contre Alonzo Johnson, ça devait être en 58 ou en 59. J'ai reçu un coup de fil dans notre chambre d'hôtel… « J'suis Cassius Marcellus Clay ! J'suis le meilleur boxeur du Kentucky ! J'ai gagné les Golden Gloves à Chicago ! J'ai gagné les Golden Gloves à Seattle ! J'vais être champion olympique ! Et bla-bla-bla ! » J'ai demandé à Pastrano si ça l'embêtait qu'on fasse monter un môme un peu fêlé pour discuter un peu. Willie m'a répondu : « Vas-y ! Ça tombe bien, y a rien à la télé ! Ça nous changera les idées… » Cassius est monté dans notre chambre avec son frère Rudy, il a commencé à parler. Sans s'arrêter.

ANGELO MIRENA ALIAS ANGELO DUNDEE

Un matin, je suis descendu prendre mon petit déjeuner. J'aime bien lire mon journal en prenant mon café tranquille. Je prends le journal, je cherche la page sports… pas de page sports ! J'ouvre tous les journaux… pas de page des sports. Je suis monté dans la chambre de Cassius, il était en train de découper tous les comptes-rendus de sa victoire de la veille.

BOB SURKEIN

Faut pas croire qu'en amateurs il ait fait que gagner. C'est difficile de s'y retrouver aujourd'hui, il a fait plus de cent combats et c'était il y a longtemps, y avait pas les ordinateurs et toutes les paperasses, j'sais qu'il a été battu au moins une fois par Kent Green en quart de finale des Golden Gloves de Chicago… et par K.-O. ! Kent Green a longtemps été considéré comme le seul type qui ait battu Ali avant la limite jusqu'à ce qu'il perde contre Larry Holmes, mais il a aussi perdu avant la limite contre Terry Hodge par K.-O. à la première reprise. Kent Green est passé pro à la fin des années 50, il a fait quinze combats, il a raccroché les gants après avoir été battu deux fois. Amos Johnson lui aussi a battu Clay en amateurs avant de faire une assez jolie carrière chez les pros. C'était un marine… gaucher.

ROSCOE WEBB

Cassius était bon perdant. Quand il a perdu en 59 contre Amos Johnson aux jeux Panaméricains, il l'a très bien pris. Cass a toujours eu du mal contre les gauchers et les types qui savent boxer à l'intérieur. Amos Johnson était gaucher et il savait boxer à l'intérieur.

Joe Martin

Tout le temps qu'il est resté avec nous dans la chambre, il a fait que parler de boxe, il a demandé à Willie combien de miles il courait à l'entraînement. Qu'est-ce qu'il prenait au petit déjeuner, comment ça se passait avec les filles, il voulait tout savoir. Tous les jours, il était à la salle où Pastrano s'entraînait, tous les jours, il me demandait s'il pouvait faire un round avec Willie. Je lui disais, non, pas question... J'aime pas que les amateurs travaillent avec les pros, je crois que c'est une mauvaise idée. Un soir, j'ai cédé... Willie était au top, c'était quatre ou cinq jours avant son combat, pas plus, il était au top. Il a rien pu faire. « T'es crevé ! j'ai fait à Willie. Arrête... c'est bon pour ce soir ! » et je l'ai envoyé à la douche. Dans les vestiaires, Willie m'a dit : « J'suis pas crevé ! Ce môme m'a tourné autour ! » C'était la vérité.

Angelo Dundee

Il était doué, ça c'est sûr, il était doué, le boxeur le plus doué que j'aie jamais vu sur un ring, incroyablement culotté aussi, ce qui ne l'empêchait pas d'être incroyablement naïf... il savait pas grand-chose, il savait même rien du tout. Je me souviens à Atlantic City avoir marché avec lui le long de la jetée... « C'est le plus grand lac que j'aie jamais vu », il m'a dit en me montrant l'océan. Il s'entraînait à Fort Dix pour les jeux Olympiques. Il avait dix-sept ans. J'ai encore une photo de lui dans mon portefeuille qui date de cette époque.

BOB SURKEIN

Avant de faire les jeux Olympiques ensemble, on s'était croisés deux ou trois fois. La première fois en 59 aux Golden Gloves de Chicago... il cassait les oreilles de tout le monde avec les filles... les nanas, les pépées, les souris ! Il n'avait que ça à la bouche, il voulait à tout prix aller les mater, aller draguer... on pouvait pas le tenir ! Quand on s'est retrouvés au réfectoire du Marshall High, y avait des filles partout et des drôlement jolies... Cassius a passé tout le repas les yeux dans son assiette. Un mois plus tard, on s'est revus à Toledo et une autre fois encore, la fois où il a perdu contre Amos Johnson, un marine gaucher qui devait bien avoir vingt-cinq ou vingt-six ans, Cassius était encore ado. Johnson, c'est le dernier type qui l'a battu avant Joe Frazier. Et puis, on est partis pour Rome.

WILBERT « SKEETER » MCCLURE

Il avait une peur bleue de l'avion. Faut dire que, la première fois qu'on l'a pris ensemble, on s'est fait secouer sérieusement dans un bimoteur au-dessus de Chicago. Pour les sélections olympiques au Cow Palace de San Francisco, il a fallu que je me batte pour qu'il prenne l'avion. Il a gagné en finale contre Alan Hudson, eh bien, après sa finale, il a préféré gager la montre qu'il avait gagnée pour s'acheter un billet de train pour Louisville. Il est rentré en train !

JOE MARTIN

Il a réfléchi des heures et des heures à comment aller à Rome autrement qu'en avion. En train, fallait pas y compter, en bateau, les jeux Olympiques auraient été finis avant qu'il arrive ! Restait plus que l'avion...

JACK OLSEN

J'ai passé un temps infini à essayer de le convaincre, assis sur un banc de Central Park. S'il renonçait aux jeux Olympiques, il serait jamais champion du monde. Les jeux Olympiques étaient pas aussi importants que maintenant pour la carrière d'un sportif, mais quand même... Je lui ai cassé les oreilles avec ça, je l'ai traité de poule mouillée ! Je savais qu'il pouvait être champion du monde, il pensait qu'à ça. C'est vrai que s'il avait pas été à Rome, j'sais pas ce qui se serait passé. Peut-être rien du tout.

JOE MARTIN

À Rome, il nous a cassé les oreilles, mais dans le vol pour Rome il avait tellement peur que ça a été pire encore ! Il n'a pas arrêté de parler une seule minute, il avait tellement peur qu'il n'a pas arrêté une seule seconde ! Il avait prévu de gagner la médaille d'or comme Harry Campbell, le poids welter, et deux autres encore dont je me souviens plus des noms. À Rome, Harry n'a rien gagné du tout... le pauvre est mort de ses blessures à l'issue de son septième combat pro contre Al Medrano.

WILBERT « SKEETER » MCCLURE

Un jour, il nous a raconté que Joe Martin lui avait envoyé un chèque de cinq mille dollars... cinq mille dollars ! On s'est tous foutus de lui, il en a rabattu, il nous a dit qu'en vérité le chèque était de cinq cents dollars, on a rigolé encore… un peu moins fort, mais on a rigolé. Quand il nous a dit qu'il était de cinquante dollars, certains d'entre nous ont arrêté de rigoler… pas tous. En fait, Joe Martin lui avait envoyé cinq dollars.

PETROS SPANAKOS

Je l'ai rencontré à New York juste avant qu'il ne s'envole pour Rome. C'était le jeune homme le plus charmant du monde. Je l'ai amené avec trois autres sélectionnés olympiques faire un tour au resto de Ray Sugar Robinson à Harlem. Il était excité comme une puce à l'idée de voir la Cadillac de Ray, tout le long du chemin il a essayé de deviner de quelle couleur elle pouvait bien être. Après le repas, nous nous sommes arrêtés au coin de la 7e et de la 125e écouter un type debout sur une caisse à savon prêcher la cause du nationalisme noir. Son père était un fervent admirateur de Marcus Garvey, mais je pense que c'était la première fois que Cassius voyait un type qui avait l'audace de prêcher sa doctrine en public.

DICK SCHAAP

Je l'observais de loin. Tout le monde l'aimait, tout le monde voulait le voir, le toucher, lui parler, et lui, il parlait, il parlait, il parlait.

WILMA RUDOLPH

Il était amoureux de Wilma, ça crevait les yeux. Tout le monde était amoureux d'elle. Il a voulu courir avec elle pour rigoler, il s'est relevé au bout de dix mètres de peur de paraître ridicule. Tous les deux, ils étaient beaux comme des dieux.

Harry Campbell

Cassius était amoureux de Wilma, il la poursuivait partout, il essayait de lui prendre la main, mais Cassius n'a jamais intéressé Wilma.

Clarence « Slick » Royalty

Je suis passé à Rome encourager l'équipe américaine, j'avais été médaille d'or à Helsinki huit ans plus tôt. Je me souviens encore de Cassius Clay et de ce qu'il m'avait dit : « Attends-moi encore un peu... j'ai deux ou trois trucs à t'apprendre ! »

Floyd Patterson

Il n'arrêtait pas de prendre tout le monde en photo, un jour qu'il était interviewé par un journaliste américain, il a laissé le type en plan pour photographier des types avec leurs barbes et leurs turbans !

Dick Schaap

Il était si populaire que tout le monde disait que le maire du village, c'était lui.

Wilma Rudolph

On aurait dit qu'il était en campagne. S'il y avait eu un vote, il l'aurait emporté haut la main.

Huston Horn

J'avais aucune chance contre lui... vraiment aucune. Il était trop grand et trop costaud pour moi. Les juges ont donné égalité à la fin de la première reprise. Boxer contre lui a été l'un des plus grands moments de ma vie, ma défaite contre lui, c'est un de mes meilleurs souvenirs. J'ai pris une droite à la première, je suis tombé et l'arbitre m'a ramené dans mon coin…

YVON BECAUS

C'était à la seconde !

RENÉE BECAUS

C'est la même chose, c'est du pareil au même… il est malade, je suis malade, on est malades tous les deux maintenant… c'est un honneur de l'avoir affronté.

YVON BECAUS

J'étais un poids moyen naturel, j'ai boxé dix ans en poids moyen, en poids moyen, j'avais été médaille d'or à Melbourne, si j'avais été engagé en poids moyen, j'aurais dû gagner la deuxième à Rome mais, je sais pas pourquoi, les dirigeants m'ont fait monter en mi-lourd ! J'ai été obligé de prendre du poids en quelques semaines, mais j'étais pas un vrai mi-lourd pour autant. Les deux premières reprises se sont pas trop mal passées, je bloquais ses coups, je le touchais en bas, on était à égalité, mais au dernier la puissance a parlé, j'étais trop petit et je frappais pas assez. J'ai été déclaré perdant et il y a rien à y redire.

GENNADY SHATKOV

J'avais déjà rencontré cette grande gueule de Clay deux fois. La première, j'avais gagné, la deuxième fois, en finale des Golden Gloves à Chicago, j'avais été déclaré perdant mais, franchement, il n'y avait pas un gros écart. J'avais fait l'erreur de rentrer dans son jeu en le poursuivant aux quatre coins du ring et Clay adorait boxer en reculant, c'était ce qu'il savait le mieux faire. Alors, à Rome, je n'ai pas fait la même erreur, je l'ai attendu, et ça a marché. Je n'avais pas peur de lui, je n'étais pas comme les types des pays de l'Est, des Noirs j'en avais déjà vu beaucoup en m'entraînant au Stillman's, ils ne m'impressionnaient pas. Clay n'était pas meilleur que moi, il ne frappait pas. Franchement, je pense que j'ai gagné et plein de gens le pensent aussi.

ANTONY MADIGAN

Tony Madigan a gagné le combat, Cassius Clay a gagné la médaille d'or, mais en demi-finale l'Australien l'a dominé. D'ailleurs, je le lui ai dit.

NATHANIEL « NAT » STANLEY FLEISCHER

Avant la finale à Rome, j'avais fait 236 combats, j'en avais perdu trois. Le dernier, quatre ans plus tôt contre Làzlò Papp en demi-finale des jeux Olympiques de Melbourne. J'ai perdu le 237e contre Cassius Clay. C'était le premier Noir que je rencontrais, il était tout bonnement trop rapide pour moi, il frappait pas, mais il avait un jeu de jambes incroyable. J'ai tenu deux reprises, les juges me voyaient devant, mais j'ai craqué dans la dernière. J'ai jamais autant souffert de ma vie que durant ces trois minutes, le sang c'était rien, mais j'ai prié pour que ça finisse.

ZBIGNIEW PIETRZYKOWSKI

La troisième reprise de la finale des poids mi-lourds a été la plus sanglante de ces jeux Olympiques.

MARTIN KANE

Deux mois après que Cassius Clay a remporté la finale des poids mi-lourds aux jeux Olympiques de Rome, Joseph Désiré Mobutu, ministre de la Défense, prend la tête d'un coup d'État en République démocratique du Congo et place Patrice Lumumba, le président élu, en résidence surveillée. Évadé en novembre, Lumumba sera repris par les troupes de Mobutu avant d'être livré à Moïse Tschombé, président du Katanga. Après avoir été torturé, Patrice Lumumba sera assassiné le 17 janvier 1961.

JACK CASHILL

Il se baladait partout avec sa médaille d'or suspendue à son cou, il venait à la cafétéria avec, il la montrait à tout le monde, il la faisait essayer à ceux qui voulaient, il dormait avec, il l'a pas quittée une seule seconde. Moi, je faisais la potiche dans le fond avec les trois miennes, en attendant ce qu'il allait bien pouvoir inventer.

WILMA RUDOLPH

Le style de Clay est certes séduisant, mais il n'est pas probant pour autant. Il est joli à voir boxer, c'est un garçon amusant, mais ce n'est pas un vrai boxeur, ses regards sont plus menaçants que ses poings. Quelqu'un qui utilise ses jambes comme il les utilise ne pourra pas tenir la distance en professionnel. Je ne pense pas qu'il puisse jamais devenir un vrai poids lourd. Pour ce qui est de ses vers de mirliton, n'oublions pas ceux de Bob Gregson, le Géant du Lancashire, qui en faisait d'aussi mauvais au siècle dernier.

ABBOTT JOSEPH LIEBLING

Peut-être un mois après son retour d'Italie, nous nous sommes baladés ensemble à New York. Sur Times Square, il s'est fait faire un faux journal avec en une : « Clay signe pour Patterson ». Il riait tout seul à l'idée de le montrer à ses parents, il était content comme un gosse de le rapporter à Louisville. On a été dîner chez Jack Dempsey, devant les gâteaux en vitrine il m'a demandé si l'on pouvait en acheter une part ou si l'on était obligé de les manger entiers ! Nous avons fini la soirée en face, au Birdland... il n'avait jamais bu d'alcool jusque-là, il avait plus de dix-huit ans maintenant et à New York on peut boire de l'alcool à partir de cet âge. Il a demandé au barman de lui verser une goutte de whisky dans son Coca. Ce doit être la seule goutte d'alcool qu'il ait jamais bue de sa vie. Il était heureux comme un gosse que les gens le reconnaissent dans la rue... comme si ça avait été difficile avec son blazer de l'équipe des USA et sa médaille autour du cou ! Nous sommes rentrés à son hôtel vers une heure et demie du matin, il a voulu me montrer les photos qu'il avait prises à Rome. Nous avons passé presque toute la nuit ensemble, c'est l'une des nuits les plus mémorables de mon existence et Ali l'un des types les plus formidables que j'aie jamais rencontré.

DICK SCHAAP

C'était Noureev en short !

BUDD SCHULBERG

Sur le ring, Clay savait danser, mais dans la vie il ne savait pas, personne ne lui avait jamais appris. Aux soirées du village olympique, il restait debout, les bras ballants, à regarder les autres s'amuser. Il était toujours aussi timide avec les filles et trop timide aussi pour se lancer sur la piste. Quand je pense à lui maintenant, je me dis qu'il était né sous une bonne étoile. La première fois qu'il est venu chez mes parents à Toledo, son pantalon avait le feu au plancher et les manches de sa veste étaient trop courtes, il rougissait quand on lui adressait la parole, mais il avait quelque chose de spécial. Si quelqu'un m'avait dit qu'un jour il serait la personne la plus célèbre du monde, je ne l'aurais pas cru. Et j'aurais eu tort.

Wilbert « Skeeter » McClure

Pour son retour, on a fait le tour de la ville en décapotable. Je m'étais acheté un canotier, j'avais peint les marches du perron en bleu, blanc, rouge et j'ai chanté le *Star Spangled Banner*. La foule m'a applaudi.

Cassius Marcellus Clay Sr

William Reynolds, le vice-président de Reynolds & C°, la firme de cigarettes, lui avait refilé une liasse de billets pour qu'il s'offre ce qu'il voulait chez Tiffany. Billy avait repéré Cassius depuis un bon moment déjà. L'été d'avant, il l'avait engagé comme jardinier dans sa propriété aux environs de Louisville, un petit boulot peinard et bien payé. Il aurait bien voulu prendre en main la carrière de Cassius chez les pros avec Joe Martin comme entraîneur. Chez Tiffany, Cassius a acheté une montre pour sa mère, une pour son père et une autre pour son frère. Je n'ai jamais vu quelqu'un de plus heureux que Cassius à New York avec son blazer de l'équipe des USA et sa médaille d'or autour du cou.

Dick Schaap

Bruce Hoblitzell, le maire de Louisville, l'attendait à Standiford Field avec une escorte de policiers, un escadron de majorettes, un convoi de vingt-cinq voitures et trois cents fans en délire sous une banderole de bienvenue.

DAVID REMNICK

Lorsque l'on considère tous les discours actuels dans le monde destinés à critiquer le prestige des États-Unis, nous ne pouvons qu'être fiers d'avoir dépêché en Italie un ambassadeur de la qualité de Cassius Clay.

ATWOOD WILSON

Vous êtes la fierté de Louisville ! Vous honorez le sport que vous pratiquez. Vous êtes un exemple pour la jeunesse de cette ville.

BRUCE HOBLITZELL

Pour dîner, je lui ai fait une dinde.

ODESSA CLAY

On a passé quatre ou cinq jours ensemble, le *Saturday Evening Post* m'avait commandé un article sur lui, tous les soirs, on allait au restaurant tous les deux, il se tapait un steak d'un kilo. Avec lui, j'ai appris à rire et à m'amuser en travaillant. Il n'avait pas un moment de libre, pas un instant de répit, les invitations pleuvaient et il les acceptait toutes. Je me souviens qu'il avait visité l'école élémentaire de Virginia Avenue et qu'une fillette lui avait écrit un petit mot qui se terminait par : « Si j'étais grande, je voudrais t'épouser. » Il a toujours adoré les enfants et les enfants étaient fous de lui parce que c'était un enfant. Dans ses rêves, il volait, mais à l'époque tout ce qu'il désirait vraiment, c'était une jolie femme, deux Cadillac, et ouvrir un hôtel à son nom à Louisville.

Dick Schaap

Trois semaines après la fin des jeux Olympiques, Cassius m'a invitée à Louisville, il avait organisé une parade en notre honneur. On était tous les deux assis sur la banquette arrière d'une Cadillac rose, moi avec mes trois médailles d'or et lui avec la sienne. Au bout de cinq minutes, il s'est levé et il s'est mis à hurler : « Je suis Cassius Clay, je suis le meilleur ! Et elle, c'est Wilma Rudolph, c'est la meilleure ! » Il voulait que je me lève aussi et moi, je le tirais par le pli de son pantalon pour qu'il s'assoie. Comme il arrêtait pas de hurler et de me demander de me mettre debout, j'ai fini par me lever un petit moment, juste le temps de saluer tous ces gens qui n'étaient là que pour lui.

Wilma Rudolph

Nous n'avons pas le temps d'organiser un dîner pour Monsieur Cassius Clay.

K.P. Vinsel

J'en ai rien à foutre qu'il soit champion olympique, qu'il se casse d'ici !

Dwight Nolan

Billy Reynolds avait l'argent, plus d'argent qu'il n'en fallait, et il était vraiment motivé. Ça lui plaisait d'aider ce jeune garçon. J'ai rédigé un contrat très avantageux pour l'époque, il prévoyait un salaire pour Cassius Clay et un capital garanti. À l'époque, ce genre de contrat ne se faisait pas, surtout dans un milieu où la pègre dictait sa loi.

Gordon Davidson

À ses débuts, tout ce qu'Al Weill, son manager, a donné à Rocky Marciano, c'est une tasse de café et un coup de pied au cul !

William « Honest Bill » Daly

Joe Martin est blanc, il est flic et il a jamais entraîné un professionnel de sa vie. Aujourd'hui, l'homme blanc doit compter avec l'homme noir. J'ai jamais eu de patron de ma vie et j'en veux pas pour mon fils. Le temps de l'esclavage est fini !

Cassius Marcellus Clay Sr

Si on l'avait écouté, on aurait pu croire que c'est lui qui avait tout fait, alors qu'il s'est jamais occupé du gamin, il s'est réveillé quand il a vu l'argent arriver. Il a pas plus de cervelle qu'une oie… une demi-cuillère à café, à tout casser.

Joe Martin

Joe Martin s'est pointé pour me faire signer un papier comme quoi il voulait soixante-quinze dollars par semaine pour entraîner mon fils. Mmmmh, si j'l'avais écouté, fallait que je signe tout de suite, sans consulter d'avocat, sans rien demander à personne. Mmmmh, l'esclavage, c'est fini ! Quand il travaillait chez les Reynolds, mon fils mangeait avec les chiens.

L'esclavage, c'est fini ! Mmmmh, à présent, ils allaient tous me traiter avec le respect que je mérite...

CASSIUS MARCELLUS CLAY SR

Tout ce qu'il faisait chez les Reynolds, c'était ratisser quelques feuilles.

JOE MARTIN

Alberta Jones, l'avocat des Clay, nous a prévenus qu'ils ne signeraient pas. J'ai été très étonné, je n'ai jamais compris pourquoi ils avaient refusé de signer.

GORDON DAVIDSON

Je trouvais normal que Joe Martin continue d'entraîner Cassius Clay, cela faisait partie de ma proposition. Ça me semblait naturel, ça me semblait être honnête aussi bien envers l'un qu'envers l'autre. D'accord, Joe Martin était blanc, et alors ? Cela n'avait pas posé de problème jusque-là, je ne voyais pas pourquoi cela en poserait maintenant.

BILLY REYNOLDS

Mmmmh, ils étaient tout un tas de Blancs à tourner autour de mon fils. Il était très jeune à l'époque, il savait se défendre sur un ring, dans la vie c'était pas la même chanson. J'savais qu'il irait loin... Mmmmh... fallait pas se coller le doigt dans l'œil, fallait partir du bon pied, fallait partir dans la bonne direction, fallait pas faire de faux départ, fallait frapper à la bonne porte. Il pouvait compter sur moi et sur mon expérience, et moi j'savais que je pouvais compter sur les Onze de Louisville... c'était des Blancs, mais j'savais que je pouvais compter sur eux... Mmmmh, ils étaient blindés ! J'avais confiance en eux, ces types-là savaient ce qu'ils faisaient.

Cassius Marcellus Clay Sr

Aussitôt que les négociations avec Reynolds ont été rompues, toute la ville a été au courant. Le plus rapide à réagir a été William Faversham Jr, un conseiller financier qui avait été plus ou moins acteur dans sa jeunesse. Il avait fait un peu de boxe à l'époque, il s'entraînait avec Spencer Tracy chez Jack O'Brien à Philadelphie, mais il était surtout vice-président d'une des plus grosses entreprises du coin : la distillerie Brown & Forman.

Gordon Davidson

J'ai organisé une rencontre avec les Clay. Nous leur avons proposé le même contrat que celui de Billy, et ils ont accepté ! Étaient présents : Patrick Calhoun Jr, propriétaire d'un haras ; William Sol Cutchins, le président des tabacs Brown & Williamson ; Vertner DeGarmo Smith qui travaillait pour Brown & Forman et qui aurait été capable de vendre n'importe quoi… c'est d'ailleurs plus ou moins ce qu'il faisait ; William Lee Lyons Brown ; Elbert Gary Sutcliffe, un gros actionnaire de l'US Steel ; George Washington « Possum » Norton IV, le trésorier de Wave TV, la branche locale de NBC ; Robert Worth Bingham, propriétaire d'un tas de journaux dont le *Louisville Times* ; J.D. Stetson Coleman, actionnaire d'une compagnie de bus en Floride, d'un laboratoire pharmaceutique en Georgie, d'une fabrique de confiserie en Illinois et d'une compagnie pétrolière en Oklahoma ; James Ross Todd, une sommité du parti républicain du Kentucky et Archibald

McGhee Foster, vice-président d'une agence de publicité new-yorkaise.

WILLIAM FAVERSHAM JR

Ils possédaient toutes les banques de la ville ainsi que ses deux journaux, toutes les stations de radio que Missié Blanc prenait au sérieux, à peu près la moitié des distilleries et des manufactures de tabac, c'est-à-dire plus ou moins cinquante pour cent de la richesse locale.

HUNTER STOCKTON THOMPSON

La boxe, je n'y connaissais strictement rien, ça ne m'intéressait absolument pas. La première fois que Faversham m'a parlé de Cassius Clay, nous jouions au bridge ensemble, j'ai demandé deux cœurs et je me souviens que nous avons sorti la manche à trois sans atout.

PATRICK CALHOUN JR

La version officielle, c'est que nous avons pris soin de Cassius Clay pour promouvoir la boxe, aider un jeune garçon déshérité de Louisville et le sauver des mâchoires de la pègre. C'est à moitié vrai, mais c'est à moitié une blague. Ce que je voulais, comme les autres, c'était me faire un paquet de fric.

VERTNER SMITH

Quand on pense que la tante de monsieur Cassius Clay était la cuisinière de ma cousine germaine !

WILLIAM LEE LYONS BROWN

Comme Cassius ne boit pas, ne fume pas et ne drague pas, j'arrive à le supporter.

Vertner Smith

Dix d'entre eux étaient millionnaires et chacun a investi sur Clay deux mille huit cents dollars déductibles de ses impôts. Mis à part les Bingham qui étaient démocrates, on ne peut pas dire que les membres du Louisville Sponsoring Group étaient particulièrement libéraux, ils en étaient restés à l'époque d'*Autant en emporte le vent* ! Ils faisaient tous partie de la vieille aristocratie sudiste depuis plus d'un siècle, ils avaient eu des nourrices noires et des gouvernantes de la même couleur. Ils avaient fait leurs études dans les meilleures universités, quelques-uns avaient intégré Harvard, Yale ou Princeton, ils géraient leur héritage en mâchant des feuilles de menthe sous la véranda de leurs villas palladiennes, ils jouaient au golf, ils allaient aux courses, ils chassaient, ils partaient en vacances en Floride faire de la voile et pêcher au gros aux Bahamas. Les Noirs, ils ne les fréquentaient pas, excepté leurs domestiques qu'ils côtoyaient tous les jours sans savoir où ils habitaient, comment ils vivaient, et sans jamais se préoccuper de ce que pouvait bien être leur vie. Ils ont investi sur Clay comme l'on joue sur un yearling ou un poulain, le poulain que Rhett Butler achète à sa fille ou, plutôt, le yearling dont on espère qu'il va gagner le Grand Derby du Kentucky. Pour eux, Cassius Clay était un amusement, un caprice, un signe d'appartenance sociale, mais pas seulement, ils savaient qu'ils ne misaient pas grand-chose, vingt-cinq ou trente mille dollars maximum, et qu'ils pouvaient gagner beaucoup. Comme aux courses...

Jack « Sunny » Meremount

Un jour, le père de Clay nous a dit : « Je m'y connais en investissements, personne s'y connaît mieux que moi en investissements. La seule raison pour laquelle j'ai pas d'argent, c'est que j'ai pas pu faire d'investissements ! » Amusant, non ?

WILLIAM FAVERSHAM

Un homme qui s'intéresse aux chevaux a forcément l'esprit un peu aventureux, il est donc naturel qu'il place sa confiance dans un boxeur comme dans un cheval.

PATRICK CALHOUN JR

C'est comme si on était des chevaux. Ils nous soignent jusqu'à ce qu'on tombe, et après ils nous abattent.

TIM WITHERSPOON

Même si nous perdons tout, nous n'aurons pas beaucoup perdu et nous nous serons amusés pour bien davantage que deux mille huit cents dollars.

ROSS TODD

C'est excitant d'investir dans le sport et Wall Street n'y a pas encore fourré son nez.

J.-D. STETSON COLEMAN

Je crois que je lui ai serré la main une fois, mon coiffeur qui s'appelle pareil que moi m'a certifié que c'était un brave garçon, cela m'a semblé suffisant.

ELBERT GARY SUTCLIFFE

Je pense qu'ils le considéraient comme un esclave, il ne faut pas perdre de vue qu'à Rome les esclaves avaient le droit d'être riches, mais qu'ils n'avaient pas le droit d'être libres. Pour les membres du syndicat, il n'était rien de plus qu'un gladiateur ou qu'un pur-sang ! S'il perd, on baisse le pouce, s'il tombe et qu'il se casse une patte, on l'abat ! Ce qui ne veut pas dire que l'on n'a pas pour lui le genre d'attachement que l'on peut avoir pour un cheval, ce qui ne veut pas dire qu'on ne lui porte aucune attention, bien au contraire ! Il s'agit d'un capital fragile qu'il faut bichonner. Faversham était encore plus grand qu'Ali qui, pourtant, n'était pas petit. Quand il posait les mains sur les épaules de son boxeur, on aurait dit qu'il flattait l'encolure d'un cheval ou bien qu'il était son père... ou son propriétaire. Si ce n'est que, lorsque l'on revoit les photos, Clay l'éclabousse de sa classe. L'aristocrate, c'est lui ! Ça crève les yeux et ça, les types de Louisville ne l'ont pas vu venir.

Jack « Sunny » Meremount

Le fameux contrat qui engageait les deux parties pour six ans prévoyait que les membres du syndicat prenaient en charge toutes les dépenses de déplacement et de promotion de Clay, toutes les dépenses d'entraînement aussi, y compris le salaire de son entraîneur. Pendant les quatre premières années, les bénéfices étaient partagés fifty/fifty entre Clay et le syndicat, les deux années suivantes, le syndicat prélèverait seulement quarante pour cent des bénéfices générés par son boxeur. Clay touchait un salaire de trois cent trente-trois dollars par mois avec une garantie de revenus d'un montant de quatre mille huit cents dollars les deux premières années et six mille dollars les quatre années suivantes. On lui versait en sus dix mille dollars à la signature du contrat, quinze pour cent de ses gains étant placés sur un fonds de pension dont le capital lui serait versé à trente-cinq ans.

JACK CASHILL

Avec les dix mille dollars versés par les Onze de Louisville, Cassius nous a acheté une Cadillac d'occase. Rose.

CASSIUS MARCELLUS CLAY SR

Depuis qu'il avait douze ans, il me disait que, quand il serait champion, il m'achèterait tout ce que je voudrais. Et il l'a fait.

ODESSA CLAY

Comparé aux contrats signés par des boxeurs qui, pour la plupart, ne savaient même pas lire, le contrat signé entre Cassius Clay et le Louisville Sponsoring Group était très honnête, pour ne pas dire avantageux. La clause qui plaçait à l'abri une partie des revenus du boxeur en prévision d'une fin de carrière difficile était même très en avance sur les préoccupations de l'époque.

DAVID REMNICK

---

29 octobre 1960
Freedom Hall
Louisville (Kentucky)
Tunney Hunsaker
Victoire aux points, 6 rounds

Trois jours après avoir signé le contrat, Cassius Clay rencontrait Tunney Hunsaker au Louisville Freedom Hall, devant six mille spectateurs. Arbitre de la rencontre : Paul Matchuny. Juges : Sidney Baer et Walter Beck.

THOMAS HAUSER

Pour son premier combat pro, c'est moi qui ai servi de sparring-partner à mon frère, on s'entraînait plus chez le flic blanc, mais chez Fred Stoner qui était noir.

RAHAMAN ALI

Ma mère me disait toujours : « Sors tes pieds d'éléphant de dessous la table ! »

TUNNEY HUNSAKER

Tunney Hunsaker était un boxeur semi-professionnel de Fayetteville où il était agent de police, son père l'avait appelé Tunney comme Gene Tunney, le champion du monde poids lourd. Il était lent, vaillant, costaud et blanc. Il avait perdu ses six combats précédents. C'était le genre d'encaisseur pas très dangereux que l'on appelle pour rendre service et qui est destiné à faire briller son adversaire.

LLOYD HEFNER

J'sais même pas s'il savait qui était Ali, mais Tunney n'avait peur de personne. Son entraîneur l'appelait pour lui proposer un combat et il disait oui.

PATRICIA HUNSAKER

Il était bien trop rapide pour moi, j'ai jamais vu un poids lourd aussi rapide, il avait un direct du gauche bizarre mais, à la fin de la deuxième, j'avais les deux yeux fermés. J'l'ai touché deux ou trois fois, mais il pouvait frapper dans n'importe quelle position. J'ai tenu les six reprises… j'ai fini en sang. Avoir été le premier adversaire de Clay, c'est une chose qu'on pourra jamais m'enlever. C'était un chouette gamin, timide et tout. J'ai jamais douté qu'il serait champion du monde. Pour moi, c'était le nouveau Joe Louis.

TUNNEY HUNSAKER

Deux ans après avoir rencontré Ali, Tunney est tombé dans le coma après sa rencontre avec Joe Sheldon. Il a été opéré deux fois, il est sorti du coma dix jours après le combat. Je lui ai demandé d'arrêter.

PHILLIS HUNSAKER

Ma mère me disait toujours : « Sors tes pieds d'éléphant de dessous la table ! »

TUNNEY HUNSAKER

J'ai commencé à remarquer des petites choses à partir de 1996, bien sûr, sa sœur était morte de la maladie d'Alzheimer, mais c'est pas ça. Tunney est comme Ali, il regrette rien, c'est une chose qui les rapproche tous les deux. Tunney est resté en bonne santé jusqu'au bout, maintenant, il est mort.

PATRICIA HUNSAKER

Il voulait que je l'entraîne. Il m'a abordé en 1960, je crois… devant mon club de Harlem, ça, j'en suis sûr. Je lui ai répondu que je boxais encore, que je pouvais pas être à la fois entraîneur et boxeur, que c'était deux activités à plein temps. On a parlé un bon moment, il a été poli avec moi, il a insisté un peu et puis nous nous sommes dit au revoir !

Walker Smith Jr
alias Ray « Sugar » Robinson

Il aurait voulu que Joe Louis l'entraîne, mais Joe ne le prenait pas au sérieux, pour Joe qui ne parlait presque pas, Cassius Clay était une grande gueule plus qu'un boxeur. Il aurait aussi voulu que Robinson l'entraîne, mais Robinson a refusé. En revanche, il a reçu des offres de Cus D'Amato, de Rocky Marciano et d'Archie Moore.

Jack Cashill

Archie Moore est une légende, on ne sait même pas quand il est né, en 1916 d'après lui, en 1913 d'après sa mère. Il a disputé deux cent dix-neuf combats, il en a gagné cent quatre-vingt-cinq dont cent trente et un par K.-O., ce qui doit constituer un record. Il a d'abord été surnommé « La Mangouste » pour son punch et plus tard « La Vieille Mangouste » pour son punch et son âge. Il est considéré comme le plus grand poids mi-lourd de tous les temps. Il a disputé deux championnats du monde dans la catégorie supérieure, il a perdu le premier en 55 contre Rocky Marciano après avoir envoyé Rocky au tapis à la deuxième reprise et le second l'année suivante, contre Floyd Patterson dont il aurait pu être le père. Je crois que la Fédération de boxe a fini par le déchoir de son titre pour ne pas le voir traîner sur un ring à soixante ans, et gagner !

Bert Randolph Sugar

Moore parlait bien, il avait de bonnes manières, il jouait du piano, c'était un excellent tireur au pistolet, un bon cuisinier… toujours en train de faire des régimes pour maigrir ! Il a été le premier à porter des couleurs vives sur le ring, le premier à faire des prédictions (souvent fausses) et à écrire des bouts-rimés. Clay l'a beaucoup imité jusqu'à se promener à Londres en chapeau melon comme Archie l'avait fait avant lui.

Mark Kram

À cette époque, j'avais un camp d'entraînement, la Mine de sel, à Ramona en Californie, à cinquante kilomètres de San Diego. Clay est resté quelques jours à la maison, mes deux filles en étaient folles. Il adorait s'entraîner, mais il n'aimait pas apprendre, il n'écoutait rien. J'ai essayé de lui enseigner quelques trucs, pour frapper davantage et, surtout, pour durer, il n'y a pas de retraite pour les boxeurs et pas de maisons de retraite pour eux non plus. Il faut se tenir droit comme le chêne, mais il faut être souple comme le roseau… le chêne fait de beaux cercueils ! Il ne m'écoutait pas, il ne voulait pas boxer comme Archie Moore, il voulait boxer comme Robinson. Il pensait boxer cinq ou six ans, se faire deux ou trois millions de dollars et arrêter les frais. C'est comme ça qu'il voyait les choses à cette époque.

Archibald Lee Wright alias Archie Moore

Archie avait un combat à Dallas contre Buddy Thurman, on est partis en train tous ensemble… De San Diego à Dallas, il doit bien y avoir mille kilomètres. Ce type a passé la moitié du voyage sa grosse tête de négro au travers de la fenêtre à hurler qu'il était le plus grand… imagine ce que les vaches et les cactus en avaient à foutre de ces conneries ! Au Texas... on a eu du pot de pas se faire lyncher. L'autre moitié, il l'a passée debout dans le couloir à chanter le *Twist* de Chubby Checker dont il connaissait pas les paroles ! « Twist again ! Twist again ! » Il a failli nous rendre aussi dingues que lui. Quand on est arrivés au Nouveau-Mexique, je lui ai dit de changer de disque.

DICK SADLER

À la Mine de sel, on faisait la vaisselle et le ménage à tour de rôle, tout le monde mettait la main à la pâte, mais Ali ne voulait rien faire, il disait que la vaisselle, c'était un boulot pour les femmes. Il voulait que l'on mette les gants ensemble, j'étais champion du monde et lui, il était encore amateur, je lui ai dit que ce n'était pas comme ça que ça se passait, que je ne mettrais pas les gants avec lui et qu'il faudrait qu'il fasse la vaisselle s'il voulait manger. Il a fait la vaisselle deux ou trois fois et fait semblant de balayer et puis il m'a dit qu'il voulait rentrer chez lui pour Noël. Je lui ai dit O.K. ! J'étais sûr qu'il ne reviendrait jamais... Il n'est jamais revenu. J'ai été triste qu'il ne revienne pas. À l'époque, il lui aurait fallu une bonne fessée, mais je ne sais pas qui aurait pu la lui donner... en tous les cas, pas moi ! Je le considérais comme mon fils, j'ai perdu beaucoup quand je l'ai perdu, un paquet d'argent aussi, sans doute, mais je n'ai jamais obligé personne à faire ce qu'il ne voulait pas faire. À mon humble avis, quatre fois sur cinq, il aurait battu Joe Louis, Jack Johnson était le seul boxeur qui aurait pu le battre.

ARCHIE MOORE

J'ai téléphoné à Harry Markson pour lui demander qui, à son avis, pouvait entraîner le jeune Clay, alors

Harry Markson m'a dit qu'il ne voyait qu'Ernie Braca et Angelo Dundee. Braca travaillait pour Robinson...

WILLIAM FAVERSHAM JR

Si mon fils avait voulu faire de la boxe, Angelo Dundee aurait été le seul entraîneur avec lequel j'aurais voulu le voir travailler, et pourtant j'ai jamais pu piffer ce rital !

HOWARD COSELL

Dans un milieu qui ne brille pas par son honnêteté, Angelo Dundee est honnête.

DICK SCHAAP

Angelo est la boxe incarnée.

FERDIE PACHECO

Je suis sûr que les Dundee n'étaient pas nets, surtout Chris, mais, comparés aux autres, ils l'étaient.

GORDON DAVIDSON

Faversham et Worth Wingham, l'éditeur du *Louisville Courier*, sont venus à Miami pour me demander si je voulais entraîner leur boxeur. Ils m'ont proposé cent vingt-cinq dollars par semaine ou dix pour cent des bénéfices. J'ai préféré jouer la sécurité, on m'avait jamais proposé cent vingt-cinq dollars par semaine pour entraîner un boxeur. Je leur ai dit qu'on pouvait commencer après Noël, Faversham m'a téléphoné le lendemain, il m'a dit : « Pour Cassius, c'est Noël chaque jour où il boxe ! » Il a débarqué à Miami le lendemain.

ANGELO DUNDEE

Le Fifth Street Gym, au coin de Washington Avenue, à côté d'une pharmacie, était infesté par les rats et les termites. La liste des boxeurs qui s'entraînaient à l'étage était inscrite à la craie sur une enseigne à droite de la porte d'entrée. Les plus grands étaient tous passés par là : Jake La Motta, Sugar Robinson, Willie Pepp, Floyd Patterson, et pas mal de vedettes d'Hollywood comme Burt Lancaster et consorts étaient venues les voir s'entraîner. Autour du ring, il y avait deux rangées de fauteuils de cinéma fatigués réservés au Pugilistic College of Cardinals ! Quand la fumée de leurs cigares était trop épaisse, Angelo demandait qu'on ouvre les fenêtres et l'odeur des gaz d'échappement remplaçait celle des cigares.

MATT SCHUDEL

La cage d'escalier était pourrie et l'escalier menaçait de s'effondrer. Au deuxième étage, la lumière passait au travers de vitraux sales dont certains étaient peints en rouge. Un parquet fatigué, usé par le frottement des chaussures de boxe, des affiches déchirées, un ring, quelques sacs et quelques punching-balls, deux ou trois miroirs et le bureau de Chris dans un coin, c'est tout ! L'entrée était gratuite mais, quand vous vous pointiez, Emmett Sullivan, un grand escogriffe avec un cigare éteint coincé entre les gencives, essayait toujours de vous taper de cinquante cents.

DAVID REMNICK

Quand il est arrivé, il pesait quatre-vingt-cinq kilos pour un mètre quatre-vingt-dix, et puis il a pris du muscle, il était en pleine croissance, il n'a jamais fait de musculation de sa vie, pas une seule pompe, pas une traction, jamais d'haltères. Rien.

ANGELO DUNDEE

C'était le plus beau spécimen de la race humaine que l'on pouvait trouver, on ne pouvait pas faire mieux que lui.

FERDIE PACHECO

Il était magnifique, parfaitement proportionné, on ne se rend pas vraiment compte de sa taille à la télévision ou sur les photos. C'était une créature venue d'une autre planète.

ROBERT LIPSYTE

Il était extraordinairement beau, plus beau que bien des stars de cinéma.

THOMAS HAUSER

Cassius Clay est sûrement le plus beau boxeur depuis Max Baer. On se demande parfois s'il n'est pas trop beau pour être boxeur.

TOMMY FITZGERALD

C'était le plus bel homme du monde, un point c'est tout.

LANA SHABAZZ

Il est trop beau, les femmes ruineront sa carrière, les boxeurs laids sont les meilleurs.

WILLIE REDDISH

J'ai assisté à sa première séance d'entraînement à Miami, il a mis les gants avec Tony Alongi. Même pour un poids lourd, Alongi était très grand, presque deux mètres... à l'époque, il avait un joli palmarès... une bonne douzaine de combats pro et une dizaine de victoires avant la limite, il voulait devenir le nouveau Rocky Marciano... et tout un tas de types croyaient qu'il en était capable ! Il a pas touché Clay une seule fois ! Je me souviens que mon voisin m'avait dit... « Avec ses esquives à la noix, un jour ou l'autre, le nouveau va se faire massacrer ! » Comme d'habitude, j'étais pas d'accord avec lui... Clay était très rapide de bras et ses pieds étaient *intelligents*, c'était le poids lourd le plus novateur de tous les temps. Ça crevait les yeux de tout le monde, sauf ceux de mon voisin qui était borgne !

HANK KAPLAN

Si j'avais écouté les Cardinals : « Pas de garde ! Frappe pas ! Travaille qu'en haut ! Retraits du buste à la noix ! », je l'aurais renvoyé tout de suite à Louisville. Les journalistes sportifs ont jamais dit autre chose...

ANGELO DUNDEE

Ce n'est pas un magicien, il est rapide, c'est tout !

JACK « SUNNY » MEREMOUNT

Je lui ai loué une chambre avec un autre de mes boxeurs à Overtown sur la 2e Avenue Nord-Ouest, tout près du restaurant Famous Chef.

ANGELO DUNDEE

Overtown était situé du mauvais côté de la voie ferrée, c'était le Harlem de Miami et la 2e Avenue Nord-

Ouest, un petit Broadway. Pour les rapports entre les races, Cassius Clay n'a pas dû être dépaysé, Miami était une espèce de Louisville subtropicale.

Matt Schudel

Les Musulmans étaient quasiment inconnus à Louisville, ils avaient un tout petit temple avec à sa tête un Noir atteint de vitiligo. Rien de très inquiétant.

Lamont Johnson

Clay avait estomaqué sa prof d'anglais de Central High lorsqu'il lui avait proposé un exposé sur les Musulmans noirs.

David Remnick

Sa prof s'est précipitée dans le bureau du principal pour demander qu'il soit sanctionné. Atwood Wilson a transmis sa demande à la conseillère d'éducation, Betty Johnston.

Howard L. Bingham & Max Wallace

Il faut que vous compreniez que la plupart des profs étaient des modérés. Quand Cassius a rendu son devoir, sa prof a été choquée, elle a voulu le punir. À l'époque, beaucoup de Noirs à Louisville étaient opposés aux Musulmans noirs. Je n'étais pas une activiste, juste une sympathisante du Dr King... et je pensais que les Musulmans avaient leur place dans la lutte pour les droits civiques, la plupart des gens n'étaient pas d'accord avec moi à ce sujet. En tous les cas, il était évident que Cassius connaissait bien leur doctrine et qu'il les admirait, mais je n'aurais pas voulu qu'il se convertisse pour autant. Cassius était un gentil garçon, je n'aurais pas voulu qu'il devienne haineux, et les Musulmans noirs prêchaient essentiellement la haine. On en a parlé avec le principal et puis avec son professeur et nous avons désamorcé la situation.

Betty Johnston

Si Cassius a appris une chose ce jour-là, c'est qu'il valait mieux qu'il garde secrète son admiration pour la Nation de l'Islam.

Howard L. Bingham & Max Wallace

À Miami, en 61, honnêtement, on était pas plus de trente... un peu plus de croyants certainement et un peu plus de sympathisants, c'est sûr, mais des pratiquants... trente !

Abdul Rahaman

Overtown était infesté de clochards et d'ivrognes et Cassius faisait son footing sur Biscayne Boulevard, il prenait tous ses repas au Famous Chef, il buvait son jus d'orange au Sir John, sagement assis à côté des macs et des putes, avant d'aller se coucher à neuf heures au Mary Elizabeth, un hôtel de passe à trente-six dollars la semaine.

David Remnick

C'était le type le plus facile du monde. Je lui avais loué une chambre au Mary Elizabeth avec un autre de mes boxeurs, il m'a jamais dit qu'il y avait qu'un seul lit dans la piaule et qu'Allan Harman se lavait pas tous les jours. Il se plaignait jamais, j'ai jamais eu un seul ennui avec lui, tout ce qu'il voulait c'était s'entraîner et boxer, boxer et s'entraîner. Cass ne parle jamais de ses problèmes, il parle de ses rêves, le reste, il le garde pour lui.

ANGELO DUNDEE

Angelo, rien que pour supporter ce type, tu mérites la Légion d'honneur !

DICK SADLER

Y a qu'un seul Ali, Dieu merci !

ANGELO DUNDEE

Je crois que j'ai rencontré Ali pour la première fois en mars 61, je vendais *Muhammad Speaks* dans la rue. Sa carrière l'intéressait, ça c'est sûr... son seul but dans la vie, c'était d'être le nouveau champion du monde des poids lourds ! Il m'a montré son press-book, mais l'islam l'intéressait aussi, alors je l'ai invité à venir à la mosquée.

ABDUL RAHAMAN

Sam Saxon, alias Captain Sam, alias Abdul Rahaman, alias « le Roc du Sud », membre de la garde d'honneur d'Elijah Muhammad, est soupçonné d'avoir joué un rôle dans la seconde équipe des assassins de Malcolm X, c'est lui qui a orchestré en 1975 l'intervention de Muhammad Ali lors d'une réunion du Ku Klux Klan.

LLOYD HEFNER

Je lui ai organisé un combat le 27 décembre à l'auditorium de Miami contre Herb « Gorilla » Siler que l'on pensait être à sa portée. Siler avait perdu son premier combat contre Alongi au quatrième, Ali a fait aussi bien. Siler a fait beaucoup de combats pour nous, presque tous à Miami.

CRISTOFORO MIRENA ALIAS CHRIS DUNDEE

> 27 décembre 1960
> Auditorium
> Miami Beach (Floride)
> Herb Siler
> Victoire, abandon, 4e round

C'est pas moi qui ai mis Siler K.-O., c'est Cassius.

ANGELO DUNDEE

Merci quand même.

BILL FAVERSHAM

J'aimais pas vraiment la boxe, mais j'ai boxé des types qu'étaient drôlement bons... Clay, Alongi... Ernie Terrell deux fois. Le problème c'est que j'étais alcoolo, je buvais quand je boxais pas... et même quand je boxais. Quand j'étais bourré, je me serais battu contre n'importe qui.

HERB SILER

C'était un bon fils, mais il buvait un peu trop... à cause de ça, il a passé sept ans en prison... sept ans pour avoir tué sa copine de l'époque qui le menaçait avec un couteau. Ça fait bizarre à dire comme ça, mais c'était un bon garçon. Quand il est sorti de prison, il s'est calmé... l'âge aussi... sans doute ! Et la religion... il allait à l'église tous les dimanches, il gagnait bien sa vie, il a pas mérité de mourir si vite... tout est allé si vite ! Il est mort deux mois après qu'on ait découvert qu'il avait le sida.

CATHEREN JACKSON

> 17 janvier 1961
> Auditorium
> Miami Beach (Floride)
> Tony Esperti
> Victoire, K.-O., 3e round

Deux semaines après, pour son anniversaire, on lui a organisé un autre combat au même endroit contre Antony Esperti dit « Big Tony ». Tony avait pas boxé depuis six ans, mais il était en forme, il avait servi de sparring à Liston et à Willie Pastrano qui boxait pour mon frère. Pour ses dix-neuf ans, Ali a touché cinq cent quarante-cinq dollars, je me souviens pas combien on a filé à Big Tony mais, comme il nous avait quand même rendu service, on lui a fait faire un autre combat deux mois plus tard, il l'a perdu d'ailleurs, aux points... et puis après, il a arrêté les frais... il avait ses affaires à lui.

CHRIS DUNDEE

Antony « Big Tony » Esperti était connu comme le loup blanc. Il était né dans le Bronx, il avait fait quelques combats à New York dans les années 50... sans beaucoup de succès, dix-sept combats, six défaites, deux nuls et neuf victoires contre des moins que rien avant de s'installer à Miami. C'était un mafieux notoire, habillé comme un mafieux... personne pouvait ignorer ce qu'il fabriquait ! Quand il a arrêté la boxe, il a fait les délices de la rubrique faits divers du *Miami Herald*, il était arrêté tous les mois ou presque pour coups et blessures. Bizarrement, ses victimes portaient jamais plainte. En 67, il a échappé de justesse à un attentat à la bombe. La même année, il a été arrêté à North Bay pour avoir tiré, jusqu'à ce que mort s'ensuive, sur Thomas « The Enforcer » Altamura. Il a fallu trois flics pour le maîtriser. À l'époque, il devait bien faire dans les cent vingt kilos. Il est sorti de taule en 1991.

JEFFREY CHARNOVSKY

C'était un tas de graisse, un boxeur lamentable.

LEON VAN LEAR

« Je serai champion ! Je suis le plus grand ! Je battrai Patterson ! » Quand on entend ça aujourd'hui, on sait bien que toutes ces prophéties se sont réalisées, écouter ça, c'est comme siffler une chanson des Beatles sous la douche, sauf qu'à l'époque Clay avait dix-huit ou dix-neuf ans, qu'il boxait en début de programme, qu'il n'avait pas sa photo sur l'affiche et qu'il enfilait encore son short de l'équipe des USA dans des vestiaires déserts.

DAVID REMNICK

Avec ses boxeurs, Angelo était dur quand il fallait l'être et doux quand il le fallait. Il avait l'habitude depuis qu'il s'était occupé de la carrière de son frère Chris. Chris était une tête de mule, un boxeur dur, il fallait lui céder quand il le fallait et le visser quand il fallait le visser.

FERDIE PACHECO

J'ai toujours fait comme si Ali avait découvert tout seul ce qu'il faisait, quitte à prendre des voies détournées, je lui ai jamais donné d'ordres. Je l'ai canalisé, je l'ai jamais dirigé.

Angelo Dundee

Angelo n'était pas le genre de manager mégalo comme il y en a tant aujourd'hui, le genre à dire : « JE l'ai boxé comme ça et comme ça ! », « JE l'ai filé en l'air ! » Il savait qu'il n'était que le second rôle, que la vedette, c'est le boxeur, même si c'est une chèvre ! De toute façon, Ali était impossible à contrôler, il n'aurait pas supporté qu'on essaie de le faire.

David Remnick

Faites en sorte que la star brille toute seule. Elle est là pour ça !

Charlie « izraël » Goldman

J'aurais bien voulu qu'il travaille en bas, mais y avait rien à faire.

Angelo Dundee

Je frappe en bas parce que les yeux sont en haut.

Sam Langford

Il faisait tout ce qu'il ne faut pas faire sur un ring... le gauche au niveau des genoux, reculer sans se protéger, rester immobile dans les cordes.

Mark Breland

Il avait un véritable radar embarqué qui passait par ses yeux, c'est pour ça qu'il avait toujours la tête levée.

FERDIE PACHECO

Sur un ring, Ali était une pure merveille, il n'avait pas besoin d'être guidé, en dehors du ring, il était d'une terrible naïveté.

JACK CASHILL

J'étais pas là quand Ali est venu au temple pour la première fois, la première personne à lui avoir parlé de l'islam et d'Elijah Muhammad a été Ishmael Sabakhan, le responsable de notre mosquée de Miami.

JEREMIAH SHABAZZ

Rudy passait tout son temps au salon de coiffure Red, il est tombé sous la coupe de Captain Sam, un agent recruteur des Musulmans. Rudy ne les intéressait pas vraiment, celui qui les intéressait, c'est Ali.

FERDIE PACHECO

Les gens de Louisville n'auraient jamais dû envoyer mon fils à Miami, ils ont laissé les Musulmans me voler mon fils !

ODESSA CLAY

C'est pas eux, c'est ce con de Rudy.

CASSIUS MARCELLUS CLAY SR

En fait, le père de Cassius et Elijah Muhammad ont la même vision des rapports raciaux.

JACK OLSEN

Les Blancs vont à la messe le dimanche et le lundi ils pendent un Noir.

CASSIUS MARCELLUS CLAY SR

Son père m'a dit un jour qu'il avait eu tort de pas travailler avec moi. Trente secondes après, il aurait pu dire l'inverse… c'est un lunatique !

JOE MARTIN

Je hais les Blancs ! Ce sont des démons ! Je les hais ! Je leur souris même pas, je les hais !

RAHAMAN ALI

Son frère Rudolph a tout de suite été plus enthousiaste que lui.

JEREMIAH SHABAZZ

On est allés lui acheter des chemises chez Bundine's, on a regardé d'abord celles qui étaient en solde à 2.99 $! Cassius n'était pas sûr de sa taille. Le vendeur n'a pas voulu qu'il enfile celle qui lui plaisait pour voir si elle lui allait, le chef de rayon non plus. « Les nègres n'ont pas le droit d'essayer les vêtements ! », c'était tout ce qu'ils savaient dire. J'ai fait appeler le directeur, je lui ai dit que je travaillais pour *Sports Illustrated*, que le jeune homme avec moi avait remporté une médaille d'or aux jeux Olympiques et que j'étais là pour le photographier. Il m'a répondu que ça ne changeait strictement rien au problème, avant de me prendre à part et de me dire : « C'est le règlement. C'est la politique du magasin. Les nègres n'ont pas le droit d'essayer les articles. »

FLIP SCHULKE

Nous avons subi un lavage de cerveau. Nous n'avons pas été seulement persuadés que les Blancs dominaient la Terre, mais qu'ils dominaient aussi le Ciel, que Dieu était blanc, que Jésus était blanc, que les anges étaient blancs. Des milliers de nos frères ont été tués en Georgie, en Alabama, et toutes leurs prières ont été inutiles ! Aucune de leurs prières n'a arrêté l'inhumanité des Blancs, mais s'ils priaient Allah, Allah serait là lorsqu'ils auraient besoin d'Allah. C'est ce que nous avons appris à Cassius. C'est ce que notre prophète, l'Honorable Elijah Muhammad, a appris à nos frères.

JEREMIAH SHABAZZ

Je me rappelle avoir passé quelques jours avec lui et sa famille à Louisville pour *Sports Illustrated*. Pas longtemps après, je l'ai croisé à l'aéroport de La Nouvelle-Orléans, nous avons pris un pot ensemble. Le serveur m'a amené ma *root beer* dans un verre avec de la glace, il a servi Cassius dans un gobelet en carton. J'étais plus en rogne que lui. Arrivé à son hôtel à Miami, il m'a dit que, si je voulais, je pouvais rester là avec lui, mais le journal m'avait réservé un hôtel plus confortable… j'en suis pas fier… mais je ne suis pas resté avec lui… j'ai fait la même chose que le serveur qui m'avait foutu en rogne à La Nouvelle-Orléans.

HUSTON HORN

> 7 février 1961
> Convention Hall
> Miami Beach (Floride)
> Jim Robinson
> Victoire, K.-O. tech, 1er round

J'ai commencé la boxe à trente-cinq ans... mon manager m'a appelé pour me dire que j'avais un combat contre Cassius Clay. Willie « Shorty » Gulatt, le type qu'il devait rencontrer, avait déclaré forfait. Il m'a dit que c'était un poids lourd, j'lui ai dit qu'aux dernières nouvelles j'étais poids moyen, il a dit que c'était pas le problème, qu'il allait s'arranger et que c'était bien payé. À la pesée, il a appuyé sur le plateau de la balance avec son pied... je devais bien peser vingt kilos de moins que Clay.

Jim « Sweet » Robinson

Pour ses premiers combats, j'ai essayé de pas aller trop vite, de bien choisir ses adversaires.

Angelo Dundee

Elijah Muhammad a tout de suite compris le bénéfice qu'il pourrait tirer d'une recrue comme Cassius Clay, il a envoyé Jeremiah Shabazz pour s'occuper de l'éducation du jeune homme. La première chose qu'il lui a apprise, c'est que Dieu était noir, la seconde, que l'homme blanc était un démon.

Thomas Hauser

Tout le monde a un dieu qui lui ressemble, les Chinois ont Bouddha qui ressemble à un Chinois, les chrétiens ont Jésus qui est blanc. Les Noirs n'ont aucun dieu à leur image... au contraire, ton père continue à peindre un Dieu blanc sur les murs !

JEREMIAH SHABAZZ

> 21 février 1961
> Auditorium
> Miami Beach (Floride)
> Donnie Fleeman
> Victoire, abandon, 7ᵉ round

J'avais un paquet de combats de plus que lui, mais j'avais perdu le dernier contre Peter Rademacher qui m'avait cassé les côtes. Mon toubib voulait pas entendre parler du combat contre Clay, en fait, il voulait plus entendre parler de combat du tout. J'pouvais même pas lever mon gauche, mais ils m'ont proposé trois mille dollars ! J'ai refusé de boxer en dix reprises de deux minutes, j'ai signé pour huit de trois. J'ai arrêté les frais à la septième reprise, ils devaient pas être mécontents, ils m'ont filé une rallonge de mille dollars. J'ai raccroché les gants après ce combat.

DONNIE FLEEMAN

Cassius Clay est un boxeur très spectaculaire, il ne frappe pas, mais il est tellement rapide qu'il devrait pouvoir gagner pas mal de combats avant la limite.

JOHN UNDERWOOD

Ses séances d'entraînement avec Johansson, ça a vraiment été quelque chose.

ANGELO DUNDEE

Ingemar Johansson était à Miami pour la promotion de son championnat du monde contre Floyd Patterson, j'ai demandé à Angelo s'il n'avait pas quelqu'un pour s'entraîner avec lui, il m'a répondu qu'il avait quelqu'un qui ferait sûrement l'affaire. Johansson avait deux pieds gauches et une droite comme un marteau, il pouvait gagner un combat sur un seul coup. Il a raté Clay de trois mètres tout le temps où ils sont restés sur le ring ensemble. Pour arranger les choses, Clay n'arrêtait pas de le chambrer, de lui dire que c'était lui qui aurait dû rencontrer Patterson. Il faut vous rendre compte que le Suédois allait disputer son troisième championnat du monde. Il avait gagné le premier, perdu le deuxième, théoriquement il était fin prêt pour la belle… Clay, qui n'avait que quatre combats, l'a ridiculisé. À la fin du deuxième round, Whitey Bimstein, l'entraîneur d'Ingo, a arrêté les frais. Tout le monde en avait assez vu.

HAROLD CONRAD

Vous avez encore rien vu ! Vous pouvez pas savoir de quoi ce petit salopard est capable !

ANGELO DUNDEE

C'est la plus époustouflante démonstration de boxe défensive que j'aie jamais vue de ma vie. Clay n'était qu'un gamin et il a ridiculisé Johansson. Je n'avais jamais vu ça et je n'ai jamais vu ça depuis. Quand je suis rentré à New York, j'ai dit au staff de *Sports Illustrated* qu'un jour ou l'autre ce gars serait champion du monde, ça ne faisait aucun doute, et qu'il fallait absolument faire un papier sur lui.

GIL ROGIN

Les Noirs ont construit l'Amérique de la première à la dernière brique... et les Blancs continuent de nous haïr. Les Coréens ? Pas de problème ! Les Allemands ? Bienvenue ! Les Japonais ? Au poil ! Et les Blancs continuent à nous lyncher, à violer nos femmes, à brûler nos maisons ! Les chiens des Blancs continuent à nous mordre et les Noirs continuent à prier le Dieu blanc des Blancs dans les églises des Blancs !

JEREMIAH SHABAZZ

> 19 avril 1961
> Freedom Hall
> Louisville (Kentucky)
> Lamar Clark
> Victoire, K.-O., 2e round

Lamar Clark avait mis K.-O. quarante-cinq adversaires d'affilée, ce qui lui avait valu d'être mentionné dans *The Ring* et dans le *Guiness Book of World Records*.

STEVEN C. LOSCH

Lamar Clark, le sixième adversaire de Clay, avait un palmarès impressionnant, quarante-cinq victoires avant la limite sur cinquante combats, mais il n'avait pas rencontré grand monde décidé à rester debout. Ce n'était pas autre chose qu'un boxeur de foire. À Bingham dans l'Utah dont il était natif, en une seule soirée, il avait mis K.-O. six adversaires à la file, le septième s'était fait la malle. Pour mieux le situer dans l'échelle des valeurs, Clay, qui ne frappait pas, lui a cassé le nez à la première reprise avant de l'envoyer sur le cul deux fois à la deuxième reprise. Après cette soirée au Freedom Hall de Louisville, le « Marteau-Pilon de l'Utah » n'est plus jamais remonté sur un ring.

LLOYD HEFNER

C'était le bon moment pour arrêter.

LAMAR CLARK

Au Famous Chef Café, j'ai enseigné à Cassius toutes les astuces de l'homme blanc, toutes ses traîtrises, tous ses mensonges... Comment l'homme blanc nous avait manipulés, comment il nous avait réduits en esclavage, je lui ai parlé de nos royaumes africains du temps où les Blancs vivaient dans des cavernes.

ABDUL RAHAMAN

J'aimais pas boxer, mais j'aurais bien fait dix kilomètres à pied pour une bonne bagarre dans un bar.

DUKE SABEDONG

Avant de rencontrer Duke Sabedong qui était lui-même une espèce de phénomène de foire, plus de deux mètres, plus de cent kilos, Ali avait participé à une émission de radio avec Gorgeous George qui allait s'avérer une rencontre bien plus décisive que son combat contre le géant hawaïen.

DAVID REMNICK

Gorgeous George est sans aucun doute la meilleure chose qui soit arrivée à la télévision.

THE WASHINGTON POST

Je sais pas si j'étais fait pour la télévision, mais la télévision était faite pour moi.

GEORGE WAGNER ALIAS GORGEOUS GEORGE

Observer Gorgeous George m'a largement inspiré pour mes spectacles. Pas seulement le truc des capes, tout le côté spectaculaire.

JAMES BROWN

Gorgeous George a été le pionnier du spectacle moderne, quelque part entre Barnum et Muhammad Ali. Tous les athlètes d'aujourd'hui lui doivent quelque chose, ce sont ses enfants.

DICK SCHAAP

Le héros américain se devait d'être digne, calme, stoïque et modeste, Gorgeous George a renversé toutes ces valeurs à la Gary Cooper ou à la John Wayne. Il a été le premier « méchant » à éclipser les héros positifs et à prendre le contre-pied de la virilité conventionnelle. Avec ses longues boucles décolorées, ses peignoirs roses ou mauves en lamé, ses cols en dentelle, ses plumes de paon, ses doublures en hermine, son valet, Jeffrey Jefferies, qui l'aspergeait d'eau de Cologne et qui désinfectait le ring avant que son maître daigne y poser le pied, son mépris affiché pour les « ploucs » venus le voir se faire massacrer, l'homme-orchidée a créé la culture populaire américaine de ces années-là.

JOHN CAPOUYA

Il a été l'un des héros de mon enfance. Je me suis fait décolorer en blond après l'avoir vu.

JOHN WATERS

Il a été le premier à m'encourager, à me dire que j'avais l'énergie en moi pour devenir une star.

ROBERT ZIMMERMAN ALIAS BOB DYLAN

Au temps de sa splendeur, Gorgeous George gagnait autant d'argent que Joe Di Maggio au temps de la sienne. Liberace et Little Richard lui ont tout piqué, même le coup du chandelier sur le piano. Il a été la première vedette à jouer de l'ambiguïté sexuelle, il est un précurseur de David Bowie et Boy George, son succès basé sur sa seule image annonce, avec trente ans d'avance, la déclaration d'André Agassi : « L'image est tout ! »

JOHN CAPOUYA

On ne peut pas dire que Cassius était particulièrement discret mais, comparé à Gorgeous George, c'était un enfant de chœur. Gorgeous George avait quarante-six ans à l'époque de leur rencontre, mais il a impressionné Cassius avec ses déclarations avant son combat : « Je vais le tuer ! Je vais lui arracher la tête ! Si ce minable me bat, je me rase le crâne… mais je garderai mes boucles parce que je suis le plus grand catcheur du monde ! » Mighty Mouth a été encore plus impressionné lorsqu'il s'est rendu compte qu'il n'y avait plus un seul siège de libre pour voir Gorgeous George se faire massacrer.

DAVID REMNICK

Ils paieront tous pour voir ton adversaire te faire fermer ta grande gueule ! Alors, continue à l'ouvrir et continue à les provoquer !

GORGEOUS GEORGE

> **26 juin 1961**
> Convention Center
> Las Vegas (Nevada)
> Duke Sabedong
> Victoire aux points, 10 rounds

Clay n'a pas dû être déçu ce soir-là, les trois mille spectateurs présents au Convention Center de Las Vegas l'ont sifflé pendant dix rounds. Sabedong mesurait dix centimètres et pesait dix kilos de plus que Clay, il avait douze ans de plus que lui et ne savait rien faire sur un ring. Il a donné quelques coups bas à Clay, il a essayé de lui mordre l'oreille pour le déconcentrer, mais il était évident qu'il y avait un écart considérable entre les deux boxeurs, malgré cela, le combat a été jusqu'au bout des dix reprises alors que Clay avait prédit que le géant hawaïen tomberait au bout de quatre.

Thomas Hauser

Clay est le dernier showman dans la grande tradition américaine de la promotion narcissique, il descend tout droit de Buffalo Bill.

David Remnick

Personne n'a mieux réussi qu'Ali à faire ressortir l'acteur chez l'athlète ni ne l'a fait avec un tel acharnement.

Angelo Bartlett Giamatti

Je comprends pas ce que l'on reproche à Clay. Un peu plus tard, quand il a été question de politique et de religion, O.K. ! Et encore, j'ai toujours pensé qu'il avait le droit de dire ce qu'il avait sur le cœur, mais à l'époque ceux qui lui reprochaient de trop parler étaient les mêmes qui reprochaient à Joe Louis d'être quasiment muet. Clay a changé tout ça, il a remis le boxeur au centre de toutes les attentions.

Angelo Dundee

Je ne dis pas que, plus tard, il ne soit pas devenu ennuyeux, il répétait toujours les mêmes blagues Carambar, on ne l'écoutait même plus mais, quand il était jeune, chaque minute passée avec lui était un vrai plaisir et, même quand il a vieilli, c'était plus amusant de s'ennuyer avec lui que de s'amuser avec quelqu'un d'autre.

Dick Schaap

C'était un génie de la pub... Flip Schulke, le photographe, était très fier de ses photos sous-marines, quand Clay l'a rencontré, il s'est engouffré là-dedans comme dans du beurre pour lui vendre un sujet pour *Life*... qui ne voulait pas de sujet, ni sur la boxe ni sur ce poids lourd qui souriait tout le temps ! Il a réussi à faire croire à Flip qu'il s'entraînait sous l'eau, que c'était le secret de sa rapidité. On s'est pointés le lendemain au Sir John Hotel, Clay a plongé dans la piscine avant même qu'on lui demande quoi que ce soit. Quand il en ressortait, Angelo Dundee l'essuyait avec une serviette, on aurait vraiment dit une séance d'entraînement de routine. Flip a trouvé le sujet formidable, ce qui lui plaisait, c'était les bulles ! J'ai téléphoné à Phil Kunhardt qui a trouvé l'idée géniale. Ils ont publié le reportage le 8 septembre 61 et *Sports Illustrated* l'a repris le 25 du même mois.

Matt Schudel

Le lendemain, je me suis pointé avec mon matériel, mon scaphandre, mon boîtier étanche et tout le Trafalgar, j'avais juste oublié mon maillot de bain, c'est Cassius qui m'a prêté son short Everlast... je flottais dedans, à l'époque, je devais peser soixante-cinq kilos ! J'ai fait les photos, elles étaient formidables, *Life* les a publiées et *Sports Illustrated* aussi, alors que le responsable photo avait trouvé l'idée ridicule.

FLIP SCHULKE

Évidemment, Cassius Clay ne savait pas nager... pas du tout, vraiment pas ! Évidemment, il ne s'est jamais entraîné dans l'eau, encore moins sous l'eau !

NEIL LEIFER

Monter une arnaque comme ça à dix-neuf ans ? Cinq pages dans le plus grand magazine de cette époque ! Au risque de se noyer... C'est une preuve de son génie...

FLIP SCHULKE

C'était un génie de la pub... et un escroc aussi !

MATT SCHUDEL

Tout ce folklore a toujours fait partie du sport de haut niveau, mais le jeune Clay a porté tout ce Barnum à incandescence. Clay s'est inspiré du catch, bien sûr, mais il était aussi un enfant de la culture audiovisuelle populaire des années 50, ses monologues sont parsemés de références au cinéma, au baseball comme au catch, à la télé, aux feuilletons radiophoniques, à Hollywood.

MIKE MARQUSEE

La carrière de Cassius Clay a commencé au début des années 60. C'était l'époque où débutait le règne des Kennedy, celle de l'espoir et de la Nouvelle Frontière. Camelot ! L'âge du Verseau ! C'était avant la baie des Cochons, avant que les assassinats politiques ne deviennent une désastreuse rengaine... Malcolm X ! Martin Luther King ! Bobby Kennedy ! Avant la convention de Chicago, avant Kent State, avant Nixon, avant l'invasion du Cambodge et celle du Laos. L'époque où la jeunesse se soulevait contre l'ordre ancien et avait toutes les chances de triompher. Celle du pop art et de la pop music. Celle où tout allait changer. Cassius était le cinquième Beatles !

BUDD SCHULBERG

Tout ça, ce sont les conséquences de la Deuxième Guerre mondiale. Quand les Beatles ont commencé à avoir du succès, c'était le premier cri de joie de la jeunesse depuis longtemps. Après les années difficiles de l'après-guerre, après le rationnement, tout d'un coup il y avait cette gaieté merveilleuse de la consommation, cette joie de vivre. On a donné aux Beatles un statut royal, des lettres de créance, des tas de trucs de ce genre. Muhammad Ali est devenu une partie de ce mythe. Il était au niveau de cette culture-là. Quand les Beatles l'ont rencontré en 64 lors de leur premier voyage aux États-Unis, cela a été comme une reconnaissance mutuelle. Ils savaient qu'ils faisaient la même chose. Dylan, c'est pareil, Warhol aussi, Burroughs aussi.

VICTOR BOCKRIS

Ce qui est sûr, c'est qu'Ali était capable de se vendre, mais la question « Est-ce qu'il peut se battre ? » restait posée. Avec sa garde basse et son habitude d'esquiver en reculant, le désastre était toujours envisageable. Cela donnait des combats spectaculaires, mais les spécialistes restaient dubitatifs. Pour eux, Clay était un coureur à pied plus qu'un danseur, son direct du gauche était une caresse, il ne frappait pas, ils avaient des doutes sur sa capacité à passer à la vitesse supérieure.

THOMAS HAUSER

Au début de sa carrière, pas mal de gens ont pensé qu'Ali encaissait pas. Ils pensaient que c'était pour ça qu'il dansait en reculant. Demandez à n'importe quel boxeur si ça l'amuse de prendre des coups. Ça en amuse aucun. Vous prenez un coup parce que vous pouvez pas l'éviter et tous ceux que vous évitez sont à porter à votre crédit. D'autres disaient : « Il n'a qu'un jab ! » O.K. ! Mais un direct d'Ali pouvait vous sonner, un direct d'Ali pouvait vous faire mal ! Le direct d'Ali marquait des points, je lui répétais toujours : « Continue ! Continue ! Dévisse-lui la tête ! »

ANGELO DUNDEE

C'est dur à dire, mais c'est vrai, ce que je préfère, c'est quand ça commence à faire mal.

FRANK « THE ANIMAL » FLETCHER

Ali avait dans sa jeunesse un talent si éblouissant qu'il était impossible de savoir s'il avait ce que les boxeurs appellent « un cœur gros comme ça », cette faculté de poursuivre le combat alors qu'ils sont touchés. Plus tard, quand la vitesse d'Ali a diminué, un boxeur nouveau a émergé, plus complexe, et même plus grand, comme il s'est révélé être dans la trilogie des combats contre Joe Frazier.

Joyce Carol Oates

Avec lui, les histoires tournent au vinaigre au fur et à mesure du combat. Pim ! Pim ! Pim ! Il vous pique, pique et repique… jusqu'à ce que vous sachiez plus où vous habitez.

Harry Wiley

Après sa victoire sur Duke Sabedong, le « Géant hawaïen », Ali est devenu le premier boxeur de son âge à voir ses combats retransmis à la télévision sur les chaînes nationales alors qu'il venait tout juste de passer pro.

Thomas Hauser

Depuis sa victoire aux jeux Olympiques, j'avais un œil sur Cassius Clay, je savais qu'un de ces jours nous aurions besoin l'un de l'autre. À l'époque, le Madison Square Garden produisait une cinquantaine de combats pour la *Gillette Cavalcade* du vendredi. Quand la salle n'était pas libre, on télévisait les réunions depuis une autre ville. Le premier combat de Clay pour lequel j'ai travaillé a été retransmis depuis Louisville.

Teddy Brenner

**22 juillet 1961
Freedom Hall
Louisville (Kentucky)
Alonzo Johnson
Victoire aux points, 10 rounds**

J'étais pas un puncheur, mais j'avais de l'expérience. À une époque, j'ai été classé sixième mondial. J'avais perdu pas mal de combats depuis, mais j'avais de l'expérience, beaucoup plus que Clay, mais il était beaucoup plus rapide que moi. Il m'a battu nettement, mais j'ai tenu la limite.

ALONZO JOHNSON

> 7 octobre 1961
> Freedom Hall
> Louisville (Kentucky)
> Alex Miteff
> Victoire, K.-O. tech, 6e round

Après sa victoire aux points contre Alonzo Johnson, on a retransmis un autre combat de Clay depuis Louisville, contre Alex Miteff cette fois. Deux heures avant le combat, on s'est rendu compte qu'on avait oublié les gants. On a fini par en trouver deux paires qui avaient tellement servi qu'ils étaient durs comme de la pierre. On a tous pensé que ça avantagerait Miteff qui frappait plutôt que Clay qui ne frappait pas du tout. C'est le contraire qui s'est passé.

TEDDY BRENNER

Mon manager me prenait trente-trois pour cent, mon entraîneur dix pour cent et ainsi de suite, à la fin il me restait les yeux pour pleurer. Pour mon combat contre Clay, j'avais même pas de short, c'est Clay qui m'a prêté un des siens. Pour ce qui est du combat, j'ai fait de mon mieux, mais j'ai jamais aimé boxer les types plus grands que moi et Clay était nettement plus grand. En revanche, il frappe pas, ma femme frappe davantage ! Jusqu'au cinquième, ça allait, au sixième il m'a surpris avec une droite. Je me suis relevé, mais l'arbitre a arrêté les frais. Visiblement, il était pressé.

ALEX MITEFF

Miteff a contré Clay avec des coups au corps, rares mais puissants, il l'a même sonné au deuxième, mais Clay a accéléré à partir du quatrième. Au sixième, il a réussi une droite parfaite à la pointe du menton de Miteff. Alex s'est écroulé lentement, il s'est relevé tant bien que mal, il a tangué le long des cordes avant de tituber comme un ivrogne vers son coin. L'arbitre a préféré arrêter le combat et, à mon avis, il a eu raison, Miteff était sonné et coupé de partout.

GILBERT ROGIN

---

29 novembre 1961
Freedom Hall
Louisville (Kentucky)
Willi Besmanoff
Victoire, K.-O. tech, 7ᵉ round

Son adversaire suivant, Willi Besmanoff, avait dix ans de plus que lui, il n'était pas très grand et plutôt enveloppé. Dans la vie, il était gérant de bowling, il n'avait pas boxé depuis six mois. Besmanoff était né à Munich, la première partie de sa carrière, plutôt honorable, s'était déroulée en Allemagne contre des adversaires qui étaient loin d'être des foudres de guerre. La veille du jour de Noël 1956, il a quitté femme et enfants pour s'envoler vers les États-Unis où il a commencé à perdre régulièrement, souvent avant la limite, contre des types qui le rencontraient pour gagner sans trop de problèmes... Zora Folley, Archie Moore, Pete Rademacher, Eddie Machen, Willie Pastrano, Yvon Durelle, George Chuvalo, Alejandro Lavorante. Il avait même perdu contre Alex Miteff, le précédent adversaire de Clay. C'est dire que, même comme punching-ball, il n'était pas très crédible.

LLOYD HEFNER

Pour moi... il a pas gagné... c'est moi qui ai perdu ! Avant le combat... Clay m'avait traité de... canard boiteux... et prédit qu'il gagnerait au septième... J'ai bien essayé d'aller jusqu'au bout... mais j'avais les deux arcades coupées... l'arbitre m'a arrêté. Pour un vieux... je crois que j'ai fait du bon boulot...

WILLI BESMANOFF

Quand il ne joue pas au dingue, c'est un champion.

ANGELO DUNDEE

Je me fous de savoir s'il sait boxer ou pas, avec lui la boxe revit.

JACK DEMPSEY

C'était un plaisir de le regarder, un plaisir de l'écouter, un plaisir d'être avec lui. Il était tellement adorable que je ne savais pas quoi faire pour lui. Ce qui l'intéressait le plus, c'était de se planter devant le restaurant de Jack Dempsey au coin de la 49e Rue et de la 7e Avenue et de regarder les filles... les « souris », comme il disait. Il ne les abordait même pas, il les regardait, c'est tout ! Pas un geste déplacé, pas un mot de travers... rien ! Les boxeurs d'aujourd'hui font la gueule s'ils n'ont pas une limousine pour les transporter de leur hôtel au studio de télévision en face, la première fois que j'ai vu Clay, il m'a demandé ce qu'il fallait qu'il fasse. Il faisait tout ce qu'on lui demandait, absolument tout, sauf le petit laïus au micro avant le combat. Si je le lui avais demandé, il l'aurait fait... et sûrement mieux que le speaker officiel ! Pour un type comme moi, qui fait le métier que je fais, Cassius Clay était le client rêvé.

JOHN CONDON

Début 62, Jeremiah Shabazz a procuré à Cassius un cuisinier musulman pour que ses repas soient cuisinés en accord avec les règles imposées par la Nation de l'Islam. Un peu plus tard, cette année-là, Clay a assisté, à Detroit, à une réunion d'Elijah Muhammad, c'est là qu'il a rencontré Malcolm X pour la première fois.

THOMAS HAUSER

Il s'est présenté à moi comme si je devais savoir qui il était : Cassius Clay, futur champion du monde des poids lourds ! En fait, non seulement je ne le connaissais pas, mais nous appartenions à deux mondes totalement séparés. Elijah Muhammad était contre toute forme de sport.

MALCOLM LITTLE ALIAS DETROIT RED
ALIAS MALCOLM X
ALIAS EL-HAJJ MALIK EL-SHABAZZ

Malcolm Little devenu X, l'ex-voyou, l'ex-voleur à la tire, l'ex-dealer, l'ex-maquereau qui avait compris au travers de l'enseignement d'Elijah Muhammad que le renoncement à sa vie passée en faisait le libérateur désigné de ses vingt millions de frères menacés de génocide par l'Amérique blanche, n'était pas un grand amateur de boxe, mais évidemment, quand il l'a rencontré à Detroit, il savait qui était Cassius Clay.

BUDD SCHULBERG

En 52, lorsqu'il a été libéré de prison, Malcolm a d'abord laissé tomber son ancien patronyme, Malcolm Little, pour adopter *Muslim* X, ce qui voulait dire qu'il était : eX-fumeur, eX-buveur, eX-chrétien, eX-esclave.

FELIX DENNIS & DON ATYEO

Je voulais savoir si Clay pouvait supporter un combat dur et, surtout, s'il pouvait attirer les foules ailleurs qu'à Louisville ou à Miami, c'est pour ça que j'ai monté le combat contre Sonny Banks au Madison Square Garden.

TEDDY BRENNER

> 10 février 1962
> Madison Square Garden
> New York (New York)
> Sonny Banks
> Victoire, K.-O. tech, 4ᵉ round

Le mercredi avant le combat, Clay a prédit qu'il battrait Banks au quatrième round, en smoking de location devant tous les types de la New York Boxing Writers' Association. Il a fait un tabac.

FELIX DENNIS & DON ATYEO

Banks avait le genre de torse en V que les artistes réalistes socialistes dessinent aux prolétaires.

A. J. LIEBLING

Banks était un puncheur, il n'avait que ça, mais il frappait. Il avait battu Tunney Hunsaker, que Clay avait battu aux points, par K.-O. à la deuxième reprise.

GIL CLANCY

Sonny Banks n'est pas un faire-valoir, il a vingt et un ans, il a gagné dix de ses douze combats avant la limite. Il est aussi introverti que Clay est extraverti.

A. J. LIEBLING

Dans les vestiaires, Clay ne flambait plus tant que ça, quand on a été seuls tous les deux, il m'a demandé si à mon avis il pouvait battre ce type. Au premier round, Banks l'a chopé avec son crochet du gauche et Clay a dégringolé comme un sac de farine. Angelo est devenu tout blanc, je me suis demandé si c'était pas lui qu'il allait falloir ranimer.

GIL CLANCY

Quand il est tombé, il avait les yeux fermés, quand il a touché le sol, ils étaient déjà ouverts.

ANGELO DUNDEE

Il s'est relevé à quatre, je l'ai compté jusqu'à huit. Il donnait pas l'impression d'être touché, il avait surtout l'air étonné de ce qui lui était arrivé et le type en face m'a semblé un peu léger pour pouvoir l'inquiéter vraiment.

Ruby Goldstein

À la deuxième reprise, le talent a parlé. Banks ressemblait à un type qui chasse les abeilles à grands coups de pelle... et rien ne fatigue davantage que de rater sa cible. Jab! Jab! Jab! Les coups du poète piquaient comme les abeilles. Entre la troisième et la quatrième, le docteur Schiff est monté examiner Banks pour voir s'il était en état de continuer le combat, à la quatrième, l'arbitre a mis un terme à son martyre.

A. J. Liebling

Pour sa rapidité et sa vitesse de déplacement, il me rappelle Patterson à ses débuts, c'est un mélange de Ray Sugar Robinson et du jeune Patterson.

Ruby Goldstein

Quand je l'ai vu se relever, récupérer, pas perdre son sang-froid pour s'imposer trois rounds plus tard, je me suis dit que j'avais un sacré potentiel entre les mains.

Angelo Dundee

Trois ans après son combat contre Clay, Sonny Banks est mort de ses blessures après avoir perdu par K.-O. à la neuvième reprise contre Leotis Martin, un boxeur resté célèbre pour avoir battu Sonny Liston par K.-O.

Lloyd Hefner

> 28 février 1962
> Convention Hall
> Miami (Floride)
> Don Warner
> Victoire, K.-O. tech, 4e round

Après l'alerte contre Banks, Angelo Dundee a préféré se replier sur Miami où les choses étaient plus sûres et où les affaires se contrôlaient plus facilement. Il a refusé plusieurs offres du Garden avant que son frère, Chris, organise un combat contre Don Warner au Convention Hall devant quatre mille spectateurs, c'est-à-dire le double qu'à New York, assorti d'une bourse deux fois inférieure pour son boxeur. Le prix des places allait de cinquante cents à cinq dollars pour un fauteuil de ring.

JAKE « SUNNY » MEREMOUNT

Au quatrième round, suite à une droite de Clay, Don Warner nous a interprété une version cataleptique du twist… et l'arbitre a mis fin aux hostilités.

RED SMITH

Don Warner alias Hasan Muhammad perdra sept de ses neuf combats suivants, dont quatre avant la limite contre des adversaires du genre de Tony Alongi, Sonny Banks ou Leotis Martin.

LLOYD HEFNER

> 23 avril 1962
> Memorial Sports Arena
> Los Angeles (Californie)
> George Logan
> Victoire, K.-O. tech, 4ᵉ round

Pour sa rencontre contre George Logan à la Memorial Sports Arena de Los Angeles, Joe Louis lui avait garanti une bourse de six mille dollars.

Felix Dennis

Je tra-va-vaillais pour le *Sentinel* et j'étai-tais chargé de cou-cou-couvrir le combat de Clay con-contre Logan à Lo-Lo-Los Angeles. Je co-co-naissais ni-ni l'un ni-ni l'autre, j'ai assisté à la con-conférence de presse, pris quelques photos et puis j'ai croisé par hasard Cassius Clay et son-son frère au coin de Broadway et de la 5ᵉ, je leur ai de-de-demandé s'ils a-attendaient le bus, ils m'ont répon-pon-du que non, ils glan-glan-daient en rega-gardant les filles ! Je les ai en-en-embarqués tous les deux fai-faire un tour dan-dans ma Dod-dodge Dart, on a été au bowling… on a fi-fini la journée chez chez ma-ma mère. On s'est tou-tout de suite bien enten-ten-dus.

Howard Bingham

Le nez en sang, les deux arcades sourcilières ouvertes, George Logan sera arrêté à la quatrième reprise par l'arbitre de la rencontre, Lee Grossman. Devenu policier à Boise dans l'Idaho, Logan préfère se souvenir de sa victoire sur Ezzard Charles qui, ce soir-là, avait Ernest Hemingway dans son coin, plutôt que de sa défaite contre Clay. Il est toujours persuadé d'avoir un bien meilleur crochet du gauche qu'Ali, mais concède assez facilement qu'il boxait moins intelligemment que lui.

JAKE « SUNNY » MEREMOUNT

Clay est peut-être un moulin à paroles, mais ses séries ultra-rapides pourraient bien le mener jusqu'à la couronne suprême.

LARRY BOECK

---

19 mai 1962
St Nicholas Arena
New York (New York)
Billy Daniels
Victoire, K.-O. tech, 7ᵉ round

Pour son combat suivant, Clay allait refaire un tour du côté de la côte Est, non plus au Madison Square Garden mais à la St Nicholas Arena de New York, pour y rencontrer Billy Daniels, plus d'un mètre quatre-vingt-dix, coiffeur de son état.

JAKE « SUNNY » MEREMOUNT

Billy Daniels était invaincu.

ANGELO DUNDEE

Avant de rencontrer Clay, Billy Daniels avait un palmarès plutôt bon contre des adversaires plutôt modestes. Après l'avoir rencontré, il remportera une jolie victoire sur Tony Alongi pour perdre ensuite, souvent avant la limite, devant tous ceux qui comptaient chez les poids lourds de l'époque : Doug Jones, Zora Folley, Karl Mildenberger, Cleveland Williams, Oscar Bonavena, Joe Frazier, Jimmy Ellis, Leotis Martin, Jerry Quarry, Duane Bobick, etc.

LLOYD HEFNER

Le combat sera ennuyeux au possible. Gêné par la taille de Daniels, Clay se montrera incapable de boxer comme à l'ordinaire. Alors que beaucoup pensaient que Daniels menait aux points, l'arbitre du combat, Mark Conn, arrêtera le coiffeur new-yorkais à la septième reprise pour une coupure que Clay lui avait infligée dès la deuxième.

FELIX DENNIS & DON ATYEO

J'ai pas compris pourquoi l'arbitre m'arrêtait.

BILLY DANIELS

---

20 juillet 1962
Memorial Sports Arena
Los Angeles (Californie)
Alejandro Lavorante
Victoire, K.-O., 5ᵉ round

Contre Lavorante, Clay a peut-être livré son meilleur combat, techniquement parlant, au moins aussi bon que celui contre Cleveland Williams.

ANGELO DUNDEE

Alejandro Lavorante était monté jusqu'à la troisième place du classement mondial des poids lourds, il avait battu avant la limite des types comme Duke Sabedong et Tunney Hunsaker dont le métier était de perdre, mais aussi des clients plus sérieux dans le genre de Zora Folley ou d'Alonzo Johnson. On aurait pu penser que l'Argentin était le premier adversaire vraiment crédible de Clay, mais pour cela il aurait fallu laisser de côté ce qu'Angelo Dundee n'ignorait sûrement pas : Lavorante avait fini son dernier combat contre Archie Moore sur une civière.

LLOYD HEFNER

La droite de Clay a percé la fumée des cigares et l'Argentin s'est effondré sur le côté, lentement et avec une certaine élégance.

GEORGE MAIN

Deux mois après, Lavorante tombera dans le coma à la suite de son combat contre Johnny Riggens. Il mourra de ses blessures dix-neuf mois plus tard.

LLOYD HEFNER

---

15 novembre 1962
Memorial Sports Arena
Los Angeles (Californie)
Archie Moore
Victoire, K.-O. tech, 4ᵉ round

Après sa victoire sur Sonny Banks, Cassius avait été engagé pour jouer un petit rôle dans *Requiem pour un poids lourd* de Ralph Nelson, où Anthony Quinn jouait le rôle d'un ancien champion lessivé. Évidemment Clay jouait le rôle du jeune challenger. Pour cette brève apparition, il touchera cinq cents dollars. En 1962, il signait un contrat tout droit sorti du *Requiem* en acceptant de rencontrer Archie Moore, plus de deux cents combats au compteur, mais qui, à l'époque, avait plus ou moins quarante-sept ans, c'est-à-dire largement l'âge d'être son père. La bourse de Clay pour ce combat s'élevait à quarante-cinq mille trois cents dollars.

DAVID REMNICK

Le combat de Cassius Clay contre Archie Moore est un grand classique : le jeune espoir contre l'ancienne vedette. L'un prend date pour l'avenir tandis que l'autre monnaie sa gloire passée.

THOMAS HAUSER

Il se fout un peu trop de la gueule du monde ! J'ai une droite parfaite pour lui caresser les côtes. Quelquefois, on a tendance à croire qu'il écrit aussi bien qu'Ezra Pound, mais il ignore tout de la ponctuation.

ARCHIE MOORE

Je n'ai rien à dire, je le dis et c'est de la poésie.

JOHN CAGE

Archie est la plus belle mécanique que j'aie jamais vue fouler un ring. Le mot « professionnel » a été inventé pour lui.

MEL DURSLAG

Quand Archie monte sur le ring, il ressemble à un mécano. Il pose sa boîte à outils dans un coin et il examine le problème un petit moment, il se gratte la tête, il colle un coup de pied ou deux dans un pneu, il ouvre le capot, il farfouille... sauf que, quand il a fini de réfléchir, il répare pas la bagnole, il colle le type en carafe !

Jim Murray

Le combat truqué le plus évident de ces années-là a été le plongeon d'Archie Moore face à Marciano. Il s'agissait du dernier combat de Rocky et l'arrangement lui assurait de se retirer invaincu.

Nick Tosches

Après son combat contre Rocky Marciano, je suis passé voir Archie à San Diego avec Jack Kearns, son manager. Archie semblait heureux, il nous a fait entrer dans son bureau et il nous a dit : « Il faut que je vous présente mes associés. » Il a fait entrer deux types. Jack a regardé les deux types, il s'est tourné vers Archie et il lui a fait : « Salopard de fils de pute, pourquoi tu m'as rien dit ? » Un simple coup d'œil lui a suffi pour comprendre ce qui s'était passé... Archie avait plongé !

Truman Gibson

J'avais besoin d'argent, les promoteurs de Clay m'en ont proposé pas mal. C'était bon pour lui et c'était bon pour moi.

Archie Moore

Quand ils ont enlevé leurs peignoirs, la différence sautait aux yeux et ce n'était pas seulement une différence de taille, Archie avait les cheveux gris, il était obligé de remonter son short pour cacher son bide.

David Remnick

S'il existe quelque chose que l'on ne peut pas battre, c'est bien le temps.

Archie Moore

Il a bien touché Cassius au premier. Après ça, c'était fini. À partir du troisième, Archie ne s'est plus assis de peur de ne plus pouvoir se relever.

Norman Mailer

Il était si jeune qu'on ne sait jamais, il aurait pu faire une erreur et moi trouver l'ouverture. Mon plan, c'était de le boxer en bas, ce que personne n'avait vraiment fait jusqu'à présent, et de le cueillir avec ma droite une fois qu'il aurait ralenti. Le problème, c'est qu'il n'a pas fait d'erreur, qu'il était drôlement rapide et qu'il n'a pas ralenti ! Il faut un escabeau pour le toucher, il a de très bonnes jambes, d'excellents réflexes et quand il fait un retrait en arrière, personne n'a le bras assez long pour l'atteindre. Même jeune, je crois que je ne l'aurais pas battu… je crois que, s'il avait rencontré Joe Louis cinq fois, il l'aurait battu quatre, moi je n'aurais jamais pu battre Joe une seule fois… j'étais un sacré mi-lourd, mais Joe m'aurait massacré.

Archie Moore

Le Louisville Sponsoring Group m'avait invité à un déjeuner, Ali était là et plein de jolies filles aussi. Il leur plaisait, ça se voyait gros comme une maison, on sentait les ondes sexuelles traverser la pièce et lui restait indifférent, il les ignorait à tel point que je me suis dit, c'est pas possible, il est pédé ou quoi ? J'étais loin du compte...

MORT SHARNIK

Les premiers temps, quand il vivait à Overtown, il faisait si peu attention à toutes les putes alentour que pas mal de gens ont pensé qu'il était pédé.

ANGELO DUNDEE

> 24 janvier 1963
> Civic Arena
> Pittsburgh (Pennsylvanie)
> Charlie Powell
> Victoire, K.-O., 4e round

Au deuxième round, Powell l'a cueilli d'une droite en bas, de là où j'étais assis, j'ai cru qu'il lui avait enfoncé son bras dans le plexus jusqu'au coude, Clay n'a pas bronché, pas un seul trait de son visage n'a bougé.

MORT SHARNIK

Quand j'ai pris la première, je me suis dit : je peux en prendre deux comme ça, si je peux lui en rendre une seule des miennes, ça fera un compte juste ! Et puis je me suis rendu compte que j'étais de plus en plus naze et que si ça continuait comme ça ce serait trop tard. C'est exactement ce qui est arrivé.

CHARLES POWELL

Après le combat, Powell a passé une heure à vomir du sang dans les vestiaires.

DAVID REMNICK

Un jour, ce gosse sera champion du monde, et il va rejoindre les Musulmans noirs, tu comprends ce que ça veut dire ?

MALCOLM X

Malcolm a tout de suite aimé Cassius, un peu comme il aurait aimé un frère plus jeune. Il ne voulait pas que sa conversion gêne sa carrière. Il pensait qu'elle devait rester une affaire privée tant qu'il n'avait pas la volonté ou bien la force de la rendre publique.

BETTY DEAN SANDERS
ALIAS BETTY X ALIAS BETTY SHABAZZ

Malcolm X et Ali étaient comme des frères. Presque comme s'ils avaient été amoureux l'un de l'autre.

FERDIE PACHECO

Je lui disais de se méfier des « souris », comme il appelait les filles, je lui disais qu'elles pouvaient avoir des dents de loup.

MALCOLM X

Avant son combat contre Doug Jones, Clay a fait un caprice, il voulait une Cadillac. Il en avait déjà une, mais il en voulait une autre. Bien sûr, il n'avait pas la somme nécessaire pour l'acheter et il nous devait encore pas mal d'argent, mais il se trouve que le combat contre Doug Jones était important, pour lui et pour nous. On n'avait aucune raison de le contrarier, nous lui avons avancé l'argent pour qu'il achète sa Cadillac.

WILLIAM FAVERSHAM JR

Je donnerais n'importe quoi pour qu'il ne boxe pas Jones! Ce combat est stupide. Ces connards de Louisville ont besoin d'argent ou quoi?

JACK NILON

Je lui ai dit: « Cassius, on peut rencontrer Doug Jones en mars au Garden », il m'a demandé quel mois on était, je lui ai répondu que nous étions en janvier. Il ne savait pas combien il y avait de mois jusqu'à mars. Il m'a demandé combien il serait payé, je lui ai dit trente-cinq mille dollars ou vingt-cinq pour cent de la recette. Il était incapable de calculer un quart de quoi que ce soit ou même la moitié de trente-cinq mille.

WILLIAM FAVERSHAM

Cassius Clay? C'est l'apparition la plus sympathique depuis celle du Père Noël.

SONNY LISTON

---

13 mars 1963
Madison Square Garden
New York (New York)
Doug Jones
Victoire aux points, 10 rounds

Je n'avais jamais vu ça depuis le combat entre Joe Louis et Rocky Marciano en 51. La seule différence, c'était que Joe était une idole livrant son dernier combat contre la nouvelle idole, alors que Clay et Jones n'étaient que des seconds rôles, eh bien, le Madison Square Garden était bourré jusqu'à la gueule, il n'y avait plus une seule place de libre, plus un seul billet à vendre.

A. J. LIEBLING

Ce qu'il lui fallait, c'est quelqu'un qui veille sur lui, je lui ai envoyé Drew « Bundini » Brown qui s'était occupé de moi. Clay s'est tout de suite bien entendu avec lui, il aimait rire et Bundini savait le faire rire.

RAY « SUGAR » ROBINSON

Bundini est un véritable caméléon, pourvu que vous le payiez pour ça, il peut tenir n'importe quel rôle : tricheur professionnel, pianiste dans un bordel, prêcheur pour corbeaux, philosophe à la manque. Il a un *curriculum vitæ* d'enfer : taulard, matelot, joueur professionnel, ami intime de Dieu et fantastique ivrogne.

MARK KRAM

Tout comme Ali, Bundini sait toujours de quel côté il se trouve.

HUNTER S. THOMPSON

Vous lui collez quelques perles dans les cheveux et vous avez un sorcier !

JIMMY DUNDEE

C'est étrange, mais il m'a toujours semblé plutôt gentil.

GEORGE PLIMPTON

On aurait dit le genre de type qui pouvait vous abattre comme un chien sans broncher, sans même froncer les sourcils.

JOSÉ TORRES

Quand il buvait, il pouvait causer des problèmes, mais quand il était à jeun, c'était le type le plus adorable du monde.

FERDIE PACHECO

Ce qu'ils partageaient, bien au-delà d'une très vieille amitié, c'était le talent de tirer sur la corde jusqu'aux limites extrêmes de la rupture.

HUNTER S. THOMPSON

Bundini est le seul type que je connaisse capable de parler plus vite que Clay ! Si vous essayez de comprendre ce qu'il dit, vous devenez dingue... j'ai jamais essayé.

ANGELO DUNDEE

Clay est monté sur le ring avec un sparadrap collé sur la bouche.

MARK KRAM

Clay jette la tête en arrière pour éviter les coups, sa garde est dangereusement basse lorsqu'il contre-attaque, on dirait qu'il n'a jamais appris à remiser au corps. Hormis son talent exceptionnel, la seule chose positive dans tout ça, c'est qu'il a l'air de bien encaisser.

Jim Flanigan

Quand j'ai vu Jones malmener Clay dans la première reprise, je me suis dit que c'était la fin des haricots.

Jack Nilon

Pendant que je regardais ce combat qui méritait à peine qu'on y assiste, les dix-neuf mille autres spectateurs présents étaient visiblement témoins de la lutte allégorique entre la modestie incarnée et l'infinie prétention de Monsieur le Poète.

A. J. Liebling

Le combat ne tint aucune de ses promesses, Clay livrera le pire combat de sa carrière et Doug Jones, le meilleur, le résultat sera l'un des combats les plus ennuyeux de l'histoire du Garden. À partir de la quatrième reprise, le public se mit à huer Clay et à le siffler à pleins poumons. L'arbitre, Joe Loscalzo, avait vu Clay gagner huit rounds, mais il était bien le seul dans ce cas.

Thomas Hauser

Huit rounds ? Huit rounds ? C'était grotesque ! Tous ceux qui s'y connaissent un peu savent que j'ai gagné ce combat. J'ai refusé de serrer la main de ce fils de pute, pourquoi j'aurais accepté de le faire ? Parce qu'on m'avait baisé la gueule ?

Doug Jones

Le combat contre Jones a été le premier d'une longue série où la personnalité de Clay a pu influencer favorablement les juges.

Ferdie Pacheco

Contre Doug Jones, je lui ai demandé de lever les mains, il l'a fait et le résultat a été catastrophique ! Quand il prendra de l'âge, c'est sûr, il faudra qu'il apprenne à les lever, mais pour le moment ça va comme ça.

Angelo Dundee

Dans les vestiaires, il ne comprenait pas pourquoi la salle l'avait hué. Sera-t-il champion du monde un jour ? L'avenir nous le dira. Est-ce qu'un jour il frappera davantage ? L'avenir nous le dira. Est-ce qu'un jour il apprendra à boxer au corps ? L'avenir nous le dira. C'est le temps qui répondra à toutes les questions que l'on se pose à son sujet, le temps et rien d'autre. Le temps est le meilleur ami de la jeunesse.

A. J. Liebling

Cassius Clay est un jeune homme charmant qui risque fort, si ça continue comme ça, de se transformer en une terrible purge !

Pete Tamil

Au début, Cassius Clay amenait du nouveau : un beau jeune homme bien élevé, c'était tout ce qu'il fallait à la boxe. Du coup, il a été considéré par beaucoup comme un sauveur, mais quelques-uns ont pensé qu'il en serait plutôt le bourreau.

George Sullivan

Il est temps que Clay change son fusil d'épaule, maintenant qu'il a attiré l'attention de tout le monde avec ses provocations, maintenant qu'il a captivé tout le monde avec ses plaisanteries, il est temps qu'il arrête les frais. Ce qui semble adorable aujourd'hui risque d'apparaître détestable sous peu.

ARTHUR DALEY

Trois mois plus tard, la rédemption aurait dû venir d'Europe, plus précisément de son combat à Londres contre Henry Cooper, le champion poids lourd du Royaume-Uni, et une fois de plus, Clay frôlera le désastre. Le jour anniversaire de la bataille de Waterloo.

THOMAS HAUSER

Avant son combat contre Henry Cooper, Cassius Clay a rencontré Michael X, le leader du Black Power en Angleterre, il fera avec lui le tour des communautés noires de Notting Hill et de Brixton. Michael X était né Michael De Freitas à Trinidad, il avait changé son nom après avoir rencontré Malcolm X en février 1965 à Londres. En 1967, il sera la première personne poursuivie pour incitation à la haine raciale en Grande-Bretagne. Quelques années plus tard, il sera accusé de meurtre et pendu à Trinidad.

MIKE MARQUSEE

---

18 juin 1963
Wembley Stadium
Londres (Angleterre)
Henry Cooper
Victoire, K.-O. tech, 5e round

Clay est entré sur le ring au son des trompettes, drapé dans un peignoir rouge avec des revers blancs qu'il avait payé trente-cinq livres, « Cassius Clay The Greatest » brodé dans le dos, une couronne de carnaval garnie de pierres précieuses en toc sur la tête. Les leçons de Gorgeous George avaient porté leurs fruits.

WILLIAM STRATHMORE

« Enry' » est entré sur le ring avec un peignoir sur le dos duquel était brodé : « Henry Cooper, Angleterre ». C'est tout.

FELIX DENNIS & DON ATYEO

Cooper saigne aussitôt qu'il se lève de son tabouret.

DANNY HOLLAND

Pendant presque quatre rounds, Clay a joué avec Cooper comme le chat avec la souris. L'arcade gauche largement ouverte, Cooper saignait comme un bœuf, il restait debout par miracle et parce que Clay, ayant prédit sa victoire en cinq reprises, n'appuyait pas ses coups à fond.

THOMAS HAUSER

Angelo, dis-lui d'arrêter de déconner maintenant !

WILLIAM FAVERSHAM JR

Dans la vie, je suis gaucher, mais j'ai toujours boxé en droitier.

HENRY COOPER

Le seul atout de Henry Cooper, c'est son crochet du gauche, mais il est redoutable.

ANGELO DUNDEE

À quelques secondes de la fin du quatrième round, Clay, qui faisait de l'œil à Elizabeth Taylor assise au premier rang, a pris le « Marteau d'Enry' » de plein fouet.

THOMAS HAUSER

L'Américain a reculé dans les cordes où son dos a rebondi. Il s'est d'abord assis puis il s'est affalé la tête sur la dernière corde. Cassius Clay s'est relevé à quatre, les yeux vitreux, il tenait à peine sur ses jambes.

ROBERT DALEY

Je me suis dit : « Je l'ai eu ! », et ce foutu gong a résonné. En fait, ce sont les cordes qui l'ont sauvé, il l'aurait pris au milieu du ring, il ne se relevait pas.

HENRY COOPER

Ali est revenu dans son coin au radar, les jambes flageolantes.

RONALD K. FRIED

Il s'est écroulé sur le tabouret comme un sac de patates. Je lui ai fait respirer les sels, je l'ai aspergé d'eau froide, je lui ai flanqué des gifles jusqu'à ce qu'il revienne à lui.

ANGELO DUNDEE

Angelo Dundee a tout bonnement déchiré le gant de Clay avant d'appeler l'arbitre. L'arbitre en a référé à l'organisateur, l'organisateur a envoyé quelqu'un chercher une nouvelle paire de gants dans les vestiaires. Bref, Clay a eu deux minutes et demie pour récupérer ! C'était largement suffisant, sans compter qu'Angelo Dundee n'a pas arrêté de lui faire respirer de l'ammoniaque pendant tout ce temps. Ce qui est formellement interdit.

Henry Cooper

Le gant était fendu depuis la première reprise, les coutures commençaient à lâcher. Au quatrième, quand Clay est revenu dans le coin, j'ai tiré sur les fils pour agrandir la déchirure et j'ai appelé l'arbitre, Tommy Little, pour qu'il constate les dégâts. La suite... tout le monde la connaît ! Après tout, j'ai rendu service à tout le monde, pendant ce temps, Danny Holland, le *cutman* de Cooper, a pu travailler lui aussi.

Angelo Dundee

Le premier gauche de Clay a ouvert Cooper comme un rasoir l'aurait fait. En deux minutes, il a presque arraché la tête du Britannique de ses épaules. Il y avait du sang partout. Cooper debout se protégeait comme il pouvait tandis que les cinquante-cinq mille spectateurs hurlaient : « Arrêtez le combat ! »

Robert Daley

Le combat est fini, mon vieux !

Tommy Little

Pour une cloche, je me suis bien débrouillé... pour une chèvre, c'était pas si mal !

HENRY COOPER

Je pense qu'il est prêt pour rencontrer Liston, je ne sais pas s'il pourra le battre, mais je suis sûr que ce sera un combat intéressant.

ARCHIE MOORE

Suggérer que Clay puisse rencontrer Sonny Liston déclenchera l'hilarité du monde de la boxe en son entier.

PETER WILSON

Évidemment, après sa piètre performance contre Jones, son knock-down en face de Cooper, Clay était l'agneau promis au sacrifice. Et Liston celui qui l'égorgerait.

DAVID REMNICK

J'ai fait cinq mille kilomètres pour vous dire que c'est bon ! Vous avez le combat et vous avez la bourse.

JACK NILON

Sonny

J'suis libre depuis que j'suis mort. J'suis un homme depuis que j'suis mort. Un homme. Pour ceux qui en douteraient, c'est inscrit sur ma tombe au Paradise's Memorial Garden à Las Vegas, pas très loin de l'aéroport McCarran.

> Charles Sonny Liston
> **1932-1970**
> A Man

Ma tombe est juste à côté du carré où sont enterrés les enfants. Pour les fleurs, faudra repasser... j'ai les avions dans le ciel ! Dieu ? On verra... Les anges ? Ils sont à côté, enfermés en train de pourrir dans des boîtes blanches. Le Paradis, c'est encore autre chose, j'crois pas que j'y aie droit, ni même au Purgatoire. Jamais eu droit à grand-chose, le nègre ! Y a les avions qui laissent une trace par-dessus la pelouse et les arbres, c'est marre ! On taille les arbres et quelquefois les traces se croisent. C'est calme. Avant, j'ai été esclave, fils d'esclave, petit-fils d'esclave... et puis aussi champion du monde poids lourd du

25 septembre 1962 au 25 février 1964... J'sais pas pourquoi j'dis ça... Champion du monde ou pas, j'ai jamais cessé d'être esclave. J'ai jamais appartenu qu'à d'autres. S'il y a une chose que j'sais depuis toujours, c'est que personne n'est libre. Moi qui suis noir, aussi noir que la suie, encore moins que les autres. J'ai été un esclave jusqu'à ce que j'meure. J'suis libre depuis. J'ai jamais su quel putain de nègre j'pouvais bien être, j'sais même pas quand j'suis né... ça aide pas à savoir qui on est. Personne le sait vraiment non plus, hein ? En général les gens ont des papiers pour savoir ce genre de choses, moi j'en ai pas qui remontent à cette époque. Ma mère a toujours dit que j'étais né le 8 mai 1932 parce qu'elle l'avait marqué sur la Bible ou alors en janvier, parce qu'en janvier ça caille. De toutes les façons, j'vois pas bien comment elle s'en souviendrait avec le nombre de gosses qu'elle a eus, et la Bible, elle l'a perdue la Bible, on l'a jamais retrouvée, mais bon, elle a ses raisons. C'était gravé sur un arbre... ce qui est con, c'est que l'arbre a été abattu ! J'étais le dernier garçon de la portée ou l'avant-dernier. Des tas de types disent que non... que j'suis pas né en 32, que je suis né plus tôt... ils s'emmerdent pas, ils traitent ma mère de menteuse ! Faut pas se gêner ! Elle est pourtant mieux placée qu'eux pour savoir quand que j'suis né. Pourquoi elle dirait des conneries ? Les journalistes en disent davantage, ils regardent le soleil et ils demandent s'il brille. Peut-être que s'ils pensent que j'suis plus vieux que j'en ai l'air, c'est parce que j'ai jamais été vraiment jeune. C'est facile d'être jeune, c'est facile d'avoir été jeune quand on a été un joli bébé, un gentil garçon... un gentil petit Blanc, les fesses roses, les joues pareil... dans sa jolie petite maison avec tout le confort moderne depuis toujours, l'eau qui coule du robinet quand on l'ouvre, à droite... à gauche ! bleu... froid ! rouge... chaud ! En haut... en

bas ! la lumière qui vient à peine on appuie sur le bouton qu'est fait pour ça et la négresse pour vous torcher le cul ! Après, on devient journaliste, on a un stylo, un micro, on sait tout… même l'âge des nègres et ce qu'ils pensent, mieux qu'ils le savent eux-mêmes. Qu'est-ce que ça peut bien foutre ? Où je suis né, j'sais pas non plus… j'étais pas là, hein ? Pine Bluff, Forrest City… où est la différence ? Pine Bluff ou Forrest City, des villes qui sont pas des villes… qu'est-ce que ça peut bien vous foutre ? J'ai rien eu à bouffer, des tas de frères et d'sœurs dont j'savais pas si c'était vraiment mes frères et sœurs… vingt-cinq ! j'me souviens du nom de certains… Clytee, Shorty, Alcora, Curtis, Ezra, mais pas de tous. Ceux du dedans, ceux du dehors, ça allait, ça venait ! Pas de chaussures, rien à se foutre sur le dos et partir au travail dans les champs aussitôt qu'on pouvait porter un sac, tenir un manche, et si ça merdait… la ceinture qui cingle le dos pour vous apprendre à filer droit ! Une journée entière ballotté sur un chariot pour aller en ville chercher les semences. Dans les champs, du lever du soleil jusqu'à ce qu'il se couche. Tous les jours. Par tous les temps. Chaud l'été… froid l'hiver ! Pas vraiment le genre de vie qui fait la peau douce ou qui rend bavard. Les enfants comme moi à l'endroit où j'suis né, à l'époque où j'suis né, en Arkansas, pendant la dépression, ont jamais été des enfants. Ça existait pas dans leur monde. J'allais à l'école quand il me tombait un œil… Des fois, j'sais pas pourquoi, Tobe donnait le droit, et Helen disait… « Va à l'école ! », et j'y allais… Jamais eu le temps vraiment d'apprendre à lire ou écrire, les autres savaient un peu, je restais au fond sans rien comprendre, j'étais deux fois plus grand qu'eux, deux fois plus gros, deux fois plus vieux. Me tournaient autour, s'foutaient de ma gueule. Le reste du temps, Plantation Mortledge, commune de Johnson, comté de St Francis, on était assis sur le cul dans la terre sèche où rien ne pousse quand le vent souffle ou dans la boue quand la pluie tombe, la chemise relevée en toile raide déchirée... la lessiveuse devant les marches où l'eau grise bout, trois poulets, une mule. L'Arkansas ! Cul nu devant la baraque en planches de cyprès, les cartons coincés pour que la poussière entre pas, la toile goudronnée qui bat quand le vent se lève, la cuisine où il gèle dans l'ombre d'avant l'aube, quand on a les yeux encore collés, le fourneau, la bouillie, le gruau. La nuit, ensemble, endormis les uns sur les autres en tas, les crevasses au talon, la morve au nez, les larmes, la bave et pire. Le train au loin.

All aboard for night train
Miami, Florida
Atlanta, Georgia
Raleigh, North Carolina
Miami, Florida, Atlanta, Georgia, Raleigh, North Carolina
Washington D.C.
Oh, and Richmond, Virginia too
Baltimore, Maryland
Philadelphia
New York City
Take it home
And don't forget New Orleans
The house of the blues
Oh, yeah, night train
Night train, night train
Night train, carry me home...

Les spectres, les fantômes. Les croix en flammes sous les paupières dans le noir. La peur. Et un pied devant l'autre et recommencer derrière la herse. Juste comme juste avant. Juste comme juste après. Juste comme depuis toujours. Nos doigts comme des pattes d'araignée parmi les coques de coton. En juin et en juillet, y avait la coupe, de septembre, quelquefois jusqu'en mars, la cueillette. Tobe disait : « Assez grand pour manger, assez grand pour marner ! » J'aimais nager dans la mare, j'aimais monter la mule, j'aimais choper les poissons-chats dans la vase. J'aimais être seul. Une fois, j'me suis flanqué un coup de hache entre le pouce et l'index, Helen m'a trempé la main dans du pétrole pour que ça saigne plus. J'ai gardé la cicatrice jusqu'à la fin. Pour les filles et les meilleurs, y avait l'église, des fois New Sardis, des fois Jones... une fois baptistes, une fois méthodistes... Ceux qui se lavaient le dimanche ou qui avaient quelque chose à se mettre sur le dos qui sortait de la lessiveuse allaient avec ma mère et les filles, pour tous les autres, la ceinture... Pour moi, double dose. Côté boucle. C'est encore meilleur. Ça laisse des traces, on s'en souvient et comme ça les autres savent ce qui vous est arrivé, d'où vous venez et qu'il faut pas déconner avec ça non plus. La seule chose que mon père m'ait donnée, c'est des coups. Le reste, c'est pas que j'sais pas, c'est que j'connais pas. Ce que j'connais pas, je sais pas que ça existe... ça m'intéresse pas. Tobe sortait sa ceinture si souvent qu'il était obligé de tenir son pantalon avec sa main gauche quand j'cavalais. Il poussait rien sur sa putain de ferme, le ruisseau se perdait dans le sable. Cinquante acres ! Tobe était pas bien costaud, soixante kilos tout mouillé, pas bien grand non plus... si j'suis comme j'suis, c'est à cause de ma mère. En définitive, j'suis pas beaucoup plus grand qu'elle et moins lourd, elle devait bien faire ses cent vingt kilos ! J'suis sûr d'une chose, avec Tobe, un jour ou l'autre, ça se serait mal fini et j'voulais pas me briser le dos, me casser le cul entre la mule, les ballots de coton et les poissons-chats avant de le tuer de mes propres mains. Encore heureux, Helen est partie chercher du boulot à Saint Louis, elle a trouvé à s'embaucher dans une usine de chaussures. Elle a loué une piaule au

1017 O'Fallon Street et moi, j'l'ai rejoint là-bas aussitôt que j'ai pu. À l'époque, j'sais pas quel âge j'avais... c'était en 46, j'croyais que la ville c'était comme par chez nous, on se pointait, on demandait où habitait Helen Baskin et tout le monde savait qu'elle habitait la rue juste à côté ou bien celle au bord du Mississippi, mais quand j'me suis pointé, personne savait où elle habitait, personne savait même qu'elle était là. J'ai marché toute la journée et une partie de la nuit jusqu'à ce que les flics me ramassent. C'était la première fois, ça n'allait plus arrêter. J'leur ai raconté mon histoire, ils se sont arrêtés dans un bar de nuit et y avait un des types au comptoir qui savait où que ma mère habitait. Les flics m'ont amené, pour une fois pas au poste. C'est mon frère Curtice qui m'a ouvert la porte. Ma mère m'a demandé pourquoi j'étais venu et j'lui ai dit que j'en avais marre de la campagne et des champs de coton. Après, hein! c'est l'histoire ordinaire... qu'est-ce qui peut bien arriver au jeune nègre qui sait pas lire, pas écrire, rien faire et dont la mère travaille toute la journée? Pas vraiment beaucoup de coton à ramasser O'Fallon Street... emballer des poulets morts? travailler aux abattoirs? ramasser les ordures? quinze dollars la semaine! J'ai vendu de la glace, j'ai vendu du charbon, j'ai vendu du bois... Et puis quoi encore? Ça va bien un moment, hein! J'étais pas parti de là où j'étais parti pour retomber là-dedans... manger un jour, pas manger l'autre... manger, c'est une habitude dont il est difficile de se débarrasser! Des conneries, en revanche, y en avait un bon paquet qui attendaient à chaque coin de rue et des tas de types avec qui les faire. J'ai connu un type sympa, Willie Jordan, qui habitait la 10e Nord, on traînait dans les barbeuk', avec un autre type... James. James comment? Jamais su comment il s'appelait. James, ça suffit largement pour c'qu'on faisait ensemble. On récupérait les choses qui allaient se perdre… on cherchait les types qu'on pourrait dépouiller. C'était pas compliqué, on repérait le type, on le coinçait, on lui prenait son fric et on recommençait. Les types, c'était pas des rupins, c'était des cloches… ils avaient pas grand-chose sur eux… quelques dollars, huit ou neuf, des fois moins, des fois, rien. Willie Jordan connaissait un type, Sterling Belt, avec une bagnole, une Mercury 48 et un flingue, un Hopkins & Allen calibre .32. Un soir, on est partis ensemble braquer une station-service, Wedge Filling, et un bar… la station-service à l'angle de Broadway, trente dollars et des poussières, l'Unique Café au 1502 Market Street, un peu plus de quarante dollars. On a mis moins de vingt minutes. C'était un 13 janvier, on s'est partagé l'argent et on a été le boire dans un rade, 901 O'Fallon Street, pas très loin de là où j'habitais avec ma mère. À la sortie, j'me suis fait serrer par un flic qui avait repéré ma chemise jaune… il me restait sept dollars et soixante-dix cents en tout et pour tout. Le reste, j'l'avais bu. Ils ont serré Belt et James un peu plus tard. J'ai plaidé coupable… pouvais pas vraiment faire autrement, hein ? J'ai pris cinq ans au pénitencier d'État du Missouri, à Jefferson City. J'ai été incarcéré le 1er juin 1950. La prison, franchement, j'm'en foutais. J'étais peinard, personne m'emmerdait. Avec la gueule que j'ai, la force que j'ai, le regard que j'ai et les poings que j'ai, personne m'emmerde… par certains côtés ça rend la vie plus facile… par certains autres, ça la complique. J'avais une cellule propre, des vêtements repassés, une paire de chaussures en bon état, trois repas par jour. J'avais connu pire. C'est en prison qu'j'ai commencé la boxe. J'aurais pas été doué, ça m'aurait pas intéressé… j'veux dire, s'il avait fallu que j'travaille, ça m'aurait pas intéressé, mais là, ça roulait ! C'était dans mes cordes. J'frappais sur le type en face, même pas de toutes mes forces, et le type en face tombait à plat dos. C'était pas sorcier. J'tendais le bras gauche et le type tombait sur son cul. Ça m'a plu. C'était comme savoir chanter ou jouer de la guitare sans avoir jamais appris. Un don. Le seul problème, c'était d'trouver des gants à ma taille, le père Schlattmann a fini par me faire envoyer des Sammy Frager sur mesure de Chicago. Fin février 51, Monroe Harrison et Tony Anderson m'ont amené Thurman Wilson, un poids lourd de Saint Louis... soi-disant le meilleur boxeur qu'ils avaient pu trouver. J'l'ai aplati comme une crêpe. Tout c'qu'il a pu dire avant d'arrêter les frais, c'est qu'il voulait plus en prendre d'autres. Les mecs autour braillaient comme des veaux. J'ai été libéré sur parole pour ça, parce que j'étais plus balèze que les autres, qu'il y en avait plus un seul à écrabouiller dans les parages... Si j'avais été le plus malin, j'serais resté en cabane, c'est dire comment les choses marchent. Le 30 octobre 52, Frank Mitchell m'a trouvé une piaule à la YMCA de Pine Street et du boulot au 4300 Goodfellow Boulevard, la plupart du temps, j'déchargeais des briques sur les chantiers du Busch Stadium ou de la centrale électrique de South County. J'avais la carte du syndicat des ouvriers du bâtiment. Le reste du temps, j'm'entraînais au Tony's Gym, 4525 Olive Street. J'ai pas fait long feu chez les amateurs, j'les ai tous écrabouillés, j'suis passé pro presque aussitôt. J'ai rencontré Geraldine à un arrêt de bus... il pleuvait comme vache qui pisse, j'me suis arrêté, j'lui ai dit de pas rester là sous la flotte et j'l'ai fait monter dans ma bagnole... on s'est mariés dans l'année. Quand j'travaillais pas, quand j'm'entraînais pas et quand j'boxais pas, j'me faisais arrêter par les flics... une fois... dix fois... vingt fois ! Excès de vitesse... complicité de vol... refus d'obtempérer... conduite en état d'ivresse... rien que des conneries ! On aurait dit que j'étais le seul putain de nègre de tout Saint Louis ! Ils avaient ma photo collée sur le pare-soleil de leur bagnole au cas qui m'auraient pas reconnu... Si personne venait gueuler pour me faire sortir, j'restais en taule. Et puis, ils me relâchaient et le lendemain, rebelote ! Le seul truc qu'ils ont pu me foutre sur le dos, c'est quand j'ai flanqué un flic qui faisait chier la tête la première dans une poubelle et que j'lui ai piqué son flingue... j'ai pris neuf mois. Le capitaine Doherty, le patron des flics du coin, m'a convoqué, il m'a dit que, si j'tenais à la vie, fallait que j'quitte Saint Louis... si j'quittais pas Saint Louis, un jour ou l'autre, les flics allaient retrouver mon corps dans une impasse... ils le retrouveraient tellement vite que, même lui, il se demanderait comment ils avaient fait pour retrouver mon cadavre si vite. Quand le type arrive derrière toi, qu'il te dit de pas te retourner, que tu sens le canon du flingue sur ta tempe, qu'il te demande quelque chose, tu dis ce qu'il veut qu'il entende... Pas longtemps après, j'suis retourné une fois à Saint Louis pour aplatir Bert Whitehurst et j'me suis cassé à Philadelphie. Début 60, j'ai acheté un appart', 5785 Dunlap Street. L'appartement était vide, sauf une photo accrochée dans le salon, en guise de bienvenue... celle de Strom Thurmond, le sénateur ségrégationniste de Caroline du Sud... sympa ! Ceux qui s'occupaient de ma carrière m'aimaient bien, des fois, ils me disaient d'y aller mollo... Contre Marty Marshall, j'y ai été tellement mollo qu'il m'a fracturé la mâchoire au quatrième... j'étais en train de rigoler et ce tocard m'a cassé la mâchoire ! Ils m'avaient dit que c'était un clown et d'y aller mollo, résultat ? fracture de la mâchoire ! Le combat revanche, j'ai pas rigolé, mais lui non plus ! Ils m'ont toujours bien traité, j'avais de l'argent à la banque, une belle bagnole, une femme sympa... aucun problème, sauf les flics qui me ramassaient toutes les semaines pour un oui pour un non et de temps en temps les juges qui me convoquaient pour savoir si j'connaissais un tel ou un tel... Barney Baker, John Vitale, Blinky Palermo, Chris Dundee, Frank Mitchell, Pep Barone, Frankie Carbo, Bernie Glickman, Eddie Yawitz, Tony Accardo? Bien sûr que j'les connaissais, je travaillais avec! Le moyen de faire autrement? J'faisais de la boxe et ils dirigeaient la boxe, c'était mes patrons. Si ça avait été d'autres, j'aurais travaillé avec d'autres, s'ils avaient été curés, j'aurais travaillé avec les curés. Carbo avait cinquante-deux pour cent de mes intérêts, Palermo et Vitale douze pour cent chacun et Pep Barone, je sais pas combien... C'étaient mes managers... qu'est-ce que ça pouvait bien foutre qu'ils soient officieux ou pas, ça changeait quoi? C'est toujours comme ça, quand y a du pognon, y a des types qui en gagnent et y en a qui en gagnent plus que d'autres et d'autres qui en perdent et d'autres qui en perdent plus que d'autres... c'est forcé! La vie est comme ça. Du haut en bas de l'échelle, la vie est comme ça. J'ai jamais été à l'école, j'sais pas lire, j'sais pas écrire, mais j'suis capable de comprendre ça, c'est pas bien sorcier à comprendre. Le juge là, Estes Kefauver et sa commission à la con pour virer les gangsters du milieu de la boxe, il regardait pas d'où venait le fric pour que Kennedy soit président, il regardait pas d'où venait le fric du père du Président, s'il s'était présenté lui-même à j'sais pas quoi, il aurait pas regardé d'où venait le fric. Si c'est pas les uns qui tiennent le manche, c'est d'autres. Quand j'ai eu nettoyé les poids lourds, qu'il restait plus personne que le gentil Patterson, ils m'ont donné ma chance? Non. Fallait pas que le champion du monde soit un méchant, fallait que ce soit un bon garçon, même si c'était une chèvre ! C'est honnête, hein ? Le type qu'a une sale gueule, le sale nègre, il a pas droit à la ceinture… attention, c'est pas de la discrimination… c'est rien de ce genre, c'est juste que le sale nègre, il a pas droit à toucher le paquet ! Les Blancs, quand j'monte sur le ring, j'sais bien qu'il faut que j'les tue, que sinon l'arbitre va les voir gagner haut la main, même s'ils peuvent plus mettre un pied devant l'autre, mais les nègres ? Faut que j'en fasse quoi ? Et les nègres qui veulent pas se retrouver sur le même ring que moi ? J'en fais quoi ? J'dégrade l'image de la boxe en étant meilleur que les autres ! J'suis le mal incarné, j'suis pas moralement acceptable… le gangster, Stagger Lee, Billy le Kid, Al Capone ! Ce que j'sais, c'est que ce clochard de Patterson voulait pas me rencontrer, que D'Amato le tenait bien à l'abri, que tout le monde le tenait bien à l'abri au cas où le méchant Liston aurait voulu lui faire du mal. Tout le monde aimait Patterson, les Blancs, les Noirs, ils étaient tous d'accord pour l'aimer… le gentil nègre ! Ça faisait bien leur affaire, les Blancs continuaient à tenir la bride aux gentils nègres et les pros de l'intégration à tirer les marrons du feu pour s'en mettre plein les poches ! « Floyd Patterson représente mieux les Noirs que Sonny Liston », c'est Percy Sutton, le type de la NAACP, qui a sorti cette connerie raciste. Putain, de quelle couleur que j'suis ? J'avais envie de lui demander… de quelle putain de couleur que j'suis ? S'ils avaient tous été sûrs que Patterson me battrait, ils auraient tous été d'accord pour que le combat ait lieu. Bobby Kennedy a expliqué à Patterson qu'il était un exemple pour la jeunesse… son frère voulait que Patterson garde le titre pour que ses affaires avancent. Les deux chevaliers blancs avec leur paternel qui vendait de la gnôle ! C'était de la politique, rien de plus ! Y avait pas une seule commission à la con pour enquêter là-dessus avec un putain de sénateur à la con pour leur demander : pourquoi Liston y peut pas rencontrer le champion du monde ? Parce qu'il est sûr de le battre ou quoi ? J'ai proposé de rencontrer Patterson et Johansson le même soir ! Macache ! C'était pas truqué, peut-être, leur boxon ? Putain, la Mafia aurait pas osé truquer un combat comme ça... Les gens croient que ce qu'ils voient c'est la réalité... faut être con ! Dans ce genre d'affaire, le type qui gagne, il sait même pas qui va gagner parce qu'on a demandé au type en face de perdre. On le prévient surtout pas. Il est fier comme tout, il a battu le type que personne le croyait capable de battre. Il raconte des conneries à tout le monde et tout le monde l'écoute bouche bée... La vérité, c'est que des tas de types ont touché de l'argent dans leur dos parce qu'ils ont parié que le type donné perdant allait gagner... Ce sera une surprise, sur place, où l'on y voit mieux si on est pas trop mal placé, ce sera peut-être un scandale, va y avoir quelques chaises cassées, mais le type qui devait perdre, eh ben, il a gagné ! C'est toujours plus compliqué que ce qu'on voit et puis c'est simple aussi... des fois, on a rien besoin de truquer à l'avance puisque c'est déjà truqué, y a un type qui est plus fort que l'autre... beaucoup plus fort que l'autre, en réalité, c'est même pas la peine qu'y montent sur le ring... pourraient rester peinards dans les vestiaires si y avait pas tous ces cons qu'ont payé leur place. Des fois aussi, ça se passe mal, ça foire ! Nettlow devait tenir dix reprises en face de Robinson, c'était sur ça que les vrais joueurs pariaient... avant la limite ou pas avant la limite ? et Nettlow, qu'était au courant de rien, fait mal à Ray à la troisième, Ray se fout en rogne et il étend Nettlow. Raide. Il était emmerdé... « C'était un accident, qu'il dit à Blinky. J'ai pas fait exprès » ; et Blinky lui dit : « T'en fais pas, on peut plus rien y faire de toute façon ! » Des fois, c'est comme ça que ça se passe. Des fois, c'est réglo. On peut pas savoir, sauf si l'on s'y connaît un peu. Sauf si l'on connaît les gens de derrière, les gens dans l'ombre... les gris. Patterson disait que c'était la Mafia qui empêchait le combat, mais la seule Mafia qui lui foutait la trouille, c'était moi ! Quand ils ont fini par signer, on m'a demandé si j'étais content, j'ai dit « Non », j'vois pas pourquoi que j'aurais été content, y m'avaient baisé sur le fric. J'leur ai dit que dans les westerns les méchants étaient censés perdre, mais que moi, j'brouillais les cartes, j'changeais la donne, j'gagnais. Patterson a pas arrêté de répéter que j'étais un bon mec et moi que j'allais lui passer par-dessus en bagnole ! Comme ça, ils étaient servis, ils savaient qui était qui. Ça leur faisait du papier à noircir, de quoi baver. Le combat a duré un peu plus de deux minutes. Et ils ont bloqué ma bourse le temps que le fisc vérifie j'sais pas quoi. La Mafia, ils payaient cash et eux, ils payaient pas, c'était ça la différence. Quand j'suis revenu à Philadelphie, à l'aéroport, y avait personne pour m'accueillir. Personne. J'aurais voulu leur cracher à la gueule que j'me tiendrais peinard, que j'serais un champion dont ils seraient fiers, dont ils auraient pas honte et toutes ces conneries, j'aurais même pas pu leur dire. Pas un chat. Personne. Même pas un larbin de la mairie ! Juste quelques journalistes pour écrire qu'y avait personne pour accueillir le champion du monde des poids lourds dans la ville où il vivait... le type dont Joe Louis avait dit que tout ce qui pourrait lui enlever le titre, ce serait l'âge ! Cet enfoiré de Larry Merchant avait écrit que si j'avais droit à une parade, on pourrait utiliser mes procès-verbaux d'arrestation comme confettis. J'm'attendais pas à être invité à la Maison-Blanche, à faire la bise à Jackie et à jouer avec les jolis petits enfants... y z'auraient eu bien trop peur que j'leur foute la trouille, p't-être même que j'les bouffe tout crus ! J'm'attendais pas non plus à être traité comme un putain de rat d'égout… le lendemain du combat, j'me suis fait arrêter par les flics dans Fairmount Park parce que j'roulais trop doucement ! J'étais champion du monde. À New York, ils avaient pas voulu du combat parce que j'avais la peste, à Saint Louis, les flics m'attendaient pour me flinguer, on m'arrêtait à Philadelphie parce que j'roulais trop doucement dans ma Cadillac, à Washington, ce petit con de Kennedy ouvrait une enquête pour savoir si par hasard j'avais pas de trop mauvaises fréquentations et le type du FBI, Hoover la tapette, ouvrait mon dossier tous les soirs avant de se faire sucer la bite ! On s'est cassés de Philadelphie qu'était juste un autre Saint Louis à la con pour aller vivre à Chicago et puis après à Denver. J'préférais ramasser les poubelles à Denver qu'être maire de Philadelphie. Le 22 juillet, j'ai étendu Patterson en deux minutes et trente-trois secondes, le temps qu'il essuie le tapis avec son short. La plupart des gens, tout c'qu'y z'ont retenu de la soirée, c'est ce clown de Clay qu'est venu faire le mariole avec sa veste à carreaux en braillant que mêm' son frère aurait battu Patterson ce soir ! Le 29 octobre, ils ont signé un contrat de cinquante mille dollars avec les types de Louisville pour organiser le match revanche avec Clay. Le 4 novembre, à Denver, ils ont signé le combat avec le frère de l'entraîneur du clown, Chris Dundee, le copain de Frankie Carbo. Deux semaines avant que le Président se fasse flinguer. Mes deux combats contre l'abruti étaient signés… le premier, il s'appelait Clay, l'autre, il s'appelait Ali, pour moi, ça changeait rien. Les résultats ? Jack Nilon expliquait tout ça mieux que tout le monde et avant tout le monde… dès fin octobre, quand on lui a demandé pourquoi signer le combat revanche avant de signer l'autre, il a répondu : « Clay représente un fabuleux potentiel dans le monde du spectacle ! » J'suis d'accord avec lui. À cent pour cent.

2

Ou ce gamin sera champion du monde poids lourd ou il est fou.

MABEL NORWOOD

On n'aurait pas voulu signer le combat tout de suite, mais Cassius a insisté. On lui disait qu'il n'avait pas encore assez d'expérience, que, pour le moment, Liston était trop fort pour lui, mais il n'écoutait pas. On en a conclu que Clay ne voulait pas être le meilleur poids lourd du monde, mais seulement le plus riche. Sage ou pas, c'est sa décision et son avenir.

GORDON DAVIDSON

Il est fou de vouloir monter sur le ring contre un type quasiment indestructible, une machine à tuer capable d'assommer un éléphant, que ce soit avec sa droite ou avec sa gauche. Le style de Clay le mène tout droit au désastre. Il a les mains trop basses, il esquive en reculant et il ne sait pas boxer au corps.

ROBERT BOYLE

Par certains côtés, Clay est un monstre, un poids coq qui pèserait plus de cent kilos. Aujourd'hui, il n'y a pas un seul poids lourd capable de battre Liston, ce n'est pas un gros poids coq qui va y arriver.

JIMMY CANNON

C'est un combat dont personne ne veut, sauf Cassius Clay qui ne s'endort pas le soir en comptant les moutons, mais les billets de cent dollars. Cet agaçant personnage montera sur le ring avec un terrible handicap, il boxe moins bien qu'il ne parle. Il va voir les étoiles !

ARTHUR DALEY

Le direct du gauche de Clay pique, celui de Liston blesse. Le direct du gauche de Liston est bien plus puissant qu'un direct du gauche ordinaire, c'est une véritable arme de destruction. Détruire son adversaire est le seul but de Liston, peu importe la méthode employée, peu importe que les coups soient autorisés ou non, il s'en fout, il frappe pour faire mal.

TEX MAULE

Encaisser le direct du gauche de Sonny, c'est comme se faire emboutir par un train qui déraille.

JOHNNY UNDERWOOD

Après son combat contre Liston, les hommes de coin de Wayne Bethea ont retrouvé sept dents incrustées dans le protège-dents de leur boxeur, dont l'oreille saignait. Le combat avait duré cinquante-huit secondes.

DAVID REMNICK

Il n'y a qu'aujourd'hui qu'un boxeur comme Cassius Clay peut être challenger au titre mondial des poids lourds, et pris au sérieux. Clay ne connaît pas la boxe, il n'a pas eu le temps de l'apprendre. C'est un séducteur qui ne va pas comprendre ce qui lui arrive lorsque Sonny va transformer son joli visage en chair à pâté.

MILTON GROSS

J'ai bien peur que Clay soit le boxeur qui incarne le mieux les failles de la première moitié des années 60. Il a gagné une fortune avant de savoir parfaitement maîtriser son art, en revanche, il est peut-être le premier boxeur à maîtriser parfaitement les techniques de la publicité. Il joue de la grosse caisse comme les catcheurs et les types de Madison Avenue. Il est du côté du divertissement, mais aussi de celui du mensonge.

BUDD SCHULBERG

Je trouve pas très intelligent de la part de Clay de vouloir boxer Sonny Liston. À mon avis, il ferait mieux d'aller voir un psychiatre.

ROCCO MARCHIGIANO ALIAS ROCKY MARCIANO

La rédaction du *Times* a décidé de m'envoyer à Miami parce que je débutais dans le métier, ils m'ont juste donné comme conseil de repérer l'itinéraire le plus court entre la salle et l'hôpital le plus proche.

ROBERT LIPSYTE

Il va dégringoler au premier coup.

WILLIAM DAVID CONN
PLUS CONNU SOUS LE NOM DE BILLY CONN

Je donne pas un rond de ses chances.

Joseph Louis Barrow alias Joe Louis

Ça va durer dix-huit secondes, décompte de l'arbitre compris.

Jackie Gleason

Ce combat risque de mal finir pour le jeune challenger. Des combats aussi déséquilibrés transforment le noble art en un racket sordide.

Sol Silverman

Lui faire boxer Liston, c'est légaliser le meurtre.

Budd Schulberg

Me faites pas dire que Clay n'avait pas peur de Liston. La première fois qu'il l'a vu, Sonny lui a mis une main sur l'épaule et il lui a dit : « Fais gaffe, môme ! Un jour ou l'autre j'aurai besoin de toi... pour te foutre une trempe comme ton père ! » On aurait dit que Sonny lui avait mis un revolver sur la tempe.

Ray Ketchum

Le champion du monde, Sonny Liston, avait déjà croisé par hasard la route du gamin qui s'autoproclamait « le plus grand » début 63 à Miami. À cette époque, il préparait son deuxième combat contre Patterson tandis que Clay s'entraînait pour son combat contre Doug Jones. Sonny avait besoin de faire réparer ses chaussures et l'échoppe du cordonnier se trouvait juste en bas de la salle où s'entraînait

Cassius, le champion n'a pas résisté à l'idée d'y faire un tour.

Hank Kaplan

Hé Dundee ! si on faisait monter cette grande gueule sur le ring mettre les gants avec moi ? Je lui refilerais cent dollars par séance.

Sonny Liston

Ça va pas, non ? Tu voudrais que je risque d'abîmer un garçon qui vaut des millions de dollars pour un billet de cent... T'es pas bien ?

Chris Dundee

On devrait le foutre en taule pour tenter de se faire passer pour un boxeur. Sa place, c'est les vestiaires ! Qu'il y reste...

Sonny Liston

Après ces échanges d'amabilités, lorsque Clay est sorti du gymnase, Liston attendait toujours que le cordonnier finisse de réparer ses chaussures. « Refilez une sucette au môme ! », il a grondé dans la direction de Clay avant que le jeune homme ne monte dans sa Cadillac avec son frère et Oliver Wilson, l'un de ses sparring-partners.

Hank Kaplan

Oliver « Ollie » Wilson faisait près de deux mètres, il a été sparring-partner des uns et des autres pendant vingt ans, il a rencontré à peu près tous les poids lourds qu'il n'aurait pas dû rencontrer avant de finir poignardé à l'âge de quarante ans, quelque temps après avoir été battu par K.-O. à la sixième reprise par Jimmy Ellis, qui ne frappait pas, et à la deuxième par George Foreman, qui frappait.

Lloyd Hefner

Liston est le seul boxeur, je dis bien le seul, à m'avoir fait reculer sur un coup.

George Foreman

La nuit d'avant, elle s'était couchée après lui. Il dormait ou il faisait semblant. Quand elle s'est réveillée au milieu de la nuit pour changer Rachel, elle l'a regardé. Il faisait sombre et il lui a fait peur. Elle lui a donné un petit coup de pied, il lui en a donné un autre, plus fort. Il dormait si tranquillement que l'on aurait dit qu'il était mort. Il n'a pas bougé pendant une heure. Elle se demandait s'il était vivant. Il était si immobile. Comme s'il était parti. Elle ne l'entendait pas respirer. Il fallait qu'elle se penche très près au-dessus de lui pour sentir sa respiration. C'était bizarre, elle se rappelait s'être dit « Merci mon Dieu, il est vivant ! ». Il est resté silencieux toute la nuit, elle ne l'a plus jamais revu vivant. Le matin, il s'est fait du café, il l'a bu dans un verre en plastique et il est parti travailler.

Norman Mailer

Clay appartient au même mouvement que les Beatles. Il est en accord parfait avec les chanteurs aphones, avec les voyous qui portent des croix de fer sur leurs blousons noirs. Batman, les ados aux cheveux longs, les filles qui ne se lavent plus, les lycéens qui dansent à poil dans le salon quand leurs parents ne sont pas là, les étudiants révoltés qui touchent le chèque de papa le premier du mois. Avec ces artistes qui copient le logo d'une marque de soupe, ces surfeurs minables qui n'en foutent pas une rame, tout ce culte d'une jeunesse dorée qui s'emmerde.

Jimmy Cannon

Imaginez une époque avant la baie des Cochons, avant Dallas, avant Watts, avant que l'Amérique essaie de soumettre la péninsule indochinoise à sa loi, avant que l'assassinat ne devienne une routine... Medgar Evers, Malcolm X, Martin Luther King, Bobby Kennedy! Imaginez une époque avant Lyndon B. Johnson, avant la convention de Chicago, avant Kent State, avant Jackson State! Imaginez une époque avant que Nixon ne nous promette d'arrêter la guerre avant d'envahir le Cambodge, le Laos et le Nord-Vietnam! Imaginez...

Budd Schulberg

Imagine...

John Lennon

Le matin où Lee est parti, le vendredi 22 novembre 1963, elle ne s'est pas levée quand il s'est réveillé. Très tôt. Elle a bien essayé, mais il lui a dit : « T'inquiète pas. Continue de dormir », et il est parti. Tranquillement.

Norman Mailer

Clay, les Beatles avec les marches sur Washington, le bourbier vietnamien en fond sonore, allaient devenir des éléments essentiels de la fantasmagorie des années 60. Ils changeaient la B.O. de l'époque.

DAVID REMNICK

La limousine s'engage dans Elm en direction du triple pont, à l'instant même où l'on arme un fusil au cinquième étage d'un entrepôt de livres scolaires. Et, en un clin d'œil, l'histoire que vous ne cherchiez pas est l'histoire qui se déroule.

ADAM BRAVER

Y en a qui disent que je suis un rêveur.

JOHN LENNON

Je savais que le coup de feu ne venait ni de l'avant ni d'en dessous, ni de côté. Il avait dû être tiré depuis le haut et au-dessus de son épaule droite.

BOBBY HARGIS

Mais je ne suis pas le seul.

JOHN LENNON

La balle qui l'a tué l'a atteint à la tête, on aurait dit que son crâne explosait, j'ai été aspergé de sang et de cervelle et d'une espèce d'eau rougeâtre... ce n'était pas vraiment du sang !

ROBERT FRANCIS KENNEDY SR

Les temps changent.

BOB DYLAN

Il a récolté ce qu'il a semé.

MALCOLM X

Si je veux être honnête, ce type, Lee Oswald, qui a tué le président Kennedy, je sais pas pourquoi, je sais même pas s'il savait ce qu'il faisait, eh bien il y a quelque chose de moi en lui.

BOB DYLAN

Le vendredi 22 novembre 1963, à 12 h 38, le président John Fitzgerald Kennedy et le gouverneur John Connaly ont été transportés aux urgences du Parkland Memorial Hospital après avoir été atteints par les balles d'un meurtrier. Le dimanche 24 novembre 1963, à 1 h 07, l'assassin présumé du Président est décédé dans une salle d'opération du Partland Memorial Hospital après qu'un individu lui eut tiré dessus au rez-de-chaussée de l'hôtel de ville de Dallas. En quarante-huit heures et trente et une minutes, l'hôpital du Parkland Memorial a été : le siège temporaire du gouvernement des États-Unis d'Amérique ; le siège temporaire du gouvernement de l'État du Texas ; l'endroit où est mort le trente-cinquième président des États-Unis d'Amérique ; l'endroit où le trente-sixième président des États-Unis d'Amérique a pris ses fonctions ; l'endroit où est mort l'assassin présumé du président Kennedy ; le centre d'intérêt du monde entier, sans cesser, autant que faire se peut, de remplir sa fonction d'hôpital. Qu'est-ce qui a fait qu'une institution comme la nôtre ait pu assumer un ensemble d'événements historiques aussi incroyables ? La détermination, le dévouement, le professionnalisme, tout ceci évidemment, mais pas seulement. Ce qui a été le plus important a été l'attitude du personnel, son éducation, sa formation, sa sagesse. Un personnel dont le jugement n'a cessé d'être calme et perspicace. Un personnel dont les actes ont été sans reproches. Notre fierté n'est pas d'avoir été plongés dans le tourbillon d'une histoire tragique, mais d'avoir été à la hauteur lorsque nous y avons été confrontés.

CHARLES JACK PRICE

Pour moi, les années 60 sont mortes à Dallas. Les rues résonnaient du bruit des Klaxons et, à l'hôtel, les gens de la chambre d'à côté cognaient contre les murs en hurlant à la mort comme des chiens.

JIMMY CANNON

Il y a eu un avant-Clay (A.C.) et un après-Dallas (A.D.).

BUDD SCHULBERG

Dans les années 60, on croyait encore aux princes, et l'un d'entre eux était un boxeur qui nous faisait croire que la beauté pouvait naître de la violence.

PETE TAMIL

Clay a fait autant pour rendre la boxe glamour que Marilyn Monroe a fait pour le sexe.

BUDD SCHULBERG

À ce stade de sa carrière, Clay était perçu comme un sujet d'amusement pour le brave Blanc qui ne percevait pas en lui la profonde menace que représentaient Liston ou le sérieux implacable de Martin

Luther King ou bien l'agressivité incendiaire de Malcolm X. Dans son désir frénétique de reconnaissance, son sens de l'humour ne volait pas plus haut que celui en usage dans les cours de récréation. Il n'était pas vraiment très drôle ni très original. Ses pitreries inoffensives collaient parfaitement aux médias de l'époque.

NICK TOSCHES

Sonny Liston était le sale nègre dans toute sa splendeur. Le sale nègre capable d'infliger les plus abominables sévices aux Blancs pour se venger des souffrances qu'ils avaient infligées aux Noirs ou juste par plaisir. Le gros nègre tapi au fond de leur inconscient, le plouc sous-développé, la brute vulgaire, le voyou violent, l'homme des cavernes, la bête humaine.

EVERETT LEROI JONES ALIAS AMIRI BARAKA

Je dois admettre que j'ai arrêté de pleurer sur le sort de Sonny Liston et de ses vingt-cinq frères et sœurs. Sonny ne sait ni lire ni écrire, ce n'est pas de sa faute, mais il a un casier long comme le bras, et de ça il peut être considéré comme responsable.

JIM MURRAY

Instinctivement, le public déteste Liston. C'est un tort, il ne le connaît pas. S'il le connaissait, il se rendrait compte qu'il est pire encore. C'est la dernière personne que l'on voudrait rencontrer au fond d'une impasse.

ARTHUR DALEY

Il est difficile de trouver un quelconque mérite à Liston, cette créature sinistre débordant de haine.

Dan Parker

Les journalistes sportifs se délectaient à son propos de tous les adjectifs négatifs à leur disposition : « coups meurtriers », « brute sauvage », « stratégies vicieuses ». Alors que Rocky Marciano était décrit comme un « frappeur classique », Liston était un « monstre sans cœur », alors que Joe Louis était un « artiste du K.-O. », Liston était un « assassin féroce ». Ces clichés de la brute simple d'esprit, du délinquant à demi repenti, du probable récidiviste dont le seul but était de faire souffrir ses adversaires, ou pire encore, ont accompagné Liston tout au long de sa carrière. Ils ont ouvert à Clay un boulevard dans la guerre psychologique qu'il a déclarée très tôt.

Felix Dennis & Don Atyeo

Être célèbre, c'est une torture ! C'est comme être le seul poulet dans un sac plein de chats.

Sonny Liston

Chercher des noises la nuit à Sonny Liston au fond d'une ruelle obscure de Saint Louis, sans s'être muni au préalable d'une mitrailleuse Gatling, s'apparente plus ou moins à une forme de suicide.

Jim Murray

Look Magazine avait écrit un article sur Liston intitulé « Le Roi des animaux », et Clay a enfoncé le clou de l'animalité plus loin encore si possible lorsqu'il a traité Sonny de « gros-ours-mal-léché ». Pour couronner le tout, il rajoutait que Liston sentait aussi mauvais qu'un ours.

Jack Cashill

C'est pas un homme, c'est un gorille !

Frank Butler

Il avait une bite comme ça ! Il aurait fait peur à un cheval !

Dean Shendal

C'est la plus grosse que j'aie jamais vue de ma vie ! Ça attirait les gonzesses... en dehors de la boxe, son grand sport, c'était les gonzesses. Il a envoyé des putes à l'hosto... vous pouvez pas imaginer le nombre de putes qu'il a envoyées à l'hosto.

Foneda Cox

Depuis qu'il est champion du monde, Liston est devenu insupportable. Il se venge de tout ce qu'il a subi auparavant. Les bonnes manières sont pour lui un signe de faiblesse, à moins que ce ne soit de la lâcheté, il accepte les cadeaux qu'on lui fait avec la satisfaction d'un sultan recevant son tribut. Il est toujours de mauvais poil, il grogne plus qu'il ne parle. Il pourrait, à la rigueur, justifier cette attitude envers les journalistes qui l'ont mal traité, mais il se conduit de la même manière avec tout le monde.

Robert H. Boyle

Liston ne respectait même pas les conventions du monde de la boxe. Un soir qu'il mangeait un steak chez Toots Shor's, chez qui tous ceux qui comptaient dans le monde du sport se retrouvaient, Harold Conrad lui a présenté le propriétaire. Joe Louis, Joe DiMaggio, Jimmy Cannon étaient les amis de Shor qui avait commencé sa carrière en tenant un *speakeasy*, le Five O'Clock Club dont les propriétaires étaient deux membres de la pègre bien connus : Owney Madden et George « Big Frenchy » LaMange. « Je serre pas les mains quand je bouffe ! » a grogné Liston. « Me ramène plus ce con ici ! » a dit Shor à Conrad.

David Remnick

Réaliser que Liston était champion du monde, c'était comme trouver une chauve-souris vivante dans l'arbre de Noël.

Jim Murray

En 1963, quand on a publié la photo de Liston en Père Noël en couverture d'*Esquire*, l'enfer s'est déchaîné. Un nombre invraisemblable d'annonceurs ont retiré leurs billes, je ne sais pas combien d'abonnés ont demandé à être remboursés, en guise de vœux pour la nouvelle année, les lettres d'insultes n'ont pas cessé de pleuvoir.

George Lois

Jamais, depuis l'invention de l'imprimerie, une couverture n'a posé autant de problèmes.

Harold Hayes

C'est le dernier homme que l'Amérique voudrait voir descendre dans sa cheminée.

Sports Illustrated

Liston pouvait être sympa avec vous s'il vous aimait bien, le problème, c'est qu'il n'aimait pas grand monde.

Constantine « Cus » D'Amato

Quand un journaliste blanc lui a demandé pourquoi il ne se joignait pas aux Moore, Patterson, Harry Belafonte, Luther King et consorts pour manifester à Birmingham, il a répondu que son cul n'était pas fait pour les chiens.

Lloyd Hefner

Les types du NAACP m'ont jamais aidé, tous ces manifestants pour les droits civiques sont qu'une bande de foutus communistes ! Tout ce que je leur souhaite, c'est de se faire écrabouiller ! Personne m'a jamais aidé, toute ma vie, il a fallu que j'me batte comme un chien pour gagner ma croûte. Personne a rien à foutre que j'sois mort ou vivant.

Sonny Liston

Avec son comportement et son allure respirant le danger, son amour du rhythm and blues, Sonny était le héros d'une minorité différente, celle de jeunes pauvres — noirs ou blancs — qui n'avaient pas les moyens de se payer un billet pour assister aux combats où Sonny se faisait huer par la foule lorsqu'il assommait ses adversaires. Autant Sonny peut être considéré comme le premier champion rock'n'roll, autant Clay est le premier boxeur formaté pour la télévision par la télévision. Il a été rapidement englouti par la vague de médiocrité formée par les caméras et les micros devant lesquels il gesticulait.

Nick Tosches

J'avais accompagné Sonny au « Ed Sullivan Show » pour qu'il fasse la promotion de son combat contre Clay. Trois minutes après qu'il eut fini de sauter à la corde sur *Night Train*, son air fétiche, les Beatles ont commencé à chanter. Sonny m'a donné un coup de coude dans les côtes en me demandant : « C'est pour ces quatre connards qu'ils gueulent comme des veaux ? » Quand je lui ai répondu par l'affirmative, il m'a dit : « Mon chien joue mieux de la batterie que le type avec le gros nez ! » Après le show, je me suis arrangé pour que les Beatles rencontrent Clay dans la salle où il s'entraînait.

HAROLD CONRAD

Putain, il est où ce con de Clay ?

RINGO STARR

Les Beatles étaient furieux parce que Clay était en retard. Quand ils ont voulu mettre les voiles, l'attaché de presse a demandé aux vigiles de boucler tout le monde dans les vestiaires jusqu'à ce que Clay se pointe.

ROBERT LIPSYTE

Les photographes ont aligné les Beatles sur le ring et Clay a fait semblant de frapper George Harrison pour que les trois autres s'écroulent comme des dominos. Il les a poursuivis aux quatre coins du ring, il leur a sorti ses blagues habituelles, il les a fait s'agenouiller, se rouler par terre, il s'est frappé la poitrine avec ses poings comme King-Kong. Le pays connaissait une transformation radicale et, inconsciemment ou non, le boxeur de Louisville comme le groupe de Liverpool en étaient partie prenante.

DAVID REMNICK

Plus grand tu seras, mec, plus il te faudra affronter l'illusion.

JOHN LENNON

Les Beatles avaient l'habitude de mener les conférences de presse comme ils l'entendaient, il n'y avait qu'eux qui plaisantaient, et là ils sont tombés sur un os.

HARRY BENSON

Dix minutes après que les Beatles eurent mis les voiles, il m'a appelé pour me demander qui étaient ces tafioles…

ROBERT LIPSYTE

C'est le cinquième Beatles… la niaiserie en prime ! Ce mec est bidon !

JIMMY CANNON

Ce type nous a ridiculisés.

JOHN LENNON

Les Beatles m'en ont voulu, ils ne m'ont pas parlé pendant un mois.

HARRY BENSON

Clay, c'est la crème sur la tarte aux fraises, mais vous savez ce qui vous arrive si vous mangez trop de crème.

BUDD SCHULBERG

Clay était le type le plus doué que je connaisse pour la publicité et l'autopromotion. Sa campagne pour mettre la pression sur le clan Liston afin qu'ils signent le combat avait été géniale. Avant la deuxième rencontre Liston/Patterson, il avait poursuivi Sonny jusqu'à Las Vegas. Sonny jouait aux dés… il était en rogne, il perdait. C'était au Thunderbird, je me souviens… Sonny prend les dés, il les lance… Silence ! Et on entend la voix de Clay dans le fond de la salle… « Regardez-moi ce gros ours, même pas capable de lancer des dés ! » Sonny reprend les dés, il relance les dés… « Regardez-moi ce gros-ours-mal-léché, il sait rien faire ! » Sonny pose les dés, il fait signe à Clay de venir s'asseoir à côté de lui, tous les deux, face à face, autour d'une table à l'écart… « Écoute-moi, petite tapette, si t'es pas barré dans dix secondes, je t'arrache la langue et je te la carre dans le fond du trou du cul ! », il lui a dit… et Clay la ferme et s'en va.

HAROLD CONRAD

Quelque temps après, Sonny a croisé Clay dans les couloirs du casino. « Regarde ça ! », il a dit à son pote McKinney. Le champion s'est approché de Clay et il lui a flanqué une bonne beigne. Clay a ouvert de grands yeux étonnés, il croyait que tout ça c'était du cinéma pour vendre des billets. Pas Liston. Quand Clay lui a demandé pourquoi il avait fait ça, Liston lui a répondu : « T'as une trop grande gueule ! » avant de lui tourner le dos. Il a dit à McKinney : « J'lui ai bouffé les couilles ! » Dans son esprit à lui, c'était vrai. Clay a confié à Dundee et à ses amis qu'il avait eu peur. C'est le genre de défi que les taulards se lancent, celui qui cale devient l'esclave de celui qui cale pas, celui qui recule appartient à celui qui ne recule pas, corps et âme, pour toujours. C'est ce que croyait Liston.

DAVID REMNICK

Clay avait perdu la première manche, mais il a remis ça aussitôt qu'il a pu. Et il a fini par gagner.

HAROLD CONRAD

Clay frappe pas assez fort pour casser un œuf! Ça va me prendre deux rounds... un et demi pour le choper, le reste pour le massacrer.

SONNY LISTON

Sonny était persuadé que Clay était une tapette. La mentalité d'ancien taulard de Liston était ainsi faite qu'un type qui se dégonflait était une tapette. Ce sera une erreur qui lui coûtera le titre.

NIGEL COLLINS

Clay avait acheté un bus de trente places, un Flexible de 53 qu'il avait fait repeindre en bleu, blanc, rouge, comme le Schwinn de son enfance. Il avait fait calligraphier par son père des slogans à sa gloire sur toute la carrosserie.

DAVID REMNICK

Tou-tout ce que je-je crois, c'est qu'A-ali e-essayait de rendre So-sonny din-dingue! Il a-avait a-acheté ce bus pa-parce qu'il avait peur de-de prendre l'avion. Un jour, on é-était à Chi-chicago et il a l'idée d'aller en-emmerder Sonny à Denver! Y avait moi, lui, son-son frère, Archie Robinson et deu-deux ou trois autres types... plus de mille bornes, on-on s'est tapés! On s'est re-relayés tou-tou-tout le voyage. On s'est pointés à-à deu-deux heures du mat' de-de-devant chez Sonny.

HOWARD BINGHAM

Sonny avait déboursé vingt-huit mille cinq cents dollars pour cette maison en briques à l'angle de la 35ᵉ et de Monaco Drive, dans un quartier charmant... Saint Ignace de Loyola !

Nick Tosches

Liston avait eu du mal à se faire admettre par le voisinage. Au tout début, il se pavanait sur sa pelouse avec sa famille comme s'il avait été un riche planteur.

Mort Sharnik

Clay avait rameuté tous les médias du coin, les radios, les télés, les journaux. À trois heures du matin, ils étaient tous là pour assister au spectacle. Clay a envoyé Howard Bingham frapper à la porte de Liston. Le champion, encore endormi, est sorti en pyjama sur le pas de sa porte. Il a demandé à Clay : « Qu'est-ce que tu viens foutre ici, putain de nègre ? » Clay et ses copains se sont mis à brailler : « Viens là ! Viens là ! On va te dérouiller, gros-ours-mal-léché ! » Liston savait bien que, s'il répondait aux insultes, ce serait lui que la police ferait monter dans le fourgon.

David Remnick

Autrefois, la police arrêtait des Afro-Américains pour l'unique raison qu'ils « conduisaient en état de négritude ».

Amy Waldman

Aussitôt qu'il voyait un fourgon de flics, Sonny grimpait dedans pour gagner du temps.

Lloyd Hefner

Quand So-sonny est sorti, j'ai ca-ca-cavalé me planquer dan-dans le bus. Le type au vo-volant klaxonnait san-sans s'a-arrêter et Cassius arrêtait pa-pas de traiter Sonny de gros-ours-mal-léché ! On s'est b-bien marrés. On a ri-ri-rigolé tou-tout le voyage de retour ! Mille bornes…

Howard Bingham

Après que Clay est venu faire du barouf sur sa pelouse et réveiller tout le quartier, Liston n'a plus osé sortir de sa maison. Il était comme prisonnier à l'intérieur.

Mort Sharnik

Sonny était furieux, mais il était surtout désorienté.

Foneda Cox

Il était champion du monde et un type de vingt-deux ans qui n'avait pas été particulièrement brillant en face de Doug Jones et de Henry Cooper, pas très brillants eux-mêmes, avait le toupet de le tourner en ridicule à la télévision, dans les journaux… partout où il mettait les pieds !

David Remnick

Clay était venu souhaiter la bienvenue à Liston à l'aéroport de Miami, il gueulait qu'il allait se battre avec Sonny pour de bon et gratis, il avait jeté sa veste par terre, il gesticulait comme un possédé en le traitant d'« ours mal léché ». Sonny a fini par lui balancer un coup qui a raté Clay d'un mètre, mais il a fallu que les gardes du corps du champion s'interposent pour que les choses ne tournent pas mal. Vraiment mal.

Felix Dennis & Don Atyeo

À Miami, Liston habitait une luxueuse maison de seize pièces voisine de celle du propriétaire des Yankees, Dan Topping. Clay occupait une petite maison toute simple à North Miami. Son entourage s'entassait, dans une joyeuse pagaille, à deux ou trois par chambre, celle de Clay était tout juste assez grande pour accueillir un lit, un fauteuil et un bureau. Le soir, on projetait des films dans le jardin, leur préféré était *L'Invasion des profanateurs de sépulture*. Clay jouait avec les enfants, il leur faisait reprendre en chœur qu'il était le plus beau, le roi des rois et Liston un ours mal léché. Malcolm X, souriant, les prenait en photo.

GEORGE PLIMPTON

C'était difficile de savoir si ce type était fou ou bien très intelligent.

MORT SHARNIK

Sonny a toujours été persuadé que Clay était dingue !

GERALDINE LISTON

Tout ce que Clay racontait, c'était pour se persuader qu'il était capable de faire ce qu'il disait. Tout le monde écoutait ce qu'il disait, mais il se parlait qu'à lui-même.

FLOYD PATTERSON

Il le poursuivait partout où il pouvait le poursuivre, il n'arrêtait pas de le traiter perpétuellement de « gros-ours-mal-léché », de « clochard », de « minable », de « naze », de « tas de graisse », de « vieillard », à tel point qu'au bout d'un moment pas mal d'observateurs ont commencé à se demander si tout ce cirque n'était pas tout simplement l'expression d'une hystérie panique. Il n'y avait que ses amis les plus proches, et peut-être lui-même, pour penser qu'il jouait la comédie.

FELIX DENNIS & DON ATYEO

Joe Louis était un boxeur brillant, le meilleur de tous, mais il n'avait aucune personnalité. En dehors du ring, Jack Dempsey était un type sympa, mais c'est tout ! Ali était extraordinaire, c'était un grand boxeur doublé d'un grand acteur.

BILL GALLO

Les meilleurs acteurs sont souvent les êtres humains les plus inconsistants. Tout simplement parce qu'ils sont dans le show-business depuis leur enfance et qu'ils ont passé plus de temps à jouer la comédie qu'à vivre vraiment. Clay n'était pas un enfant-acteur mais, plus bizarre encore, un enfant-boxeur. Il avait boxé plus qu'il n'avait vécu, son intelligence et son expérience étaient aussi limitées que celles d'un acteur.

NICK TOSCHES

Liston est loin d'être stupide, en fait, il n'est pas stupide du tout. Il y a beaucoup de violence en lui, mais aucune cruauté.

JAMES BALDWIN

Il a ce que l'on peut appeler un bon sens naturel. Si l'on prenait en compte cette notion pour mesurer le Q.I., Liston aurait fait partie de la Mensa.

JACK McKINNEY

Sonny Liston est le sportif le plus malin et le plus intelligent que j'aie jamais connu.

José Torres

> 25 février 1964
> Convention Hall
> Miami Beach (Floride)
> Sonny Liston
> Vainqueur, K.-O. tech, 7e round

Peser des poids lourds ne rime à rien, contrairement aux boxeurs des autres catégories, ils n'ont pas besoin de faire le poids. Quelquefois, quand ils laissent tomber leur peignoir et qu'ils grimpent sur la balance, ils réservent une surprise à la presse... « Merde, il est gras ! », « Nom de Dieu, il est drôlement en forme ! », « Nom d'un chien, ils ont l'air de vraiment pas pouvoir se piffer ! », mais en général on a vu les deux boxeurs s'entraîner les jours précédents, et l'on connaît à peu près leur condition physique. Non, s'il est une raison à la pesée des poids lourds, c'est la même que celle qui précède les combats de sumo, les poignées de sel jetées, avant le combat, au-dessus de leurs épaules par les lutteurs... une question de rituel.

David Remnick

Les principaux protagonistes sont toujours en retard. Les impatients regardent leur montre toutes les trente secondes en marmonnant qu'une fois au moins une pesée pourrait commencer à l'heure. Les vieux pros comme Frank Graham ou Red Smith en profitent pour discuter ensemble, se raconter leurs souvenirs et demander des nouvelles des uns et des autres comme les membres d'un club privé. Quand la pesée a eu lieu, les journalistes sportifs se ruent sur les téléphones pour dicter leurs dernières analyses, les parieurs ajustent leurs pronostics et les cotes tremblent.

Budd Schulberg

Tous ceux qui avaient une moitié de cerveau savaient que Clay allait faire son cirque, tout le monde s'en doutait, sauf les membres de la Commission, qui avaient prévu une organisation qui ne pouvait que mener au désastre.

Jack Olsen

Ils avaient prévu une estrade pour installer les balances et une chaise pour chacun des boxeurs, le médecin officiel allait être obligé d'examiner les boxeurs sur cette estrade. C'était ridicule ! Et il était prévu que cinq cents personnes puissent assister à cette mise en scène à la noix avec King Levinski, sa valise de cravates et tout le tremblement.

William Faversham

La pesée Liston/Clay aurait dû être peinte par Hogarth.

Jim Murray

Clay est arrivé à la pesée accompagné d'Angelo Dundee, Sugar Ray Robinson, William Faversham et Drew Bundini. Il portait une veste en jeans sur le dos de laquelle il avait fait broder en rouge : « Chasse à l'ours ». Clay et Bundini hurlaient : « Vole comme un papillon ! Pique comme une abeille ! Vos poings peuvent pas frapper ce que vos yeux peuvent pas voir ! » Clay scandait leurs slogans en frappant le sol avec une canne de sorcier africain.

David Remnick

Ils se sont engouffrés dans les vestiaires du Miami Beach Convention Hall, Clay et Bundini continuant de hurler leurs incantations vaudou... « Vos poings peuvent pas frapper ce que vos yeux peuvent pas voir ! »

Thomas Hauser

Clay s'est changé dans les vestiaires, il a enfilé un peignoir en éponge blanc. Robinson et Dundee ont essayé de le raisonner : « Comporte-toi correctement... c'est le championnat du monde... toute la presse est là ! », mais rien n'y a fait, pas même qu'un officiel le menace d'une amende.

David Remnick

Aucun des deux boxeurs ne voulait monter sur l'estrade le premier. J'ai été obligé de dire à Clay qu'il n'était pas encore champion et qu'il devait sortir de son vestiaire le premier. J'ai dû me comporter avec lui comme s'il avait été Caruso en personne.

William Faversham

On est sortis du vestiaire et Clay est devenu dingue ! Le problème, c'est qu'on avait une heure d'avance... y avait personne... tout son cinéma n'avait servi à rien ! On est retournés dans le bureau de Chris et on a recommencé une heure plus tard... On a refait ce truc deux fois.

Angelo Dundee

Quel spectacle ! J'aurais jamais cru qu'il aurait été capable de faire ça... vingt-deux ans seulement... et tout ça devant des gens comme Robinson ou Joe Louis ! Même s'il avait parlé de « guerre psychologique » avant le combat, je n'aurais jamais cru qu'il aurait été capable d'aller jusqu'au bout, je n'aurais jamais pensé que ce qui s'est passé se passerait comme ça s'est passé.

Ferdie Pacheco

Les gens de la sécurité ont prévenu Bundini et Robinson qu'ils n'avaient pas le droit d'assister à la pesée. Bundini leur a répondu qu'il était la seule personne au monde capable de calmer Cassius et Clay a renchéri : « C'est mon show ! C'est mon show ! » Ils les ont laissés passer.

Felix Dennis & Don Atyeo

Je savais que ce serait le bordel, Ali m'avait prévenu qu'il amènerait Bundini à la pesée, je lui avais dit que je préférais qu'il le fasse pas, Bundini était dingue, mais Clay aimait ce type, il aimait ce genre de types. Drew lui faisait du bien, il chargeait ses accus.

Angelo Dundee

Clay et Bundini ont commencé à hurler à 11 h 09. Deux minutes avant que Liston arrive.

David Remnick

Quand Liston s'est pointé, Clay est devenu littéralement dingue. J'ai cru qu'il allait avoir une attaque. Il était tellement hystérique qu'il était difficile d'imaginer qu'il allait pouvoir monter sur le ring quelques heures plus tard. Il y avait au moins quatre ou cinq personnes autour de lui qui le retenaient comme elles le pouvaient... et puis j'ai vu Cassius qui faisait un clin d'œil à Ray Sugar.

Mort Sharnik

Clay gesticulait en hurlant comme un possédé, Bundini était agrippé à la ceinture de son peignoir comme un noyé à une bouée de sauvetage, Faversham et Dundee lui demandaient de se calmer sur tous les tons. Robinson essayait de le plaquer contre un des murs de la Cyprus Room, Clay le repoussait en lui hurlant dans les oreilles : « Laisse-moi faire ! Je suis un grand acteur ! Je suis un grand acteur ! Laisse-moi faire. »

David Remnick

Je le tenais par la ceinture, Robinson le tenait par un bras et Bundini n'arrêtait pas de lui gueuler dans les oreilles : « Flotte comme un papillon, pique comme une abeille ! » Je lui ai dit : « Pour l'amour de Dieu, Drew, ferme ta grande gueule ! »

William Faversham

Ali m'a soufflé à l'oreille : « Retiens-moi ! » Il a une capacité proprement stupéfiante à s'hypnotiser lui-même, à simuler l'hystérie à ses propres yeux.

Mort Sharnik

Même quand il était jeune, il pouvait lui arriver de s'endormir en plein milieu d'une conversation. Il a dépensé tant d'énergie dans sa vie qu'à sa place n'importe qui serait mort.

GILBERT ROGIN

Quelquefois, il était plongé dans un état proche de la catalepsie, recroquevillé, un manteau sur la tête, à l'arrière d'une Cadillac noire et puis, sans le moindre avertissement, quelque part dans le Bronx, il jaillissait de la bagnole pour aller jouer au base-ball avec une bande de mômes drogués jusqu'aux yeux.

HUNTER S. THOMPSON

Je leur ai dit : « Si vous continuez comme ça, vous allez prendre une amende. » Bundini s'est mis à hurler : « Ils peuvent pas filer une amende au plus grand. — Ils vont pas se gêner, je lui ai répondu, et il peut la payer. »

WILLIAM FAVERSHAM

Au milieu de tout ce vacarme, on a eu beaucoup de mal à entendre Morris Klein annoncer au micro qu'une amende de deux mille cinq cents dollars était infligée à Cassius Clay.

THOMAS HAUSER

Pendant tout ce temps, le docteur Alexander Robbins essayait de prendre le pouls et la tension de Clay qui n'arrêtait pas de gesticuler, de sauter en l'air et de hurler. Lorsqu'il a fini par y arriver, le pouls de

Clay s'élevait à 110 pulsations/minute, au lieu de 54 habituellement, et sa tension n'était pas très loin de 20.

DAVID REMNICK

S'il vous plaît, docteur, dites-moi... il est mort de peur, non ?

JIMMY CANNON

Je le crains, monsieur Cannon ! Ce garçon est mort de peur et si ce soir, sur le ring, sa tension est la même, il s'évanouit avant d'enlever son peignoir... s'il n'a pas eu une attaque dans les vestiaires auparavant.

ALEXANDER ROBBINS

Sonny Liston est resté impavide du début à la fin, il s'est contenté de fixer Clay avec son regard de tueur à gages de la Mafia et il a répété plusieurs fois à son adresse : « Ne le dis pas à tout le monde ! » Je n'ai jamais compris ce que Sonny voulait dire par là, et aujourd'hui encore, je ne suis pas sûr de comprendre ce qu'il pouvait bien vouloir dire à Clay. Quel était le message ?

JERRY IZENBERG

Personne n'a fait attention à ce que Liston pesait deux cent dix-huit livres et Clay, deux cents et demie.

THOMAS HAUSER

J'ai assisté à la fameuse pesée avec Marva Louis. Tout le monde a pris ça au sérieux, y compris Marva qui n'arrêtait pas de me répéter que ce môme aurait dû être enfermé, moi j'ai trouvé ça marrant comme tout. Qu'est-ce que je me suis marré !

HANK KAPLAN

La pesée Liston/Clay avait ressemblé à une descente de police, un maximum de boucan dans un minimum d'espace, mais quand tout a été fini, que le calme est revenu, j'ai eu le sentiment que tout avait été parfaitement chorégraphié, que Cassius avait tout contrôlé du début jusqu'à la fin et qu'il était parvenu à ses fins... Liston faisait peur à tout le monde, il en tirait un avantage énorme. Il avait battu Patterson bien avant qu'ils ne montent sur le ring, Floyd était terrorisé à tel point qu'il est tombé avant même d'être touché. Et, franchement, qui n'aurait pas été terrorisé par Liston ? Un dingue, il n'y avait qu'un dingue pour ne pas avoir peur de Liston... et, la pesée terminée, Liston était persuadé d'une chose, Clay était dingue.

ROBERT LIPSYTE

Sonny était persuadé que Clay était dingue et, dans sa mentalité de cueilleur de coton, il se méfiait des dingues parce qu'ils sont imprévisibles, que l'on sait jamais ce qu'ils vont faire. Il en avait peur... c'était une des seules choses dont il avait peur, ça et les aiguilles !

GERALDINE LISTON

Ma chemise était à tordre, j'étais au ras de la crise de nerfs, Cass m'avait semblé drôlement atteint et j'étais sacrément emmerdé.

WILLIAM FAVERSHAM JR

Dans les années 30, King Levinsky avait été l'un des nombreux poids lourds offerts en pâture à Joe Louis. On les appelait les « nazes du mois ». Après avoir disputé plus de cent combats contre des types bien meilleurs que lui, Levinsky était sonné... complètement sonné... il était à moitié clochard.

DAVID REMNICK

Même si maintenant Levinsky ressemblait à Lennie dans *Des souris et des hommes*, il y avait quelque chose de profondément humain en lui.

RICHARD DURHAM

Pour survivre, King vendait des cravates pourries qu'il sortait d'une valise pourrie... On ne pouvait pas l'éviter... à chaque réunion importante, il était là. « Achetez une cravate à King Levinsky ! Achetez une cravate à King Levinsky ! » On essayait tous de l'éviter, on ne réussissait pas toujours et, quand on lui avait acheté une cravate ou deux, on le fuyait encore davantage. Ce jour-là, il attendait Clay à la porte du Convention Hall, quand il a vu Clay sortir, il lui a couru après : « Je t'embauche, mec ! Je t'embauche ! On va vendre des cravates tous les deux ensemble ! »

DAVID REMNICK

Il y avait tout un tas de bruits qui couraient en ville autour de la conversion de Clay à l'islam, autour de la présence de Malcolm X à Miami, comme quoi c'était un combat arrangé...

JERRY IZENBERG

Faversham a demandé à Ferdie Pacheco de contrôler la tension de Clay un peu plus tard dans l'après-midi. Quand Pacheco est arrivé à l'endroit où logeait Clay, il l'a trouvé couché sur la moquette en train de regarder la télévision avec une bande de gamins du coin. Sa tension était redevenue tout à fait normale.

Felix Dennis & Don Atyeo

On a toujours tendance à oublier que, si un clown n'imite jamais un sage, un sage ne peut pas imiter un clown.

Malcolm X

Dans l'après-midi, Pacheco et Dundee sont retournés voir comment allait leur boxeur. La maison était envahie par les membres de la garde prétorienne de la Nation de l'Islam. Ils écoutaient ensemble des discours exhortant les Noirs à exterminer les diables blancs. « Je me suis senti comme un Juif à Nuremberg », confiera Pacheco un peu plus tard. Toujours est-il que la tension de Clay était tout ce qu'il y a de plus normale et que son pouls battait à 54 pulsations/minute.

Jack Cashill

Le promoteur du combat, William B. MacDonald, était né à Butte en 1908. D'après ses dires, il descendait d'une très ancienne lignée de voleurs de moutons. Comme il ne restait plus beaucoup de moutons à voler à Butte dans les années 20, il s'était installé à Miami pour en tondre quelques-uns. Il avait commencé sa carrière comme chauffeur de bus avant de faire fortune dans les parkings, les blanchisseries, les pressings, la restauration, le transport routier et tout un tas d'autres activités commerciales dont une agence de prêts sur gages basée à San Juan. Il avait deux Rolls-Royce, une femme d'origine polonaise, Victoria, et une fille qu'il adorait. Il était propriétaire d'un haras à Delray Beach et d'une équipe de baseball de seconde division, les Tampa Tarpons. Il était très gros, fumait le cigare, jouait au golf avec une bière dans une main et un Coca dans l'autre et décorait les murs de sa maison d'un quart de million de dollars à Bal Harbour avec les marlins qu'il pêchait depuis le pont arrière de son yacht, *Snoozie*. Il avait investi huit cent mille dollars dans l'organisation du combat.

David Remnick

Bill MacDonald voulait être aimé par tout le monde, il avait besoin de reconnaissance, c'est pour cela qu'il s'était lancé dans la promotion et, au bout d'un moment, tout ce qu'il a vu, c'est des Noirs en costume et nœud papillon noirs qui traitaient les Blancs de « démons »... à Miami ! Au départ, ce combat devait être le duel du bon et du méchant et il se retrouvait avec deux méchants sur les bras.

Harold Conrad

Un jour, Angelo me téléphone et il me dit : « Viens à la salle, madame X est là », je lui demande : « Qui c'est madame X ? », il me dit : « Viens, tu verras, c'est une surprise ! » Quand je me suis pointé, j'ai reconnu Malcolm X appuyé aux cordes du ring. Nom de Dieu, je me suis dit, la recette est foutue !

Chris Dundee

MacDonald a convoqué Clay pour lui dire que le combat n'aurait pas lieu s'il ne démentait pas son appartenance aux Musulmans noirs, Clay a refusé. Quand je l'ai appris, j'ai dit à Bill qu'il allait être la première personne de l'histoire célèbre pour avoir interdit un combat pour des raisons religieuses. Il m'a envoyé paître... « Ne m'emmerde pas avec la Constitution et ce genre de conneries, ici c'est le Sud ! Tu comprends ça ? » Je comprenais très bien... deux ans plus tôt, je m'étais fait refouler d'un restaurant de Miami avec Joe Louis et Max Schmeling, le propriétaire avait refusé de nous servir ! Un nazi à la rigueur, il voulait bien, mais un Noir, pas question ! Joe Louis, hein... Joe Louis, pas un cireur de pompes !

Harold Conrad

Que Cassius Clay ait été un sympathisant des Musulmans noirs n'était plus un secret pour les gens bien informés, mais il n'avait pas fait l'annonce de sa conversion en public.

Thomas Hauser

Cassius Clay a presque reconnu qu'il était musulman.

The Amsterdam News

En février, j'ai eu une conversation de trois heures avec le père de Clay, il m'a affirmé que son fils s'était converti à l'islam, qu'il changerait de nom aussitôt après son championnat du monde, que les Musulmans noirs lui avaient bourré le crâne avec leur propagande à la noix, qu'ils lui piquaient son argent et qu'ils l'avaient personnellement menacé de mort. Je dois dire que j'ai moi-même reçu des menaces de ce genre après la parution de mon article dans le *Miami*

Herald et qu'elles ont cessé aussitôt que j'en ai eu touché deux mots à Cassius.

PAT PUTNAM

Cass était la proie idéale pour la Nation de l'Islam. L'aspect *Alice au pays des merveilles* de leurs dogmes ne pouvait que le séduire, il avait une nette tendance au mysticisme, il avait des visions.

WILLIAM FAVERSHAM JR

La communauté noire était complètement impliquée dans le mouvement pour les droits civiques. Le frère de Martin Luther King vivait à Louisville où le Dr King était considéré comme le Messie, vous pouvez bien imaginer que l'attitude d'Ali a été très mal perçue ici, les gens étaient choqués.

CORETTA BATHER

J'ai proposé à Bill le marché suivant : si j'obtenais que Malcolm X quitte Miami, le combat aurait bien lieu. Il m'a dit O.K. ! Je me suis rendu là où vivait Cassius, Malcolm était là et tout un tas de types en costume noir pas particulièrement amicaux. Cassius s'est montré froid alors que, jusque-là, il avait toujours été amical avec moi. J'ai pris Malcolm à part et je lui ai mis le marché entre les mains, il m'a dit : « D'accord, à condition de pouvoir revenir pour le combat ! », j'ai dit : « O.K., tu auras un fauteuil de ring... » J'ai voulu lui serrer la main, mais il a refusé. Il a juste effleuré mon poignet avec son index... comme si j'avais la peste !

HAROLD CONRAD

Cassius Clay est très modeste et pourtant très perspicace. Il aurait dû être diplomate. Il repère d'instinct les situations conflictuelles, ma présence à Miami par exemple, et il sait comment les désamorcer.

MALCOLM X

William MacDonald compte que la seule vente des billets lui rapporte plus d'un million de dollars. Le prix des billets va de vingt dollars pour les strapontins près de la sortie de secours à deux cent cinquante dollars pour les fauteuils de ring. Pour cinquante dollars, on se retrouve à cinquante mètres du ring, obligé de regarder les boxeurs avec un télescope. On peut imaginer la déconvenue des spectateurs si le combat dure aussi peu de temps que les deux derniers combats de Liston.

JIM FLORA

À peu près tous les journalistes sportifs donnaient Clay perdant, tout le monde pensait que le combat durerait trois minutes, peut-être moins. Dans ces conditions, les billets se vendaient mal, surtout aux prix invraisemblables fixés par MacDonald.

FELIX DENNIS & DON ATYEO

Ce sera la même chose que les deux combats Liston/Patterson, la seule différence étant que cela durera un peu plus longtemps, peut-être bien jusqu'à la fin du premier round.

LESTER BROMBERG

Ce combat est un crime à l'endroit des chiots et des enfants.

ARTHUR DALEY

Si Clay est champion du monde ce soir, ça veut dire qu'il faudra désormais prendre au sérieux n'importe quelle grande gueule en train de déconner au coin de la rue.

NORMAN MAILER

Il fait peut-être vendre un paquet de billets, mais Elvis Presley remplit les salles de cinéma et il joue la comédie au moins aussi bien que Clay boxe.

BUDD SCHULBERG

Pour ceux qui pouvaient se payer les billets, c'était un combat entre un punk musulman et un sinistre gangster. Le Miami Beach Convention Hall pouvait contenir 15 744 places, il n'y avait eu que 8 297 billets de vendus. Les gradins étaient déserts.

DAVID REMNICK

Les Juifs ont appris que Clay était musulman, ils ne viendront pas.

MALCOLM X

Il avait battu qui ? Une bande de vieillards et un assortiment de tocards. Tout le monde pensait que Sonny lui fermerait sa grande gueule et le renverrait à Louisville dans un linceul.

NIGEL COLLINS

Clay était considéré par les spécialistes comme un sympathique espoir comptant seulement dix-neuf combats professionnels face à des adversaires souvent médiocres, et qui avait été sérieusement ébranlé à deux reprises par des boxeurs très ordinaires. La cote était de 7 contre 1 en faveur de Liston, les bookmakers ne prenaient plus de paris que sur la durée du combat.

THOMAS HAUSER

Quand un journaliste lui a demandé s'il trouvait la cote de 7 contre 1 juste, Liston lui a répondu : « J'en sais rien, j'suis boxeur, pas bookmaker ! »

MURRAY KEMPTON

On croit que Liston est grand, non... on dirait qu'il est grand ! Clay est plus grand que lui. Clay est beaucoup plus rapide que lui et Liston n'est pas difficile à toucher.

ANGELO DUNDEE

Cassius battra Liston facilement. Si je devais lui offrir un boxeur pour Noël, je lui commanderais le sosie de Sonny Liston. Liston pourra jamais battre Clay. Pourquoi ? Tout simplement, parce que je crois savoir que Clay recule beaucoup plus vite que Liston avance.

JOE MARTIN

Il a fait tout ce qu'il était possible de faire pour que Liston monte sur le ring à la fois furieux et mal entraîné parce que persuadé que cela ne durerait pas trois minutes.

MALCOLM X

Tu dois le boxer comme j'ai boxé LaMotta... comme un matador fait avec un taureau. Beaucoup de cape avant l'épée !

RAY « SUGAR » ROBINSON

Cassius avait tellement peur de Liston qu'il en était hystérique. Mon mari n'a pas arrêté de lui répéter qu'il était jeune et fort et qu'il croyait en Dieu, il lui parlait tout le temps de David et de Goliath.

BETTY SHABAZZ

La peur magnifie ce qui vous fait peur. Le christianisme est fondé sur la peur, notre religion abolit la peur. Un Musulman ne connaît pas la peur.

MALCOLM X

Une rumeur courait... juste avant le championnat, Cassius Clay grimperait en smoking sur le ring... avant de disparaître à tout jamais.

MURRAY KEMPTON

La seule chose que j'espérais, c'est que Cassius ne soit pas blessé. Je priais pour ça.

GORDON DAVIDSON

Liston avait passé la nuit précédant le combat avec deux femmes.

NIGEL COLLINS

C'est la première et la dernière fois que j'ai vu Ali avoir le trac dans les vestiaires.

FERDIE PACHECO

C'est le combat de la Croix et du Croissant. C'est une croisade moderne. Ce combat est un combat pour la vérité !

Malcolm X

Clay est monté sur le ring dans un peignoir blanc court. Pour la première et la dernière fois de sa vie, il avait peur. Il a commencé à danser sur la pointe des pieds, lentement d'abord, puis de plus en plus vite. Malcolm X occupait le siège n° 7, pas très loin de Jackie Gleason et de Sammy Davis Jr, les gangsters de Las Vegas, de Chicago, de Saint Louis, de New York étaient là eux aussi.

David Remnick

Il était impossible de ne pas remarquer la présence de Malcolm au pied du ring, il était en grande discussion avec un autre invité de marque de Clay, Sam Cooke.

Mike Marqusee

Bonsoir Mesdames et Messieurs. Bienvenue au Convention Hall de Miami Beach ! Et maintenant… le championnat du monde poids lourd ! Le challenger, de Louisville, Kentucky, en short blanc à parements rouges et pesant deux cent dix livres et demie, l'ancien champion olympique des poids mi-lourds… Cassius Clay ! Et son adversaire, de Denver, Colorado, pesant deux cent dix-huit livres, en short blanc à parements noirs, le champion du monde poids lourd, Charles… Sonny… Liston !

Frank Waymon

Cassius Clay boxait dans le vide au travers de la fumée des cigares.

DAVID REMNICK

Ce matin, Clay était hystérique, ce soir, il semble catatonique.

MURRAY KEMPTON

J'ai dit à Clay : quand l'arbitre vous appelle pour son petit laïus, fais-toi aussi grand que tu peux... t'es plus grand que lui !

ANGELO DUNDEE

Liston a fixé son regard sur Clay, Clay était terrorisé, mais il n'a pas bronché, il a regardé Liston, il l'a regardé de haut !

DAVID REMNICK

Prends ton temps ! Ne cherche pas le K.-O. de suite... Tôt ou tard, tu vas le choper !

WILLIE REDDISH

Liston savait qu'il n'avait pas des heures pour battre Clay, il s'était entraîné pour six, sept rounds, grand maximum... après ça, il allait ralentir, sentir le goût de la bile au fond de sa gorge, être rattrapé par son âge... peu importe lequel.

DAVID REMNICK

La cloche a sonné, Cassius Clay était seul en face du type le plus redoutable du monde.

MURRAY KEMPTON

C'est difficile de se rappeler le combat round par round, mais dans le premier Sonny a pas pu choper Clay et j'ai pensé qu'on allait avoir un problème.

MILT BAILEY

Sonny s'est vite rendu compte à quel point les réflexes de Clay étaient exceptionnels. Sonny avait un direct du gauche aussi efficace qu'un fusil à pompe, mais Clay l'esquivait sans effort par de simples retraits du buste. Sonny avait un bon jeu de jambes, il était rapide, mais quand vous regardiez ce premier round, il y avait de quoi rigoler... Avant Clay, Liston avait rencontré des boxeurs rapides... Marty Marshall, Eddie Machen, Zora Folley, mais il n'avait jamais vu ça... Clay esquivait tous ses coups.

JACK McKINNEY

Si Ali ne voulait pas être touché, vous ne pouviez pas le toucher.

FERDIE PACHECO

Et puis, vers la fin du round, Clay a cessé de ne faire qu'esquiver, il s'est mis à boxer à son tour ! Il a touché Liston avec une série de huit directs du gauche, quand Liston a voulu répliquer, Clay n'était plus là...

DAVID REMNICK

Je pense que, pendant ce round, Clay a surclassé Liston !

JOE LOUIS

Comme Joe Louis, Sonny était un boxeur simple... Pim-pam ! Un-deux ! Gauche-droite ! Sauf qu'en face de Clay il ne frappait que le vide. Tous mes doutes ont disparu quand j'ai vu comment Cassius le manœuvrait pendant le premier et le deuxième round.

Ferdie Pacheco

Pendant la seconde reprise, Liston a appuyé ses coups, mais aucun n'a porté. Je suis persuadé que Liston aurait battu le meilleur Tyson. Il était incroyablement puissant, avec des épaules tellement larges qu'il bouchait la moitié du ring avec, il était plus rapide que Tyson, mais Clay était trop compliqué pour lui.

Angelo Dundee

Ceux qui étaient assez près ont pu se rendre compte qu'à la fin du deuxième l'œil gauche de Liston était enflé. Au troisième, sa pommette était carrément coupée et il saignait du nez. Tout d'un coup, le champion a semblé avoir vieilli de dix ans.

David Remnick

Le quatrième round a été plus calme que les trois précédents. L'incrédulité a commencé à gagner le public, l'impossible était en train de se produire. Clay était toujours debout et Liston coupé pour la première fois de sa carrière.

Felix Dennis & Don Atyeo

Lorsqu'il est retourné dans son coin à la fin de la quatrième, Clay hurlait qu'il abandonnait.

Nick Tosches

Revenu dans son coin, Clay n'y voyait plus rien.

José Torres

J'ai pensé que l'homme blanc avait trouvé un truc pour nous baiser la gueule !

Bundini Brown

Ce pouvait être le liniment ou le coagulant utilisés par les hommes de coin de Liston que Clay, en essuyant sa transpiration, s'était mis dans les yeux... Peu importe ! Je connaissais le truc...

Angelo Dundee

Joe Pollino m'a dit qu'il avait enduit les gants de Liston d'une solution censée aveugler Clay suffisamment longtemps pour permettre à son boxeur de trouver la distance. Et que c'était Sonny qui lui avait demandé de le faire...

Jack McKinney

Pendant que son boxeur hurlait qu'il voulait abandonner, Dundee n'a pas perdu son sang-froid, malgré les Musulmans noirs qui pensaient que c'était lui et ses copains ritals qui avaient tendu un piège à Clay ; tout en empêchant l'arbitre d'écouter les plaintes de Clay, il a essuyé les yeux de son boxeur avec une serviette et il les a rincés aussi soigneusement qu'il a pu.

David Remnick

Arrête tes conneries, Cass ! On abandonne pas ! C'est le grand jour ! Sors de là et cavale !

Angelo Dundee

À distance, mec, cogne ! À distance, cogne !

BUNDINI BROWN

C'est un des moments de la carrière d'Ali où Dundee n'a pas volé son argent ! Il lui a dit : « Sors de là et cavale ! » Angelo est le meilleur homme de coin du monde, c'est un fait ! Si ce n'avait pas été le cas, on n'aurait plus entendu parler de Cassius Clay, à plus forte raison de Muhammad Ali ! Clay n'avait pas besoin de ses deux yeux pour cavaler devant Liston, un seul suffisait et une bonne paire de jambes ! Clay avait tout ça... et mieux encore !

FERDIE PACHECO

J'ai pas vu grand-chose du cinquième ! J'étais même pas descendu du coin que mon frangin Jimmy me prévenait qu'il y avait deux Musulmans noirs qui voulaient me faire la peau. « Vous êtes pas un peu cons ? je leur ai demandé. Je veux qu'il gagne au moins autant que vous ! » Et je me suis versé dans les yeux l'eau dont je m'étais servi pour rincer les yeux de Clay. Et puis, je suis retourné voir Cass botter le cul de Liston.

ANGELO DUNDEE

C'était comme envoyer un aveugle boxer Tyson et Cassius l'a fait... rester à distance... neutraliser Godzilla... ç'a été une performance à couper le souffle ! Beethoven a écrit ses plus grandes symphonies alors qu'il était sourd, pourquoi Cassius Clay n'aurait pas pu boxer alors qu'il était aveugle ?

FERDIE PACHECO

Clay a survécu au cinquième round juste en tenant le champion à distance avec son direct du gauche.

Felix Dennis & Don Atyeo

Liston était une brute, toute une partie de sa force venait de son pouvoir d'intimidation, mais il arrive souvent que ce genre de personnalité manque de caractère, qu'elle abandonne lorsqu'elle rencontre quelqu'un qui ne se laisse pas impressionner. Quelques années plus tard, c'est ce qui se passera lors du deuxième combat entre Roberto « Manos de Piedra » Duran et Ray « Sugar » Leonard, Duran préférera abandonner… *No màs!* plutôt que de subir une défaite ressentie comme plus humiliante encore.

David Remnick

Fais gaffe à sa gauche ! Recule, mec, recule ! Tiens-le… tiens-le bien !

Bundini Brown

Clay a eu du pot, j'allais le disqualifier.

Barney Felix

Au sixième, Clay avait retrouvé une vision claire et son second souffle par la même occasion. Les pieds bien à plat, il a commencé à appuyer ses coups, et tous ses coups, directs du gauche, crochets, uppercuts du droit, sont arrivés à destination. Liston n'avait plus rien à lui opposer, il payait cash pour tous les hot-dogs, pour tous les JB's, tous les après-midi avec les putes de Collins Avenue, tous les footings qu'il n'avait pas faits, toute l'arrogance dont il avait fait preuve.

David Remnick

La salle était en délire, le jeune Clay faisait ce qu'il voulait du champion, son gauche était attiré par le visage ensanglanté de Liston comme par un aimant.

Felix Dennis & Don Atyeo

Juste avant la fin de la reprise, Clay a réussi deux crochets du gauche de toute beauté, le champion est resté debout par miracle.

David Remnick

Le visage de Sonny était terriblement marqué, on voyait bien qu'il ne pouvait plus rien faire pour empêcher ce qui allait lui arriver.

Robert Lipsyte

C'est bon...

Sonny Liston

Pollino et Reddish se sont mépris, ils ont cru que ça y était... que Sonny était suffisamment en rogne pour arrêter les conneries... qu'il allait y aller maintenant... qu'il allait montrer au gosse qu'il ne fallait pas se foutre de lui davantage. Ils lui ont donné à boire et ils l'ont soigneusement enduit de vaseline. Ils lui ont remis son protège-dents en place... Sonny l'a recraché.

David Remnick

J'ai dit : c'est bon !

Sonny Liston

Dix secondes avant que le gong annonce le début de la septième reprise, Clay était déjà debout, prêt pour l'estocade, et il a vu Liston qui restait assis sur son tabouret et qui crachait son protège-dents sur le tapis.

FELIX DENNIS & DON ATYEO

Pollino et Reddish ont essayé de discuter... il pouvait pas abandonner comme ça... le cul sur le tabouret ! La seule fois où un champion du monde poids lourd avait abandonné, c'était Jesse Willard en 1919, et Jack Dempsey l'avait envoyé six fois au tapis la reprise précédente, il lui avait cassé la mâchoire, quatre ou cinq côtes, et Willard avait craché six dents sur le tapis.

DAVID REMNICK

C'est bon !

SONNY LISTON

O.K. ! d'accord... une autre fois, peut-être...

WILLIE REDDISH

Reddish a levé le bras. Barney Felix, l'arbitre, a compris tout de suite.

DAVID REMNICK

Attendez ! Attendez ! Sonny ne sort pas de son coin... Sonny reste dans son coin... il est « out » ! Vainqueur et nouveau champion du monde des poids lourds... Cassius Clay !

HOWARD COSELL

Qu'est-ce que c'est ce cinéma ?

ROCKY MARCIANO

Clay a levé ses deux bras au ciel. Dire qu'il dansait n'aurait pas été juste, ses pieds allaient et venaient sur le tapis du ring à une vitesse incroyable, il touchait à peine le sol, on aurait dit qu'il était en lévitation !

THOMAS HAUSER

Ce qui s'est passé sur le ring était incroyable !

ANGELO DUNDEE

On aurait dit que des enseignes au néon s'allumaient dans ses yeux !

JIMMY CANNON

Le tyran est mort, vive le Roi !

THOMAS HAUSER

Quand les détenus du pénitencier de Jefferson City ont entendu le résultat, ils se sont mis à huer leur ancien codétenu... ils en étaient sûrs, ce fils de pute avait vendu le combat.

JACK CASHILL

Voleur un jour, voleur toujours !

NICK TOSCHES

Je me fous de ce que vous pensez de moi, je ne pense rien de vous !

GABRIELLE « COCO » CHANEL

Lorsque le clan de Liston informera les journalistes que l'abandon de Sonny était dû à une douleur à l'épaule, la plupart d'entre eux, Jimmy Cannon à leur tête, n'accepteront pas l'excuse.

DAVID REMNICK

Le vieux gangster qui a ridiculisé Clay en le traitant de poupon incapable de casser un œuf en se forçant nous explique qu'il s'est disloqué l'épaule gauche à la première reprise d'un combat qui semble pour le moins bizarre, même jugé à l'aune des bonnes vieilles combines.

JIMMY CANNON

Comment se fait-il qu'un homme qui a tenu jusqu'au bout dans un combat sans enjeu avec la mâchoire fracturée abrège un championnat du monde pour une douleur à l'épaule ? Comment un encaisseur comme lui, avec la droite la plus dévastatrice de l'histoire, peut capituler d'une façon aussi piteuse ?

NICK TOSCHES

Après le combat, Liston, qui ne l'avait jamais fait jusqu'à présent, a remercié les journalistes, il avait le bras en écharpe et il portait des lunettes noires.

DAVID REMNICK

Je me sens mal. Aussi mal que le jour où le président Kennedy a été assassiné.

SONNY LISTON

Un dur comme lui, on aurait dit un agneau.

ROBERT LIPSYTE

Il aurait mieux fait de mourir sur place. Comment va-t-il faire maintenant pour se regarder en face ?

SIDNEY WALKER ALIAS BEAU JACK

Sonny est l'un des perdants les moins abîmés de toute l'histoire des poids lourds.

PRESCOTT SULLIVAN

Après le combat, j'ai été le seul journaliste à accompagner Liston à l'hôpital Saint Francis, il n'y avait que nous deux et Jack Nilon, son manager. Dans un couloir, en attendant d'être soigné, Sonny, étendu sur une civière, ne disait rien. Il m'a semblé être la personne la plus seule au monde. Laissez-moi vous dire que le combat était peut-être arrangé, mais que pour un combat arrangé, il avait le visage drôlement abîmé. S'il a abandonné, c'est qu'il allait être mis K.-O. le round suivant. Celui qu'avait prédit Clay... et il n'a pas supporté cette idée.

MORT SHARNIK

C'était pas le boxeur auquel je m'attendais... il frappe !

SONNY LISTON

Nilon s'est penché vers moi et il m'a demandé : « Qu'est-ce qu'on va faire de Sonny, maintenant ? »

MORT SHARNIK

Je crois qu'il est plus près de quarante ans que de trente.

JIM BAILEY

Liston s'était entraîné comme Liberace joue du piano.

DAVID REMNICK

Sonny croyait vraiment qu'il allait tuer Clay. Dans ces conditions, à quoi bon s'entraîner ?

FONEDA COX

À l'entraînement, il massacrait ses sparring-partners comme il avait massacré les grévistes pour son patron, John Vitale. Le problème, c'est que ses sparrings ne lui opposaient pas beaucoup plus de résistance que des grévistes.

BUDD SCHULBERG

Jack Nilon a une grosse part de responsabilité dans la défaite de Sonny. Ce type était une vraie merde... juste avant le combat, Sonny se baladait dans tout Miami avec Ash Resnik et deux putes !

JACK MCKINNEY

Un jour ou l'autre, il faudra bien que j'en perde un.

SONNY LISTON

Ash Resnik aurait parié de grosses sommes sur Liston à Miami, mais d'autres versions courent selon lesquelles il aurait expédié des valises de billets à New York où l'on prenait d'autres paris... plus discrets.

NICK TOSCHES

Ne parie pas. Pas un seul dollar. Y a un truc qui va pas. Je sais pas quoi, mais y a un truc qui va pas.

BERNIE GLICKMAN

À Chicago, la cote était de 6 contre 1, juste avant le combat, elle est tombée brusquement à 2 contre 1. Le vrai pognon, celui des gens qui savaient, se reportait massivement sur Ali.

NICK TOSCHES

J'avais parié sur lui, quand je lui ai demandé pourquoi il m'avait rien dit, il m'a répondu : « Avec ta grande gueule, on se serait retrouvés les deux pieds dans le ciment. »

LOWELL POWELL

J'ai fait ce qu'ils m'ont demandé de faire.

SONNY LISTON

Un de mes collègues de *Sports Illustrated* m'a dit que sur le chemin du ring les yeux de Sonny étaient pleins de larmes.

MARK KRAM

Quelques jours après avoir perdu sa ceinture, Sonny a été arrêté à Denver pour excès de vitesse, il était avec une fille, il avait un pistolet .22 dans la poche de son pardessus et il était soûl. Vu la taille de ses poignets, c'est tout juste si le flic a pu lui passer les menottes.

NICK TOSCHES

On avait si peu pensé à une victoire de Cassius que je me suis retrouvé à minuit en train de téléphoner au Roney Plaza qui allait fermer pour qu'ils mettent du champagne au frais, que l'on fête ça ensemble avec quelques journalistes... Budd Schulberg, George

Plimpton, Norman Mailer. Cass a décidé de ne pas venir avec nous.

GORDON DAVIDSON

Après le combat, Dee-je-sais-pas-quoi attendait Clay à la porte de son vestiaire. Les journalistes reluquaient la « souris de Clay » d'un œil envieux. Elle chantait dans un night-club, le Saint John, elle était très jeune, très jolie et semblait avoir une idée précise de comment ils allaient fêter la victoire ensemble. Chaque fois que quelqu'un rentrait ou sortait du vestiaire, elle lui glissait : « Dites à Cassius que Dee... » Quand le nouveau champion est sorti, il n'a pas jeté un seul regard à Dee, qui l'a appelé timidement... « Marcellus ! » Il a disparu dans l'éclat des flashes des photographes. La mère de Dee avait l'air encore plus déçue que sa fille.

GEORGE PLIMPTON

Clay est parti pour Hampton House avec Malcolm X et Jim Brown. Il a mangé une glace à la vanille, il s'est endormi sur le lit de Malcolm avant de repartir se coucher chez lui.

DAVID REMNICK

C'était un petit motel réservé à la clientèle noire avec une petite piscine, un snack, un bar si mal éclairé qu'il fallait s'asseoir à tâtons, où un orchestre jouait le soir. La plupart des chambres avec balcon étaient situées dans des bâtiments ressemblant à une caserne.

GEORGE PLIMPTON

Quand je regarde en arrière, ce qui me frappe, c'est l'aspect générationnel du combat de Miami... avec l'assassinat de Kennedy, le Vietnam, la révolte des Noirs qui grondait en arrière-fond. Joe Louis était dans le camp de Liston avec tous les vieux journalistes et je me souviens avoir demandé à Barney Nagler : « Comment tu peux supporter ce vieux gâteux ? Tu vois pas que l'avenir est ailleurs ? » Il m'a répondu : « Tu peux pas comprendre, il était si bon quand il était jeune ! » Et je n'ai pas compris ce qu'il me disait jusqu'au combat Holmes/Tyson, où je me suis retrouvé assis à côté d'un vieux gâteux qui s'était appelé Cassius Clay et qui, lui aussi, avait été si bon quand il était jeune.

Robert Lipsyte

L'ère de la boxe moderne a commencé en 64. L'aube d'un nouvel âge s'était levée.

Thomas Hauser

Sonny sautait à la corde au rythme de *Night Train*, nous devions entonner *The Times They Are Changin'*. Liston était les années 50, Cassius les années 60, l'aube d'une nouvelle ère, une révolution de la morale et des mœurs. Le premier champion du monde fait par et pour la télévision.

Budd Schulberg

Clay n'est pas bidon, même sa poésie à la noix pour cour de récréation tient le coup, une nouvelle génération plus sophistiquée fait irruption sur le devant de la scène. Et pour toutes ces raisons, je suis fan de Clay.

LeRoi Jones

Peu après son vingt et unième anniversaire, Muhammad Ali a décidé qu'il serait non seulement le Roi du monde sur *son* terrain, mais le Prince héritier sur *tous* les autres.

Hunter S. Thompson

Il a ce talent-là, il sait jouer le rôle du champion *sur* le ring et *hors* du ring.

David Halberstam

Le lendemain de sa victoire, lors d'une conférence de presse dans la salle des Vétérans du Convention Hall, Cassius Clay déclarait publiquement qu'il était content d'être champion du monde, qu'il avait gagné parce qu'il était un bien meilleur boxeur que Liston, qu'il était désolé pour lui, qu'il n'avait jamais douté de sa victoire, qu'il n'aimait pas se battre, qu'il n'aimait pas être blessé et que la seule chose qui lui importait était de rendre les gens heureux. En réponse à une question plus précise sur son appartenance à la Nation de l'Islam, il a informé les journalistes présents qu'il n'habiterait jamais dans un quartier blanc, qu'il n'épouserait jamais une femme blanche, qu'il n'était plus chrétien, qu'il croyait en Allah. Qu'il savait ce qu'il faisait, que personne n'avait à lui dicter sa conduite et qu'il était libre d'agir comme il l'entendait.

Thomas Hauser

Ne comptez pas sur moi pour être la personne que vous voulez.

Publicité Chanel

Les Esquimaux ont l'Arctique. Les Pygmées ont leur jungle. Les Indiens de la forêt tropicale ont, ou ont eu, leur forêt tropicale. Mon appartement de Riverside Drive est très agréable, très spacieux, les charges sont raisonnables et la vue est plutôt plaisante, mais non, je n'appellerais pas ça « mon chez-moi » et je n'en parlerais certainement pas comme de mon habitat naturel. Peut-être que les Blancs n'ont plus d'habitat naturel.

STEVE TESICH

Muhammad Ali est le premier Noir champion du monde ET libre. Ali est un Fidel Castro noir.

LEROY ELRIDGE CLEAVER

Aujourd'hui, il plane... comme un aigle, mais où va-t-il atterrir et dans quel état ?

SONNY LISTON

Je crois pas que la conversion de Muhammad ait été une expérience religieuse, jusqu'au jour de ma mort, je croirai que c'était une prise de conscience sociale... c'était quelque chose dont il avait besoin à ce moment-là, quelque chose dont tout le pays avait besoin.

GEORGE FOREMAN

À l'époque, les boxeurs étaient l'équivalent des personnages de bandes dessinées, tout ce qu'on leur demandait, c'était s'ils étaient en forme, combien ils pesaient et ce qu'ils avaient mangé au petit déjeuner.

THOMAS HAUSER

La déclaration de Clay était clairement politique. C'était lui et lui seul qui décidait de son sort, qui il était, ce qu'il pensait, ce à quoi il croyait, pas Jimmy Cannon ou le NAACP. Le lendemain, quelques journalistes lui ont demandé des précisions alors qu'il prenait son petit déjeuner avec Malcolm X au motel Hampton House.

DAVID REMNICK

Cassius Clay est le plus grand sportif noir que je connaisse, celui qui aura, pour son peuple, plus d'importance qu'aucun autre sportif avant lui. Bien plus que Jackie Robinson dans la mesure où Jackie Robinson est le héros des Blancs. La presse blanche voulait que Cassius Clay perde parce qu'il est musulman... et n'oubliez pas de noter que personne ne se soucie de la religion des autres sportifs ! Leurs préjugés contre Cassius Clay les ont aveuglés.

MALCOLM X

Elijah Muhammad haïssait la boxe, pour lui, les boxeurs n'étaient que des esclaves manipulés par des gros Blancs qui leur volaient leur argent en fumant le cigare.

MARK KRAM

Le sport est la cause de la délinquance, du meurtre, du vol et d'une quantité innombrable de vices et de crimes immoraux.

ELIJAH ROBERT POOLE
ALIAS ELIJAH MUHAMMAD

C'est vrai qu'en premier lieu le Prophète ne lui a pas manifesté un grand intérêt. Il m'a fait remarquer que si j'avais été envoyé dans le Sud, c'était pour convertir nos frères, pas pour prendre du bon temps avec des boxeurs.

Jeremiah Shabazz

Je suis si heureux que Cassius Clay ait eu le courage de déclarer publiquement qu'il était musulman. Je suis si heureux qu'il ait déclaré qu'il était croyant. Cassius Clay a affronté un homme bien plus fort que lui, mais il n'a eu aucune crainte puisqu'il savait que Muhammad est le messager d'Allah !

Elijah Muhammad

Tous ceux qui disaient qu'il fallait tenir Cassius à l'écart parce qu'il risquait de faire honte à la Nation se sont battus pour être de ses proches. Mon mari était juste heureux pour Cassius, il était fier de la détermination qu'il avait montrée.

Betty Shabazz

Jusqu'à sa victoire sur Liston, Elijah Muhammad avait gardé une certaine distance envers Clay. Il avait toujours pensé qu'il serait battu et qu'il entraînerait la Nation de l'Islam dans sa chute, mais maintenant qu'il avait gagné il était le bienvenu. Il n'avait surtout pas l'intention de l'abandonner au seul Malcolm X.

David Remnick

Quand Sonny Liston, au début de la septième reprise, n'a pas répondu à l'appel de la cloche, l'Honorable Elijah Muhammad a eu une révélation. En un clin d'œil, il a pris conscience qu'après tout la boxe n'était pas une entreprise aussi indigne qu'il l'avait pensé. Tout de suite après le combat, il a téléphoné à Ali et il a commencé à le courtiser.

JACK CASHILL

Elijah Muhammad est né Elijah « Robert » Poole en 1897 à Sandersville (Georgie). « Rebaptisé » Elijah Poole, il rejoindra le Moorosh Science Temple of America en 1926, après avoir été arrêté pour ivresse sur la voie publique. Le Moorosh Science Temple professait une religion sans guère de rapport avec l'islam, si ce n'est l'utilisation du croissant et de l'étoile comme emblèmes, l'interdiction de consommer du porc et l'attribution de patronymes arabes à ses membres les plus éminents. À la suite du déclin du Moorosh Science Temple of America, il rejoindra, sous le nom d'Elijah Muhammad, le Allah Temple of Islam, une secte dérivée de la première, flanquée d'une organisation paramilitaire, le Fruit de l'Islam, qui initiera le dogme de la diabolisation des Blancs. Dissoute après un crime rituel dont l'un de ses membres sera reconnu coupable, le Allah Temple of Islam prendra le nom de Nation de l'Islam ; Elijah Muhammad en deviendra le prophète après avoir été désigné comme tel par Wallace D. Fard, son leader charismatique, dernier Dieu incarné aux yeux des membres de la secte.

DANIEL PIPES

Mahomet a contenu les diables (la race blanche) pendant mille ans. Les diables ont été délivrés par l'arrivée de Christophe Colomb et sa découverte de l'hémisphère occidental. Ils sont ici depuis quatre cents ans. Leur pire péché et le plus impardonnable est d'avoir amené les soi-disant nègres pour travailler à leur place. Les soi-disant nègres n'ont pas seulement donné leur travail, mais ils ont donné leur vie pour le sol de leurs maîtres partout où ces meurtriers remplis de haine ont voulu les déplacer à la surface de la Terre. Maintenant, l'esclave veut être mieux traité. Il a appris que le diable, ce sont les enfants de ceux qui ont traité leurs pères comme des marchandises. Le diable est le diable quels que soient l'endroit et l'époque.

ELIJAH MUHAMMAD

La Nation de l'Islam ? Une bande de voyous sortis de prison financée par Nasser ou je ne sais quel groupuscule arabe.

THURGOOD MARSHALL

L'idéologie de la Nation de l'Islam était une espèce de LSD politico-culturel. Un hallucinogène qui vous ouvrait les portes d'un autre monde, celui où tous les Noirs étaient bons et tous les Blancs mauvais.

STANLEY CROUCH

Je suis celui que l'on attend depuis deux mille ans. Je viens pour détruire le monde. Mon nom est Madhi. Je suis Dieu et je guiderai tes pas.

WALLACE DODD FORD
ALIAS WALLACE FARD MUHAMMAD

Pendant plus de vingt ans, le FBI a essayé de retrouver la trace de Wallace D. Ford dans le seul but de prouver que c'était un canular.

HOWARD L. BINGHAM & MAX WALLACE

Avant de s'envoler pour La Mecque où il attendait la fin du monde pour revenir en pilotant la Mère des Avions, Wallace D. Ford avait confié le message suivant à Elijah Muhammad : l'existence des Noirs remontait à soixante-douze milliards d'années. À cette époque, ils portaient des vêtements de soie, observaient les étoiles, construisaient des pyramides et leur civilisation dominait toutes les autres.

DANIEL PIPES

Cette civilisation noire régnait sur la Terre et sur Mars dont les habitants étaient des créatures hautes de sept à neuf pieds. Allah était leur dieu et La Mecque leur ville sainte, ses prêtres étaient des scientifiques capables de déplacer des montagnes et de créer des animaux, mais aussi la Lune en disposant des explosifs au centre de la Terre afin de placer un tiers de sa masse en orbite.

FELIX DENNIS & DON ATYEO

Il y a six mille ans, monsieur Yacub, un savant affligé d'une grosse tête, se rebella contre les dieux noirs. Quand les dieux l'apprirent, ils l'exilèrent sur Patmos, une île de la mer Égée, avec cinquante-neuf mille neuf cent quatre-vingt-dix-neuf de ses disciples. En massacrant tous les enfants noirs et en sélectionnant les enfants les plus clairs, monsieur Yacub réussit à créer une nouvelle race.

DANIEL PIPES

Mort à cent cinquante-deux ans, Yacub ne vit jamais la race de démons qu'il avait engendrée mais, deux cents ans après leur arrivée sur l'île, tous les habitants de Patmos étaient bruns, deux cents ans après, tous les Bruns avaient été génétiquement éliminés et remplacés par les Jaunes et deux cents ans après l'île était entièrement peuplée d'une race de diables blancs avec des cheveux blonds et des yeux bleus.

THOMAS HAUSER

Les Blancs étaient si dépravés qu'ils vivaient dans des cavernes et que leurs femmes s'accouplaient avec des chiens. Ils arrivèrent à dominer les Noirs en utilisant le vol, le meurtre et la sorcellerie. Jésus lui-même en sera la victime ; en réalité, Jésus n'était pas le fils de Dieu, mais un prophète noir nommé Isa qui n'a pas été crucifié, mais poignardé devant le « magasin » juif.

PETER GOLDMAN

Un scientifique, Shabbaz, qui savait que les Blancs allaient réduire les Noirs en esclavage, les avait amenés en Afrique, mais John Hawkins, un marchand d'esclaves, embarqua la tribu de Shabbaz pour l'Amérique, où les Noirs seraient esclaves pendant quatre cents ans avant qu'Allah ne les délivre et ne détruise les démons blancs.

FELIX DENNIS & DON ATYEO

★ La Mère des Avions est faite en Asie de l'acier le plus pur.

★ Elle a été fabriquée dans l'île de Nippon (Japon) en 1929 et s'est envolée la même année.

★ Des ingénieurs noirs, bruns, rouges et jaunes ont construit la Mère des Avions.

★ Les ingénieurs ignoraient ce qu'ils construisaient.

★ Sa taille est d'un demi-mile par un demi-mile.

★ Elle est de forme ovale.

★ Sa vitesse est supérieure à 9 000 miles à l'heure.

★ Elle peut voler à neuf mille (9 000) miles à l'heure dans les directions, en avant et en arrière, vers le haut ou vers le bas sans changer de direction.

★ Elle contient 1 500 avions plus petits que les démons appellent

★ « SOUCOUPES VOLANTES ».

★ Ces avions portent trois (3) bombes chacun, ils crachent aussi des flammes.

★ Les Noirs qui pilotent ces petits avions ont été prévenus depuis l'âge de six ans de la tâche particulière qu'ils rempliront.

★ Comme le Diable s'en apercevra bientôt, ces pilotes peuvent bombarder les yeux bandés n'importe quel endroit en Amérique.

★ Les bombes contenues dans les petits avions pèsent deux tonnes chacune.

★ Elles sont conçues pour s'enfoncer dans la terre d'un (1) à six (6) miles au travers de la pierre et des rochers et exploser, détruisant la civilisation et toute vie sur un rayon de cinquante (50) miles.

★ Après leur explosion, ces bombes répandront un gaz empoisonné pour achever ce qui reste de vie, s'il en existe encore une.

★ Le but de la Mère des Avions est de détruire l'Amérique.

- Sa position est 40 miles au-dessus de la sphère terrestre.
- Elle reste dans cette position pendant 6 à 12 mois.
- Quand cette période est achevée, la Mère des Avions rentre dans l'atmosphère terrestre, d'énormes tubes aspirent l'air pur de l'atmosphère pour nos Frères, elle reprend ensuite sa position.
- Lorsque les bombes sont lâchées, elles répandent des flammes de 12 miles dans toutes les directions.
- Quand l'heure de la Destruction sera venue, l'Amérique brûlera pendant 390 ans et 610 ans seront nécessaires pour qu'elle se refroidisse.
- La grande Babylone (l'Amérique) périra dans les flammes.
- Allah fera brûler même l'air que nous respirons.

Elijah Muhammad

Huit à dix jours avant qu'Allah ait décidé de détruire la Terre, les Justes recevraient les instructions nécessaires pour être sauvés. Après ça, les quinze cents avions largueraient des explosifs, les mêmes que ceux qui avaient été utilisés pour créer les montagnes, ces explosifs tueraient tout le monde, sauf les Justes.

Thomas Hauser

Douze mois avant le jour du jugement, l'Amérique sera ravagée par des ouragans et des tremblements de terre, il y aura une guerre en Asie et en Allemagne et les deux tiers de l'armée américaine seront détruits. Rien ne vivra plus sur la planète. Le jour du jugement aurait dû avoir lieu en 1914, mais la date a été retardée pour permettre à Allah et à son dernier messager de choisir l'endroit où se réfugier.

Felix Dennis & Don Atyeo

On perd la trace de Wallace D. Ford en 1934 à Chicago. Si l'on a des doutes sur son retour à La Mecque ou sur le fait qu'il pilote désormais la soucoupe volante censée récupérer les Justes lors d'Armageddon, les soupçons sur son assassinat se portent dans deux directions, la police et Elijah Muhammad. Wallace D. Ford était blanc.

Lloyd Hefner

Si le Pharaon a été puni pour avoir asservi six cent mille personnes, il en sera forcément de même pour l'Amérique blanche qui a réduit vingt millions de personnes en esclavage.

Malcolm X

Si l'on excepte quelques pratiques marginales comme l'interdiction de consommer du porc, la séparation des sexes ou l'étude superficielle de l'arabe se bornant, en grande partie, à l'étymologie des patronymes, la théologie prônée par Elijah Muhammad était diamétralement opposée à l'islam orthodoxe. Dans son pire cauchemar, aucun musulman n'aurait imaginé une religion aussi repoussante que celle qui envisageait d'exclure la plus grande partie de l'humanité sur des critères raciaux, croyait à un prophète postérieur à Mahomet, affirmait que le Coran était un document imparfait ayant fait son temps et croyait à la nature divine de Wallace D. Ford, un pauvre vendeur de tapis au porte-à-porte. La Nation de l'Islam était plutôt un mélange folklorique de christianisme et de science-fiction n'ayant que très peu en commun avec l'islam classique.

Daniel Pipes

La détresse religieuse est, pour une part, l'expression de la détresse réelle et, pour une autre, la protestation contre la détresse réelle.

Karl Marx

Le porc est fait de trois chairs : celle du chat, celle du rat et celle du chien. La Bible nous enseigne qu'elle est faite de la chair de la souris. Isaac 66 : 17.

Elijah Muhammad

Vous savez, nous parlions de nourriture saine et de régimes équilibrés bien avant tout le monde. C'était pas seulement ce que vous pouviez pas manger, c'était aussi ce que vous deviez manger pour être en bonne santé qui importait.

Lana Shabazz

Elijah Muhammad avait mélangé le Coran, la Bible, le garveyisme, un peu d'eugénisme et pas mal de science-fiction populaire. Avec son eschatologie rudimentaire, la Nation de l'Islam, comme les mormons ou les Témoins de Jéhovah, s'inscrit dans une longue lignée typiquement américaine de cultes millénaristes composites.

Mike Marqusee

À l'étranger, les mahométans croient au paradis, à l'enfer et à l'au-delà. Pour notre part, nous croyons que le paradis et l'enfer sont sur cette terre, que nous sommes en enfer et que nous devons tout faire pour en réchapper.

MALCOLM X

Le séparatisme de la Nation de l'Islam se présente comme un syncrétisme incorporant nationalisme et mythologie racialo-religieuse. Son efficacité tient de sa capacité à articuler à un horizon utopique une solution concrète et une démarche qui déploie ses effets dans le présent.

SADRI KHIARI

Le porc est un amas de vers. Chaque bouchée que vous mangez est une masse de petits vers que l'on ne peut distinguer à l'œil nu. Les vers prospèrent dans le porc. Quand ces vers sont absorbés par votre système digestif, ils donnent naissance à des centaines de larves qui se répandent dans le sang et vont se loger dans les muscles. Les vers, qui ont une capacité incroyable à rester indétectables pendant des années, pénètrent dans votre cerveau, dans vos poumons et dans votre moelle épinière, ils causent des douleurs musculaires, de la fièvre et quantité d'autres symptômes.

ELIJAH MUHAMMAD

Clay sera attiré par le régime alimentaire de la Nation comme il avait été attiré par la discipline imposée par la boxe. L'un et l'autre exigent de porter le plus grand respect à son corps et n'octroient leurs gratifications qu'à long terme. Plus important encore, la boxe, la religion et leurs rites proposent un mode de vie différent, un refuge face au monde extérieur et les moyens de se réaliser.

Mike Marqusee

Les musulmans orthodoxes ont toujours rejeté la croyance selon laquelle les Blancs sont des démons, monsieur Yacub n'apparaît jamais dans le Coran et, alors que les concepts d'enfer et de paradis sont centraux dans la religion musulmane, Elijah Muhammad les rejette comme une croyance faite pour maintenir les Noirs en esclavage.

Thomas Hauser

Je vais vous dire ce qui fait la grandeur de sa Grandeur. L'Honorable Elijah Muhammad est le premier leader noir, le seul leader noir à avoir le courage de désigner publiquement notre ennemi… à vous ! à moi ! Ce dont le peuple noir a souffert toute sa vie… c'est de l'homme blanc. Notre ennemi, c'est l'homme blanc !

Malcolm X

Que Muhammad Ali ait été un métis rend tout cela plus complexe mais, en Amérique, qui demande à quelqu'un d'être cohérent ? Après tout, Elijah Muhammad était visiblement mulâtre et Malcolm X était roux avec des taches de rousseur et des yeux gris-vert. Trois des plus féroces partisans de la pureté raciale noire étaient métis. C'est ça, l'Amérique !

Stanley Crouch

Ali a le complexe du martyr, il est devenu membre de la Nation de l'Islam pour cela. Non pas parce qu'il souffrait du racisme (il en a souffert bien moins que beaucoup d'autres), mais parce qu'il voulait subir avec ses frères les souffrances de ses frères. Avec sa conscience diffuse de l'oppression, sa solidarité envers les plus démunis et le vague sentiment d'avoir une mission à accomplir, sa conversion était le condensé du risque le plus pur et le plus théâtral qu'il lui était possible de prendre. Comme Malcolm X à la fin de sa vie, il était du côté de la sincérité plutôt que de celui de la sagesse et de la vérité.

GERARD EARLY

Ali ne s'est pas converti à l'islam, Ali a rejoint la Nation de l'Islam, une secte qui prêche la ségrégation, fantasme sur le génocide et effraie à juste titre les partisans des droits civiques, qu'ils soient blancs ou noirs.

JACK CASHILL

Ali n'a pas choisi de suivre la voie de Joe Louis, le plus aimé des boxeurs de couleur, mais celle de Jack Johnson, l'un des plus haïs.

THOMAS HAUSER

Aucun champion n'a été plus haï que Jack Johnson, le premier champion du monde poids lourd de couleur. Après sa victoire sur James J. Jeffries, le 4 juillet 1910, un Blanc eut la gorge tranchée à Houston, des Noirs ont été lynchés en Virginie, au Delaware, au Texas et en Louisiane. Il y eut des émeutes et des incendies dans tous les États-Unis. Le lendemain du combat, le bilan faisait état de dix-neuf morts et de deux cent cinquante et un blessés. Son goût pour les femmes blanches obligera Jack Johnson à s'exiler en Europe. De retour aux États-Unis, il sera emprisonné en 1920, avant de mourir dans un accident de voiture en 1946.

Bob Mee

Debout/dada noir/nihilisme/Viole les blanches/ Viole leurs pères/Égorge les mères.

LeRoi Jones

Il faut être stupide pour ne pas se rendre compte que les problèmes raciaux de ce pays viennent de la peur des Blancs que l'homme noir leur soit sexuellement supérieur et le fait qu'Ali soit si beau plongeait directement au cœur du problème racial.

Bryant Gumbel

Si nous ne pouvons pas protéger nos femmes blanches contre des enragés noirs, où va notre civilisation ?

Coleman L. Blease

L'homme blanc violait les femmes noires sur les bateaux qui transportaient les esclaves. Les démons aux yeux bleus ne pouvaient même pas attendre que les navires accostent pour assouvir leur instinct. Mes frères, mes sœurs, l'humanité civilisée n'a jamais connu pareille orgie avide de luxure et de meurtre.

Malcolm X

Clay a rejoint une religion raciste, une bande de dingues qui le faisaient apparaître comme étant dingue lui-même. Mais cela faisait aussi de lui quelque chose d'autre. Je me rappelle que ma sœur me disait combien les Blanches qui travaillaient avec elle le trouvaient mignon. Eh bien, quand il a rejoint la Nation de l'Islam, les femmes noires étaient heureuses parce qu'il était devenu un Noir que les Blanches n'auraient pas.

STANLEY CROUCH

Il était à mourir.

GLORIA GUINNESS

Regarde ce nègre comme il est beau, baise le beau cul du nègre, Madame.

FRANZ FANON

Si nous échouons maintenant à stopper les Musulmans, les seize millions de nègres américains seront bientôt tous Musulmans et nous ne pourrons plus les arrêter.

UN LEADER DU KU KLUX KLAN

Pendant la dépression, les communistes ont utilisé les célébrités tout comme les Musulmans noirs utilisent Clay. C'est une secte qui caricature la religion en prêchant la haine, leur association avec Clay est plus pernicieuse encore que celle de Schmeling et du nazisme.

JIMMY CANNON

Clay devra choisir entre être le champion du monde poids lourd ou le leader fanatique d'une religion sectaire.

ABE GREENE

On avait tout un tas de contrats publicitaires sur le feu, il les a tous flanqués par la fenêtre. Il ne vaut plus rien !

Gordon Davidson

Dans les limites fixées par la Constitution, les libertés de parole et d'exercice du culte sont inviolables. Le titre de champion du monde n'a jamais été confisqué pour des raisons de race ou de croyance religieuse.

Melvin Kurewich

Le champion du monde poids lourd doit être le champion de tous.

Joe Louis

Lorsque Clay a rejoint les Musulmans noirs, il est devenu le champion de la ségrégation raciale et c'est ce contre quoi nous luttons depuis toujours. Le jeune Clay ferait mieux d'améliorer sa technique et de moins parler.

Martin Luther King jr

L'intégration est ridicule, c'est un rêve. Martin Luther King et les autres croient aux rêves, je ne m'intéresse pas aux rêves, mais aux cauchemars.

Malcolm X

Après sa victoire sur Liston, Martin Luther King est le seul leader noir à avoir envoyé un télégramme de félicitations à Clay.

Thomas Hauser

Les Blancs qui sont à la traîne de King. Ce sont eux qui financent King. Ce sont eux qui subventionnent King. Ce sont eux qui soutiennent King. Mais la masse des Noirs ne soutient pas Martin Luther King. King est la meilleure arme que les Blancs voulant brutaliser les Noirs aient jamais eue dans notre pays, parce qu'à cause de lui, quand le Blanc veut les attaquer, les Noirs ne peuvent pas se défendre parce que King a prêché cette philosophie stupide : vous n'êtes pas censés vous battre, vous n'êtes pas censés vous défendre.

Malcolm X

Je ne peux pas dire à mon neveu qui a quatorze ans que lorsque quelqu'un le frappe, il ne doit pas le frapper à son tour. Je ne peux vraiment pas lui dire ça.

James Baldwin

On a fait tellement de progrès en éliminant la barrière de la race qu'il est pitoyable d'avoir affaire aujourd'hui à un champion du monde poids lourd qui prêche la haine entre les races.

Harry Markson

À ce que je sache, il n'a rien fait d'illégal ni d'immoral.

Bill Faversham

Pour moi, c'est toujours le même type… il a pas changé ! Il y a deux choses dont vous devez pas vous mêler dans la vie d'un boxeur, sa religion et sa vie amoureuse... ce dont vous devez vous occuper, c'est de son direct du gauche.

Angelo Dundee

Évidemment, aucun entraîneur n'est assez fou pour se brouiller avec l'un de ses boxeurs, champion du monde qui plus est, il y a beaucoup trop d'argent en jeu. À partir du moment où son boxeur s'entraînait, Dundee se moquait de ce à quoi il pouvait bien croire.

David Remnick

Je n'étais pas horrifié de sa conversion comme Cannon ou Smith pouvaient l'être, mais vous devez imaginer à quel point Malcolm X était craint à l'époque, et pas seulement par les Blancs.

Robert Lipsyte

Elijah Muhammad et Malcolm X étaient les deux personnages les plus haïs par l'Amérique, qu'elle soit blanche ou noire.

Thomas Hauser

Je trouve splendide d'avoir un but commun avec la Nation de l'Islam, celui de la séparation des races.

Richard Russell

En 1961, Elijah Muhammad avait pris des contacts avec les leaders du Ku Klux Klan.

David Remnick

La théorie selon laquelle tous les Blancs sont nos ennemis et tous les Noirs nos frères est une théorie stupide propre aux esprits paresseux, et je suis généreux car c'est peut-être le résultat d'une manipulation fasciste.

GEORGE JACKSON

Certains dossiers du FBI révèlent que le Klan a versé une contribution financière annuelle à la Nation de l'Islam pendant de nombreuses années.

HOWARD L. BINGHAM & MAX WALLACE

Beaucoup de Juifs ont un complexe de culpabilité quand on parle d'exploitation parce qu'ils savent qu'ils contrôlent quatre-vingt-dix pour cent de l'économie des communautés noires de l'Atlantique au Pacifique et qu'ils tirent plus de bénéfices du pouvoir d'achat des Noirs que les Noirs eux-mêmes ou que toute autre fraction de la communauté blanche. Chaque fois que l'on parle de l'exploitation des Noirs, les Juifs croient qu'ils sont visés et pour cacher leur culpabilité ils vous accusent d'être antisémite.

MALCOLM X

Cet antisémitisme est dû en partie à la comédie d'arabisme et d'islamisme que se jouent les extrémistes noirs à la recherche d'un *ailleurs* spirituel. Quatre-vingt-dix-neuf virgule quatre-vingt-dix-neuf pour cent d'entre eux ignorent totalement que les conquérants arabes furent les massacreurs acharnés de leurs ancêtres. Ils ignorent qu'ils convertissaient les nègres à l'islam par la puissance de l'épée du même nom, en même temps qu'ils transformaient les moins costauds en eunuques et vendaient leur marchandise humaine aux négriers portugais, anglais ou américains...

ROMAIN GARY

Le leader du parti nazi américain, George Lincoln Rockwell, sera invité à prendre la parole en 1963 au meeting annuel de la Nation de l'Islam à Chicago, à cette occasion il louera l'action d'Elijah Muhammad, le comparant à un Adolf Hitler noir.

Daniel Pipes

Et encore une fois la presse juive ou les Juifs qui forment une partie de la presse s'en sont servis pour leur propagande, pour donner l'impression que Rockwell était de mèche avec les Musulmans. Rockwell, pour nous, n'est pas différent des autres Blancs. Je veux tout de même lui rendre justice sur un point : il est cohérent.

Malcolm X

Le père d'Ali lui a raconté toute sa petite enfance des histoires de Blancs qui pendaient des Noirs aux branches des arbres. Je crois que cela l'a rendu très angoissé, très méfiant envers le monde alentour, il avait besoin d'un mur pour s'en protéger. Les Musulmans ont été ce mur. Ali voulait être dirigé par quelqu'un d'autre que lui, croire en quelqu'un d'autre que lui-même et les Musulmans noirs lui ont servi à cela. Mais en se donnant à eux il a perdu tout ce qui faisait sa personnalité.

Mark Kram

Je pense qu'à cette époque la Nation de l'Islam a fait plus pour la réhabilitation des Noirs que n'importe quelle agence gouvernementale.

Robert Lipsyte

Lorsque Malcolm X écrit, à propos des Blancs : « Comment pourrais-je aimer l'homme qui a violé ma mère, tué mon père, réduit mes ancêtres en esclavage ? », c'est pourtant exactement ce qu'il fait lorsqu'il se jette dans les bras du Prophète...

ROMAIN GARY

Les réactions les plus gênées viendront des politiciens et des commentateurs noirs. La plupart des journaux de la communauté noire soutenaient le mouvement des droits civiques et tenaient soigneusement la Nation de l'Islam à l'écart. Le pays sortait d'une décennie d'événements, parfois dramatiques, souvent violents, qui avaient marqué les progrès de la cause des droits civiques : le meurtre d'Emmett Till en 55, le boycott des bus à Montgomery en 55-56, l'intégration des neuf lycéens de Little Rock en 57-58, les sit-in à Nashville en 60, les Marches pour la liberté de 61, l'intégration de James Meredith à l'université du Mississippi en 62, Birmingham et la marche sur Washington en 63. Si beaucoup de Noirs appartenant à la classe moyenne admiraient certains aspects sociaux de l'action de la Nation de l'Islam, ils craignaient que sa rhétorique véhémente leur aliène l'opinion américaine et menace le mouvement d'émancipation en cours.

DAVID REMNICK

Les Juifs appartiennent pratiquement à toutes les organisations noires. Les mêmes Juifs ne vous laisseraient pas devenir président de la B'nai B'rith ou d'aucune de leurs autres organisations.

MALCOLM X

Je ne pense pas que les Noirs embrasseront en masse la cause des Musulmans noirs, pas plus qu'ils n'ont embrassé la cause du communisme. Des dizaines de milliers d'entre eux ont montré leur volonté de se battre pour la liberté au péril de leur vie, parfois jusqu'à la mort. Ces gens veulent plus de démocratie... c'est tout ! Ils veulent être intégrés et non pas vivre à l'écart de la nation. Si des Noirs se tournent vers les Musulmans noirs, ce ne sera pas à cause de Cassius ou même de Malcolm X, ce sera parce que l'Amérique blanche leur aura refusé les mêmes droits que ceux accordés à n'importe quel autre citoyen.

JACKIE ROBINSON

Les Juifs doivent leur richesse au sang des Noirs. Ce sont des vampires.

MALCOLM X

C'est l'argent qui change les gens en Juifs. Un chrétien pauvre n'en est pas un et les chrétiens riches font encore les pires Juifs qui soient.

ROBERT WALSER

Nous n'avions pas l'intention de rejoindre la Nation, mais nous admirions Ali pour son attitude. Il refusait d'être le bon nègre, le bon chrétien qui attendait que le gentil Blanc lui donne son su-sucre. On l'aimait parce qu'il était beau et fort, qu'il avait une grande gueule et qu'il l'ouvrait. Il incarnait nos émotions, notre colère, notre fierté, notre besoin d'être meilleurs que nous ne l'avions été jusqu'à présent.

JILL NELSON

On ne prêtait pas beaucoup d'attention à la Nation de l'Islam par chez nous, c'était plutôt un mouvement du Nord. Quand Ali a annoncé sa conversion, comme il était une figure séduisante pour beaucoup de jeunes Noirs dans tout le pays, une partie de mes collègues lui en ont voulu, mais nous n'avons jamais ressenti ça comme une menace.

Julian Bond

Tout ce que je peux vous dire, c'est qu'Ali était admiré, parfois en secret, par beaucoup de leaders du mouvement des droits civiques, ils étaient même un peu jaloux de son impact et de l'efficacité de son action. Ils auraient bien aimé avoir quelqu'un de ce niveau, mais ils n'avaient personne de comparable.

Arthur Ashe

Les Musulmans ont été « noirs » avant que cela ne devienne à la mode et le Black Power, comme tous les autres mouvements de protestation afro-américains, depuis les paroles du groupe nationaliste rap Public Enemy jusqu'à la raison d'être de la Million Man March, fait indéniablement partie de l'héritage d'Elijah Muhammad.

Claude Andrew Clegg

Tandis que Martin Luther King Jr a été à la fois déifié et dépolitisé, son apport réduit aux quelques mots sur le rêve prononcés en 1963, la stature de Malcolm a grandi au point qu'il est aujourd'hui l'icône du prolétariat noir, celle de la virilité des jeunes urbains noirs en crise.

Michael Bérubé

Clay s'est réfugié chez les Musulmans noirs comme un orphelin qui trouve une famille, alors que la secte ne voyait pas en quoi il pourrait les servir, et ce malgré l'intérêt que lui portait Malcolm X. Elijah Muhammad avait autorisé Malcolm à se rapprocher de Clay, alors que Clay était déjà converti, à l'accompagner à Miami avant le combat contre Liston, sûrement pour l'éloigner de ses bases, mais peut-être aussi pour finir de le déconsidérer. La hiérarchie savait qui était Clay, à Chicago il était un objet de dérision, quant aux Musulmans de Miami, ceux qui lui avaient bourré le crâne, ils riaient sous cape à l'idée que Clay puisse battre Liston.

MARK KRAM

Les chiens s'accrochent aux leurs. Les chats aussi. Et les kangourous, en Australie. Les loups dans la toundra. Les ours blancs en Alaska. Ou les écureuils dans Central Park. Ils ont tous ce besoin en eux. Ce besoin de famille. Même les arbres. Tous les putains d'arbres poussent en bosquets, c'est quoi un bosquet, sinon une famille ?

STEVE TESICH

Les Musulmans ont comblé un grand vide chez Ali, et Malcolm X plus que les autres.

FERDIE PACHECO

Elijah Muhammad avait autorisé mon mari à partir en Floride pour soutenir Cassius Clay en tant que personne privée, il ne devait surtout pas impliquer la Nation dans la mesure où Elijah était persuadé que la défaite de Clay était programmée.

BETTY SHABAZZ

La dernière chose qu'ils voulaient, c'est que la Nation soit associée à un vaincu.

Peter Goldman

Muhammad Speaks était l'un des seuls journaux à ne pas avoir envoyé de reporter sur place pour couvrir le combat de Miami. La préoccupation principale de l'état-major des Musulmans restait l'opposition grandissante entre Malcolm et Muhammad. En l'occurrence, une fois de plus, Malcolm se mêlait de ce qui ne le regardait pas, il allait se couvrir de ridicule en s'associant à un boxeur dingue et le ridicule rejaillirait sur le Prophète.

Mark Kram

La Nation s'est développée dans et contre la culture du ghetto. Elle s'est érigée en repoussoir de toutes ses tentations : la drogue, le jeu, la prostitution… et la boxe !

Mike Marqusee

L'histoire de la boxe aux États-Unis ne fait qu'une avec celle des Noirs américains. Peut-être ignore-t-on que dans le Sud américain, avant la guerre civile, des propriétaires blancs obligeaient leurs esclaves à se battre entre eux et pariaient sur les résultats.

Joyce Carol Oates

Malcolm Little avait fait un peu de boxe quand il était jeune, il avait été trafiquant d'alcool et de drogue, il venait du monde du crime et de la prison.

David Remnick

Mon père a été tué par des Blancs dans le Michigan.

MALCOLM X

Après qu'il se fut disputé avec sa femme, la police a trouvé le corps du père de Malcolm Little inanimé en travers des rails du tramway, son crâne était défoncé, son torse présentait des plaies profondes. La compagnie d'assurances a conclu à un suicide.

JACK CASHILL

La maison de son père, un prêcheur baptiste adepte du garveyisme, avait été incendiée par les hommes du Ku Klux Klan quand il était enfant. Jeune, il avait arpenté les rues de Harlem comme cireur de chaussures, voleur à la tire, maquereau et dealer avant d'être condamné à dix ans de prison pour une série de cambriolages.

FELIX DENNIS & DON ATYEO

« Detroit Red » s'était converti à l'islam en 1948, lorsqu'il est sorti de prison en 1952, il est rapidement devenu un proche d'Elijah Muhammad et il s'est très vite frayé un chemin vers le sommet de la hiérarchie de la Nation de l'Islam. Parmi les disciples de Muhammad, jusqu'à présent, aucun n'avait montré autant d'intelligence et de confiance en sa propre rhétorique. Malcolm prêchait habituellement avant Muhammad et il lui volait souvent la vedette.

DAVID REMNICK

Personne ne connaît Malcolm mieux que moi. À sa sortie de prison en 54, Elijah Muhammad l'a envoyé à Philadelphie. Avant de revenir à New York s'occuper de la mosquée n° 7, il a vécu dans une chambre avec moi et un autre frère. Je me suis endormi et je me suis réveillé à côté de lui pendant un an. Si quelqu'un veut savoir quelque chose sur Malcolm, il n'a qu'à me le demander. Et je vous le dis, les gens pensent qu'il était intelligent, certes, ils ont raison, mais tout ce que Malcolm disait venait de ce que lui avait dit Elijah Muhammad. Malcolm avait été instruit par l'homme le plus sage de la planète Terre.

JEREMIAH SHABAZZ

Petit à petit, Malcolm a commencé à marquer ses différences avec Muhammad. Il aurait voulu que le mouvement sorte de son isolement et s'engage davantage dans l'action politique. Aucun des autres nationalistes noirs ne portait l'idée d'une identité noire américaine avec autant de force que Malcolm.

DAVID REMNICK

Je connaissais bien Malcolm X à l'époque, c'était une figure essentielle dans la vie d'Ali, intelligent, chaleureux, malin, marrant, un grand frère épatant. Elijah Muhammad, c'était le genre de chaman qui vous colle la chair de poule, mais pour Ali qui ne savait pas lire et dont le père était alcoolo et un peu dingue, ce vaudou pseudo-religieux, cet intellectualisme bancal étaient réellement importants.

ROBERT LIPSYTE

Tandis que le nationalisme et le séparatisme noirs paraissaient ringards lorsque c'était Elijah Muhammad qui les prêchait, venant de Malcolm les mêmes idées semblaient révolutionnaires.

GERARD EARLY

Après ses déclarations intempestives sur l'assassinat de Kennedy, Elijah Muhammad avait interdit à Malcolm X de s'exprimer en public pendant neuf mois. X a vu en Cassius plus qu'une recrue de choix, le moyen de rétablir sa position au sein de la Nation.

PETER GOLDMAN

La chose la plus étrange, c'est qu'il n'y avait aucun doute possible à son sujet, dans ses discours Malcolm traitait l'homme blanc de « démon », mais dans le privé il nous parlait toujours avec respect et humour, sans être malhonnête à nos yeux pour cela. Elijah Muhammad était plus bizarre avec son drôle de couvre-chef et ses discours à n'en plus finir sur la cosmologie et la Mère des Avions, plus distant aussi avec les médias blancs. Il n'avait pas la facilité de contact de Malcolm, en particulier avec les jeunes. Clay révérait Elijah Muhammad, mais il s'entendait avec Malcolm comme un jeune homme s'entend avec un grand frère.

DICK SCHAAP

Malcolm aimait se définir comme le mentor politique et le guide spirituel de Clay, mais aussi comme son « grand frère ».

MIKE MARQUSEE

Mon père a aimé Cassius comme un frère, mais quand vous faisiez partie de la Nation, vous deveniez une entité de la Nation. Vous vous soumettiez corps et âme à l'organisation et donc à Elijah Muhammad, il n'y avait aucune exception.

ATTALLAH SHABAZZ

Clay a dit aux journalistes qu'il avait invité Malcolm et sa femme Betty pour leur sixième anniversaire de mariage. Plus tard, les filles de Malcolm se souviendraient de cette escapade à Miami comme un des rares intermèdes dans la vie publique de leur père. Le lendemain de leur arrivée, ils fêtaient ensemble le vingt-deuxième anniversaire de Cassius, deux jours après, Betty et les enfants retournèrent à New York, mais Malcolm est resté à Miami.

MIKE MARQUSEE

Malcolm pensait qu'Ali était le type le plus sympa qu'il ait jamais rencontré et Ali que Malcolm était le Noir le plus intelligent du monde. Malcolm X était brillant, séduisant, charismatique comme un grand leader ou un martyr.

FERDIE PACHECO

Clay a été séduit par la gentillesse de Malcolm, ce professeur sévère aimait charrier et être charrié. Ce qui a fait de Malcolm et de Clay deux icônes de la virilité noire, c'est leur modestie et leur humour, leur goût pour la plaisanterie, leur côté « féminin ». C'est ce côté-là de leur personnalité qui en faisait une énigme pour leurs interlocuteurs.

MIKE MARQUSEE

Cassius est l'une des rares personnes que j'ai invitées chez moi. Nos enfants étaient fous de lui.

MALCOLM X

La nuit suivant le combat contre Liston, Malcolm m'a demandé si, à mon avis, il n'était pas temps que

Cassius devienne *sérieux*, je lui ai répondu par l'affirmative, mais il m'a aussi semblé que le chant du cygne de Malcolm avait commencé. Ce soir-là, j'ai parlé avec Ali en tête à tête pendant deux heures dans une pièce à l'écart. Il m'a confirmé à de multiples reprises son admiration pour Muhammad, il vénérait le vieil homme malgré son physique si fragile, et il m'a confié qu'il choisirait son parti contre celui de Malcolm.

JIM BROWN

Si l'on se réfère à son attitude les jours suivants, Clay n'avait rien décidé, il espérait encore une réconciliation des deux leaders.

MIKE MARQUSEE

Je peux me tromper, mais j'ai l'impression que le père d'Ali ne s'est jamais vraiment occupé de ses fils. Et Elijah Muhammad s'est énormément occupé de lui. Ali et Elijah, c'est une affaire père-fils. Sachant ce que je sais d'Ali, je pense que, certes, il cherchait à appartenir à un groupe, mais aussi à se trouver une figure paternelle. La Nation est devenue la famille d'Ali, et Elijah, son père.

JERRY IZENBERG

Le Noir américain est sociologiquement célèbre pour avoir perdu son père.

NORMAN MAILER

J'ai toujours pensé qu'Ali avait été un enfant battu. Son père était alcoolique et violent, qu'il ait terrorisé Cassius et son frère Rudy ne m'étonnerait pas outre mesure. Ali a toujours été à la recherche de gens plus âgés que lui pour emplir un vide, que ce soit un entraîneur, un manager ou même les gens du Groupe de Louisville.

ROBERT LIPSYTE

Je vous dirai rien... je veux pas avoir d'histoires, mais je sais pourquoi il est comme ça. J'ai vraiment rien à lui reprocher, croyez-moi, mais je sais. Son père aussi. Si Cassius vous raconte que ce sont des Blancs qui l'ont brutalisé, ce n'est pas vrai. Tous les enfants sont plus ou moins affectés par ce qui se passe au sein de leur famille... il y en a qui résistent et d'autres, non.

MARY CLAY TURNER

À son retour de Miami, Clay est arrivé à New York dans une Cadillac conduite par un chauffeur pour s'installer à l'hôtel Theresa à Harlem.

DAVID REMNICK

Construit en style néo-Renaissance, l'hôtel a été inauguré en 1913. Jusqu'à la fin des années 30, il était réservé à une clientèle blanche, les Afro-Américains commenceront à le fréquenter lorsqu'il changera de propriétaire. Duke Ellington, Sugar Ray Robinson, Joséphine Baker et Lena Horne en feront leur quartier général. Comme les hôtels new-yorkais refuseront les Noirs jusqu'au début des années 50, le Theresa deviendra le lieu de rendez-vous des élites noires du spectacle, des affaires, des associations civiques et de la politique.

MANNING MARABLE

Les premiers jours de son séjour, il s'est baladé un peu partout à New York avec Malcolm X. Ils ont donné ensemble une conférence de presse aux Nations unies qui, d'après un journaliste présent, a été le plus grand scandale depuis que Nikita Krouchtchev avait cogné sur son bureau avec sa chaussure.

David Remnick

Malcolm a conduit Clay jusqu'à East Elmhurst dans le Queen's pour visiter des maisons à vendre proches de son propre domicile.

Manning Marable

J'ai été le voir au Theresa pour une interview qui devait paraître dans *Playboy Magazine*. Il était étendu sur son lit tel un roi au milieu de ses courtisans, comme cela arrive souvent aux grands boxeurs. Le problème, c'est que je n'ai jamais pu être seul avec lui. Il y avait toujours quelqu'un de son entourage pour nous interrompre. Il était très différent de ce qu'il était en public, atone, presque mutique. Il répondait à mes questions par monosyllabes ou bien il s'endormait. Il était presque impossible de le faire parler de lui.

Alex Haley

Les émissaires venus de Chicago étaient arrivés au Theresa. Ils faisaient continuellement appel à la foi et à la loyauté du nouveau champion du monde, ils lui demandaient perpétuellement de se rappeler qui était le vrai prophète et qui était celui qui prétendait l'être. Ils ont même promis au jeune homme la main de l'une des petites-filles du Prophète.

David Remnick

Les choses n'allaient pas bien à l'époque entre mon mari et Elijah Muhammad.

Betty Shabazz

C'était comme si, après un merveilleux mariage qui aurait duré douze ans, votre femme, au petit déjeuner, vous tendait les papiers du divorce. C'était comme si quelque chose avait disparu dans la nature... le soleil ou les étoiles !

Malcolm X

Début 63, Malcolm X a perdu ses illusions sur Elijah Muhammad. Il avait appris que, malgré la rigueur morale qu'il prônait en public, Elijah avait enceinté deux de ses secrétaires en leur affirmant que sa femme était morte à ses yeux, comme celle de Mahomet l'avait été aux yeux du Prophète, et que Dieu lui avait donné l'ordre de choisir des vierges pour répandre sa divine semence.

David Remnick

Le premier enfant illégitime d'Elijah Muhammad est né en janvier 1960, il était le premier d'une série de treize enfants qu'il a eus de pas moins de sept maîtresses et dont il n'a reconnu aucun. Le FBI avait découvert qu'il lui était arrivé d'avoir cinq maîtresses en même temps et qu'il avait proféré des menaces à leur endroit si elles révélaient qu'il était le père de leurs enfants. Pire, l'une de ses liaisons était incestueuse.

Daniel Pipes

Plus que les rumeurs qui couraient sur son possible assassinat, Malcolm a été affecté par cet incroyable sentiment d'avoir été trahi. Il était terriblement choqué à l'idée que l'homme qu'il avait toujours reconnu comme étant le Prophète avait dissimulé ses faiblesses au lieu de les confesser.

David Remnick

L'attirance d'Elijah Muhammad pour l'argent confinait à l'avarice.

Claude Andrew Clegg

Quand Elijah Muhammad est mort en 1975 au service cardiologie de l'hôpital municipal de Chicago, il laissait derrière lui un empire que la presse a décrit comme étant l'organisation noire la plus riche de tous les temps. En comptabilisant les cinquante mosquées, la chaîne de restaurants, les magasins de vêtements, les blanchisseries, les boulangeries, l'entreprise d'importation de poisson, les milliers d'hectares de terre, le journal le plus vendu de la communauté noire, le total de sa fortune s'élevait à plus de soixante-dix millions de dollars.

Felix Dennis & Don Atyeo

Son goût pour le luxe et son appétit pour la luxure commençaient à être de notoriété publique. Il voyageait dans un jet Lockheed, son fez était rehaussé de pierres précieuses d'une valeur de cent cinquante mille dollars et la famille « royale » profitait de sa fortune d'une façon éhontée. Son comportement menaçait l'organisation elle-même et entraînait des tensions sévères à l'intérieur de celle-ci, il a sans doute été la cause de son conflit avec Malcolm X.

Daniel Pipes

Malcolm voyait bien cet étalage indécent de richesses : les immeubles, les bijoux, les voitures de luxe, il était conscient que la corruption gagnait l'organisation, tout cela sans compter qu'il nourrissait désormais quelques doutes sur le dogme, contraire à l'islam orthodoxe, qui faisait de Fard un dieu vivant. Il commençait même à ne plus considérer l'homme blanc comme un démon. Il a commencé à cesser de mettre en avant la suprématie noire et à insister davantage sur la possibilité d'une solidarité interraciale.

DAVID REMNICK

Pour ce qui est des droits civiques, l'Oncle Sam vous met dans sa poche. Lutter pour les droits civiques, c'est demander à l'Oncle Sam de vous traiter conformément au droit, mais en transformant la lutte pour les droits civiques en lutte pour les droits de l'homme, vous pourrez porter la cause des Noirs de ce pays devant les nations qui siègent à l'ONU.

MALCOLM X

Je vais le dépouiller de tout ce qu'il a.

ELIJAH MUHAMMAD

Quand il a commencé à entendre courir des bruits selon lesquels non seulement il n'était plus en odeur de sainteté aux yeux d'Elijah Muhammad, mais réellement en danger et risquait même d'être assassiné, Malcolm a su qu'il fallait prendre ces rumeurs au sérieux.

DAVID REMNICK

C'était comme si mon cerveau saignait.

MALCOLM X

Malcolm ne s'est pas séparé d'Elijah, il a été viré ! L'histoire de Martin Luther King a été réécrite pour le grand public, l'histoire de Malcolm a été réécrite elle aussi. La vérité est que Malcolm a fait un mauvais calcul. Il a pensé qu'il pourrait gagner la partie parce qu'il était un orateur exceptionnel, il a pensé qu'il avait les forces suffisantes pour que les membres de la Nation de l'Islam le suivent. Il s'est trompé.

JEREMIAH SHABAZZ

Les différends entre les deux hommes étaient beaucoup plus sérieux qu'ils n'en avaient l'air au premier abord. Malcolm était troublé par les allégations concernant le sexe et l'argent et il avait commencé à se poser des questions sur le chemin qu'empruntait la Nation. À partir de ce moment-là, il est devenu clair que les membres de l'organisation allaient devoir prendre parti d'une façon ou d'une autre. Pour l'un ou pour l'autre, contre l'un ou contre l'autre.

THOMAS HAUSER

Le conflit entre Elijah Muhammad et Malcolm X était extrêmement grave. Dans ces conditions, Ali ne pouvait pas être à la fois membre de la Nation de l'Islam et continuer à fréquenter l'ennemi personnel de son leader. Même s'il continuait en public d'affirmer sa loyauté envers Muhammad, Malcolm avait rendu publique son intention de former un groupe indépendant de la Nation, ce que le Prophète a ressenti comme une menace de plus. Un degré supplémentaire avait été franchi dans leur lutte pour le pouvoir.

David Remnick

La relation entre Ali et Malcolm n'était pas celle que Malcolm croyait qu'elle était. Il était persuadé qu'il avait suffisamment d'influence sur Ali pour que le nouveau champion du monde se range à ses côtés. J'ai été l'un des premiers à guider Ali, je le connaissais bien et je savais qu'il prendrait jamais parti contre Elijah Muhammad. Malcolm a essayé, il y a aucun doute à ce sujet. Ali ignorait ce qui se tramait dans les hautes sphères de la Nation, mais il savait ce que Malcolm avait oublié à son propre sujet : il avait été maquereau, joueur et drogué.

Jeremiah Shabazz

Clay n'a pas seulement été éduqué par Malcolm, il croyait tout ce qu'il disait comme si cela avait été parole d'Évangile, il voulait lui ressembler à tout prix jusqu'à adopter ses tics de comportement : quand on lui posait une question, il se détournait des caméras, l'index droit posé sur sa joue, avant de se retourner pour répondre, le regard fixé sur l'objectif.

Mark Kram

Elijah Muhammad a fait savoir à Ali que s'il voulait devenir un ministre du culte, il fallait qu'il rompe immédiatement avec Malcolm.

Jack Cashill

Malcolm X aurait voulu que Muhammad Ali devienne un leader de stature internationale ; Ali, par bêtise ou par peur, laissa la main d'un vieil homme de Chicago tirer les ficelles de sa vie.

Mark Kram

Il a fallu qu'Ali décide en un clin d'œil quel parti prendre. N'oubliez pas non plus que le conflit entre Malcolm et la Nation était attisé par des forces extérieures, y compris le FBI qui avait infiltré les organisations noires dans l'idée de les affaiblir. L'*establishment* avait compris que si elles suivaient Malcolm les classes moyennes se radicaliseraient. Ali est un type formidable, mais ce n'est pas un intellectuel. Vous ne pouviez pas attendre qu'il fasse un meilleur choix que n'importe qui à sa place.

Sonia Sanchez

Dès 1952, J. Edgar Hoover a fait placer Elijah Muhammad sur écoutes.

Howard L. Bingham & Max Wallace

La victoire d'Ali sur Liston a savonné la pente qui devait mener à la mort de Malcolm. Si Ali avait été plus mûr ou plus avisé, peut-être aurait-il pu empêcher le processus d'aller jusqu'à son terme. En tous les cas, il était le seul à pouvoir le faire.

Jack Cashill

Notre informateur nous a signalé que toute la vie de Cassius Clay est influencée et dirigée par Elijah Muhammad. Personne d'autre à sa connaissance n'a une influence aussi importante sur lui. Clay suivra aveuglément tout ce qu'Elijah Muhammad lui demandera de faire.

Rapport du FBI

Un jour, il m'a appelé au téléphone, « C'est Cassius X », il m'a dit, je lui ai dit, je connais pas de X, et j'ai raccroché.

Cassius Marcellus Clay Sr

S'il y a une chose que l'on ne doit pas oublier, c'est son nom.

Frédéric Bourdin

Ils l'ont littéralement tué !

Joe Martin

À Miami, ce Sam Saxon était dans la chambre de Cass toute la nuit en train de lui laver le cerveau. S'il y avait eu quelqu'un de la famille avec Cass, rien ne serait jamais arrivé.

Odessa Clay

J'ai eu des ennuis avec le père d'Ali, on s'est même battus. Il disait que je volais l'argent de son fils. Moi, j'étais pas là pour me remplir les poches, mais pour aider Ali comme Malcolm m'avait demandé de le faire. Une autre personne avec laquelle j'ai eu des problèmes, c'est Howard Bingham, il faisait pas partie de la Nation, je comprenais pas ce qu'il faisait là. Je pensais que c'était un escroc, une sangsue, un buveur de sang. Quand j'y réfléchis maintenant… Howard était plus loyal que n'importe qui envers Ali. C'est probablement le meilleur ami qu'il ait jamais eu.

Archie Robinson alias Osman Karriem

Pou-pour ses pa-pa-rents, c'était co-co-comme si leur fils a-avait rejoint un culte é-é-étrange, ils ai-

aimaient pa-pas l'idée et ils se-se faisaient du-du mau-mauvais sang pour lui. Il y a eu des disputes entre eux. Le pè-père d'Ali étai-tait pa-pas du genre à s'écraser, il di-disait ce qu'il pen-pen-pensait, que-que cette histoire de Mu-musulmans était un ra-racket et qu'Elijah Muhammad en vou-vou-voulait qu'à l'argent de-de son fils. Quelquefois, il y a eu du gr-gr-grabuge.

Howard Bingham

J'vais faire fabriquer un tas de trucs ! J'connais suffisamment de monde pour monter une chaîne. Mmmmh... on est assez nombreux pour ça dans la famille. J'vais commencer par un resto. J'suis un cuisinier terrible. J'vais servir de la cuisine créole et du chili. J'vais construire une maison neuve en Indiana, j'ai déjà le terrain... j'ai les plans. J'aime pas la ville, on sera mieux à la campagne.

Cassius Marcellus Clay Sr

Notre informateur nous a rapporté que le père de Clay s'est rendu, visiblement ivre, au domicile de son fils. Il avait un couteau à la main et il a commencé à insulter les Musulmans présents, les accusant de dire du mal de lui, avant de menacer de les tuer tous. Notre informateur nous rapporte que les propos de son père ont mis Clay hors de lui, qu'il a voulu se battre avec lui, mais que son entourage l'en a empêché. Alors même qu'il était ceinturé, Clay continuait à envoyer des coups de pied à son père.

Rapport du FBI

Dieu a dit : « Méfiez-vous des faux prophètes, ils se déguisent en agneaux, mais ce sont des loups ! »

CASSIUS MARCELLUS CLAY SR

Le vieux Cash avait raison, bien sûr. Il n'avait rien à faire de l'islam et de ces histoires de religion, ce qui lui importait, c'est que des gens volent son fils. Il voyait bien ce qui se passait, mais Ali ne l'écoutait pas.

JEREMIAH SHABAZZ

Pour Noël, il est passé nous voir vingt minutes… le taxi l'attendait devant la maison. Il logeait en ville au Sheraton avec Rudy. Les Musulmans lui ont dit de pas fréquenter son père. Ils m'aiment pas non plus parce que je suis pas assez noire. Ils sont durs avec moi.

ODESSA CLAY

Ils sont durs avec nous !

CASSIUS MARCELLUS CLAY SR

Senior pouvait conduire pendant des heures tout en parlant de son restaurant, de son entreprise, de son exposition de peintures, du Jugement dernier, des douzaines de parents à qui il allait donner du travail, du nom glorieux qu'il portait et de son avenir radieux. Sur la banquette arrière de la Cadillac, Odessa souriait gentiment sans rien dire.

JACK OLSEN

Bientôt apparut une nouvelle race domestiquée et qui ignorait son propre nom. Car le maître obligeait cette race mixte à prendre son nom de famille à lui.

MALCOLM X

Le nom de Clay n'a aucune signification divine. Je lui donne le nom de Muhammad Ali, « Celui qui est digne de louanges ». Il le gardera aussi longtemps qu'il croira en Allah et qu'il me suivra.

Elijah Muhammad

Il a laissé tomber son nom ! Mmmmmh... il va le regretter. J'vais m'en servir, j'vais faire du blé avec ! Mmmmh... La prochaine fois qu'il se pointe à Louisville, il va voir un building avec « Entreprises Clay » écrit dessus. N'oubliez pas que Cassius Clay, c'est moi ! Il n'est qu'un sous-produit !

Cassius Marcellus Clay Sr

C'est une manœuvre politique, il fait ça pour l'empêcher de me rejoindre.

Malcolm X

Quelques jours auparavant, le FBI avait enregistré une conversation entre Elijah Muhammad et Clay durant laquelle le Prophète essayait de convaincre un Clay peu enthousiaste à l'idée d'accepter cet honneur. Clay savait que beaucoup de membres de la Nation attendaient dix ans ou plus pour avoir droit à cette distinction, il aurait préféré plus modestement être appelé Cassius X. Muhammad insistait sur le fait qu'un nom arabe serait plus adéquat pour promouvoir sa religion à l'étranger, un rôle dont Clay serait désormais chargé.

Mike Marqusee

Donner un nom « islamique » était un grand honneur conféré d'ordinaire par Elijah à des membres de la Nation dont l'ancienneté au sein du mouvement remontait à plusieurs dizaines d'années. Mais Elijah Muhammad n'avait pas seulement besoin d'utiliser Clay comme une vache à lait et un panneau publicitaire pour recruter de nouveaux disciples, il avait aussi besoin de s'en servir comme une arme dans sa guerre contre Malcolm X.

DAVID REMNICK

Son choix signifie qu'il est juste un brave gars bien de chez nous se réfugiant dans un folklore régressif, il ne s'engage pas politiquement, il est juste en colère.

LEROI JONES

Quand Cass a voulu se faire appeler Muhammad Ali, j'avais rien contre. Mon vrai nom, c'est Mirena… je l'ai changé pour Dundee. Joe Louis s'appelait Barrow, Robinson, Smith… j'peux vous citer des douzaines de boxeurs qui ont changé de nom. J'aurais préféré que sur le ring il continue à s'appeler Cassius Clay, mais il a pas voulu… j'ai pas discuté.

ANGELO DUNDEE

Pourquoi faut-il accepter le nom que nos parents nous imposent ?

JEAN-EMMANUEL DUCOIN

Cassius est le plus beau prénom que je connaisse, ça vient des Romains, ça date de l'époque de César.

ODESSA CLAY

À la quasi-unanimité, les médias ont refusé d'appeler Clay par son nouveau nom. Le 20 mars, lors du combat Luis Rodriguez/Holly Mims, Harry Markson a refusé de présenter Ali autrement que par le nom qui figurait sur sa licence. Ali refusera de monter sur le ring et il quittera le Madison Square Garden sous les huées.

Thomas Hauser

Je ne regrette rien de ce que j'ai dit ou de ce que j'ai fait dans ma vie, mais je dois dire que ce soir-là, au Madison Square Garden, quand j'ai refusé de le présenter sous son nouveau nom, j'ai eu tort. Si c'était à refaire, je le présenterais comme Muhammad Ali. Seulement, il faut se rappeler de la drôle d'époque que nous étions en train de vivre. Nous avons appris pas mal de choses depuis. Si c'était à refaire, je le présenterais comme Eleanor Roosevelt si c'était comme ça qu'il voulait être appelé.

Harry Markson

C'est au public de décider qui mérite un nom unique et il n'y a que trois individus à l'avoir mérité : Elvis, Ali et Liberace.

Rich Hall

Malcolm X avec une douzaine de membres dissidents de la Nation a créé son propre mouvement, Muslim Mosque Inc.

Felix Dennis & Don Atyeo

Il est fou !

Philbert Little alias Philbert X

Il a semé les graines de sa propre destruction.

Jeremiah Shabazz

Personne ne quitte les Musulmans sans avoir de problèmes.

Malcolm X

L'homme blanc lui a versé une récompense pour qu'il répande des mensonges à propos du messager d'Allah.

Elijah Muhammad

L'année 1964 sera pour l'Amérique une année très chaude, la plus chaude qu'elle ait jamais connue, une année qui verra le problème racial provoquer beaucoup de violences et fera couler beaucoup de sang.

Malcolm X

Au printemps 1964, Malcolm est parti pour un voyage à La Mecque et en Afrique. Il aurait voulu qu'Ali l'accompagne, mais ce n'était plus possible. Malcolm est parti de son côté, Ali du sien.

Jack Cashill

Le 14 mai 1964, Ali est parti pour une tournée d'un mois en Afrique.

Thomas Hauser

C'est moi qui ai organisé le voyage. Il fallait qu'il souffle un peu. C'était un moyen de le mettre à l'abri de tout ce qui se passait. Ce voyage a beaucoup fait pour la popularité mondiale d'Ali, je ne l'ai pas fait dans ce but, je suis pas assez malin pour ça, je pouvais pas savoir l'impact qu'aurait ce voyage.

Osman Karriem

Ali est parti pour un voyage en Égypte, au Nigeria et au Ghana avec son frère, un ami proche, son photographe attitré, Howard Bingham, deux membres de la Nation de l'Islam, Osman Karreim (alias Archie Robinson) et Herbert Muhammad (le troisième fils d'Elijah Muhammad, son futur manager).

David Remnick

Il a commencé son voyage par le Ghana, où des milliers de personnes l'attendaient à l'aéroport pour l'acclamer. Tout le long de son séjour, il a été traité comme un héros national. Dans la capitale, Accra, Ali a embrassé les enfants, pris des bains de foule, visité des usines et des écoles, fait une exhibition avec son frère et rencontré le président Kwame Nkrumah.

Thomas Hauser

Nkrumah avait été quelque temps adepte de Father Divine, quand il avait travaillé dans une poissonnerie en 1936, à Harlem il avait rencontré quelques prosélytes de la Nation de l'Islam et il était finalement devenu un admirateur de Garvey.

Mike Marqusee

C'est en Afrique que Muhammad est devenu ce qu'il n'avait jamais été jusqu'à présent. C'est en Afrique que Cassius Clay est devenu Muhammad Ali. Clay était un enfant terrorisé par son ombre. Il avait beau répéter qu'il était le plus grand, il était terrorisé.

OSMAN KARRIEM

Les années suivantes, l'émotion du voyage en Afrique, les démonstrations d'affection, les « Ali ! Ali ! » se répéteraient un peu partout dans le monde, mais ce voyage était le premier de la liste, et Ali a été émerveillé. Émerveillé d'être au milieu de son « peuple », émerveillé de rencontrer des leaders comme Nkrumah, émerveillé d'être reconnu dans des endroits où ni Joe Louis ni Rocky Marciano n'avaient jamais mis les pieds. C'était le premier aperçu de ce qu'il allait devenir : un boxeur plus important qu'un simple champion du monde, un symbole, le type le plus célèbre du monde. Ça a été le début de sa *transfiguration*.

DAVID REMNICK

Kwame Nkrumah, qui venait de rétablir le parti unique au Ghana, sera le premier d'une longue lignée de tyrans qui lui donneront l'accolade.

JACK CASHILL

Au début 64, Nkrumah venait d'être désigné comme Président à vie et *Osgeyafo* (Messie), deux ans plus tard il sera renversé par l'armée alors qu'il était en visite en Chine.

MIKE MARQUSEE

Comme Cromwell et Lénine, Nkrumah avait réussi à détruire un régime en pleine décadence, mais tout comme eux il a échoué à créer une société nouvelle.

CYRIL LIONEL ROBERT JAMES

Vous vous imaginez ce que cela pouvait être de voir des milliers de gens surgis de nulle part et de comprendre que c'était pour lui qu'ils étaient là. Il disait rien, il était comme hypnotisé.

OSMAN KARRIEM

Après avoir passé deux semaines au Ghana, Ali s'est envolé pour le Nigeria où l'accueil a été poli mais moins enthousiaste qu'au Ghana.

THOMAS HAUSER

Il a fallu qu'il paye son taxi pour aller de l'hôtel jusqu'à l'aéroport.

GERARD EARLY

Après avoir écourté son séjour au Nigeria, Muhammad est parti pour l'Égypte où il a été accueilli par le même tumulte, et où il a été l'objet de la même adoration qu'au Ghana. Avant de rejoindre les États-Unis, il a descendu le Nil, visité les Pyramides, il s'est fait photographier sur un chameau et il a rencontré le président Gamal Abdel Nasser.

THOMAS HAUSER

Ali racontera plus tard que Nasser lui avait offert un palais sur le Nil et l'une de ses filles en mariage, un cocktail typique de politique internationale et d'exotisme revu par Hollywood.

MIKE MARQUSEE

Après son pèlerinage à La Mecque, Malcolm X, qui avait pris le nom d'El-Hajj Malik El-Shabazz, a lui aussi entrepris un voyage en Afrique.

DAVID REMNICK

Je suis toujours musulman. Je suis toujours pasteur et je suis toujours noir. Mon pèlerinage à La Mecque m'a transformé, à mon retour en Amérique je vais faire des déclarations qui choqueront tout le monde. Évidemment... les gens seraient choqués d'avoir affaire à un Malcolm X qui ne choque personne !

Malcolm X

Le dernier vestige de leur amitié disparut quand Malcolm croisa la route d'Ali au Ghana.

Felix Dennis & Don Atyeo

Juste avant de partir pour l'aéroport d'Accra, Malcolm a croisé Ali dans le hall de l'hôtel Ambassador.

David Remnick

En nous retournant, nous avons vu Muhammad Ali sortir de l'hôtel entouré d'une cohorte de Noirs. Ils parlaient et plaisantaient entre eux. Une minute plus tard, ils ont aperçu Malcolm. Le temps s'est figé comme dans un daguerréotype et les minutes suivantes se sont écoulées au ralenti. Muhammad s'est immobilisé, il a dit quelques mots à l'un de ceux qui l'accompagnaient. Ses amis le regardaient, puis ils se sont tournés vers Malcolm. Malcolm s'est arrêté sans rien dire. Muhammad et son groupe se sont détournés.

Marguerite Johnson alias Maya Angelou

Ça a été un moment terrible pour Malcolm. En dépit de sa force intérieure et de sa froideur apparente, Malcolm avait souffert des abandons successifs qui avaient jalonné son existence. Enfant, il avait vu son père persécuté par les racistes blancs avant de mourir dans des conditions mystérieuses, sa mère devenir folle, et maintenant que sa vie était menacée par les membres de Fruit of Islam, il était rejeté brutalement par son protégé.

David Remnick

J'ai perdu beaucoup. Beaucoup. Presque trop.

Malcolm X

Le rejet public d'Ali a blessé Malcolm plus profondément qu'aucun autre.

Betty Shabazz

La trahison est pire que la mort.

Malcolm X

Il a été blessé par l'attitude d'Ali, mais il la comprenait. Il n'a jamais cessé d'aimer Ali.

Attallah Shabazz

Il est jeune. Elijah Muhammad est son père et son prophète, je le comprends. Soyez aimables avec lui pour son bien et pour le mien. Il aura toujours une place dans mon cœur.

Malcolm X

Le voyage à La Mecque n'avait pas fait de Malcolm un libéral, mais il avait notablement modifié ses positions.

Jack Cashill

Mon voyage à La Mecque m'a ouvert les yeux. En deux semaines sur la Terre sainte, j'ai vu ce que je n'avais jamais vu en Amérique en trente-neuf ans. J'ai vu des gens de toutes les couleurs, des blonds aux yeux bleus et des Africains noirs vivant ensemble, priant ensemble, unis dans une véritable fraternité ! L'islam véritable m'a montré que mes préjugés à propos des Blancs étaient aussi faux que les préjugés des Blancs à propos des Noirs. Il me faut donc revenir sur certaines de mes déclarations antérieures, je dois avoir ce courage-là mais, vous le savez, j'ai toujours été quelqu'un qui affronte la réalité en face. Durant onze jours, j'ai mangé dans la même assiette, j'ai bu dans le même verre, dormi sur la même couverture et prié le même Dieu que des musulmans aux yeux plus bleus que bleus, aux cheveux plus blonds que blonds, aussi sincères que les musulmans noirs du Nigeria, du Soudan ou du Ghana. Ils étaient mes frères parce que leur croyance en Dieu avait effacé le « Blanc » de leur esprit, le « Blanc » de leur comportement, le « Blanc » de leur attitude.

Malcolm X

Ce qui est au cœur de sa rupture avec Malcolm et qui explique sa décision de suivre Elijah Muhammad, c'est qu'Ali se doutait que Malcolm lui demanderait un engagement politique plus profond qui le mettrait en danger. Il n'arrêtait pas de dire qu'il ne voulait pas affronter les chiens et les lances d'incendie. Malcolm, de son côté, s'apprêtait à rejoindre ceux qui affrontaient les chiens et les lances d'incendie, à sa manière il adhérait à la lutte qu'ils menaient.

Mike Marqusee

Nous ne devons plus injurier le docteur King et il ne doit plus parler de nous comme des ennemis. Nous serons peut-être incapables de faire ensemble tout le chemin vers la liberté, mais nous pouvons en faire ensemble la moitié ; aussi unissons-nous et marchons ensemble aussi loin que nous le pouvons.

Malcolm X

La question n'est pas de savoir si nous voulons être des extrémistes, la question est de savoir quels extrémistes nous voulons être.

Martin Luther King

L'attitude de Martin Luther King à propos de la guerre du Vietnam et des injustices économiques se radicalisait alors que celle de Malcolm devenait plus modérée. Désormais, les chemins des deux principaux vecteurs de la contestation noire convergeaient.

David Remnick

Nous sommes un pays raciste avec un héritage raciste, une économie raciste, une langue raciste, une religion raciste et il faut que nous nous confrontions à cela.

Charles Sherrod

Je ne suis pas raciste et je ne souscris à aucun dogme du racisme. Je me fiche de votre couleur du moment que vous voulez changer la condition misérable qui règne sur la Terre.

Malcolm X

C'est quand Malcolm a quitté les Musulmans, qu'il a adopté des positions plus à gauche et qu'il s'est rapproché de la société blanche qu'il est devenu réellement dangereux. J'ai toujours pensé que Malcolm n'aurait pas été assassiné si Ali ne l'avait pas laissé tomber.

Robert Lipsyte

Je sentais que, dans un grand nombre de secteurs, le mouvement restait à la traîne. Il ne participait pas aux luttes civiques ou politiques dans lesquelles étaient engagés les nôtres. Sa seule activité consistait à mettre l'accent sur l'importance d'une réforme morale : rejet du tabac, de la fornication, de l'adultère. Lorsque je me suis aperçu que la hiérarchie ne pratiquait pas elle-même ce qu'elle prêchait, j'ai compris que cet aspect du programme était une authentique escroquerie.

Malcolm X

Après avoir été un petit voyou, Malcolm était devenu une figure d'envergure internationale en train de se transformer aussi radicalement qu'il l'avait fait dans les années 50. Il avait serré la main de Martin Luther King dans un couloir du Sénat. Il commençait à faire le lien entre la lutte des Noirs américains et celle de leurs frères du tiers-monde. Dans cet esprit, il avait fondé deux nouveaux groupes : Muslim Mosque Inc. et l'Organisation de l'Afro-American Unity.

David Remnick

J'ai été aveuglé pendant douze longues années, j'ai cru qu'Elijah Muhammad était le Prophète et qu'il était inspiré par Dieu lui-même, il me faut bien reconnaître qu'il prêche une pseudo-religion.

Malcolm X

Cet hypocrite doit être banni de la face de la Terre.

Elijah Muhammad

C'est un chien qui se vautre dans son vomi.

Muhammad Speaks

Sa tête roulera dans le caniveau.

Louis Wolcott alias Louis X
alias Louis Farrakhan

En novembre 1964, un informateur infiltré dans les rangs d'une mosquée de Washington avait prévenu le FBI qu'une *fatwa* avait été lancée sur la tête de Malcolm.

David Remnick

1965 sera l'année où les adversaires déterminés les plus ignobles de l'Honorable Elijah Muhammad seront réduits au silence.

Muhammad Speaks

Je suis un homme mort.

Malcolm X

Le 26 mars, Philbert X lira un communiqué de presse rédigé par la Nation de l'Islam traitant son frère Malcolm de « Judas », « Brutus », et suggérant qu'il était « fou ».

MIKE MARQUSEE

Quand l'appartement de Malcolm X dans le Queens a été soufflé par une bombe, le jour de la Saint-Valentin, Betty Shabazz a demandé son aide à Clay.

MARK KRAM

J'ai croisé Ali dans le hall du Theresa, juste avant l'assassinat de mon mari. C'était l'époque où des gens que l'on connaissait bien poursuivaient mon mari partout pour le tuer. Je lui ai demandé : « Est-ce que tu te rends compte de ce que tu fais à Malcolm ? Arrête ! » Il a levé ses mains en l'air et il m'a répondu qu'il faisait rien.

BETTY SHABAZZ

Seul quelqu'un de fort et de décidé pouvait rompre avec Elijah Muhammad, comment exiger la même chose d'Ali qui n'avait ni ses moyens intellectuels ni ses ambitions politiques ? Malcolm était renié par son propre frère, comment espérer qu'Ali le défende ?

MIKE MARQUSEE

La fraternité est la seule chose qui peut sauver le pays. Je l'ai appris difficilement, mais je l'ai appris.

MALCOLM X

Tu connais même pas ton vrai nom de famille.

REGINALD LITTLE

Ali a balancé Malcolm par-dessus son épaule comme l'os rongé d'une côtelette de porc ! Même aujourd'hui, ceux qui savent ne peuvent pas lui pardonner.

SUNNI KHALID

Le jour de Noël 1964, la Nation de l'Islam enverra un message clair à Malcolm lorsque quatre de ses membres sous le commandement de Clarence Gill, capitaine de la mosquée de Boston, agresseront l'un de ses proches, Leon 4X Ameer, dans le hall du Sherry Biltmore. Ameer, qui avait été secrétaire de presse de Muhammad Ali, avait pris parti pour Malcolm X dans son conflit avec la Nation. Il sera sauvé du pire par l'intervention d'un officier de police. Plus tard dans la nuit, il sera agressé dans sa chambre d'hôtel par une autre bande bien décidée à terminer ce que leurs frères avaient commencé. Les blessures d'Ameer seront si graves qu'il devra être hospitalisé plus de deux semaines tandis que Gill et ses hommes, arrêtés après le premier incident, seront condamnés à quelques centaines de dollars d'amende.

MANNING MARABLE

J'ai fait partie du premier cercle du mouvement à partir de 1956, j'ai enseigné le karaté aux Musulmans de Miami à Buffalo. Muhammad Ali est utilisé pour attirer les jeunes, il croit vraiment au côté spirituel des Musulmans, mais la vérité c'est que ce côté-là est mort depuis longtemps, remplacé par une structure impitoyable.

LEON AMEER ALIAS LEON X

Deux semaines après son agression, Ameer donnera une conférence de presse au Theresa durant laquelle il exprimera ses craintes sur la sécurité d'Ali et ses regrets sur la disparition de la dimension spirituelle de la Nation. En réponse, *Muhammad Speaks* accusera Ameer de vouloir assassiner Elijah Muhammad et publiera une affiche mettant sa tête à prix.

Jack Cashill

Sa mort est programmée, Malcolm ne pourra pas y échapper.

Louis Farrakhan

Le jour même où Ameer donnera sa conférence de presse, Ali reniera son ancienne amitié pour son ancien secrétaire de presse. À la question de savoir si Ameer était en danger, il répondra que ceux qui craignaient pour leur vie craignaient pour leur vie parce qu'ils savaient qu'ils méritaient la mort. Le pluriel incluait, évidemment, Malcolm.

Jack Cashill

Tandis que Pierre était en bas, dans la cour, l'une des servantes du Grand Prêtre arrive. Voyant Pierre qui se chauffait, elle le regarde et lui dit : « Toi aussi, tu étais avec le Nazaréen, avec Jésus ! » Mais il nia en disant : « Je ne sais pas et je ne comprends pas ce que tu veux dire. » Et il sortit dans le vestibule. La servante le vit et dit à ceux qui étaient là : « Celui-là, il est des leurs ! » Mais de nouveau, Pierre a nié. Peu après, ceux qui étaient là disaient une fois de plus à Pierre : « À coup sûr, tu es des leurs ! et puis, tu es galiléen. » Il se mit à jurer avec des imprécations : « Je ne connais pas l'homme dont vous me parlez ! » Aussitôt, pour la deuxième fois, un coq chanta. Et Pierre se rappela la parole que Jésus lui avait dite : « Avant que le coq chante deux fois, tu m'auras renié trois fois. » Il sortit précipitamment ; il pleurait.

ÉVANGILE SELON SAINT MARC

Ali avait conscience que rejoindre la Nation de l'Islam n'était pas une plaisanterie.

HUSTON HORN

Ali n'avait aucune importance pour les Musulmans, il n'était pas dans le secret des dieux, c'était juste un idiot utile.

MARK KRAM

Un champion du monde noir raciste est une pilule difficile à avaler pour l'Amérique raciste blanche.

ELRIDGE CLEAVER

Une semaine après la mort de Malcolm, Elijah Muhammad niera toute responsabilité dans l'affaire. Assis derrière lui à la tribune, Muhammad Ali approuvait chacune de ses paroles en hochant la tête.

JACK CASHILL

C'est ça ! Dis-leur, mon frère !

RAHAMAN ALI

Tout le monde savait que j'aimais Malcolm. Nous ne voulions pas tuer Malcolm et nous n'avons pas essayé de le faire. Ce sont sa folie et son ignorance qui ont précipité sa fin. Il a prêché la violence et la violence l'a tué !

ELIJAH MUHAMMAD

Louis Farrakhan a longtemps essayé de faire endosser la responsabilité de l'assassinat de Malcolm X au FBI.

HOWARD L. BINGHAM & MAX WALLACE

Muhammad Ali avait choisi de rester un suiveur, pour le meilleur et pour le pire.

FELIX DENNIS & DON ATYEO

Deux semaines après la mort de Malcolm, Ameer téléphonera au FBI pour leur proposer de collaborer. Le lendemain, il sera retrouvé mort noyé dans la baignoire d'une chambre d'hôtel de Boston.

JACK CASHILL

Pourquoi donc Leon X portait-il un costume trois-pièces pour prendre un bain ?

MIKE MARLEY

Voici venir le temps des martyrs.

MALCOLM X

Le dimanche 21 février 1965, Malcolm X est monté sur la scène de l'Audubon Ballrom à Harlem, il a souhaité bienvenue à la foule venue l'écouter avant qu'une querelle n'éclate dans le public.

FELIX DENNIS & DON ATYEO

Restez à vos places !

Malcolm X

Le premier des Kennedy avait déjà été descendu. Les émeutes de Watts n'étaient pas loin. Memphis attendait Martin Luther King, Los Angeles Robert Kennedy, et un lutrin, dans la salle de bal Audubon à Harlem, Malcolm X.

James Sallis

Au même moment, un homme s'est détaché de la foule et a vidé le chargeur de son fusil à canon scié dans la poitrine de Malcolm. Lorsque Malcolm est tombé à la renverse, l'homme a vidé un deuxième chargeur. Les deux hommes qui avaient fait diversion sont montés sur la scène et ont déchargé leurs revolvers sur son corps étendu.

Felix Dennis & Don Atyeo

Quand Betty Shabazz a entendu les détonations, elle a fait coucher ses enfants sous les chaises et les a couverts de son corps. Elle a entendu quelqu'un qui disait : « Oh, mon Dieu ! Oh, mon Dieu ! »

Rapport du NYPD

On a relevé quinze impacts de balles de différents calibres sur le corps de Malcolm Little, alias Malcolm X, alias El-Hajj Malik El-Shabazz.

Rapport d'autopsie

Blessé à la jambe par un garde du corps de Malcolm, un seul des tireurs sera arrêté sur place :

Talmadge Hayek, alias Mujahid Abdul Halim ; deux autres hommes seront arrêtés et jugés pour meurtre : Norman 3X Butler, alias Muhammad Abdul Aziz, et Thomas 15X Johnson, alias Khalil Islam.

DAVID J. GARROW

Thomas 15X Johnson, membre de la Nation de l'Islam, avait été garde du corps de Muhammad Ali.

FELIX DENNIS & DON ATYEO

Butler et Johnson semblent ne pas être responsables de la mort de Malcolm X. L'homme qui a tiré le premier, William Bradley, alias Al-Mustafa Shabazz, n'a jamais été inquiété. Il vit à Newark.

MANNING MARABLE

Sonji

Quand j'ai rencontré Ali, j'étais hôtesse dans un bar. J'étais modèle aussi... enfin... je faisais des photos à droite, à gauche, parce que j'étais trop petite pour être mannequin, je mesure même pas un mètre soixante. C'est comme ça que j'ai connu Herbert Muhammad. Il avait un petit studio de photo à Chicago où il s'occupait d'éditer *Muhammad Speaks* pour son père. Herbert aime prendre les gens en photo, son studio était à côté d'une boutique de vêtements où j'allais souvent acheter des trucs... on s'est croisés là, il m'a demandé si je pouvais poser pour lui et j'ai accepté. Quand il raconte l'histoire maintenant, il dit que c'est au Nile Hilton, pendant son voyage en Égypte avec Ali, qu'il lui a montré une des photos qu'il avait faites de moi. Ali draguait une femme de ménage de l'hôtel... il disait à tout le monde qu'il voulait l'épouser... quand Ali commence, on peut pas l'arrêter... il est infernal ! Pour qu'il change de disque, Herbert lui aurait dit qu'il connaissait une fille bien plus jolie aux États-Unis et il lui aurait montré une photo de moi dédicacée : « Une championne pour le champion ». Je me souviens pas de cette histoire, sauf que comme ça Herbert raconte que c'est lui qui a tout manigancé... comme d'habitude, il tire la couverture à lui, il aime faire son important, surtout en ce qui concerne Ali. En fait, je crois pas que ça se soit passé de cette façon. Herbert aimait prendre les gens en photo et il m'a photographiée... ça c'est sûr ! À l'époque, il m'avait même trouvé un boulot... j'appelais des gens au téléphone pour qu'ils s'abonnent à son journal. Une semaine après, il m'a demandé si je voulais rencontrer Cassius Clay. On ne peut pas dire que ça m'ait particulièrement impressionnée, la boxe j'y connaissais rien, je savais même pas qui était le type dont il me parlait, mais j'ai dit O.K. ! C'est toujours intéressant de rencontrer des gens, en tous les cas, moi, ça m'intéresse, alors j'ai dit O.K. ! mais je savais vraiment pas qui ça pouvait bien être... et ça m'était égal ! À mes yeux, ce n'était pas une vedette, juste un type comme ça... pour faire connaissance. Plus tard, Herbert s'est fait une spécialité de présenter des filles à Ali, mais pas cette fois. Ali aimait les jolies filles, Herbert aussi, ils étaient faits pour s'entendre, hein ! On s'est vus, on s'est plu, et voilà ! C'est tout. Pas besoin d'en faire un roman. C'est simple, très simple... un type et une fille du même âge... presque du même âge, j'ai un an de plus que lui, qui se rencontrent et qui se plaisent, ça arrive tous les jours un peu partout dans le monde. Évidemment, à l'époque, les gens ont raconté plein de trucs, ils ont jamais arrêté depuis, ils en racontent encore aujourd'hui. La fille maline qui attrape au vol Ali, le benêt de Louisville, la fille délurée qui est là juste au bon moment et qui mène le champion par le bout du nez pour lui piquer tout son fric, c'est le scénario idéal pour faire un film déjà vu mille fois à la télé. On rajoute Herbert Muhammad dans le rôle de l'entremetteur et les rumeurs peuvent commencer, il manquera jamais de gens jaloux pour les colporter jusqu'à ce qu'elles deviennent vraies. Il y avait un tas de gens qui n'en revenaient pas... j'avais emporté le gros lot, c'était moi qui avais touché tous les numéros dans l'ordre... il y avait de quoi en rendre malade plus d'un... et plus d'une, hein ! parce qu'Ali était un sacré beau mec et que toutes les filles rêvaient de lui... elles auraient payé pour être à ma place... elles m'auraient tuée si elles avaient pu. Elles le voulaient toutes et c'était sur moi que c'était tombé... sans l'avoir fait exprès, un peu par chance, un peu par hasard. J'étais jolie, il était timide... et alors ? C'est un crime ? Qui est la victime ? Si j'avais pas été aussi jolie, j'aurais été forcément honnête ? S'il avait été moins timide, ça se serait passé différemment ? Je me débrouillais toute seule dans la vie depuis toujours. J'avais deux ans quand mon père a été tué pendant une partie de cartes, ma mère est morte quand j'avais huit ans, j'ai été élevée par mes grands-parents, j'ai eu mon premier gamin à treize ans, j'ai arrêté l'école à ce moment-là et il a fallu que je me débrouille toute seule, très jeune, comme beaucoup de jeunes filles noires. Je me suis débrouillée. J'avais mon appartement, j'avais pas besoin d'Ali, ni pour m'amuser ni pour payer mon loyer, j'avais pas besoin de Herbert non plus pour me donner de l'argent pour aller à un rendez-vous, je savais très bien me débrouiller toute seule. Ce qui est sûr, en revanche, c'est que j'étais dans le vrai monde, dans la vraie vie, et qu'Ali était ailleurs. Je savais tout un tas de choses qu'il ne savait pas, juste parce qu'il était tout seul dans son monde et que son monde était tout petit. Il s'occupait de rien, on s'occupait de tout à sa place comme s'il avait été un enfant. Les seules choses qu'il faisait, c'était faire le clown et boxer. En tous les cas, ses amis et ses connaissances, même ceux qui ne m'aiment pas, sont tous d'accord sur un point, Ali était raide dingue de moi. Il volait sur un petit nuage, il touchait pas le sol. Il me quittait pas des yeux une seule seconde. Il m'a proposé de l'épouser le premier soir. Je me suis demandé s'il était sérieux ou s'il plaisantait. Je le connaissais pas, je savais rien de lui, mais j'étais seule... toute seule, seule au monde. J'avais pas de mère à qui demander ce qu'il fallait que je fasse, si ce type était le bon ou le mauvais numéro, personne pour me conseiller, personne pour me dire de me méfier, il fallait que je me décide toute seule comme une grande. On est sortis ensemble pendant un petit moment... Il avait besoin de moi, ça c'est sûr, sûr et certain ! Il était costaud, mais il y avait tout un tas de choses qu'il savait pas. Il est très intelligent, il n'y a pas de doute à ce sujet, mais, surtout à l'époque, il était ignorant... c'est tout juste s'il savait lire. Il avait besoin d'un ami et il avait personne de mieux que moi sous la main pour tenir ce rôle. Et Dieu sait s'il y avait du monde autour de lui... une véritable cour des miracles : Rahaman, son frère ; ses parents, Cash et Bird ; Herbert Muhammad ; Angelo Dundee, son entraîneur ; Drew Bundini Brown, le fou du roi ; Howard Bingham, son photographe attitré ; Luis Sarria, son masseur ; Ferdie Pacheco, son médecin personnel ; Osman Karriem ; Abdul Rahaman ; Booker Johnson qui avait travaillé comme road manager pour des musiciens... celui-là n'est pas resté trop longtemps. Y avait aussi Walter Youngblood pour s'occuper du matériel et Lana Shabazz, sa cuisinière ; ses sparring-partners, Cody Jones et Jimmy Ellis, et tout un tas de types qui changeaient tout le temps, qui allaient et venaient, dont on savait pas très bien ce qu'ils faisaient là, sans compter les journalistes qui lui collaient aux basques jour et nuit ! Plus ça allait, plus y en avait ! Des Blancs, des Noirs, des Juifs ! Je me suis dit... tu fais rien de ta vie et ça tu peux le faire, tu peux être une bonne épouse pour cet homme, je peux me tromper là-dessus, mais là où je me trompe pas c'est quand je dis qu'il avait

besoin de quelqu'un, vraiment besoin. Il était temps que sa mère arrête de lui tenir la main parce qu'il avait peur en avion, grand temps... et je me suis dit que c'était le moment ou jamais de me rendre utile. C'est Captain Sam qui nous a mariés religieusement... enfin, religieusement... on était en voiture dans l'Arizona, c'est lui qui conduisait, on se pelotait sur la banquette arrière... il s'est retourné et il nous a bénis ! On s'est mariés pour de bon le 14 août 1964 à Gary, dans l'Indiana. On se connaissait depuis quarante et un jours. J'ai voulu être sa femme et son meilleur ami. Les deux à la fois. C'était peut-être un tort ou alors c'était trop difficile... à l'époque, je me suis pas rendu compte de la difficulté, des obstacles entre nous... j'étais jeune moi aussi, j'aimais m'amuser, à cet âge, on pense pas à tout, on pense surtout à s'amuser... on pense pas au mal, on pense pas que vos proches et ceux de votre mari peuvent être vos ennemis. Je n'ai pas fait ça pour l'argent. Ça me dérange que les gens disent ça... ça me dérange qu'ils le pensent ! Et ce qui me dérange aussi, c'est quand on dit que tout ce qu'Ali sait du sexe, et il en connaît un rayon, c'est moi qui le lui ai appris. C'est pas vrai ! Je suis pas une espèce de bête de sexe contrairement à ce que les gens ont tendance à croire... je traîne cette réputation depuis ce temps-là et ça continue encore ! Il y a quelque temps, une amie qui fait des études de psycho à l'université du Texas m'a téléphoné pour me dire : « Sonji, ils parlent de toi dans un de mes livres de cours !
— Quoi ? je lui ai dit. Envoie-moi le bouquin ! » C'était un livre qui valait trop cher pour me l'expédier, alors elle m'a envoyé des photocopies, eh bien, j'étais citée en exemple dans ce bouquin. L'auteur disait que, tout le temps où nous avions été ensemble, Ali avait été tiraillé entre sa religion et ma beauté, ma sensualité ! Je me comportais d'une manière contraire à la

religion, à son idéal, mais il était comme hypnotisé par ma sexualité et, en définitive, il fallait qu'il y cède ! Quand vous lisiez ça, vous aviez l'impression que je me baladais toute la journée en petite culotte. Que ce soit clair, je lui ai rien appris sur le sexe. Quand je l'ai rencontré, croyez-moi, il savait ce qu'il fallait faire, quand il fallait le faire et comment il fallait le faire. Je lui ai juste donné envie de le faire. Il avait juste besoin d'une bonne raison pour faire ce qu'il savait et j'étais la raison. Si vous avez faim, que vous êtes à table et que tous vos plats favoris sont sur la table, qu'est-ce que vous faites ? La même chose que tout le monde ! Ferdie Pacheco a beau raconter à qui veut l'entendre que je connais le *Kamasutra* par cœur, j'ai rien appris sur le sexe à Ali, je lui ai donné une bonne raison d'aimer ça, mais je lui ai rien appris. Ali était sexy, Ali aimait que je sois sexy, Ali aimait comme je m'habillais, il aimait comme je me maquillais, il aimait que les gens me regardent et que je sois à lui... c'était ma force ! Il suffit de regarder les photos de l'époque... un beau mec et une jolie fille avec un faux air d'Eartha Kitt qui sourient tout le temps... ça ressemble aux pochettes de Tamla Motown de l'époque ! Ali & Sonji ! On aurait pu former un duo... le très grand et la toute petite... faire un album ! Seulement, pour Ali le Musulman, il fallait que je sois couverte des pieds à la tête en public et que je me débarbouille pour ne pas offenser les frères et les sœurs... pas de maquillage et ces affreuses robes longues... je supportais pas ça, je supportais même pas l'idée de porter ce genre de trucs... j'étais une fille normale, je voulais m'habiller à la mode, je voulais m'amuser, profiter de la vie... sortir en boîte, danser ! J'étais pas une espèce de nonne. Avec Ali, quelquefois ça se passait bien, quelquefois ça se passait mal. En Jamaïque, ça s'est très mal passé pendant une soirée en l'honneur de

Ray Sugar Robinson. J'avais une mini-robe en tricot orange, Cassius a pas supporté la façon dont les « démons » me regardaient... et c'est lui qui m'avait acheté cette putain de robe. Il avait rien contre quand il me l'a achetée, il avait rien contre quand je l'ai mise pour la soirée et là, il est devenu fou furieux. Il m'a attrapée par le bras, il m'a traînée devant tout le monde jusqu'à la salle de bains. Je me suis débattue, je pleurais, il me secouait en hurlant. Dans la salle de bains, il a essayé de m'enlever la robe et tout ce qu'il a réussi, c'est à la déchirer... le résultat, c'est que j'ai fini à moitié nue et qu'il a fallu que je sorte de la salle de bains comme ça... dans une tenue pire que quand j'y étais entrée ! Le plus grave, c'est qu'il m'a giflée ! C'est Sugar Ray qui nous a séparés... Ali me menaçait, il disait qu'il ferait pire avec moi que La Motta avait fait à sa femme. Aujourd'hui encore, c'est une des choses qu'il regrette le plus... avoir porté la main sur moi. Quand j'ai raconté ça à mes copines, tout ce qu'elles ont trouvé à me dire, c'est que pour avoir un mari aussi beau, aussi célèbre et aussi riche qu'Ali, elles porteraient une combinaison de plongée sous une robe de moine, qu'à ma place elles porteraient même une cagoule du Klan si ça pouvait lui faire plaisir ! J'étais pas d'accord, je n'étais pas comme elles... je n'étais pas comme ça, et elles comprenaient rien du tout à ce qui se passait. La robe, c'était un détail, c'était pas le problème. Je voulais que ce type soit mon héros, mon dieu, et lui, il voulait que mon héros et mon dieu soient un autre homme... Elijah Muhammad ! C'était tordu... foutu d'avance quand on y réfléchit un peu. Et pourtant, même aujourd'hui, même avec le recul, je trouve que c'était un bon mari, il était doux, gentil, sympa comme tout. Son seul but dans la vie, c'est rendre les gens heureux, rien d'autre l'intéresse. Il s'occupait de tout à la maison... amener mes affaires au pressing, faire les courses, même descendre les ordures ! J'étais comme une reine. On s'amusait bien ensemble, il adorait Sam Cooke, mais sa chanson préférée c'est *Stand by Me* de Ben E. King, il me la chantait tout le temps.

> *When the night has come*
> *And the land is dark*
> *And the moon is the only light we see*
> *No I won't be afraid*
> *No I won't be afraid*
> *Just as long as you stand, stand by me*
> *So darling darling stand by me*
> *Oh, stand by me, stand by me, stand by me*
> *If the sky that we look upon*
> *Should tumble and fall*
> *And the mountain should crumble to the sea*
> *I won't cry, I won't cry*
> *No I won't shed a tear*
> *Just as long as you stand, stand by me*
> *And darling darling stand by me*
> *Oh, stand by me*
> *Stand by me, stand by me, stand by me*
> *Whenever you're in trouble won't you stand by me*
> *Oh, stand by me*
> *Stand by me, stand by me, stand by me*
> *Darling, darling, stand by me*
> *Oh stand by me, stand by me, stand by me*

Son père disait que Cassius chantait juste, mais que lui chantait mieux, je crois qu'il était jaloux, c'est tout ! Quand on était seuls tous les deux, qu'il fallait pas qu'il fasse son Musulman, qu'il avait rien à démontrer aux autres, qu'il n'était obligé à rien, on était bien ensemble. Le monde était à ses pieds, mais sa célébrité me faisait pas peur, j'étais pas fascinée par elle non plus, la célébrité, je connaissais, j'étais célèbre. Pas autant que lui, mais suffisamment pour savoir ce que c'était. J'étais pas le genre à vouloir être sur la photo à tout prix, je me foutais d'être exposée en pleine lumière, mais d'y être exposée, d'être sur la photo, c'était pas un problème pour moi non plus. Je voulais juste que l'on soit heureux tous les deux et nous l'aurions été si on nous avait fichu la paix ! On dit que c'est le problème religieux qui a fait que ça n'a pas marché entre nous, c'est faux ! Le problème, c'était pas Ali... ni la religion, c'était son entourage, certaines personnes de son entourage qui pouvaient pas me contrôler comme elles l'auraient voulu. J'avais dit à Ali : « Je porterai ces robes longues, je ne mangerai pas de porc, je ne me maquillerai pas... ça n'a pas de sens, ça n'a aucun sens pour moi, mais je le ferai pour toi si tu veux que je le fasse. » Eh bien, j'avais beau obéir... ça marchait pas pour autant. Je fume pas, je bois pas, mais il y avait toujours un problème ! Au début, la façon dont je me comportais le faisait rire, il me trouvait trop maline pour une femme, mais ça le faisait rire... pas toujours et pas tout le temps. J'aime poser des questions et les questions que je posais, j'avais bigrement raison de les poser... il aurait mieux valu qu'il se les pose tout seul, il se serait bien rendu compte que tout ça c'était le grand n'importe quoi ! Quand il racontait des histoires sur la Mère des Avions, l'Apocalypse et tout ce cinéma à la noix, quand il me disait que c'était pas la peine que l'on s'achète une maison puisque dans trois ans elle serait détruite et que nous serions embarqués Dieu sait où par Dieu sait qui, je lui disais : « Et Elijah Muhammad, sa jolie maison de Chicago sera pas détruite ? Et lui, il partira pas ? » C'était le genre de questions que je posais qu'il fallait pas poser et qui plaisaient pas aux Musulmans... un tas de trucs que lui enseignait Elijah tenaient pas debout. C'était tout le temps... on peut pas faire ci, on peut pas faire ça, on peut pas acheter ci, on peut pas acheter ça puisque la Grande Soucoupe va nous emporter... tu parles ! Tout ce que je voyais, tout ce qui aurait crevé les yeux d'un enfant de dix ans, c'est qu'Elijah Muhammad était pas du voyage, il avait déjà tout ! Ça lui coûtait rien de dire aux autres qu'ils avaient pas le droit de faire ce qu'il faisait, d'avoir ce qu'il avait... trop facile ! Faites ce que je dis, mais faites pas ce que je fais... Les Musulmans avaient la main sur lui, ils avaient la main sur le champion du monde poids lourd et ils voulaient se le garder pour eux, un point, c'est tout ! Il était trop important pour eux... c'était la tête d'affiche rêvée, tous les jeunes Noirs adoraient Ali... tout un tas de gens auraient suivi Ali jusqu'en enfer. Pour le détacher de moi, ils ont même fait courir le bruit que j'avais été pute ! Quand Elijah était vivant, c'était lui qui commandait et Herbert qui faisait l'intermédiaire, mais je crois que Herbert rapportait ce qu'il voulait bien rapporter. Herbert est très intelligent, très malin, il sait ce qu'il veut et comment l'obtenir. En dernier lieu, c'est toujours lui qui décide pour Ali. Moi, je voyais pas l'intérêt d'être mariée à un homme et qu'un autre homme décide à sa place ce qu'il fallait que je fasse ou que je fasse pas. J'arrêtais pas de lui dire : « Ali, écoute-moi, si j'avais voulu obéir à Herbert, je me serais mariée avec lui ! » C'était évident que certains profitaient de lui... ça crevait les yeux ! Ali porte pas de bijoux, il aime pas ça, quand on était mariés, je sais même pas s'il avait une montre, mais quand certains allaient faire un tour en ville avec lui, ils revenaient avec des montres et des bijoux ! Pour ça, j'étais bien d'accord avec son père... en réalité, tous ces types étaient juste une bande de voleurs ! Moi, je m'entendais bien avec ses parents, j'aimais beaucoup Bird, c'est une femme formidable et Cash voyait bien ce qui se passait, mais Ali avait le même problème avec ses parents qu'avec moi... on marchait pas dans la combine ! Les Musulmans en voulaient pas qu'à son argent, ils voulaient contrôler sa vie de a à z. Quand vous rentrez dans la Nation, la première chose que l'on vous apprend, c'est que vos frères et vos sœurs, ce sont les autres Musulmans et que rien d'autre compte... personne ! Vous devez tourner le dos à tous vos anciens amis, à votre famille même. Tout ce dont vous avez besoin, ils peuvent vous le fournir. Ils ont des temples pour prier, des restaurants pour manger, des magasins où vous pouvez acheter vos vêtements. C'est rien de plus qu'une secte ! Franchement... je sais pas ce qu'Ali croyait vraiment... s'il croyait vraiment à tout ça ! Quand nous étions seuls, c'était une chose, quand nous l'étions pas, c'était une autre. Je supportais pas cette duplicité de sa part... de sa part à lui, les autres, je m'en fichais ! Tous les Musulmans autour de lui n'étaient qu'une bande d'hypocrites et de menteurs. Je veux dire... obéir à la Nation en public et désobéir quand « Dieu » peut pas vous voir ! Peut-être que leur dieu est borgne ou alors à moitié aveugle ! Pour les filles, c'était du pareil au même, il fallait qu'elles soient vierges, ils devaient pas les toucher avant d'être mariés, seulement, dans la vie de tous les jours, ils se comportaient comme des chiens en chaleur et il fallait bien qu'ils trouvent des chiennes à saillir. C'est pour cela que nous nous sommes séparés, à cause de ces gens-là. Je suis sûre que c'est quelqu'un d'autre qui a pris la décision à sa place et ça, ça me fait de la peine. Ils lui avaient volé son cerveau... c'est comme s'il avait été téléguidé. J'aurais voulu me battre, j'aimais ce type, mais personne n'était avec moi... pas un seul allié, de quelque côté que je me tourne, je ne voyais que des visages fermés... hostiles. J'allais pas, non plus, me battre toute seule contre tous les Musulmans. Si j'avais fait ça, je serais morte. Je suis pas le genre de fille qui oublie, je suis pas le genre de fille qui comprend pas ce qui se passe, je suis pas le genre de fille qui sait pas de quoi ils sont capables… quelques heures après que Malcolm ait été tué, notre appartement au croisement de Cregir et de la 71ᵉ a été détruit par un incendie pendant que nous dînions à l'Arabian Sands… j'ai toujours trouvé la coïncidence bizarre… non ? Les pompiers ont conclu à un accident, moi, ce que je crois, c'est que c'était un avertissement… « Tiens-toi à carreau, Muhammad, ou la prochaine fois tu y auras droit pour de bon ! » Personne savait où nous dînions, je suis persuadée qu'ils nous ont suivis, c'est John Ali, le bras droit d'Elijah, qui est venu nous prévenir ! La nuit où ils ont assassiné Malcolm ! Ils étaient capables de tout… ils l'ont suffisamment prouvé. Chaque fois qu'Ali a eu à choisir entre eux et moi, il a choisi leur côté… peut-être simplement parce qu'il avait peur. Je me rappelle qu'à la réception à Auburn, après le deuxième combat contre Liston, j'ai demandé à Ali de me rejoindre dans notre chambre, il était avec tous ces types dans la cour, il m'a dit d'aller me coucher ! Je me suis mise en colère… ça suffisait, j'en avais marre, je suis partie. On s'est pas revus jusqu'au 11 juin à Chicago, où il a encore voulu m'acheter ces robes blanches qui vont jusqu'au sol, je lui ai dit d'arrêter la voiture… j'ai ouvert la portière, je suis partie, on a plus jamais vécu ensemble. On s'est revus le 23 juin à Dade County pour l'annulation du mariage. J'avais mis une robe rouge qui s'arrêtait au genou, quand le juge a demandé à Ali s'il trouvait que ma robe était provocante, il a dit au juge qu'elle était trop courte, que j'avais des faux cils, du rouge à lèvres et que ça lui faisait honte ! J'ai eu droit à vingt-deux mille cinq cents dollars pour couvrir les frais de justice et à une pension de quinze mille dollars par an pendant dix ans. Pour une chercheuse d'or, j'étais pas tombée sur un gros filon ! Une fois que nous avons divorcé, on lui a interdit de me voir. On lui a même interdit de me parler. J'avais son numéro de téléphone, mais si je l'appelais, il était changé le lendemain. C'est dire à quel point les Musulmans pensaient que j'étais dangereuse… Franchement ! quelle menace je pouvais bien représenter pour eux ? Et pour lui ? Et maintenant, toutes ces choses qu'ils ont apprises à Ali ont changé complètement ! Tout ce qui était interdit est autorisé ! Un virage à trois cent soixante degrés ! Il y a de quoi rendre fou… le vent souffle dans un sens et puis dans l'autre et on le suit comme une girouette. Un jour, l'homme blanc est un démon, le lendemain ils n'ont jamais rien dit de pareil ! Entre-temps, ils ont tué ceux qui le disaient avant eux. Tout ça me blesse, tout ça m'affecte encore aujourd'hui parce que je marche toujours à l'ombre d'Ali. Depuis que j'ai été mariée avec lui, ma vie est devenue publique, j'ai plus jamais eu la moindre intimité. Je me suis remariée… et j'étais toujours la femme d'Ali ! J'ai divorcé… et on me parlait encore d'Ali ! C'est tout ce que l'on voit de moi… on me voit pas, moi, Sonji Roi, on voit la femme d'Ali. Sonji Roi n'intéresse personne. Elle existe pas. Pourtant, je suis autre chose qu'une jolie fille qui a épousé Ali autrefois. Je fais bien la cuisine, je suis une fille sympa, une bonne copine, je suis solide, je me moque d'avoir des rides ou d'avoir les cheveux blancs. Je suis plus intéressante que l'image que les gens ont de moi. Je veux seulement que l'on me laisse être moi-même. Et vous savez quelque chose ? Je vais vous le dire… aujourd'hui encore Ali demande où je suis et ce que je fais. Je lui manque. J'ai aucune envie d'enlever quoi que ce soit à sa nouvelle femme… soi-disant que c'est une femme bien, mais quand il passe à Chicago et qu'il rencontre quelqu'un que nous avons connu, il demande toujours comment je vais. Il m'a pas oubliée. Moi, j'ai le cœur brisé quand je vois ce qu'il est devenu. C'était un homme si plein de vie, avec tellement d'énergie, si fort et pas seulement avec ses poings. Il aurait pu faire tellement d'autres choses de sa vie plutôt que se battre continuellement. De le voir maintenant qui peut même plus parler, ça me brise le cœur. Je pense qu'il a boxé si longtemps juste parce que le ring était le seul endroit où il pouvait être lui-même, le seul endroit où il obéissait à personne, le seul endroit où il pouvait désobéir, le seul endroit où il était le boss. Personne pouvait lui dire quoi faire et personne pouvait faire ce qu'il faisait à sa place. Je lui en ai jamais voulu, je lui ai toujours voulu du bien, j'ai toujours souhaité le meilleur pour lui. Nous avons eu tellement et en si peu de temps. Je crois que je lui ai toujours manqué. Je crois que nous avons raté quelque chose. En tous les cas, il y a une chose dont je suis sûre, si quelqu'un, aujourd'hui, me dit qu'il m'aime, je sais tout de suite si c'est vrai ou si c'est faux parce que je sais ce que c'est d'être aimée… parce qu'Ali m'a vraiment aimée.

3

Je connais au moins sept Muhammad différents, mais il y en a trois permanents. C'est un petit garçon, un combattant et un prophète.

Bundini Brown

Le 18 avril 1960, le jeune Cassius Clay, âgé de dix-huit ans, a été enregistré comme conscrit à Louisville ; le 9 mars 1962, il a été classifié 1-A (bon pour le service). Le 24 janvier 1964, il a été convoqué pour son conseil de révision à Coral Gables en Floride. À l'issue des épreuves théoriques, il lui était attribué un Q.I. de 78, largement en dessous du niveau requis. Le 26 mars 1964 à Louisville, après avoir passé un contre-examen et eu un entretien avec deux psychologues, il était requalifié 1-Y (réformé).

Thomas Hauser

Je l'avais accompagné à Coral Gables, Cassius Clay à l'époque n'avait aucun problème à l'idée de faire son service militaire. Il était de bonne humeur et n'arrêtait pas de plaisanter. Il n'était absolument pas question pour lui de refuser d'aller à l'armée.

Pat Putnam

Cette année-là, quinze mille « conseillers » avaient été envoyés en Asie du Sud-Est par le président Kennedy pour contenir la menace communiste. Comme la plupart des Américains, Cassius Clay n'avait jamais entendu parler du Vietnam et il ne savait pas davantage ce que pouvait bien vouloir dire « objecteur de conscience ».

Howard L. Bingham & Max Wallace

Même si j'avais échoué à l'épreuve de maths, ça ne m'aurait pas empêché de peler des patates pendant mes deux premiers mois de service militaire. N'importe qui capable de boxer comme Cassius peut peler une patate. Il y a des tas de militaires plus stupides que lui, quand j'ai fait l'armée, mon colonel était plus stupide que lui.

William Ayers

Il a été au collège, il est capable d'écrire de la poésie, d'assurer son autopromotion tout autour du monde, de gagner un million de dollars, de conduire des Cadillac fraise écrasée et on vient me dire qu'il est trop stupide pour tenir un fusil ! Qui est assez idiot pour avaler un truc pareil ?

Lucius Mendel Rivers

Vous n'avez pas besoin de passer cinq minutes avec lui pour vous rendre compte combien il est brillant. Je n'ai jamais rencontré quelqu'un de plus vif et de plus intuitif que lui. La vérité, c'est qu'il est nettement plus intelligent que les journalistes qui lui posent des questions, moi y compris.

Jerry Izenberg

Au grand dam d'Edgar Hoover, les résultats scolaires d'Ali étaient conformes aux résultats obtenus aux tests de l'armée.

HOWARD L. BINGHAM & MAX WALLACE

Je ne pense pas qu'il ait triché, Cassius ne sait pas très bien écrire, à Rome, c'est moi qui lui faisais son courrier.

PETROS SPANAKOS

Les résultats de Cassius Clay aux tests corroborent ceux qu'il obtenait au collège.

WILLIAM BRAY

C'est sûr que le système scolaire a échoué avec lui. Nous n'avions qu'un seul conseiller d'éducation pour mille sept cents élèves. Il était peut-être dyslexique ou quelque chose comme ça, mais une chose est sûre, c'est quelqu'un de très intelligent, il faut être fou pour ne pas s'en rendre compte.

BETTY JOHNSTON

On peut avoir confiance en nos tests. Ils définissent parfaitement les besoins de l'armée d'aujourd'hui, ceux qui échouent à ces tests ne peuvent raisonnablement pas être mobilisés.

STEPHEN AILES

Le 21 juin 1964, trois partisans des droits civiques, Michael Schwerner, James Chaney et Andrew Goodman, furent arrêtés par Cecil Price, shérif de Philadelphia dans le Mississippi, membre éminent du

Ku Klux Klan local. Ils furent retrouvés morts vingt minutes après avoir été relâchés tard dans la soirée. L'Amérique avait perdu son innocence sept mois plus tôt, pour la jeune génération le meurtre de ces trois martyrs de l'intégration marquera le passage de l'idéalisme à la défiance. Le 21 juillet, les premiers soldats américains qui n'étaient pas désignés comme étant des « conseillers » débarquaient au Sud-Vietnam. Le 7 août, le président Johnson faisait présenter au Congrès la Résolution du golfe du Tonkin, dans les faits, une déclaration de guerre au Nord-Vietnam. Une semaine après, Muhammad Ali épousait Sonji Roi, à Gary dans l'Indiana.

Howard L. Bingham & Max Wallace

En juillet 1964, le président Lyndon Johnson avait signé la loi sur les droits civiques qui interdisait toute discrimination raciale dans les endroits publics.

Jack Cashill

Le lendemain de son rencard avec Sonji, Ali m'a dit qu'il allait l'épouser. Je lui ai dit, fais pas ça, mec ! Elle bosse à l'Archway Supper Club, elle a une queue de lapin collée sur le derche ! Elle est pas née de la dernière pluie, mec ! et toi, tu la connais même pas…

Herbert Muhammad

Le 14 août, le *Los Angeles Sentinel* informait ses lecteurs que Muhammad Ali avait présenté sa femme, Sonji Roi, un mannequin de Chicago, à ses amis. Il s'était marié à Gary dans l'Indiana, la ville natale de la jeune fille qui est âgée de vingt-quatre ans. En guise de lune de miel, le couple a pris la route en direction de Miami où Ali doit commencer son entraînement pour son combat retour contre Liston.

FELIX DENNIS & DON ATYEO

Il régnait une sale ambiance au camp d'entraînement d'Ali. J'étais le seul Blanc à la ronde avec Angelo Dundee. Ali habitait un bungalow dans le ghetto. Personne ne m'adressait la parole, Rahaman Ali, son frère, ne me répondait même pas quand je lui disais bonjour. Ça a été une expérience fascinante de préjugés raciaux inversés, je me retrouvais dans la même situation qu'un Noir au milieu d'une demi-douzaine de sudistes abrutis.

JACK OLSEN

Son entourage était de plus en plus pléthorique : son frère, Bundini, Dundee, le Captain Sam et les Musulmans de service : Clarence X, Louis X, Thomas J, Brother John, Brother George...

DAVID REMNICK

L'ambiance était différente depuis qu'Ali était champion, vraiment désagréable. Ça a duré quelques années. C'était comme si Ali avait été partagé en deux... il vous parlait de tout et de rien, un Musulman entrait dans la pièce et la conversation changeait complètement, comme s'il avait voulu leur plaire à tout prix, comme s'il avait eu peur de quelque chose... de les perdre peut-être ou de les décevoir, de ne pas être Supermusulman à leurs yeux !

JERRY IZENBERG

Après la victoire d'Ali sur Liston à Miami, il restait des doutes dans l'esprit de beaucoup. Qu'on le veuille ou non, le fait que Liston ait abandonné ternissait la victoire d'Ali. La seule chose dont on était sûr, c'est que le gamin avait survécu alors que tout le monde croyait qu'il se ferait massacrer, mais il n'y avait pas eu la même joie que lorsque Joe Louis avait ramené le titre à Harlem, par exemple. Il y avait un doute.

Ferdie Pacheco

Je pense qu'Ali est vraiment devenu un boxeur pendant le combat de Miami. Au début, la panique et l'hystérie le dominaient, il avait peur d'être salement amoché et puis il a réalisé qu'il était meilleur que Liston. Ali était différent après ce combat et Liston aussi. L'un est devenu un homme et l'autre un junkie. Je pense que Liston est devenu accro entre les deux combats, j'en suis persuadé, il connaissait trop de types qui travaillaient là-dedans et quand je dis là-dedans, je veux dire dans l'héroïne.

Bill Cayton

Liston était favori. Beaucoup d'observateurs pensaient que la victoire d'Ali avait été un coup de pot incroyable. Certains d'entre eux croyaient que le combat avait été arrangé, une opinion basée sur les rumeurs qui couraient sur les paris qui auraient été manipulés par la pègre, d'autres attribuaient sa défaite à la blessure de Liston, d'autres encore pensaient que le champion avait tout simplement pris son challenger trop à la légère à Miami et que, pour récupérer son titre à Boston, il s'entraînerait correctement.

Thomas Hauser

Liston s'entraînait dans une salle d'arts martiaux à Denver. Pour la première fois depuis longtemps il semblait déterminé à s'entraîner sérieusement. Willie Reddish était furieux de la façon dont il avait préparé le combat de Miami en buvant du J & B et en allant aux putes. Il était de nouveau l'ancien Liston, celui qui avait démoli Patterson deux fois. Lee Williams, l'un de ses sparring-partners, avait été obligé de se faire poser huit agrafes après une séance d'entraînement.

DAVID REMNICK

Le sang, c'est le champagne du boxeur.

AL LACEY

Au lieu de lui balancer des médecine-ball dans l'estomac, ils feraient mieux de les lui balancer dans la gueule, c'est là que mon boxeur frappe.

ANGELO DUNDEE

Ali ne s'entraînait pas moins dur que Liston. Il avait perdu le poids qu'il avait pris en Afrique, il semblait avoir gagné en puissance sans avoir perdu en rapidité.

DAVID REMNICK

Il était redescendu à deux cent dix livres, mais il avait pris cinq centimètres de tour de cuisse et de biceps.

THOMAS HAUSER

Liston est un boxeur rudimentaire. Il peut boxer quelqu'un qui avance, si son adversaire avance et recule, ça devient compliqué pour lui, ne parlons pas d'un boxeur qui avance, qui recule et qui fait des pas de côté.

ANGELO DUNDEE

La cote à Las Vegas était de 9 pour 5 à l'avantage de Liston. Les organisateurs pensaient que le combat aurait lieu à guichets fermés, ils attendaient une recette de cinq millions de dollars provenant des droits de retransmission télé et radio. Tout allait pour le mieux.

DAVID REMNICK

Trois jours avant le combat, Ali regardait *Little Caesar* avec Edward G. Robinson en discutant tactique avec Bundini dans la suite 611 du Sherry Biltmore quand il a été pris de nausées.

THOMAS HAUSER

Il avait pris un dîner léger, un steak, des haricots verts et une pomme de terre bouillie. À six heures et demie, il s'est levé du lit avant de se précipiter pour vomir dans la salle de bains.

DAVID REMNICK

Il souffrait le martyre. Son estomac était de la taille d'un ballon de football !

BUNDINI BROWN

Ali sera emporté sur une civière, le visage caché par une serviette. Quelques minutes plus tard, une ambulance le déposait à l'hôpital de Boston. Un photographe du *Boston Herald* était déjà sur place, mais Louis X l'a prévenu que, s'il prenait Ali en photo, sa dernière heure était arrivée.

DAVID REMNICK

Le champion souffrait d'une hernie inguinale étranglée. L'opération pour la réduire durera soixante-dix minutes.

THOMAS HAUSER

Les rumeurs ont commencé à courir : Ali avait été empoisonné, Ali simulait, Ali somatisait... c'était les partisans de Malcolm X, ceux d'Elijah Muhammad, la Mafia !

DAVID REMNICK

Si ce con arrêtait de parler, il aurait pas de hernie !

SONNY LISTON

Quand Sonny a appris la nouvelle à la télévision, il a ouvert une bouteille de vodka. L'entraînement était terminé.

DAVID REMNICK

Ça aurait pu être pire, hein ! Ça aurait pu être moi !

SONNY LISTON

Sam Silverman, le promoteur, perdait des centaines de milliers de dollars. Sa réaction à l'annonce de l'hospitalisation d'Ali sera légèrement différente de celle de Liston. Il s'est servi un grand verre de bourbon.

DAVID REMNICK

Quel con ! Mais quel con !

SONNY LISTON

Le match a été repoussé au 25 mai 1965.

DAVID REMNICK

> 25 mai 1965
> St Dominic's Arena
> Lewiston, Maine
> Sonny Liston
> Victoire, K.-O., 1er round

Le report désavantageait Liston plus qu'Ali. Pendant six mois Ali continuait de progresser tandis que Liston n'arrêtait pas de vieillir.

THOMAS HAUSER

Fin février, Ali avait suffisamment récupéré pour s'entraîner en public au New York Coliseum. De son côté, Sonny Liston semblait las et déprimé. Il s'était entraîné dur pour le combat de Boston et le report ruinait son programme. Plus le temps passait et plus les journalistes commençaient à se demander s'il était vraiment capable de se remotiver à son âge.

FELIX DENNIS & DON ATYEO

À Boston, Sonny était dans une forme que je lui avais jamais vue, le fait de devoir attendre six mois encore et de continuer à s'entraîner l'a définitivement démoralisé.

MILT BAILEY

Après s'être entraîné quelque temps à Miami, Ali a décidé de partir en bus pour Chicopee Falls dans le Massachussetts. Il a embarqué son entourage au grand complet, ses sparring-partners, Sonji Roi, plus quelques journalistes : Edwin Pope du *Miami Herald*, Mort Sharnik et George Plimpton de *Sports Illustrated*, et Bud Collins du *Boston Globe* avant d'entasser les provisions, les sodas et les barquettes de poulet, tout cela dans un bus dont la moitié des sièges étaient fracassés.

DAVID REMNICK

L'ambiance était celle d'un vieux cirque en tournée avec Muhammad dans le rôle de Monsieur Loyal.

EDWIN POPE

Ali aimait conduire. Quand il prenait le volant, c'était une expérience assez terrifiante pour ses passagers, il se retournait pour leur parler en accélérant à fond.

DAVID REMNICK

J'avoue que... jusqu'à cette balade en bus, je ne comprenais pas très bien Ali, mais là j'ai compris combien sa personnalité était complexe, combien il pouvait être sympa et combien il était marrant... vraiment marrant !

EDWIN POPE

Le bus est définitivement tombé en panne à Fayetteville en Caroline du Nord.

DAVID REMNICK

Sonny ne s'entraînait plus au son de *Night Train* mais sur *Railroad n° 1* de Lionel Hampton, né à... Louisville !

Nick Tosches

Dans le camp de Liston, la détermination avait laissé place à la lassitude et aux dissensions internes. Liston s'engueulait, pour des histoires d'argent, avec Jack Nilon jusque dans le hall de son hôtel. À Lewiston, Sonny était fauché.

David Remnick

L'entraînement se passait mal. Il faisait lourd et humide. La ville était horrible, Sonny était pas bien... il s'était fait avoir de cent cinquante mille dollars à Miami, je sais pas s'il était pas au point de se dire... gagner ou perdre... je m'en balance ! Il était très mal.

Geraldine Liston

Deux Musulmans sont passés voir Sonny. Avant leur passage, Sonny s'était entraîné avec Thad Spencer et Amos Lincoln et tout s'était bien passé. Après leur passage, Sonny était comme un zombie, à tel point que le salaire de ses sparrings a été doublé pour qu'ils lèvent le pied.

Jack McKinney

Pourquoi voulez-vous que Sonny ait eu peur de deux types en nœud papillon ? Il avait la Mafia derrière lui.

Larry Merchant

Quand vous êtes plus le champion, vous êtes seul. Les gens vous parlent plus, ils parlent de vous et ce qu'ils disent, c'est plus ce qu'ils vous disaient avant.

SONNY LISTON

Il buvait du J & B, il faisait la foire toute la nuit. Pour les types qui s'y connaissaient, Sonny vieillissait à vue d'œil. Quand Wendell Newton, un de ses sparring-partners, montait sur le ring en imitant le style d'Ali, il semblait découragé à l'avance, Amos « Big Train » Lincoln, son autre sparring, se laissait malmener volontairement pour lui remonter le moral, mais ça n'y faisait pas grand-chose.

DAVID REMNICK

Des fois, il semble pas mal, d'autres fois, il est vraiment pas terrible !

CUS D'AMATO

Après la hernie d'Ali, Sonny n'a pas pu rester dans la forme qu'il avait à ce moment-là. Quand vous êtes vieux, tout ce que vous pouvez faire dans ce cas, c'est vous surentraîner... résultat ? vous êtes cuit ! Ali a eu de la chance cette fois-là, dix ans plus tard au Zaïre, il a eu la même ! Il n'était pas tout à fait prêt, Foreman se blesse, le combat est reporté, ça suffit pour qu'il arrive en pleine forme le jour J. Quand vous regardez la carrière d'Ali, il y a une chose sur laquelle vous ne pouvez pas faire l'impasse, c'est la chance.

FERDIE PACHECO

La condition physique de Liston s'est beaucoup détériorée entre le premier et le second combat. Au deuxième, il ne ressemblait plus à rien. Il était dans un état désastreux... avant même d'être touché.

BILL CAYTON

La veille du combat, on est passés le voir avec Dick Gregory. Sonny regardait *Zulu* à la télé d'un air absent. Gregory m'a dit : « Il y est pas ! Il va perdre... et vite ! »

ROBERT LIPSYTE

Les autorités du Massachussetts avaient refusé d'organiser le combat retour, par crainte que l'organisateur ne soit lié à une organisation criminelle. Le 21 février 1965, Malcolm X avait été assassiné, la nuit même un incendie s'était déclaré dans l'appartement occupé par Ali et deux jours après le quartier général de la Nation de l'Islam à New York avait été soufflé par une explosion. Sans se soucier du climat de violence qui entourait le combat, les autorités du Maine ont accepté qu'il ait lieu à Lewiston.

THOMAS HAUSER

Lewiston est à trente-cinq miles de Portland. Quarante et un mille habitants, dont une majorité de Canadiens français. Deux hôtels, une boîte de nuit. La salle où devait se dérouler le combat, un stade de hockey pour les scolaires, contenait cinq mille places.

DAVID REMNICK

L'ambiance était affreuse. Malcolm était mort et il courait des rumeurs comme quoi Ali serait tué en représailles, peut-être même sur le ring. Il y avait des porte-flingues de la Nation de l'Islam dans tous les coins.

JERRY IZENBERG

Tous en costume nickel et nœud papillon. On dirait une armée de comptables.

JAMES SALLIS

Autant la présence des Musulmans noirs à Miami avait été discrète, autant elle était pesante à Lewiston. Ils étaient tous bâtis sur le même modèle : grands, costauds, habillés tous pareil : costume et nœud papillon noirs sur chemise blanche ; ils ne buvaient pas, ne souriaient jamais et vous jetaient sans cesse des regards menaçants. La plupart d'entre eux étaient d'ex-taulards, quelques-uns proposaient aux journalistes des interviews exclusives d'Ali contre quelques billets. En les secouant un peu pour qu'ils acceptent.

ROBERT LIPSYTE

Les autorités de Lewiston ont réagi à tout cela en prenant des mesures de sécurité exceptionnelles.

DAVID REMNICK

La police a confisqué jusqu'aux aiguilles à tricoter de ma femme.

MELVIN DURSLAG

Je ne veux pas que Lewiston reste dans l'histoire comme l'endroit où le champion du monde a été assassiné.

JOSEPH FARRAND

Quand Ali s'est installé dans un Holiday Inn près de Lewiston quelques jours avant le combat, une douzaine de policiers en uniforme l'accompagnaient. La direction du *Boston Globe* avait pris une assurance supplémentaire pour ses cinq reporters.

DAVID REMNICK

L'entourage d'Ali occupait seize chambres, des centaines de curieux faisaient le pied de grue pour apercevoir le champion.

JOSHUAH SHEA

Ali avait prévu de monter sur le ring avec une muleta pour l'agiter devant Liston, mais personne n'a pu trouver un carré de chiffon rouge dans cette ville fantôme.

FELIX DENNIS & DON ATYEO

Les organisateurs ont annoncé quatre mille deux cent quatre-vingts spectateurs, honnêtement, devait y en avoir à peine la moitié.

THOMAS HAUSER

Les organisateurs bradaient les tickets, mais personne n'en voulait. C'était un combat pour la presse et pour les caméras, la première fois qu'un championnat du monde était retransmis en Afrique et en URSS. La paranoïa avait encore gagné, des agents de sécurité fouillaient les sacs des spectatrices et les poches des spectateurs.

DAVID REMNICK

Tu trouveras rien, mon chou, j'ai planqué le flingue dans mon porte-jarretelles !

Kate Smith

Le bâtiment était surveillé par deux cents policiers du Maine et des agents de la CIA. Même les policiers de la route avaient été réquisitionnés, les pompiers aussi, même les inspecteurs de la brigade anti-alcoolique étaient armés. Tout le monde était fouillé par les policiers et par les Musulmans noirs.

Jimmy Cannon

L'arbitre était l'ancien champion du monde poids lourd, Jersey Joe Walcott, qui n'avait pas beaucoup d'expérience dans ce rôle. Les chronométreurs officiels étaient Francis McDonough, soixante-trois ans, imprimeur à la retraite, et Russell Carroll, cinquante-cinq ans, instituteur. Il n'y avait pas d'horloge comme il est d'usage, le décompte du temps dépendait des chronos de McDonough et Carroll. L'honneur de chanter l'hymne national était revenu à Robert Goulet, qui avait oublié les paroles dans les vestiaires. Il y eut des sourires dans les rangs de la presse et dans celui des célébrités. Elizabeth Taylor et Frank Sinatra étaient de la partie.

David Remnick

Vous vous rappelez le deuxième combat Ali/Liston dans le Maine ? On était à Detroit, la moitié de l'équipe des Yankees devait se retrouver dans un cinéma où le combat était retransmis. Joe Pepitone était là. On l'a envoyé chercher du pop-corn. Il est revenu avec dix ou douze poches et tout le monde

partait. Joe a jeté le pop-corn en l'air en demandant :
« Putain, qu'est-ce qui s'est passé ? »

MICKEY MANTLE

J'étais le second de l'entraîneur de l'équipe de foot de l'université du Connecticut. J'aurais pas pu payer pour voir le combat, mais la station de télé de Hartford qui organisait sa retransmission m'avait invité dans les studios. J'ai conduit vingt-six miles aller, je suis arrivé juste au moment où le combat commençait. Il y avait plein d'amuse-gueules sur une table, j'ai été m'en envoyer quelques-uns. Quand je suis revenu le combat était fini. J'ai repris ma voiture et je suis rentré. Vingt-six miles retour. J'avais tout raté.

LOU HOLTZ

Chiqué ! Chiqué !

LA FOULE

Ici à la St Dominic's Arena qui résonne aux cris de « bidon ! » et de « chiqué ! », une droite fantôme de la violence d'une tarte à la crème a mis Sonny Liston K.-O. à la première minute de la première reprise.

GENE WARD

Ce soir-là, Ali a donné trois coups : une droite à peine le gong avait retenti, une deuxième trente secondes plus tard.

FELIX DENNIS & DON ATYEO

Liston a accusé le coup, il a cligné des yeux plusieurs fois. J'ai regardé Willi Reddish, il était pas fier, il voyait bien que son boxeur était dans la merde.

CHICKY FERRARA

La troisième droite, personne ne l'a vue.

FELIX DENNIS & DON ATYEO

Tu l'as pas vue venir ?

JOSÉ TORRES

Si... trop tard !

SONNY LISTON

Lorsque Sonny se laissa tomber dans la première reprise, il fit preuve d'encore moins de talent de comédien que dans l'épisode de *Love American Style* où il ferait ultérieurement une apparition.

NICK TOSCHES

Au lieu d'aller dans le coin neutre, Ali est resté près du corps étendu de son adversaire. Jersey Joe Walcott a perdu les pédales, il a tenté de repousser Ali avant de compter Liston. Dix-sept secondes après être allé au tapis, Liston s'est relevé, l'arbitre a essuyé ses gants comme si le combat continuait. Ali est revenu à la charge.

THOMAS HAUSER

C'est fini ! C'est fini !

NAT FLEISCHER

Walcott s'est approché de Fleischer, il l'a écouté, il est revenu vers le centre du ring et il a arrêté le combat.

Thomas Hauser

Plusieurs journalistes ont affirmé que c'était moi qui avais fait arrêter le combat. Pas du tout ! J'ai juste fait le lien entre un Walcott décontenancé et le chargé du compte âgé de soixante-sept ans qui n'arrivait pas à se faire entendre et qui ne pouvait pas grimper sur le ring sans risquer de déboîter sa prothèse de hanche.

Nat Fleischer

Je sais pas ce qui se serait passé si les choses s'étaient déroulées correctement, je sais pas si Sonny se serait levé avant d'être compté 10, il était sonné et je suis pas certain qu'il ait eu envie de se lever et de se battre. Il a toujours eu peur des fous et il était persuadé qu'Ali était fou. En prison, tout le monde lui avait foutu une paix royale parce qu'il faisait peur à tout le monde, mais il m'avait dit qu'à cette époque déjà il avait peur des fous.

José Torres

J'étais touché, mais j'étais lucide. Ali était juste au-dessus de moi, prêt à me frapper si je me levais, l'arbitre le contrôlait pas vraiment. Ali est dingue ! Vous pouvez savoir ce qu'un type normal va faire, mais vous savez pas ce qu'un dingue va faire et Ali est dingue !

Sonny Liston

J'ai poussé Clay parce que j'avais peur qu'il frappe Liston à terre. Il était comme fou, il lui criait de se relever. J'étais là, comme tous les arbitres, pour protéger les boxeurs et Liston était en difficulté, ça se voyait à ses yeux. Que je le compte ou pas n'aurait fait aucune différence... il était dans les vapes !

ARNOLD RAYMOND CREAM
ALIAS JERSEY JOE WALCOTT

S'il faut chercher un responsable, c'est ce con de Clay. Si ce con était allé dans le coin neutre au lieu de tourner autour du ring comme un dingue, tout se serait bien passé.

FRANCIS MCDONOUGH

Aucun événement dans l'histoire américaine, à l'exception de l'assassinat de John F. Kennedy, n'a été enveloppé d'autant de mystère et de rumeurs que les deux combats entre Cassius Clay et Charles « Sonny » Liston.

STEVEN C. LOSCH

Les amateurs de boxe ont regardé le film de ce combat avec la même attention fanatique que les chercheurs ont scruté le film de Zapruder où l'on peut voir l'assassinat de Kennedy. Image par image.

DAVID REMNICK

Le mystère américain s'épaissit.

DON DELILLO

Il n'y a pas eu de « coup invisible », les films passés au ralenti montrent clairement un court crochet du droit. Les journalistes qui affirment le contraire se trompent, un point, c'est tout.

Nat Fleischer

Ça sent l'embrouille !

George Chuvalo

Je tape plus fort sur ma fille et elle tombe pas pour autant.

Terry Downes

Ça a été un désastre de bout en bout, une accumulation d'erreurs grossières, mais le résultat n'aurait pas été différent si ça s'était passé autrement.

Ferdie Pacheco

Sonny pouvait rien faire contre la boxe d'Ali... son style lui convenait pas, c'est tout ! Et puis, Ali frappait plus qu'on le croit... dans les vestiaires, après leur deuxième combat, Sonny m'a demandé les sels. Croyez pas tous ceux qui vous disent qu'Ali frappe pas... il frappe !

Milt Bailey

Si ça avait duré trois ou quatre rounds de plus, ça n'aurait rien changé. Ce soir-là, Sonny n'aurait pas pu attraper Ali, même avec une pagaie !

Jerry Izenberg

La prestation de Lewiston a été si mauvaise que même Ali a dû s'en rendre compte.

Nick Tosches

Tu l'as touché. Il s'est pas couché, tu l'as touché!

RAHAMAN ALI

Une escroquerie!

BUD SCHRAKE

Ce combat a été une escroquerie. C'est la boxe que l'on assassine et Liston, qui a travaillé comme homme de main pour la pègre de Saint Louis, est l'assassin. Qu'il aille au diable!

JIMMY CANNON

Il n'y a pas grand monde pour croire que Liston ait été mis hors d'état de nuire par un coup qui n'aurait même pas abîmé un vase de Sèvres. L'opinion générale est que Liston a pris le chemin le plus court pour toucher son chèque de 480 657 dollars.

FELIX DENNIS & DON ATYEO

Des doutes subsistent autour de ce combat. Même si l'on admet qu'Ali a vraiment touché Liston, il serait stupide de ne pas envisager que Liston ait plongé ou qu'il ait voulu le faire.

DAVID REMNICK

Liston avait prévenu Geraldine qu'il allait plonger, Geraldine lui a conseillé de plonger le plus rapidement possible.

BERNARD GLICKMAN

Il m'a pas dit que le combat était truqué… en tous les cas, j'ai pas vu la couleur de l'argent!

GERALDINE LISTON

J'ai perdu parce que Nat Fleischer a dit que j'avais perdu!

SONNY LISTON

Pourquoi Nat Fleischer?

JERRY IZENBERG

Il compte jusqu'à dix plus vite que Joe Walcott.

SONNY LISTON

Je lui ai demandé s'il avait perdu des amis après ses deux combats contre Clay, il m'a répondu: «Aucun, je les avais dans ma poche!»

JACK OLSEN

John Vitale m'a dit que ça durerait pas un round.

JOHNNY TOCCO

Je crois pas que Liston ait triché, c'était pas son genre, c'était un dur. En revanche, tout le monde le traitait comme de la merde... pas d'ovations, pas de parades, pas de rendez-vous avec le Président. Quand il a gagné son deuxième combat contre Patterson, il a été hué. Contre Ali, personne voulait qu'il gagne, il a fait ce que tout le monde voulait qu'il fasse... perdre.

GEORGE FOREMAN

Ce qui devait arriver est arrivé.

SONNY LISTON

Si Liston a perdu volontairement, on peut avancer différentes hypothèses : il a cédé aux menaces des Musulmans noirs, la Mafia l'a laissé tomber parce qu'il était fini (les plaintes pour agression sexuelle qu'il avait sur le dos à l'époque y étant, sans doute, pour quelque chose), à moins que le règne de la Mafia lui-même ait été fini ou bien qu'il y ait eu un arrangement (mais entre qui et qui ?) comme il en existe parfois : le boxeur qui « perd » touche un pourcentage sur les bourses à venir de son adversaire. La cause de la mort étrange de Liston est peut-être à chercher de ce côté-là, celui du mauvais payeur. Bien sûr, on peut aussi avancer l'hypothèse qu'Ali ait *réellement* gagné.

LLOYD HEFNER

Le bordel avec la boxe aujourd'hui, c'est qu'il y a des types honnêtes qui s'en mêlent !

FRANK « BLINKY » PALERMO

Il est possible que, dans un monde qui n'appartenait plus à Carbo, les menaces des Musulmans noirs aient produit l'effet voulu sur Liston. Depuis longtemps, il nourrissait de l'appréhension à leur égard comme envers tous ceux qui, à ses yeux, n'avaient pas toute leur tête. Si la Nation de l'Islam était impliquée, c'était, selon toute vraisemblance, *via* un marchandage financier. Clay a été le premier boxeur de l'ère post-Carbo, les griffes de la Mafia ne s'étaient jamais refermées sur lui, il était né de la liberté.

NICK TOSCHES

Quelle que soit la vérité, elle sera enterrée avec Sonny six ans plus tard.

JACK CASHILL

En 1966, Liston s'était acheté une maison vert pastel sur Ottawa Drive à Las Vegas. Il conduisait une Cadillac noir et vert, celle de Géraldine était rose. Il jouait au blackjack, quand il ne buvait pas au casino, il buvait chez lui en regardant la télé. Les flics lui foutaient la paix même quand son haleine était parfumée au J & B. Tout naturellement, après avoir arrêté la boxe, Sonny a repris son boulot d'homme de main pour des prêteurs à gages et des trafiquants de drogue.

David Remnick

Le diable me poursuit jour et nuit parce qu'il a peur de rester seul.

Francis Picabia

Le 5 janvier 1971, quand Geraldine est revenue de chez sa mère, elle a trouvé le corps de Sonny. La police a estimé que sa mort remontait à six jours.

David Remnick

Il a été trouvé dans la cuisine un quart d'once d'héroïne dans un sachet de cellophane et un sachet de marijuana dans la poche du pantalon de Charles L. « Sonny » Liston plié sur une chaise dans la chambre à coucher. Il y avait un verre de vodka sur la table de nuit, un revolver calibre .38 dans son étui, un crucifix en bois, un serpent à sonnette empaillé et quelques pièces de monnaie sur la commode. La télévision était allumée.

Le bureau du shérif de Las Vegas

L'autopsie pratiquée n'a pu révéler les causes exactes du décès. Probable anoxie du myocarde due à une insuffisance coronarienne.

Dr Mark Herman

Les analyses révèlent que Sonny Liston a peut-être été victime de la drogue.

Las Vegas Sun

Des traces de morphine et de codéine ont été trouvées dans les tissus corporels, mais pas en quantité suffisante pour causer la mort.

Service de toxicologie
de l'État de Californie

Bien que des traces d'héroïne aient été trouvées dans le corps de l'ancien champion de boxe Sonny Liston, les experts locaux ont déclaré que le poids lourd de trente-huit ans est décédé de causes naturelles.

Las Vegas Sun

Soit il s'est tué, soit c'est arrivé par accident.

Gene Kilroy

Les aiguilles l'effrayaient à tel point qu'il aurait préféré choper une pneumonie plutôt que se faire injecter quoi que ce soit.

Sam Eveland

Sonny avait une peur bleue des seringues. Quand il s'est fait dévitaliser une dent, il a refusé la piqûre de Novocaïne.

JACK MCKINNEY

Il avait aussi peur des seringues qu'une chèvre du couteau du boucher.

LOWELL POWELL

La seule personne qui aurait pu l'entraîner dans cette merde et se shooter avec lui, c'est son pote et son seul héros, Joe Louis. Beaucoup de gens appelèrent les choses par leur nom : un meurtre. Tout simplement.

NICK TOSCHES

La théorie qui prévaut aussi bien pour la police que pour ses amis, c'est qu'il a été tué. Certainement par un détective privé, peut-être commandité par Ash Resnik.

DAVID REMNICK

Il est mort. Il était né comme ça.

DAVEY PEARL

Joe Louis est arrivé en retard à ses obsèques. Il jouait aux dés.

DAVID REMNICK

Sonny aurait compris...

JOE LOUIS

Le cortège a descendu le Strip, les joueurs clignaient des yeux au passage de son cercueil en acier.

DAVID REMNICK

Ils se servaient de lui une dernière fois comme ils s'en étaient toujours servis. Que Dieu lui vienne en aide.

FATHER MURPHY

Des années après la mort de Sonny, un jeune pro prétendit être son fils caché. Boxant sous le nom de Sonny Liston Jr, il fit ses débuts en 1985 au Tropicana d'Atlantic City. Il s'est fait complètement rétamer, c'était le pire boxeur jamais vu sur un ring.

NICK TOSCHES

Lewiston a laissé un goût amer à beaucoup. À la suite du combat, la boxe a été interdite dans plusieurs États, dont celui de New York. L'administration californienne a demandé à l'attorney général une enquête sur l'escroquerie manifeste dont avaient été victimes les téléspectateurs, un promoteur s'était excusé pour le « spectacle honteux » qu'il avait offert, et avait fait don de sa recette à un club de jeunes, Jack Dempsey et Gene Tunney avaient déclaré que le combat était un coup mortel porté à la boxe.

FELIX DENNIS & DON ATYEO

Une fois de plus la victoire d'Ali n'avait pas fait l'unanimité auprès du public, loin de là! et une fois de plus un championnat du monde des poids lourds s'était terminé dans le désordre et la confusion. Ses détracteurs continuaient à critiquer sa conduite, que ce soit sur le ring ou en dehors du ring. Les médias continuaient à l'appeler « Cassius Clay ».

THOMAS HAUSER

À cette époque, la plupart des journalistes qui s'occupaient de boxe étaient plutôt âgés, ils ont toujours refusé de reconnaître la valeur d'Ali. Ils n'arrêtaient pas de le comparer aux anciens champions. Joe Louis lui aurait fait ci ! Jack Dempsey lui aurait fait ça ! Je sais bien que quand vous devenez vieux vous avez tendance à penser que rien de ce qui est nouveau n'est intéressant... que c'était mieux avant, mais le plus grave, en l'occurrence, c'est que la plupart des journalistes n'ont rien compris à l'importance d'Ali en dehors du ring.

ROBERT LIPSYTE

Muhammad Ali est une figure qui transcende le sport. Il est important pour l'histoire de ce pays parce que sa vie entière est un index pointé sur la bigoterie de cette nation et de son peuple. Une chose encore... Ali m'a impressionné par beaucoup de côtés, mais j'ai été impressionné par l'un d'entre eux plus encore que par les autres : il n'a jamais écouté ces journalistes sportifs, Red Smith, Jimmy Cannon, Dick Young... Ils ont été horribles avec lui, s'il avait écouté leurs critiques il aurait été fini avant d'avoir commencé, mais il a fait ce qu'il a voulu.

HOWARD COSELL

Les chroniqueurs de l'époque, Jimmy Cannon, Red Smith, Dick Young, le considéraient comme une étoile filante, une curiosité plus qu'une menace. Ce qui leur déplaisait n'était pas tant le style du jeune Clay entre les cordes que son comportement scandaleusement narcissique en dehors du ring.

BUDD SCHULBERG

Pour gagner les faveurs de la presse blanche, John Roxborough, le manager de Joe Louis, avait communiqué aux journalistes les commandements faits à son boxeur.

* Joe ne doit jamais être pris en photo avec une femme blanche.
* Joe ne doit jamais rentrer seul dans une boîte de nuit.
* Joe ne doit pas disputer de combats faciles.
* Joe ne doit participer à aucun combat arrangé.
* Joe ne doit jamais se réjouir d'avoir mis un adversaire hors de combat ni parler négativement d'aucun d'entre eux, que ce soit avant ou après leur rencontre.
* Joe doit montrer un visage impassible devant les photographes.
* Joe doit vivre et se battre correctement.

RICHARD BAK

Pour Jimmy Cannon, Clay était, pardonnez-moi l'expression, un bêcheur et il n'a jamais pu supporter ça. Il aimait les Noirs des années 30 et des années 40... ceux qui restaient à leur place. Joe Louis l'a longtemps appelé « monsieur Cannon » et voilà que Cassius Clay se pointe avec sa grande gueule arrogante, c'était un choc pour les journalistes comme Cannon.

ROBERT LIPSYTE

Jimmy Cannon avait surnommé ses jeunes collègues les « Chipmunks » parce qu'ils n'arrêtaient pas de blaguer entre eux en conférence de presse. Il haïssait leur impudence, leur insolence, leur façon de ne pas jouer le jeu.

David Remnick

Ils pensent qu'ils sont bons si leurs questions ressemblent à une insulte. Ils prennent ça pour du courage.

Jimmy Cannon

Les « Chipmunks » savaient qu'ils étaient en compétition entre eux, mais ils savaient aussi qu'ils étaient en compétition avec la télévision. Ils n'étaient pas autodidactes comme Cannon, ils avaient été à l'université, ils avaient lu Freud, ils s'intéressaient à la psychologie des athlètes. Ils étaient la « nouvelle vague » et le style de Cannon qui avait tellement plu commençait à sembler vieillot aux lecteurs. Il ne fallait pas compter sur lui pour apprendre que Joe Louis était drogué à mort, qu'il était moitié cinglé au point de boucher les conduits d'aération et d'enduire les fenêtres de mayonnaise pour que les agents du fisc et ceux de la CIA ne le repèrent pas. On vivait une époque de transition, Clay a obligé tout le monde à prendre parti. Pour ou contre. Clay bousculait l'ordre établi à deux niveaux. En jouant le fanfaron et la grande gueule, il déshonorait le « noble art » tel que l'entendaient les gens comme Cannon. Peu leur importait que Rocky Marciano soit habillé comme un clochard ou que Joe Louis soit cinglé, ils disaient que Clay manquait de dignité. Ali était un mélange de Little Richard et de Gorgeous George, il n'était pas le genre de pantin stupide auquel ils étaient habitués. Il n'avait pas besoin d'eux, c'était lui qui distribuait les cartes. Jimmy Cannon, Red Smith et les autres étaient consternés. Ils ne voyaient pas en quoi il pouvait être amusant alors que c'était ce qu'il était. Essentiellement.

DAVID REMNICK

L'opposition la plus féroce venait de l'ancien champion du monde Joe Louis, alors que James Braddock, par exemple, lui était plutôt favorable.

THOMAS HAUSER

Je crois que Clay est un bon boxeur, je crois qu'il est bien meilleur que nous l'avons cru.

JAMES BRADDOCK

Il ne pouvait pas être aussi mauvais que la rumeur le prétendait.

GORDON PARKS

Mon père aimait pas le côté fanfaron d'Ali. C'était pas son style. Et puis Muhammad l'a traité d'Oncle Tom... Mon père s'était porté volontaire pendant la Seconde Guerre mondiale, il était patriote et quand Muhammad a choisi de refuser d'être incorporé, il a pas compris.

JOE LOUIS JR

Prétention ? Un million de dollars ! Courage ? dix cents !

JOE LOUIS

La publicité entourant la situation militaire de Cassius Clay me dégoûte. Il apparaît clairement que Clay et ses *propriétaires* vont essayer d'éviter la conscription avec l'appui de votre organisation et peut-être même celle du président des États-Unis.

Robert M. Summitt

Clay frappe pas et je crois pas qu'il encaisse non plus. Il a de la chance qu'il y ait plus de bons boxeurs. Je l'aurais corrigé. Il sait rien du combat dans les cordes. C'est là que je l'aurais boxé… au corps, là où ça fait mal. Il aurait fini par la fermer, les larmes lui seraient montées aux yeux.

Joe Louis

Clay a pas beaucoup d'expérience, il sait pas boxer au corps, il frappe pas, je suis sûr que je frappe davantage.

Floyd Patterson

Aussitôt que le tumulte autour de sa conversion à l'islam, sa réforme et le match revanche « truqué » contre Liston s'est un peu calmé, Ali s'est retourné vers ses détracteurs, il a choisi comme cible Floyd Patterson.

Felix Dennis & Don Atyeo

Bien qu'âgé de seulement sept ans de plus qu'Ali, Patterson appartenait à une autre génération, plus docile, plus respectueuse. Patterson avait de quoi être reconnaissant envers la société, il était devenu champion du monde après avoir été un enfant perdu et un délinquant. Ses dix premières années rivalisaient avec celles de Liston en termes de solitude et de désespoir. À huit ans déjà, il séchait l'école et se réfugiait dans les tunnels du métro pour ne voir personne.

JACK CASHILL

Je me rappelle pas m'être amusé ou même avoir ri avant d'être envoyé en maison de correction.

FLOYD PATTERSON

Son séjour à la Wiltwyck School le transformera du tout au tout. Un bon mariage, sa conversion au catholicisme, son manager, Cus D'Amato, feront le reste. Très tôt, Patterson s'engagera aux côtés de Martin Luther King et soutiendra la cause des droits civiques.

JACK CASHILL

Patterson représentait le pire aux yeux de Clay. Floyd était chrétien, modéré, intégrationniste, il était le symbole des sit-in et des mariages interraciaux. Ali s'était moqué de lui en lui apportant une botte de carottes lorsqu'il avait été obligé de vendre la maison qu'il avait achetée dans un quartier blanc tellement ses voisins lui avaient rendu la vie impossible. Ali l'avait surnommé « Le Lapin » et le traitait régulièrement d'Oncle Tom ou de « Grand Espoir blanc ».

DAVID REMNICK

Floyd Patterson avait été marié à une femme blanche. Comme le faisait observer l'historien Jeffrey Sammons : « L'ironie de l'histoire, c'est qu'à l'époque de Jack Johnson, Ali aurait été le bon et Patterson le méchant. »

Howard L. Bingham & Max Wallace

Son patriotisme, l'exploit qu'il avait réalisé en récupérant son titre contre un « étranger » avaient fait de Floyd un héros national et ses deux défaites désastreuses contre Liston le « gangster » n'avaient pas entamé son image.

Felix Dennis & Don Atyeo

C'est un libéral pour libéraux. Le premier boxeur noir à avoir été considéré puis utilisé comme une force politique. Devenu la coqueluche d'Eleanor Roosevelt, il fricotait avec la gauche caviar et représentait un atout immense pour le NAACP.

Norman Mailer

La réticence névrotique et sado-anale de Floyd Patterson à monter sur le ring avec qui que ce soit muni de deux bras et de deux jambes aboutit à créer le vide dont avait fini par éclore Sonny Liston, l'ancien taulard vieillissant qui, par deux fois, réduisit le pauvre Floyd en compote, juste en montant sur le ring.

Hunter S. Thompson

Patterson était le chouchou de l'*establishment* sportif. Modeste, n'élevant jamais la voix, l'exemple même du « bon nègre ». Après ses deux défaites contre Liston, il avait gagné cinq combats à la suite contre Santos Amonti, Eddie Machen, Charlie Powell, George Chuvalo et Tod Herring.

Thomas Hauser

Je suis noir et je suis fier de l'être, mais je suis américain avant tout. Je suis pas stupide au point d'ignorer que les Noirs ne jouissent pas encore de tous les droits et de tous les privilèges des autres Américains, mais je sais que nous les obtiendrons un jour. Clay a fait une erreur en rejoignant les Musulmans noirs… c'est comme s'il avait rejoint le Ku Klux Klan… Battre Ali sera ma contribution à la lutte pour les droits civiques.

FLOYD PATTERSON

Ce qui était remarquable chez Patterson, c'était sa sincérité, la profondeur de son engagement et son ampleur. Il pensait qu'il avait pour mission de battre Ali, non seulement pour prouver à un public dubitatif qu'il était un meilleur boxeur que lui, mais pour prouver la supériorité de sa religion et de la rhétorique libérale.

DAVID REMNICK

J'ai le droit de dire que les Musulmans noirs sont une menace envers les États-Unis et envers les Noirs de ce pays. J'ai le droit de dire que les Musulmans noirs puent. Je n'ai que du mépris pour les Musulmans noirs et ce qu'ils représentent. Cassius Clay doit être battu et les Musulmans noirs doivent être exclus du monde de la boxe. Je vais rendre le titre aux États-Unis.

FLOYD PATTERSON

Patterson était entouré de tout un groupe de partisans des droits civiques, de libéraux blancs et de vedettes, Frank Sinatra lui avait dépêché son médecin personnel. Tous auraient voulu que Patterson fasse taire Ali une bonne fois pour toutes.

HOWARD L. BINGHAM & MAX WALLACE

> **22 novembre 1965**
> **Convention Center**
> **Las Vegas (Nevada)**
> **Floyd Patterson**
> **Victoire, K.-O. tech, 12ᵉ round**

Ali a préparé son combat à l'hôtel El Morocco. Il était tellement désireux de corriger Le Lapin qu'il s'est entraîné plus qu'il n'était nécessaire. L'un de ses sparring-partners, Cody Jones, imitait le style de Patterson (le « peekaboo » et le « coup du kangourou », une espèce de crochet gauche délivré avec tant de détermination qu'il arrivait parfois que Patterson passe au travers des cordes pour atterrir sur la table des juges), quelquefois Ali imitait Cody Jones imitant Patterson, ensuite, il laissait son frère le travailler au corps plus que Patterson ne réussirait jamais à le faire. Ali était extrêmement confiant sur l'issue du combat : il était plus jeune que Patterson, plus grand que Patterson, plus fort que Patterson, sans compter l'énorme avantage que lui procurait son allonge. Dans tous les domaines où Patterson était plutôt bon : sa vitesse de bras, son jeu de jambes, Ali était encore meilleur.

DAVID REMNICK

Patterson est un mi-lourd naturel... et encore ! Si on lui imposait un régime sérieux, il descendrait vite en poids moyen.

DAN FLORIO

Ali avait installé à ses frais des Musulmans noirs un peu partout dans l'hôtel. Il n'y avait que les Noirs qui pouvaient entrer dans sa suite, il réglait toutes les notes, il distribuait les billets pour le combat à tous ceux qui lui en demandaient et même à ceux qui ne demandaient rien. Il avait invité deux « Égyptiennes » qui ont acheté des sacs à main à deux cents dollars et les ont collés sur la note d'Ali... elles se faisaient coiffer gratis tous les jours. Des gonzesses très pieuses, vous pouvez croire ma femme. La façon dont Ali claquait son fric était hallucinante.

Jack Olsen

Le matin du combat, je suis passé voir Frank Sinatra au Sands, j'étais accompagné par un ami à lui, Al Silvani... Sinatra avait beaucoup insisté pour qu'il s'occupe de moi à l'entraînement et j'avais fini par accepter. Ce matin-là, Sinatra était très amical, très encourageant, il m'a répété que je pouvais gagner et que beaucoup de gens espéraient que je ramène le titre.

Floyd Patterson

La colère révolutionnaire qui a ravagé Watts n'a aucun sens si elle ne fait pas avancer les choses, la révolution noire porte une haine mortelle à Patterson et aux guignols dans son genre !

Elridge Cleaver

Comme d'habitude, tout le long de l'après-midi qui précède le combat, les prophètes d'avant-match se pressent dans le hall du Sands et des autres hôtels du Strip de Las Vegas. On retrouve là les parieurs, les anciens champions, la bande des habitués de la

8ᵉ Avenue, les chroniqueurs sportifs qui passent leur temps à critiquer ce genre de combat de gala, mais ne voudraient pour rien au monde en manquer un, les romanciers qui paraissent toujours s'identifier à l'un ou l'autre des deux champions, les prostituées locales et quelques talentueuses consœurs de Los Angeles venues en renfort.

Gay Talese

La nuit du combat, il a plu à torrent dans le désert. Huit mille personnes avaient laissé un quart de million de dollars dans les caisses du Convention Center. Ali avait voulu que ce soit un chanteur noir qui chante l'hymne national, ce sera Eddie Fischer. Patterson portait un superbe peignoir en velours rouge, Ali le genre de sortie de bain que portent les retraités de Miami Beach.

David Remnick

Le combat avait lieu le 22 novembre 1965, deuxième anniversaire de l'assassinat de John F. Kennedy. En réalité, il n'y a pas eu de combat.

Thomas Hauser

Le premier round, j'ai bien boxé.

Floyd Patterson

Avec le temps, il a dû oublier. C'est vrai que les juges lui ont accordé le premier round... davantage pour ce qu'Ali n'avait pas fait que pour ce que Floyd avait fait.

Felix Dennis & Don Atyeo

Le combat sera pénible à regarder. Le premier round sera le pire de tous. Ali ne donnera pas un seul coup pendant trois minutes. Son intention évidente était d'humilier Patterson, de le démoraliser complètement. Ali dansait tout autour du ring comme un poids léger, il feintait, il esquivait, il faisait rouler ses épaules, il rebondissait dans les cordes comme une puce d'eau en insultant son challenger qui n'a pas pu le toucher une seule fois.

DAVID REMNICK

À la seconde reprise, Ali a commencé à boxer. Son direct du gauche frappait le visage de Patterson comme s'il avait été un punching-ball. Ali dansait et frappait, frappait et dansait. L'écart énorme entre les deux boxeurs devenait insupportable à regarder. Ali atteignait sa cible comme il le voulait, quand il le voulait, il hochait la tête d'un air dépité lorsque l'un de ses coups se révélait trop court. Complètement surclassé, Floyd n'avait que son courage à lui opposer, c'était à peine suffisant pour lui permettre de rester debout.

FELIX DENNIS & DON ATYEO

Ali a joué avec son adversaire pendant toute la durée de la rencontre. Il aurait pu mettre fin au combat à n'importe quel moment mais, chaque fois que Patterson était touché, Ali le laissait récupérer pour prolonger la torture.

THOMAS HAUSER

Au troisième round, Patterson s'est déchiré un muscle au niveau des lombaires. Pendant cette reprise, Ali réussira dix-neuf directs du gauche à la suite avant de reculer pour laisser son adversaire récupérer. À la fin du round, il réussira une série de quatre autres jabs sans que Patterson en réussisse un seul.

Felix Dennis & Don Atyeo

J'ai supplié Floyd de dire à l'arbitre qu'il pouvait plus continuer, il m'a répondu qu'il préférait mourir que de lui demander d'arrêter.

Michael Blatt

Je pouvais même pas me tenir droit, j'ai jamais eu si mal de ma vie. Les derniers rounds, j'avais plus qu'un seul espoir, que Clay m'achève… être mis K.-O. une fois pour toutes ! C'est pas agréable à admettre, mais c'est la vérité.

Floyd Patterson

Finis-le ! Pour l'amour du ciel, finis-le !

Angelo Dundee

Crève ce con ! Cogne ce rat ! Tue cet Oncle Tom !

Rahaman Ali

Au sixième, Patterson était si fatigué qu'il a mis un genou à terre, mais il s'est relevé.

David Remnick

Le combat n'en était pas un. Au lieu d'envoyer au tapis une fois pour toutes un Patterson surclassé, Ali a joué avec lui, reculant lorsqu'il aurait pu en finir, pour prolonger son agonie.

HOWARD L. BINGHAM & MAX WALLACE

Je lui ai demandé : « D'homme à homme, Floyd, ça va ? Tu veux vraiment continuer ? » Il m'a répondu : « Oui, s'il vous plaît. » Ça me faisait mal de le voir dans cet état. Il titubait, ses coups avaient pas plus de force que ceux d'une vieille femme.

HARRY KRAUSE

Au dixième et au onzième, Clay m'a pas touché durement, juste des directs du gauche, mais au douzième, il s'est déchaîné, et une chose étrange est arrivée… je me suis senti bien. Je savais que la fin était proche, cette douleur comme un coup de poignard dans le dos allait cesser, j'allais être mis K.-O. C'est à ce moment-là que l'arbitre a arrêté le combat. Je lui ai fait « Non » avec ma tête, je voulais pas que ça se finisse comme ça, je voulais être mis K.-O.

FLOYD PATTERSON

Le public n'avait pas vraiment apprécié le combat, les huées ont redoublé quand Ali est passé sous les cordes et qu'il est descendu du ring.

DAVID REMNICK

Tout a changé après le combat contre Patterson, le môme n'a plus jamais été le même… trop de pression ! L'insouciance, c'était terminé !

ANGELO DUNDEE

J'ai jamais boxé quelqu'un qui se déplace aussi bien que lui. Il bougeait à merveille... sans jamais être fatigué, c'était extraordinaire ! Il arrêtait jamais, c'est difficile d'atteindre une cible qui bouge et il bougeait tout le temps. Sa force, c'était ses jambes. Il a toujours eu peur de prendre des coups... c'est pas stupide ! Ses jambes l'ont préservé de ça jusqu'à ce qu'il devienne vieux.

Floyd Patterson

Aucun champion du monde ne s'est autant excusé que Patterson. Lorsqu'il est allé présenter ses excuses à Frank Sinatra pour sa piètre performance, le chanteur lui a tourné le dos.

David Remnick

Après ma défaite, Sinatra a changé d'attitude. Quand j'ai voulu lui parler, il s'est levé de son fauteuil et il est allé s'asseoir à l'autre bout de la pièce. J'ai compris. Je suis parti.

Floyd Patterson

Une demi-heure plus tard, tout le monde a déjà oublié le match. Les gens se pressent de nouveau autour des tables de jeu ou bien font la queue afin d'acheter des places pour le spectacle au cours duquel, comme d'habitude, se produira sur la scène du Sands la fine équipe Dean Martin, Frank Sinatra, James Bishop.

Gay Talese

Si la baie des Cochons a été un direct du droit à la mâchoire de l'Amérique blanche, le combat de Las Vegas a été un parfait crochet du gauche au plexus.

Elridge Cleaver

Ali est parti fêter sa victoire au Sands avec une vingtaine de membres de la Nation de l'Islam et trois « Pakistanaises ». Sa main droite était si enflée qu'il remerciait de la main gauche. Seule dans un coin, Sonji le regardait en pleurant. Bundini la consolait.

DAVID REMNICK

Elle l'aime et il l'aime. C'est une honte que les Musulmans les séparent. Elle espère encore qu'il va changer d'avis et revenir. S'il le faisait, elle serait la femme la plus heureuse de la terre. Je le connais mieux que n'importe qui... il serait heureux aussi !

BUNDINI BROWN

La femme de Harold Conrad a fait des compliments à Sonji sur la petite robe rouge moulante qu'elle portait ce soir-là. Sonji a fait un petit tour sur elle-même pour la lui montrer, Ali lui a jeté un coup d'œil. Pas longtemps. Pendant le repas, Ali était à la table des Musulmans avec les « Pakistanaises », Sonji à celle des parents de Cassius. Quand Ali est parti se coucher, elle est allée écouter Dean Martin avec Bundini.

DAVID REMNICK

Il a chanté *Agita*. C'était parfait.

BUNDINI BROWN

Tutto passa e tutto va
Ali s'est conduit avec Patterson comme les petits garçons qui arrachent les ailes des mouches par plaisir.

ROBERT LIPSYTE

Un spectacle répugnant.

Life Magazine

J'aurais eu honte de faire ça. C'était du spectacle ! Il aurait pu mettre Patterson K.-O. quand il voulait. Clay s'est montré cruel pour rien.

Joe Louis

Nous vivons une époque étrange et Ali est un homme étrange. Qui le connaît vraiment ? On l'admire sur le ring pour le critiquer ensuite et, malgré ses mauvaises manières, il ne nous méprise pas davantage que le monde dont il est le champion.

Gil Rogin

Il est intouchable. Il est tellement bon qu'il vous fait boxer à sa place.

Rocky Marciano

Il n'a encore jamais perdu un combat et on commence à penser qu'il n'en perdra jamais aucun.

Robert Lipsyte

Son divorce prononcé le 7 janvier, Ali sera condamné à verser à son ex-femme la somme totale de cent soixante-douze mille dollars.

Felix Dennis & Don Atyeo

Je suis la seule à l'avoir battu.

Sonji Roi

Donnez-moi encore cinquante mille hommes et le tour sera joué.

Général William Westmoreland

En juillet 1965, le président Johnson avait envoyé cinquante mille soldats supplémentaires au Vietnam et il a annoncé que le nombre d'appelés serait porté à dix-sept mille cinq cents par mois. En novembre de la même année, le Pentagone baissera le niveau des aptitudes intellectuelles exigé pour la mobilisation de trente à quinze. Dans ces conditions, Ali, qui deux ans plus tôt avait obtenu seize aux épreuves, était de nouveau mobilisable.

Howard L. Bingham & Max Wallace

Les privilégiés, ceux qui avaient des relations, échappaient à la conscription. Il y avait des combines, les sursis pour études, le volontariat dans la Garde nationale. Clinton ne partait pas ! Bush ne partait pas ! Dan Quayle ne partait pas ! En revanche, ceux qui connaissaient personne, les Noirs, les Chicanos, les pauvres Blancs, partaient au feu. Tous les ans, dix mille d'entre eux revenaient au pays dans des sacs à viande.

Budd Schulberg

Le gouvernement veut faire un exemple avec Muhammad Ali, ils ont même changé les règles pour l'avoir. Muhammad Ali est harcelé pour que les soi-disant nègres continuent à ignorer qu'en Amérique l'islam est un refuge pour les soi-disant nègres.

Elijah Muhammad

Jusqu'à ce qu'il gagne son combat contre Sonny Liston, Clay était considéré comme un garçon charmant, un clown inoffensif. Après qu'il a été sacré champion du monde à Miami et qu'il a annoncé qu'il prenait le nom de Cassius X et qu'il était converti à l'islam, le joyeux outsider s'est transformé, du jour au lendemain, en une sombre menace envers la sécurité de l'État et ses va-et-vient devant les autorités militaires comme une insulte au drapeau. Deux ans après avoir été classifié 1-Y, le 17 février 1966, il était reclassifié 1-A.

IRVIN SHAMROFF ALIAS IRWIN SHAW

Je pense sincèrement que la requalification de Clay a quelque chose à voir avec son engagement religieux. Il a trop parlé.

LEE RAINEY

Le 14 février 1966, Edward Jacko, l'avocat d'Ali, arguant des difficultés financières éprouvées par la famille de son client si ce dernier ne pouvait plus boxer, a demandé un report au bureau d'incorporation de Louisville. Le bureau devait communiquer sa décision trois jours plus tard.

HOWARD L. BINGHAM & MAX WALLACE

Vous l'avez traité d'imbécile et maintenant vous l'appelez sous les drapeaux. Vous lui dites que, s'il ne part pas au Vietnam, il ne pourra plus boxer ni gagner sa vie. C'est une horreur !

ELIJAH MUHAMMAD

On était tous les deux sur la pelouse de sa maison, assis dans des fauteuils en plastique, on regardait les filles passer quand il a appris qu'il était appelé sous les drapeaux. Franchement, cet après-midi-là je n'ai rien ressenti de religieux ou de politique dans ses réactions, j'ai juste vu un jeune homme de vingt-quatre ans dont le monde s'effondrait et qui ne comprenait pas pourquoi.

Robert Lipsyte

Ali n'aurait pas pu trouver un plus mauvais moment pour déclarer qu'il n'avait rien contre le Vietcong. En 1964, cent quarante-sept « conseillers » américains avaient été tués ; un an plus tard, ils étaient quatorze cents ; en 1966, il y avait quatre cent mille soldats américains stationnés au Vietnam et cinq mille d'entre eux mourraient au combat. Ali, aux yeux de l'opinion, devenait le valet de Hanoi.

Felix Dennis & Don Atyeo

En pleurnichant à l'idée d'être mobilisé, Cassius donne un spectacle aussi désolant que tous ces minables crasseux qui manifestent contre la guerre.

Red Smith

Cassius est un bon boxeur, mais humainement il n'arrive pas à la cheville de tous ces garçons qui rampent dans les rizières d'un pays où les noms sont plus bizarres encore que celui de Muhammad Ali.

Milton Gross

Avec cette seule phrase sur le Vietcong, Ali est devenu le saint patron du mouvement pacifiste. Jusque-là aucun des protestataires ne pouvait vraiment expliquer pourquoi il était contre la guerre, Ali leur a fourni l'explication.

Jerry Izenberg

Les types qui s'opposaient à la guerre du Vietnam étaient des tantouzes ramollos ou des dégonflés avec rien dans le slip.

Dan Fante

Pour les activistes, l'appui d'Ali renforçait leur conviction que refuser de se battre était plus viril que le faire et contrebalançait l'image « chochotte » de la nouvelle gauche.

Kasia Boddy

Leur foie fatigué leur donnait un teint hâve et pâle, ils se laissaient pousser la barbe comme de mauvaises herbes. Et pourtant ils avaient découvert une vision du Bien qui n'était pas contestable. Pour eux, l'Univers n'était pas absurde, ils regardaient la société avec des yeux d'enfants ou de moines… c'était la société qui était absurde ! Tous les empereurs étaient nus et ils offraient des fleurs aux flics.

Norman Mailer

Les raisons qu'Ali a données pour refuser d'aller à l'armée n'ont jamais été très convaincantes. Il n'avait pas une seule idée dans le crâne, sa sincérité simplette l'a protégé comme un gri-gri.

Gerard Early

Il ne s'est jamais tenu au courant de l'actualité comme les milliers de jeunes opposants blancs mais, même s'il n'avait pas une intelligence très sophistiquée, il a compris que c'était une guerre injuste et insensée.

JEREMIAH SHABAZZ

La rumeur s'est transformée en vacarme, les trompettes ont résonné, les tambours ont roulé, les commentateurs télé, les grenouilles de bénitier, les bookmakers et les prêtres, les stratèges en chambre du Pentagone et les braves types pataugeant dans les rizières ont entonné crescendo : « Cassius au poteau ! »

JACK OLSEN

Quand il a dit ça, je me suis rendu compte que moi non plus, pendant la guerre, je n'avais rien contre les Nord-Coréens. Je me suis dit qu'il avait raison et, même si je suis un ancien combattant décoré, je l'ai tout de suite soutenu.

LLOYD WELLS

Ali s'est retrouvé complètement isolé. À l'époque aucun média d'importance n'était contre la guerre, les grandes manifestations étudiantes n'avaient pas encore commencé. Au Congrès, deux sénateurs seulement s'étaient prononcés contre l'engagement du pays en Asie du Sud-Est.

HOWARD L. BINGHAM & MAX WALLACE

J'étais aux anges. Tout d'un coup je ne me sentais plus seul. Il y avait un homme public d'envergure nationale qui disait quelque chose qui devait être dit mais que tout le monde avait peur de dire de crainte de passer pour un traître.

JULIAN BOND

Pourquoi des Noirs feraient la guerre à des Jaunes pour que des Blancs gardent un pays qu'ils ont volé aux Rouges ? Aucun Vietnamien ne m'a jamais traité de nègre ! Nous n'irons pas au Vietnam !

STOKELY CARMICHAEL ALIAS KWAME TURE

À cause de ses positions à propos du Vietnam, Ali est devenu le « grand espoir blanc » du mouvement pacifiste.

KASIA BODDY

L'intérêt des Noirs, c'est un Vietnam libre et indépendant qui ne soit pas le jouet de la suprématie blanche. Quand les nations d'Asie, d'Amérique latine, d'Afrique seront libres et indépendantes, alors le Noir américain sera libre, digne et respecté.

ELRIDGE CLEAVER

Le Vietnam est la pire chose qui pouvait arriver au Vietnam, mais la meilleure chose qui pouvait arriver à l'Amérique.

ROMAIN GARY

La guerre au Vietnam est un événement d'importance historique, polarisant la puissance et l'inquiétude de nombreuses nations. Mais c'est aussi cet instant vidé de tout ce qui n'est pas angoisse et stupeur, lorsqu'une mère et son enfant voient le feu tomber des engins incroyables envoyés par un pays qu'ils se représentent à peine.

ROBERT FRANCIS KENNEDY

Au début, j'ai été frappé par l'égotisme de ses réactions, il ramenait tout à lui, mais ensuite il a commencé à comprendre ce que tout cela voulait dire et je pense qu'il était sincère.

ROBERT LIPSYTE

C'est à partir de ce moment-là qu'Ali n'a pas seulement reflété l'époque, mais qu'il l'a changée.

BUDD SCHULBERG

Ç'a été le moment-clé de son existence. Il sera aimé ou bien haï, le restant de sa vie, pour ce qui peut ressembler à une déclaration de principe alors que ce n'était qu'une réflexion improvisée. Il aurait bien été incapable de localiser le Vietnam sur une carte, il ne connaissait rien à la politique, mais il a réagi comme sur le ring... vite et bien.

ROBERT LIPSYTE

Je crois que son opposition à la guerre n'était pas une opposition de principe. Je pense que, quand l'armée n'a pas voulu de lui après qu'il a échoué aux tests d'intelligence, il a été vexé et que, quand il a été repêché, il s'est dit que c'était à son tour de ne pas vouloir de l'armée.

PAT PUTNAM

Le 17 mars 66, l'avocat d'Ali avait fait appel de la requalification du champion en ajoutant une pièce au dossier : Ali était objecteur de conscience pour des raisons religieuses. Sa demande sera rejetée.

JACK CASHILL

Vous avez déshonoré votre titre et le drapeau américain. Vous devriez vous excuser pour vos remarques antipatriotiques, vous serez, sinon, banni du ring.

GENE TUNNEY

Le morveux qui nous a bassinés avec ses extraordinaires dons pour le combat mais qui se défile comme un rat quand il est mobilisé doit être déchu de son titre. Au diable le cliché qui veut qu'un titre se gagne et se perde sur le ring, et seulement sur le ring !

MURRAY ROBINSON

Cela faisait un an que les journalistes sportifs pressaient Ali de rencontrer Ernie Terrell, champion du monde aux yeux de la WBA. Le contrat sera signé en février. Initialement, le combat devait avoir lieu à New York, il sera successivement programmé à Chicago, à Louisville, à Pittsburgh, à Bangor dans le Maine, à Huron dans le Dakota du Sud, avant de trouver finalement refuge au Canada, où il sera aussi mal reçu que de l'autre côté de la frontière jusqu'à ce que la ville de Toronto accepte de l'organiser. Ce sera le moment qu'Ernie Terrell choisira pour déclarer forfait. Il sera remplacé par George Chuvalo.

FELIX DENNIS & DON ATYEO

Chuvalo était dans le bureau de son manager quand le promoteur a appelé, il suivait leur conversation à l'écouteur. « Faut que j'appelle ma femme, j'sais pas ce que je fais le 29 ! », il a dit.

STEPHEN BRUNT

> 29 mars 1966
> Maple Leaf Gardens
> Toronto (Canada)
> George Chuvalo
> Victoire aux points, 15 rounds

Ce combat ne doit pas être encouragé… par personne ! Pas un seul centime ne doit tomber dans les coffres d'Ali, des Musulmans noirs ou du promoteur de ce combat. Le boycott est le seul moyen de répondre à l'attitude méprisante d'Ali envers le public et sa patrie.

ARTHUR DALEY

Je pense que tout Américain qui paie pour le voir boxer après ce qu'il a dit devrait avoir honte. Personne ne doit regarder la retransmission de ses combats.

BILLY CONN

Le champion du monde me rend malade. Je ne suis pas un patriote fanatique, mais je pense que tout homme, s'il est vraiment un homme, doit servir son pays quand son pays a besoin de lui. Je conseille à tous nos concitoyens de boycotter ses combats. La politique de la chaise vide est la meilleure réponse que nous puissions lui opposer.

FRANK CLARCK

Aujourd'hui, c'est une idole, aujourd'hui, tout le monde l'adore, mais à l'époque il n'était pas aimé du tout, les gens le haïssaient. J'me suis dit qu'il était drôlement gonflé de faire ce qu'il faisait.

GEORGE CHUVALO

Les parents de Chuvalo avaient émigré de Bosnie-Herzégovine. Son père avait tellement peur de perdre son emploi qu'il passait ses deux semaines de congé à surveiller le type qui le remplaçait. Sa mère travaillait dans un élevage de poulets.

STEPHEN BRUNT

Chuvalo n'avait pas un palmarès extraordinaire, il avait perdu devant Patterson en 65, il avait perdu son dernier combat contre Ernie Terrell, mais il pouvait se vanter d'une chose : il n'avait jamais été mis K.-O.

FELIX DENNIS & DON ATYEO

C'est dingue, mais j'me suis toujours dit que j'étais indestructible… j'me suis toujours dit qu'il m'arriverait jamais rien !

GEORGE CHUVALO

Si les combats avaient lieu en cent rounds, George Chuvalo serait champion du monde.

ROCKY MARCIANO

Le plus dur pour moi, ce sont les dix premiers rounds, après c'est bon !

GEORGE CHUVALO

Clay se déplaçait avec une suite comme on en avait jamais vu depuis que le roi Saoud avait débarqué au Waldorf Astoria : quatre sparring-partners, trois cuisiniers, un valet, un chauffeur, un photographe personnel, un secrétaire, un masseur, Stephen Fetchit et Bundini Brown. Il a embarqué tout ce joli monde dans son bus rouge pompier, Big Red, où il avait décrété que les Blancs montaient à l'arrière. Sur une route enneigée, Clay a réussi à flanquer son bus dans un fossé.

LEONARD SHECTER

Angelo m'a appelé pour me demander si je connaissais un endroit où Ali pourrait s'entraîner. Je leur ai trouvé le Sully's Gym. Je faisais payer cinq dollars pour assister à l'entraînement, c'était plein du matin au soir. Je reversais la moitié de la recette à Ali, le soir il avait tout distribué aux gosses.

DON ELBAUM

Je me rappelle que j'avais trouvé qu'il était habillé comme un gandin blanc plus que comme un Noir. Pour la séance photo, j'ai tâté son biceps, je me suis dit : « Merde, il a pas de biscotos ! », alors, je lui ai dit : « Dis donc, Popeye ! avec les biceps que tu te payes, tu dois avoir des avant-bras comack ! »

GEORGE CHUVALO

Les entraîneurs de Chuvalo lui avaient conseillé de rentrer dans la garde d'Ali, d'exploiter sa faiblesse dans le corps-à-corps. Il suivra leurs instructions à la lettre, poursuivant Ali aux quatre coins du ring et le travaillant en bas, quelquefois même trop bas.

L'arbitre Jackie Silvers fera semblant de ne rien voir pour ne pas contrarier le public. Bien qu'il ait été touché souvent et durement pendant les quatre premières reprises, Ali se jouera de l'agressivité de Chuvalo, l'invitant à frapper plus fort pour le narguer.

Felix Dennis & Don Atyeo

Pourquoi il fait ça ? Mais pourquoi il fait ça devant moi ?

Angelo Dundee

Le combat proprement dit sera à sens unique du début à la fin. Chuvalo était un battant quasiment impossible à expédier au tapis, mais il était techniquement trop limité pour inquiéter Ali. Sur les quinze reprises, les juges lui en accorderont une seule.

Thomas Hauser

À partir du milieu du combat, le direct du gauche d'Ali stoppera net les attaques désordonnées de Chuvalo. Vers la fin, Ali semblait fatigué de frapper sa cible. Au dernier round, le Canadien réussit une droite à la mâchoire d'Ali, qui fera reculer le champion. Ce sera le moment où Chuvalo sera le plus près de la victoire. À la fin du combat, le visage de Chuvalo ressemblait à un sac de balles de golf.

Felix Dennis & Don Atyeo

Pendant quinze rounds, le Canadien à la mâchoire en béton armé a encaissé sans sourciller les combinaisons d'Ali. Dans une tentative un peu puérile de coincer le champion, il n'a pas arrêté d'avancer du début à la fin du combat, mais les seuls coups qu'il a réussis étaient ceux expédiés sous la ceinture.

THE RING

Les gens me disent que je peux être fier de ce combat, fier de quoi ? j'ai perdu ! Ils me disent que j'ai tenu la distance contre Ali, je leur réponds que c'est Ali qui a tenu la distance contre moi !

GEORGE CHUVALO

Chuvalo avance tout le temps ! On peut lui tirer son chapeau pour ça... il avance tout le temps, rien ne peut l'arrêter.

ANGELO DUNDEE

Pour notre premier combat, Ali était si rapide ! Quand il était jeune, il était formidable... il frappait en bougeant et il bougeait tout le temps. Après... quand il a pris de l'âge, c'était plus la même chanson, il était plus si rapide, il a jamais retrouvé la condition physique de ces années-là. Je suis pas très grand, je travaille au corps, j'ai essayé de m'approcher le plus possible, de pas lui laisser le ring ouvert, de l'acculer dans les cordes, mais à l'époque il était trop rapide, difficile à attraper, impossible à coincer. J'ai pas été complètement dominé, j'ai fait un peu de dégâts quand même. On m'a dit qu'il avait pissé du sang après le combat, qu'il a eu mal aux côtes pendant un mois et que sa main gauche avait doublé de volume, qu'est-ce que ça peut bien me foutre ? J'ai perdu ! Ali est un type formidable... vraiment sympa ! C'est dur maintenant de parler avec lui... on communique plus physiquement que verbalement à cause de son problème, mais c'est un homme intègre, un gros cœur.

GEORGE CHUVALO

Six semaines après son combat contre Chuvalo, Ali a été placé sous surveillance par le gouvernement des États-Unis. Comme Jack Johnson l'avait été en son temps.

THOMAS HAUSER

Les boxeurs noirs ont toujours été obligés de choisir entre Jack Johnson, le sale nègre, et Joe Louis, l'Oncle Tom.

MIKE MARQUSEE

Être noir dans ce pays, c'est ne jamais être vraiment regardé. Et ce que les Blancs voient quand ils vous regardent, ce n'est pas vraiment vous.

JAMES BALDWIN

Nous haïssions nos cheveux, nous haïssions notre nez, la forme de notre nez et celle de nos lèvres. Oui, nous les haïssions. Et c'est vous qui nous avez appris à nous haïr nous-mêmes.

MALCOLM X

La ressemblance d'Ali et de Jack Johnson réside seulement dans la manière dont les Blancs les perçoivent, à leurs yeux ils sont tous les deux une menace envers le *statu quo* racial, mais en réalité ce sont des personnalités quasiment opposées. Johnson n'avait pas une conscience raciale très développée, la plupart de ses amis étaient blancs, il a fait tout un tas de remarques désobligeantes sur les Noirs, plus spécialement sur les femmes noires. Le message d'Ali repose sur la fierté raciale, la glorification de la race, Ali réclame droits et dignité pour tous les Noirs.

RANDY ROBERTS

Johnson a fait s'écrouler le mythe de la supériorité blanche. Pour beaucoup de Noirs, il a été la preuve qu'ils étaient meilleurs que les Blancs le leur avaient fait croire. Johnson est l'ancêtre du nouveau Noir qui a commencé à émerger pendant la Première Guerre mondiale, mais Johnson lui-même ne s'est jamais perçu comme un symbole racial, il ne pensait pas en termes raciaux. À l'inverse d'Ali, il ne s'est jamais engagé pour une cause quelconque.

JEFFREY SAMMONS

Ça fait des centaines d'années que les Blancs disent sur tous les tons qu'ils sont meilleurs que tout le monde, alors nécessairement, tôt ou tard, il y a un contrepoids qui se crée consistant à reprendre toute la légende et toute la théologie de l'histoire occidentale, à changer deux ou trois prénoms et à tout faire passer de Jérusalem à La Mecque.

JAMES BALDWIN

Ali a aidé les Noirs d'ici à se libérer de leur esclavage mental. Grâce à lui, être noir n'a plus signifié la même chose pour des millions de gens... l'un des hommes les plus charismatiques, peut-être le plus beau, sans doute le plus doué physiquement, était noir !

REGGIE JACKSON

Jack Johnson a absolument refusé de se plier aux règles édictées par l'*establishment* blanc tout comme à celles de la communauté noire.

KEN BURNS

Il a juste fait ce qu'il a voulu. Il s'est marié avec trois prostituées blanches, il a eu tout un tas d'aventures avec quantité d'autres, il en a cogné quelques-unes au point de les envoyer à l'hôpital. Il a gagné une fortune et il l'a gaspillée. Il payait ses dettes quand il y pensait, il buvait comme un trou et conduisait à tombeau ouvert ; à soixante-huit ans, il a fini par se tuer dans un accident de bagnole.

RANDY ROBERTS

Clay ne joue pas, il ne fume pas, il ne boit pas, il est généreux. Cassius n'est pas un voyou, il ne se bagarre pas dans les bars et ne se castagne pas avec les flics une fois par semaine (même s'il collectionne les PV pour excès de vitesse), il ne tabasse pas les vieillards, il ne casse pas les vitres.

LARRY BOEK

Johnson ne s'est pas battu pour la liberté en tant que Noir, mais en tant qu'individu.

KEN BURNS

Johnson était un beau parleur, il savait lire, il avait voyagé, il vivait comme un roi. La réussite de Johnson comme celle d'Ali découle d'une variable souvent oubliée : tous les deux venaient d'une famille unie de la classe moyenne. En réalité, ils sont les deux seuls champions du monde poids lourds du XXe siècle issus d'un milieu favorisé. Le foyer où a grandi Johnson était tout ce qu'il y a de plus respectable, il est allé à l'école où il a appris à lire et à écrire comme peu de ses petits camarades ont eu la chance de le faire. Ses connaissances et sa confiance en ses propres capacités lui ont permis de réussir une carrière que peu d'autres boxeurs auraient pu envisager, qu'ils soient blancs ou noirs.

JACK CASHILL

Ali avait appris que le FBI enquêtait sur lui. À Louisville, sa situation militaire faisait lentement son chemin dans les méandres de la bureaucratie, le combat contre Chuvalo avait été un désastre financier, pour échapper à cette situation il acceptera une tournée européenne.

FELIX DENNIS & DON ATYEO

Clay aux USA ne vaut plus un pet de lapin.

BOB ARUM

Les répercussions de ses prises de position sur la guerre n'ont cessé de faire passer sa carrière sportive au second plan. Comme Jack Johnson, un demi-siècle plus tôt, son statut de paria l'a obligé à s'exiler puisqu'il était évident qu'il n'était plus le bienvenu dans son propre pays.

HOWARD L. BINGHAM & MAX WALLACE

En moins d'un an, Ali défendra victorieusement son titre à sept reprises, dont quatre fois à l'étranger.

THOMAS HAUSER

Peu importe où il se trouve, Cassius arrive toujours à arrêter la circulation.

JIM KERNAGHAN

> 21 mai 1966
> Arsenal Stadium
> Londres (Angleterre)
> Henry Cooper
> Victoire, K.-O. tech, 6ᵉ round

C'était le combat le plus important qui ait jamais eu lieu en Grande-Bretagne. Un poids lourd britannique combattait sur sa terre natale pour la couronne mondiale et, à cause du knock-down du premier combat, les gens pensaient que Cooper avait une chance.

MICKEY DUFF

Henry Cooper était, plus que jamais, résolu à régler le problème de la fragilité de ses arcades. Il les enduisait avec une décoction à base d'alun, il prenait des bains d'eau salée, des vitamines censées rendre la peau plus résistante, mais le soir du combat il lui aurait fallu un casque.

THE RING

Notre garçon n'a pas peur d'Ali. Il attaque... il attaque... il attaque !

PETER WILSON

Ali déteste la vue du sang, le sien comme celui des autres.

EDWIN SHRAKE

Au sixième round, l'inévitable s'est produit, l'arcade de Cooper a cédé.

FELIX DENNIS & DON ATYEO

J'ai compris que c'était une sale blessure, le sang coulait sur mes épaules et sur ma poitrine, il m'aveuglait. On m'a posé soixante agrafes, c'était carrément de la chirurgie esthétique.

HENRY COOPER

Encouragés par les résultats financiers du combat contre Cooper, les Britanniques ont organisé une rencontre avec Brian London.

FELIX DENNIS & DON ATYEO

> 6 août 1966
> Earl's Court Arena
> Londres (Angleterre)
> Brian London
> Victoire, K.-O., 3ᵉ round

J'me fous qu'il tabasse mon mari pourvu qu'il m'en laisse un peu !

VERONICA LONDON

London pourrait pas battre ma sœur.

INGEMAR JOHANSSON

London semblait traîner sur les rings depuis l'époque des combats à mains nues, Cooper l'avait battu trois fois.

FELIX DENNIS & DON ATYEO

Pour son combat contre Ali, London a pris le train en seconde classe.

STEPHEN BRUNT

J'étais pas très bon boxeur... j'avançais !

BRIAN LONDON

Pendant son entraînement, le champion semble ailleurs, on le sent préoccupé. Il est vrai qu'il se bat sur deux fronts.

THE MIRROR

London a sûrement été la cible la plus facile à toucher qu'Ali ait jamais rencontrée.

DONALD SAUNDERS

Avant que le gong sonne, quand London et Ali se sont touché les gants, Richard Burton s'est levé et il a crié : « Arrêtez le massacre ! »

STEPHEN BRUNT

À part deux petites tapes au début du combat, Brian London ne touchera pas Ali une seule fois. Le champion du monde dansait autour du ring tout en frappant la mâchoire proéminente de son adversaire tandis que Dundee lui hurlait de le finir.

FELIX DENNIS & DON ATYEO

On aurait dit un agneau essayant de mordre un chien.

THE MIRROR

Ça suffit, Muhammad ! Finis-le maintenant !

ANGELO DUNDEE

Ali s'est amusé avec son adversaire pendant deux rounds comme s'il s'était douté que les spectateurs auraient été déçus de rentrer chez eux sans avoir assisté à un semblant de spectacle.

THE RING

Au début du troisième round, Ali a réussi une droite suivie d'un doublé. London s'est réfugié dans les cordes où Ali l'a fini avec une série au visage incroyablement rapide. London s'est écroulé doucement. Lorsque l'arbitre a fini de le compter, il a eu quelques spasmes, comme un lapin en train de mourir, avant de rester étendu.

FELIX DENNIS & DON ATYEO

Il est rapide comme l'éclair, il bouge comme un poids léger, mais il frappe comme un poids lourd.

BRIAN LONDON

Nous autres Britanniques avons un goût tragique pour la défaite… nous en jouissons !

ROBERT MCLIAM WILSON

Quand London est revenu à Blackpool, sur le quai de la gare il n'y avait qu'un petit garçon pour lui tendre son carnet d'autographes.

STEPHEN BRUNT

> **10 septembre 1966**
> **Waldstadion**
> **Francfort (Allemagne)**
> **Karl Mildenberger**
> **Victoire, K.-O. tech, 12e round**

Mildenberger était le premier Allemand à disputer un championnat du monde depuis Max Schmeling.

Mickey Duff

Mildenberger avait un palmarès plutôt honorable, il avait fait match nul avec quelques bons poids lourds américains : Archie McBride, Amos Johnson et Zora Folley, il avait même battu Dave Bailey qui avait été sparring-partner d'Ali, mais on pouvait légitimement émettre quelques doutes sur les décisions des juges locaux. Bailey, par exemple, l'avait envoyé à terre trois fois avant d'être déclaré perdant.

Stephen Brunt

J'étais le challenger légitime. Je pouvais gagner, j'avais la volonté pour ça, le courage, les couilles ! J'étais d'autant plus motivé que la presse arrêtait pas d'écrire le contraire. Ils disaient tous que ça durerait trois ou quatre rounds, pas plus.

Karl Mildenberger

Jamais un gaucher n'avait disputé un championnat du monde poids lourd, autant dire qu'aucun gaucher n'avait jamais été champion du monde poids lourd.

The Ring

J'ai jamais pu piffer les gauchers ! J'peux même pas manger à côté...

Joe Frazier

J'avais étudié son style, il allait vite, il avait de bonnes jambes, il attaquait par séries rapides... gauche, droite, retrait ! Il m'a jaugé pendant deux, trois rounds, les trente dernières secondes... boum ! boum ! boum, il accélérait pour voler le round. Au huitième, je l'ai bien touché... crochet du gauche au foie. En 74, Dundee m'a dit : « Un autre crochet comme ça et tu l'avais ! » Au dixième, c'était pas loin...

Karl Mildenberger

Le fait que Mildenberger soit gaucher gênera Ali au tout début du combat. À partir de la quatrième reprise, il commencera à réagir au travail au corps de l'Allemand. À la cinquième, Mildenberger sera compté une première fois, il sera compté trois fois ensuite, mais il se relèvera à chaque fois. À la dixième, le challenger prendra même le combat à son compte et le champion se révélera incapable de mettre fin à la rencontre. À la dernière reprise, l'arbitre finira par arrêter Mildenberger, acculé dans les cordes et incapable de se défendre. Le combat n'avait pas été vraiment digne d'un championnat du monde et Ali est revenu à Chicago avec sa main droite abîmée.

Felix Dennis & Don Atyeo

En Allemagne, le combat entre Mildenberger et Ali est considéré à l'égal des combats Ali/Frazier. Pour les fans, son crochet au foie du huitième est l'équivalent du crochet de Frazier en 71.

Stephen Brunt

C'était l'après-guerre, l'Allemagne était en ruines, ce combat a été comme un rayon de soleil.

Ulrich Hirsch

Contre Mildenberger, Ali rajoutera quelques trucs interdits à sa panoplie : des coups bas intentionnels, il essaiera de coller son pouce dans les yeux de Mildenberger à plusieurs reprises.

Stephen Brunt

Ali est revenu à Chicago avec une main droite abîmée. Il en souffrira tout le long de sa carrière.

Felix Dennis & Don Atyeo

En octobre 1966, le Black Panther Party for Self Defense a été fondé à Oakland. Ses membres les plus radicaux portaient des armes, soi-disant pour se défendre contre les agressions.

Howard L. Bingham & Max Wallace

Les Noirs sont utilisés comme de la chair à canon dans la guerre de l'homme blanc !

Stokely Carmichael

Vingt-neuf pour cent des soldats tués au Vietnam étaient noirs alors qu'ils ne représentaient que onze pour cent de la population totale des États-Unis.

Howard L. Bingham & Max Wallace

> **DÉCLARATION FONDATRICE**
> **DU BLACK PANTHER PARTY**

Article 6 : Tous les hommes noirs seront dispensés du service militaire

Se déclarer contre la guerre était une décision difficile à prendre pour Martin. Depuis le début, il était bien conscient de l'injustice de la guerre et de ce qu'elle affectait davantage les gens les plus pauvres, mais il craignait qu'une prise de position radicale fasse reculer la cause des droits civiques et heurte ses partisans.

Coretta Scott King

Martin était opposé à la guerre depuis longtemps, mais il avait les mains liées. Quand Ali s'y est opposé, Martin s'est dit : voilà quelqu'un qui a beaucoup à perdre et qui prend le risque de dire ce qu'il croit, ça l'a marqué, ça a influencé ses décisions ultérieures.

Charles Morgan Jr

Chauncey Eskridge siégeait au conseil d'administration du SCLC avec Charles Morgan, il avait été retenu par la Nation de l'Islam pour défendre Ali. Il informait régulièrement King, qui songeait de plus en plus à faire une déclaration publique contre la guerre, de l'avancement de la procédure.

Howard L. Bingham & Max Wallace

Muhammad Ali était la personnification de notre mouvement. Il était courageux. Il mettait en avant le problème des classes. Il se moquait de l'argent. Il était un motif d'inspiration à l'égal de King ou de Malcolm. Il était notre phénix. Ils n'ont pas pu le faire céder.

Harold George Bellanfanti
alias Harry Belafonte

À l'automne 66, alors que la polémique sur son incorporation battait son plein, Ali fit un pas de plus dans son conflit avec le pouvoir blanc. Son contrat avec le Louisville Group venant à expiration, il choisit Herbert Muhammad comme nouveau manager.

Thomas Hauser

Herbert connaît pas mal de trucs sur la boxe, il sait qu'il faut des gants !

Angelo Dundee

Herbert Muhammad avait accompagné Ali lors de ses combats en Angleterre en tant que « chargé de relations publiques » et « conseiller spirituel », lorsqu'il deviendra son manager, ce ne sera une surprise pour personne, surtout que Bill Faversham, victime de deux attaques cardiaques, avait plus ou moins cessé de s'occuper d'Ali.

Felix Dennis & Don Atyeo

Nous n'avons pas l'intention de nous investir de façon durable dans le milieu de la boxe, nous savons que c'est un milieu pourri, notre seule volonté c'est qu'Ali soit traité de manière équitable.

Herbert Muhammad

Le combat Ali/Mildenberger avait été le premier événement sportif retransmis en couleurs par satellite. Ce sera aussi, pendant sept ans, le dernier combat d'Ali retransmis à la télévision. En partie parce que les circuits fermés étaient plus rentables, en partie à cause des pressions exercées sur les chaînes par des leaders politiques et des annonceurs pour qu'Ali n'apparaisse pas à la télévision.

THOMAS HAUSER

---

12 novembre 1966
Houston Astrodome
Houston (Texas)
Cleveland Williams
Victoire, K.-O. tech, 3e round

En 1964, la veille de son combat contre Ernie Terrell, Cleveland Williams avait pris une balle de .38 Magnum dans le ventre. La balle tirée par un policier de la route aurait dû mettre un terme à la carrière de Williams mais, après une opération de cinq heures et demie, le chirurgien déclarera qu'étant donné l'exceptionnelle constitution de son patient, il était persuadé que Williams remonterait un jour sur le ring.

FELIX DENNIS & DON ATYEO

La balle avait traversé son colon et son rein droit avant d'arrêter sa course dans sa hanche droite. Après quatre opérations, « Big Cat » était remonté sur le ring mais, alors qu'il avait été, sans doute, le plus gros frappeur jamais vu en poids lourd, il n'était plus que l'ombre de lui-même.

THOMAS HAUSER

Les Texans étaient curieux de voir comment leur boxeur allait se comporter. Depuis son retour sur le ring, il avait remporté trois victoires impressionnantes. Leurs attentes excédaient de beaucoup les liens du Texas avec l'American Legion et les ligues d'anciens combattants, il n'y eut donc pas beaucoup de protestations lorsque Houston a été choisi pour accueillir la rencontre.

FELIX DENNIS & DON ATYEO

Nous ne sommes pas pressés de redonner sa licence à Cassius, on va attendre. Si ça se passe bien à Houston, on pourra, peut-être, envisager d'organiser le combat contre Terrell à New York.

EDDIE DOOLEY

J'aimais beaucoup Cleveland Williams. C'était un type intéressant, pas très intelligent, mais intéressant. Au début de sa carrière, il aurait sans doute posé des problèmes à Ali. Il frappait plus fort que Liston, si c'est Dieu possible. Avant son accident, il était formidable, après ce n'était plus le même homme... ce n'était plus un boxeur, c'était un handicapé.

JERRY IZENBERG

Pour la première fois de sa vie, Ali va rencontrer un type qui frappe des deux mains. Il va être mis K.-O., Cleve va le foutre en l'air et le monde sera débarrassé de cette grande gueule. Cleve n'est pas un rigolo, il frappe comme une mule des deux mains. Il a envoyé une cinquantaine de types à l'hosto, y en a un qui se balade en béquilles ! Et en plus, Cleve est un type au poil ! Il boit pas, il va à la messe le dimanche, il est marié avec la fille d'un pasteur. Va être un grand champion, Ali l'apprendra à ses dépens !

HUGH BENBOW

Ali était ennuyé de rencontrer Williams dans l'état où il était. Je lui ai dit : « Si tu veux lui rendre service, envoie-le au tapis aussitôt que tu peux ! » Je sais pas si vous vous rappelez le combat, Ali n'était pas un puncheur, mais ce soir-là il a été le meilleur puncheur que j'aie jamais vu. Parce qu'il ne voulait pas faire mal à Williams... si le combat avait duré huit ou neuf rounds, il lui aurait fait vraiment mal.

JERRY IZENBERG

Trente-sept mille quatre cent soixante personnes ont assisté à la rencontre. Une foule record pour un combat en salle. Ali était donné favori à 5 contre 1.

THOMAS HAUSER

Juste avant le combat, y a eu un problème... Williams ne voulait plus monter sur le ring.

MIKE MALITZ

Tu vas y aller ou t'auras pas un rond, espèce de couille molle !

BOB ARUM

Tout d'un coup, Williams s'est mis à avoir des doutes, à réaliser qu'il pouvait être blessé. Il avait toujours cette balle qui se baladait dans son corps et qui sait ce qui pouvait arriver ! Heureusement le combat n'a pas duré longtemps. Ali a été formidable, il l'a pulvérisé.

MIKE MALITZ

Ce soir-là, Ali n'a pas eu d'ennuis, ni avec des manifestants hostiles ni avec Cleveland Williams. Il s'est même offert le luxe d'exécuter un petit pas de danse à la Fred Astaire, le « Ali Shuffle », aussi plaisant à regarder qu'inutile. Au troisième round, il a changé de vitesse, il a cessé de danser sur la pointe des pieds, il s'est campé au centre du ring et il a expédié Cleveland Williams au tapis pour la quatrième fois de la soirée.

Felix Dennis & Don Atyeo

C'est à Houston contre Cleveland Williams que l'on a vu le meilleur Ali. Ce soir-là, il a été le boxeur le plus dévastateur jamais vu sur un ring. Il a dominé depuis le début, il a envoyé Williams au tapis quatre fois. Williams crachait le sang. C'était incroyable de frapper autant sans jamais être touché. Ali a toujours été plus rapide que ses adversaires, mais à cette époque il avait atteint sa maturité, il était plus fort qu'il avait jamais été. Il avait tout, la jeunesse, la force et la technique, il était au sommet de son art.

Howard Cosell

Vous pouvez critiquer ses opinions politiques, vous moquer de son fanatisme religieux, mais ne me dites pas que ce soir, dans le décor de science-fiction de l'Astrodome, il n'a pas été le meilleur boxeur jamais vu sur un ring depuis des décennies. Ali est arrivé à maturité.

Edwin Pope

Le combat contre Williams a levé tous les doutes sur la valeur d'Ali. Il avait été tellement dominateur que même ses détracteurs en sont restés le souffle coupé. Ses rencontres étaient devenues des performances plus que des combats. Il était tellement bon que l'on pensait qu'il ne serait jamais battu.

THOMAS HAUSER

Ali était au sommet d'une nouvelle vague de sportifs qui étaient à la fois grands, lourds et rapides. Au basket, les ailiers qui ne pouvaient pas courir étaient devenus l'équivalent des dinosaures, une espèce en voie de disparition. Ali était une combinaison inédite, inconnue jusqu'à présent, il était grand, rapide, avec une volonté et un courage incroyables. Ali a révolutionné la boxe tout comme les basketteurs noirs ont changé le basket-ball. Il a changé la boxe, il l'a hissée à un niveau qu'elle n'avait jamais atteint.

LARRY MERCHANT

La pègre est restée sur le carreau depuis que les Musulmans se sont installés sur le devant de la scène. La méthode est toujours la même : s'il veut un combat, le prétendant doit travailler pour le champion. Clay a travaillé pour Liston, l'organisation des deux combats était contrôlée en sous-main par les gens de Liston. Il faut reconnaître que les gens de Clay ne cherchent pas à cacher quoi que ce soit : Clay est un des associés de Main Bout Inc. qui organise le combat contre Terrell. Le seul moyen pour Terrell d'obtenir ce combat, c'est d'être employé par la boîte de Clay.

JIMMY CANNON

> 6 février 1967
> Astrodome
> Houston (Texas)
> Ernie Terrell
> Victoire aux points, 15 rounds

Terrell est un homme doux, d'un contact agréable, ses propos sont mesurés, il ferait un admirable champion. C'est un prince chez les boxeurs, manque de pot, il affronte le roi. Alors… bonne nuit doux prince !

Tex Maule

Sur un ring, Terrell ressemble à rien, mais il gagne.

Angelo Dundee

Le combat que tout le monde attendait depuis un an eut finalement lieu à l'Astrodome de Houston devant trente-sept mille trois cent vingt et une personnes, nouveau record d'affluence. En déclarant qu'il avait mis au point une arme secrète, le champion WBA a rajouté au suspens. Il s'agissait, sans doute, d'une arme psychologique, comme appeler Muhammad Ali « Cassius Clay » aussitôt qu'il en avait l'occasion. S'il s'agissait de cela, le résultat sera catastrophique. Ali enterrera Terrell vivant.

Felix Dennis & Don Atyeo

La promotion a rapidement mal tourné, Terrell, comme Patterson avant lui, n'a pas cessé d'appeler le champion « Clay ». Que Terrell ait hérité sans combattre d'un titre de champion du monde après que la WBA eut sanctionné la conversion d'Ali à l'islam, qu'ils aient été, autrefois, partenaires d'entraînement n'a fait que rendre Ali plus vindicatif encore. Pendant deux semaines, il n'a pas arrêté de traiter Terrell d'Oncle Tom, de lui reprocher d'avoir vendu son âme à son maître blanc et au dollar.

Thomas Hauser

J'ai cru que tout ça faisait partie du jeu. Je croyais être copain avec Ali. J'ai gagné les Golden Gloves, j'suis passé pro, juste avant lui. En 62, on s'est entraînés ensemble à Miami, on a partagé la même chambre pendant une semaine au Sir John. Je me rappelle qu'à la piscine Ali m'avait parlé de l'islam… j'sais pas s'il était encore converti, mais ça devait pas être loin. Je préparais mon combat contre Herb Siler et lui l'sien contre Don Warner. On a gagné tous les deux, il m'a ramené jusqu'à Louisville dans sa Cadillac, j'ai dormi chez ses parents avant de prendre le bus pour Chicago, le lendemain matin. À Houston, quand j'ai vu que ça l'énervait que je l'appelle Clay, j'ai continué à l'appeler comme ça… en réalité, je m'en foutais ! C'était juste une histoire de promotion.

Ernie Terrell

Pour ce combat, j'étais dans le coin d'Ali. Moi, Angelo et je me souviens plus qui. Ernie nous connaissait, il savait qui on était. À Miami, je lui avais parlé de l'islam, j'avais essayé de le convertir et il a pas arrêté d'appeler Ali « Clay ». Avant le combat, j'avais dans l'idée de lui faire appeler mon frère par son nom. J'l'ai dit à mon frère… pendant le combat, je lui ai rappelé… « Dis-lui de t'appeler par ton nom ! » Vous savez ce qui lui est arrivé pour avoir refusé de le faire.

Rahaman Ali

Terrell était considéré comme l'adversaire le plus dangereux d'Ali depuis Liston. Il était au sommet de sa carrière, invaincu depuis cinq ans. Il s'était débarrassé de Cleveland Williams, d'Eddie Machen, de George Chuvalo et de Doug Jones. Il mesurait presque deux mètres, il faisait dix centimètres d'envergure de plus qu'Ali. D'après pas mal d'observateurs, son style pouvait contrarier le champion. Ali l'avait surnommé « La Pieuvre ».

THOMAS HAUSER

Il a affronté les mêmes boxeurs que moi, mais ils étaient plus ce qu'ils étaient. Liston devait avoir quarante-cinq ans quand Clay l'a battu, Patterson était plus de la toute première jeunesse non plus. Clay est spécialiste des *has-been*, des vieillards et des tocards. J'ai boxé tous les durs à l'époque où ils étaient de vrais durs. J'dis pas que tous ses combats étaient truqués, j'dis juste qu'ils ont été bien choisis par ses managers.

ERNIE TERRELL

Le combat a été absolument horrible... un sale combat, vraiment !

JERRY IZENBERG

Au début, Ali a eu du mal à pénétrer la garde de Terrell.

FELIX DENNIS & DON ATYEO

Le combat a été affreusement brutal. Dès les premières reprises, Terrell a été victime d'une fracture de la pommette gauche et d'une déchirure de la rétine du même côté. Il a toujours affirmé qu'Ali lui avait volontairement mis le pouce dans les yeux et qu'il avait aggravé sa blessure en frottant son œil contre les cordes du ring. Lorsque l'on visionne le combat, ce n'est pas évident, ce qui est évident, en revanche, c'est que le combat a été un sale combat.

THOMAS HAUSER

Pour moi, le combat s'est terminé au huitième sur un crochet du gauche d'Ali, Terrell n'a jamais pu récupérer de ce coup-là.

HARRY KESSLER

Fous-le en l'air !

ANGELO DUNDEE

Ali a essayé de faire ce que Dundee lui demandait tout en continuant d'insulter Terrell, mais il n'a pas réussi, les doutes sur sa frappe, qui avaient disparu après son combat contre Cleveland Williams, ont refait surface.

FELIX DENNIS & DON ATYEO

À partir du quatorzième, Terrell ne contrôlait plus rien du tout. Au lieu de réagir normalement, à la moindre feinte, il se protégeait instinctivement comme un enfant apeuré. Il se recroquevillait sur lui-même... pitoyable ! De la part d'Ali, c'était une remarquable démonstration technique et l'exhibition malsaine d'une cruauté barbare.

TEX MAULE

J'vois pas de quoi faudrait s'excuser. Si c'était si cruel, l'arbitre aurait pu arrêter le combat, le docteur aurait pu arrêter le combat, les hommes de coin de Terrell auraient pu arrêter le combat. J'crois savoir qu'ils l'ont pas fait...

RAHAMAN ALI

C'est quelque chose que nous avons tous en nous, mais ce jour-là il n'était pas lui-même... j'ai eu du mal à croire que c'était vraiment lui ! J'étais là et c'était l'enfer. Il essayait de faire mal à Terrell. Ceux qui ne connaissent rien à la boxe vont trouver ça étrange, un boxeur qui essaie de faire mal à un autre boxeur, c'est normal, mais ce qu'Ali a voulu faire ce soir-là, ce n'était pas du tout la même chose... il voulait l'humilier, le détruire. C'était affreux à voir !

JERRY IZENBERG

Muhammad Ali a écrit l'un des chapitres les plus hideux de l'histoire du noble art. Le tenant du titre a non seulement puni le champion WBA, mais il l'a humilié. Ali a gagné le combat, mais il a perdu quelques amis.

THE RING

Si j'y avais vu quelque chose, j'aurais mieux boxé !

ERNIE TERRELL

Le visage de Terrell était un véritable champ de bataille, il a été envoyé à l'hôpital en urgence pour qu'on l'opère de son œil gauche.

FELIX DENNIS & DON ATYEO

Avant le combat, j'étais bien… j'avais confiance… j'savais que je pouvais gagner. Après, j'ai pris ce pouce dans l'œil… j'crois qu'il l'a fait exprès ! J'veux pas paraître aigri… le combat est fini… ce qui est fait est fait… J'respecte Muhammad Ali… maintenant, on s'entend bien… c'est bon ! N'empêche… pour chaque combat, Ali a un plan… toujours ! Et quand les risques sont grands, y a des gens qui font des trucs ! Il m'a pris par le cou et il m'a flanqué son pouce dans l'œil… trois fois ! Après… il m'a frotté la tête sur la corde du haut… c'est pour ça que j'dis qu'il l'a fait exprès. L'os a pété et les muscles qui tiennent l'œil avec… ça faisait pas mal… j'voyais double ! Alors franchement, j'me souviens pas si Ali m'a demandé de l'appeler par son nom… j'étais occupé à autre chose !

ERNIE TERRELL

Après le combat contre Cleveland Williams, la presse avait bien été obligée d'admettre qu'Ali était un très bon boxeur, après celui contre Terrell, les journalistes ont oublié tout ce qu'ils avaient écrit.

THOMAS HAUSER

Les éditorialistes furieux contre l'attitude d'Ali utilisèrent son combat contre Terrell comme une métaphore de sa méchanceté.

DAVID REMNICK

Ce combat a été une démonstration répugnante de cruauté calculée, un défi évident à l'esprit sportif.

GENE WARD

La face cachée d'Ali apparaît au fur et à mesure que son engagement avec les Musulmans noirs se confirme.

Arthur Daley

Cassius Clay nous a donné envie de vomir. On en vient à regretter Carbo et sa bande de gangsters.

Milton Gross

C'était un sale combat sur fond de fanatisme religieux. Une espèce de lynchage. C'est donc ça, la volonté des Musulmans noirs ? C'est donc comme cela que doivent se comporter leurs pasteurs ? Quel genre de pasteur ? Un pasteur qui serait contre ceux qui prient dans leurs églises, un pasteur qui serait l'ennemi des pasteurs ! Les Musulmans noirs veulent que les Noirs restent à leur place, ils sont d'accord là-dessus avec le Klan et l'on aurait bien dit que Clay prenait du bon temps à massacrer un autre Noir. C'était marrant, aussi marrant que poursuivre un Noir avec des chiens. Le champion du monde est le sale propagandiste d'une bande malveillante de fanatiques religieux.

Jimmy Cannon

Pour ce qui est d'influencer l'opinion publique et le gouvernement, le fiasco du combat contre Terrell n'aurait pas pu plus mal tomber. Alors qu'il se proclamait objecteur de conscience, le champion avait massacré sans pitié l'un de ses adversaires.

Thomas Hauser

Je ne comprends pas comment des patriotes peuvent encore payer pour assister aux combats de celui qui est devenu le symbole de la désertion. Ce type en pleine forme triomphe dans des combats miteux pendant que des milliers de nos enfants se battent et meurent dans la jungle du Vietnam. Si je comprends bien, Ali peut se battre contre n'importe qui, sauf contre le Vietcong !

Robert Michel

L'air de rien, les échéances se rapprochaient, le 6 mars 1967, le Bureau d'appel national concernant les réformes militaires, dernière instance de décision, votera le maintien de la classification 1-A d'Ali. Huit jours plus tard, il recevait son ordre de mobilisation en date du 11 avril à Louisville. L'échéance sera repoussée au 28 avril et la destination changée, Ali devait désormais se présenter à Houston où il venait d'acheter une maison.

Thomas Hauser

Muhammad Ali prend totalement en charge la mosquée de Houston en remplacement du précédent pasteur.

Muhammad Speaks

Un mois avant la date de son incorporation, Ali devait rencontrer Zora Folley au Madison Square Garden.

Felix Dennis & Don Atyeo

Pour assurer sa protection, Elijah Muhammad avait fourni à Clay une escorte de quelques membres de Fruit of Islam, la branche « militaire » de la Nation... d'anciens taulards patibulaires, toujours à tourner autour de lui. Juste avant le combat contre Foley, Tex Maule de *Sports Illustrated* a été témoin de la manière dont ils le traitaient.

Mark Kram

Ali n'était pas bien, il savait pas où il en était, il ne savait pas quoi penser. J'ai essayé de le rassurer sur son incorporation en plaisantant un peu. Je lui disais que ce serait comme des vacances. Il m'a demandé si j'avais déjà été en prison. « Tex ! Avec un nom pareil, il va pas en taule, il fout les gens en taule ! » a fait l'un de ses gardes du corps. Un autre a rajouté : « Ces ordures blanches vont t'envoyer au Vietnam pour te lyncher là-bas ! » J'ai essayé d'expliquer que c'était pas tout à fait comme ça que ça se passait, qu'ils disaient un peu n'importe quoi. Les types ont repris : « Vont te tuer avant même que t'ailles au Vietnam ! », « Vont te tuer si tu veux pas laver la vaisselle ! » Ali était perdu, visiblement perturbé, il savait pas qui croire. « Va faire un tour, Champ' ! » lui a fait l'un des types. Quand il est sorti, l'autre m'a dit : « Occupe-toi de tes oignons, blanchette ! Bouge ton cul de là ! T'as rien à foutre ici ! »

Tex Maule

Il avait pas peur d'aller en prison, il avait peur de se faire tuer par les Musulmans s'il obéissait pas au Prophète et le Prophète lui avait dit de pas y aller. Oublie ça, je lui ai dit… tu vas pas voir un flingue de tout ton service… tu vas faire quelques exhibitions, c'est tout. Si tu fais pas ça, ils vont te filer en taule, te piquer ta licence. Tu veux foutre ta carrière en l'air ? Tout ça pour rien… Laisse tomber l'ancêtre, c'est pas lui qui va y aller à ta place ! Mais il avait peur, il était terrifié, il avait les larmes aux yeux et, croyez-moi, il avait pas peur d'aller en prison.

RAY « SUGAR » ROBINSON

Il n'a peur de rien ni de personne, mais tout l'angoisse.

FERDIE PACHECO

La semaine avant le combat contre Folley et pour la première fois de son histoire, *Ring Magazine* ne désignera pas de « boxeur de l'année » sous prétexte que Cassius Clay, qui devait être couronné, n'était pas un exemple pour la jeunesse. Même Ernie Terrell s'élèvera contre l'hypocrisie du magazine : « Si Clay a fait quelque chose d'illégal, foutez-le en taule, mais, à ce que j'sache, faire le clown n'est pas interdit par la loi ! »

HOWARD L. BINGHAM & MAX WALLACE

> 22 mars 1967
> Madison Square Garden
> New York (New York)
> Zora Folley
> Victoire, K.-O. tech, 7ᵉ round

Zora Folley était professionnel depuis 1953, il avait tutoyé les sommets au début de sa carrière, mais il n'avait désormais pas loin de trente-cinq ans et il était sur la pente descendante. Ali s'est joué de lui pendant les trois premiers rounds.

FELIX DENNIS & DON ATYEO

Folley a touché le tenant du titre plus souvent qu'aucun de ses précédents adversaires, il n'a pas paniqué quand Ali a commencé à faire le malin, il a bien esquivé, mais en revanche il s'est montré obstinément attaché à une seule tactique : tourner dans le sens inverse des aiguilles d'une montre pour contrer avec sa droite.

Mark Kram

Arrête de jouer !

Herbert Muhammad

Ali est passé d'un menuet sous sédatif à un rock endiablé. Et c'est lui qui menait la danse.

Steve Cady

Au quatrième, Ali a envoyé Folley au tapis, mais le challenger s'est relevé alors que le public commençait déjà à quitter la salle. Il a fallu attendre la septième reprise pour qu'Ali l'expédie au tapis pour le compte.

Felix Dennis & Don Atyeo

Son meilleur combat, c'est contre Folley. Contre Cleveland Williams il a été très bon, mais contre Folley il a été fantastique ! S'il avait continué... on peut pas dire !

Angelo Dundee

C'était un combat comme ci, comme ça ! pas vraiment à la hauteur du combat que l'on pouvait attendre et qu'aurait mérité le Madison Square Garden.

Arthur Daley

Il a que vingt-neuf combats, on dirait qu'il en a cent ! Il pourrait écrire un livre sur la boxe et tous ses adversaires devraient le lire avant de monter sur le ring avec lui. Il est bien meilleur que Dempsey ou que Tunney, Joe Louis aurait pas eu une chance... trop lent, Marciano, pareil ! il l'aurait stoppé net avec son jab ! Il a tout... la vitesse, la frappe, les déplacements. Quand vous croyez avoir compris, il change de style. La droite que j'ai pris venait de nulle part... je l'ai même pas vue venir. Il est souvent en déséquilibre, mais il touche quand même, je connais personne qui peut faire ça. Il est malin, il est bon, il a tout pour lui. J'ai jamais vu ça.

Zora Folley

Clay est le poids lourd le plus rapide que j'aie jamais vu. Il aurait été trop rapide et trop malin pour Rocky Marciano, mais sa vitesse lui aurait servi à rien contre Joe Louis. « Il peut courir, mais il peut pas se cacher ! »... Joe l'aurait coincé dans les cordes et il l'aurait massacré.

Ray « Sugar » Robinson

Le 5 avril, Ali a signé le contrat pour rencontrer Patterson une deuxième fois. Ils ne se retrouveront sur le ring que cinq ans plus tard.

Felix Dennis & Don Atyeo

Après avoir battu Folley par K.-O., Clay a déclaré qu'il s'engagerait dans l'armée s'il pouvait libérer les Noirs. Personne n'a ri. Les journalistes ont scrupuleusement noté ses propos. Je rappelle que les Musulmans noirs n'ont jamais participé au mouvement pour les droits civiques. Ils ne manifestent jamais dans les rues où ils vendent leur journal. Si cela ne tenait qu'à eux, les Noirs s'assiéraient encore à l'arrière des bus à Montgomery, ils ont tourné Martin Luther King en dérision pendant que des gens se faisaient tuer dans le Sud. Clay m'a déclaré que j'étais cinglé de couvrir les émeutes de Birmingham. Il préférait courir après les souris que devant les chiens.

JIMMY CANNON

Tout ce que nous disons, tout ce que nous faisons doit être marqué par la conscience que nous sommes en partie responsables de ces horreurs — et non pas seulement le pays, mais vous, mais moi. C'est nous qui vivons dans l'abondance et qui envoyons nos jeunes hommes mourir là-bas. Ce sont nos produits chimiques qui brûlent les enfants et nos bombes qui écrasent les villages. Nous y participons tous.

ROBERT FRANCIS KENNEDY

Cette folie doit cesser! Je vous parle en tant qu'enfant de Dieu, je vous parle comme le frère des malheureux Vietnamiens, je vous parle comme le frère des malheureux Américains qui paient un double prix : dans leur patrie, leurs espoirs perdus ; au Vietnam, la douleur et la mort. Il nous faut choisir, nous préférerions ne pas avoir à le faire, mais il le faut. Aujourd'hui, les États-Unis sont les plus grands pourvoyeurs de violence dans le monde. Il faut que cela cesse.

MARTIN LUTHER KING JR

Martin Luther King est un instrument aux mains des forces de la subversion qui tentent de détruire la nation.

JOHN EDGAR HOOVER

Les promesses d'une société meilleure sont mortes au Vietnam. La politique américaine au Vietnam est une terrible régression qui ne fait rien d'autre que perpétuer le colonialisme blanc.

MARTIN LUTHER KING JR

Sa déclaration a été considérée comme ultra-radicale, il a été accusé d'être communiste. L'*establishment* noir n'a pas voulu être mêlé à la controverse. Quelques-uns de ses membres ont pensé que la position de King était antipatriotique, d'autres qu'elle nuirait à la cause des droits civiques. Une chose est sûre, j'étais très heureux de ne plus être seul et je suis sûr que Muhammad Ali a éprouvé la même chose.

JULIAN BOND

Le 15 avril, des manifestations pacifistes d'une ampleur inégalée eurent lieu aux États-Unis et en Europe. On comptera plus de cent mille manifestants à Central Park.

HOWARD L. BINGHAM & MAX WALLACE

Ces manifestations ne font que marquer le début d'une protestation massive contre cette guerre injuste et illégale.

MARTIN LUTHER KING JR

Ce même 15 avril, un jeune étudiant d'Oxford manifestait à Londres contre la guerre au Vietnam. Trente ans plus tard, Bill Clinton recevrait Muhammad Ali à la Maison-Blanche pour le féliciter de son « courage ». Deux jours plus tard, la Cour suprême refusera l'appel d'Ali, pour justifier ce dernier, ses avocats avaient invoqué une discrimination possible, aucun des membres de l'organisme ayant examiné son cas n'étant noir.

HOWARD L. BINGHAM & MAX WALLACE

Face à son incorporation, Ali a choisi l'option qui lui faisait le moins peur. Il n'y avait pas de courage là-dedans, aucun principe et pas le moindre signe d'indépendance d'esprit. Il n'était pas son « propre maître » comme Sonji Roi le lui reprochait, il n'était pas le « nègre autonome » qu'Elridge Cleaver appelait de ses vœux. Il appartenait corps et âme à ce que Malcolm X avait appelé une « nation de zombies ». Ali marchait au pas et sautait au travers du cerceau lorsqu'on le lui demandait.

JACK CASHILL

Le 25 avril, Hayden Covington, l'avocat d'Ali, a déposé un dossier de soixante-sept pages devant le tribunal fédéral, dans lequel il était fait état d'un précédent appliqué en 1943 à un Témoin de Jéhovah : un ministre du culte ne peut pas être incorporé contre sa volonté, Ali étant lui-même ministre du culte, il ne pouvait donc pas être incorporé.

FELIX DENNIS & DON ATYEO

Beaucoup de gens pensaient qu'Ali finirait par faire l'armée, et d'autres, plus nombreux encore, pensaient qu'il devait faire son service. Tout ce que je peux vous dire, c'est que l'avoir défendu dans mes articles m'a causé pas mal de désagréments : les vitres de ma voiture brisées, les menaces de mort et des milliers de lettres d'anciens combattants où il était question de Juifs comme moi et de camps de concentration ! Il y a des gens qui pensent qu'Ali est un saint, ce qu'il n'est sûrement pas, d'autres que c'est le diable, ce qu'il n'est pas davantage. Ce qui est sûr c'est que, pendant trente ans, il a été le baromètre le plus juste de l'histoire américaine.

Jerry Izenberg

Quand ce n'était pas les patriotes qui hurlaient leur désapprobation et qui l'insultaient, c'était les étudiants qui l'encourageaient à ne pas y aller, mais aucun d'entre eux ne prendrait la décision à sa place, pas plus que ses avocats qui l'avaient prévenu de la gravité des conséquences de son attitude : cinq ans de prison et la perte de son titre.

Howard L. Bingham & Max Wallace

Le jeune boxeur déboussolé qui voulait juste éviter les désagréments du service militaire s'était transformé en héros.

Mike Marqusee

Aucun d'entre nous n'a mis la pression sur Ali pour qu'il n'aille pas à l'armée. Le Prophète l'a sûrement conseillé sur quoi dire ou ne pas dire, mais c'est lui seul qui a pris la décision finale. Vous savez, quelquefois Ali est comme un bulldozer sans personne au volant. Quand il se met en marche, personne peut l'arrêter.

Jeremiah Shabazz

Chacun de mes disciples est libre de son choix. Je ne lui ai pas donné davantage de conseils que je n'en ai donné aux croyants qui m'ont suivi au pénitencier en 1942.

Elijah Muhammad

Dès 1933, la convergence idéologique entre les Musulmans et la propagande dispensée par l'agent japonais Satohata Takahashi et son protégé Ashima Takis sera suffisante pour déclencher de la part du gouvernement fédéral une surveillance particulière des Musulmans.

Karl Evanzz

La Nation comptait à peine quelques centaines de disciples dans tout le pays, mais la rhétorique prêchée par Muhammad avait suffisamment attiré l'attention des autorités pour que le groupe soit infiltré par des agents du gouvernement à partir de 1941, l'année où Muhammad avait prédit que les Japonais traverseraient l'océan sur la Mère des Avions pour détruire les démons blancs. Après Pearl Harbor, Elijah Muhammad continuera à proclamer sa volonté de ne pas s'engager aux côtés de l'homme blanc tout en critiquant la politique de ségrégation et de discrimination au sein de l'US Army (s'il faut donner un exemple, la Croix-Rouge américaine triait le plasma destiné aux blessés par couleur de peau). Son message trouvera un écho favorable au sein des ghettos, beaucoup de jeunes

Noirs ne se sentaient pas concernés par la propagande du gouvernement leur demandant d'aller combattre au nom de la liberté, de l'autre côté de l'océan. Les rangs du mouvement ont commencé à grossir.

Howard L. Bingham & Max Wallace

Les Japonais massacreront les Blancs.

Elijah Muhammad

Le 8 mai 1942, Elijah Muhammad avait été arrêté par le FBI pour avoir refusé la mobilisation. Les quatre mois suivants, le gouvernement fera arrêter, sous le même prétexte, trente-huit disciples d'Elijah Muhammad. Elijah Muhammad quant à lui sera également accusé de sédition et de subversion ; condamné à cinq ans de prison, il sera libéré en août 1946.

Howard L. Bingham & Max Wallace

Le 20 septembre 1942, les agents fédéraux retrouveront le Prophète caché sous un des lits de sa maison de Washington. Trois semaines après, un grand jury l'inculpera de conspiration et de sédition. L'une des preuves à charge présentées lors de son procès est l'enregistrement de l'un de ses discours, prononcé à Chicago en août 1942.

Jack Cashill

Nous ne devons pas craindre le diable lorsqu'il nous dit d'aller à la guerre. Les journaux mentent lorsqu'ils disent que les Japonais perdront. Nous allons gagner.

Elijah Muhammad

À ses yeux, ni lui ni ses disciples ne méritaient l'emprisonnement. Aucun d'entre eux n'avait rejoint les forces armées allemandes ou japonaises, espionné pour le compte de Hitler ou de Hirohito, dissimulé des armes pour une cinquième colonne. Ils avaient simplement pratiqué pacifiquement leur religion et réclamé liberté, justice et égalité.

Claude Clegg

Elijah Muhammad n'a peut-être pas dicté directement à Muhammad Ali le comportement à adopter, mais son fils Herbert s'est chargé de lui transmettre le message.

Jack Cashill

Mon père voulait pas qu'Ali aille à l'armée.

Herbert Muhammad

Ali ne pouvait pas parler sans la permission d'Elijah Muhammad. Il était évident que les Musulmans le contrôlaient complètement.

Howard Cosell

Il fait ce qu'Elijah lui dit de faire.

Ferdie Pacheco

Autour de moi, beaucoup de gens pensent la même chose que moi : quand nos enfants sont mobilisés, on fait leur valise pour qu'ils partent.

Mary Clay Turner

Soldat, c'est ce qui peut lui arriver de mieux ! C'est juste le genre de types dont l'armée a besoin. C'est le plus grand, il va le prouver au Vietnam.

Sonji Roi

S'il y avait une seule personne dont Ali respectait l'opinion, au moins autant que celle d'Elijah Muhammad, c'était sa mère et il savait qu'elle était opposée à sa décision.

Howard L. Bingham & Max Wallace

G.G., fais ce qu'il faut faire. Si j'étais toi, j'irais à l'armée. Tu comprends ce que je te dis ?

Odessa Clay

C'était comme la nuit avant un combat… il fallait qu'il parle, qu'il parle avant de s'endormir.

Bundini Brown

Il était plus calme que nous.

Quinnon Hodges

Son calme s'est transformé en fureur quand, au petit déjeuner, il a lu le *New York Times*.

Howard L. Bingham & Max Wallace

Cassius Clay est tellement conditionné qu'il croit ce qu'il dit alors qu'il ne fait que répéter ce que les Musulmans lui ont demandé de dire. Les dirigeants avisés à leur tête pensent à sa place que son sacrifice est le prix à payer. Cassius aurait pu devenir le plus grand, au lieu de cela il semble destiné à construire sa propre destruction.

ARTHUR DALEY

Dépêche-toi, c'est l'heure !

HAYDEN COVINGTON

Si on arrive cinq minutes en retard, ils sont capables de t'envoyer en prison !

QUINNON HODGES

Le 28 avril 1967 à huit heures du matin, Muhammad Ali est arrivé devant l'entrée de l'United States Armed Forces Examining, au 701 San Jacinto Street, Houston, Texas, avec une demi-heure d'avance. Sur les vingt-six conscrits présents ce matin-là, vingt-cinq seraient incorporés le soir même à Fort Polk en Louisiane.

THOMAS HAUSER

Ali et ses avocats ont pris ce qui avait été baptisé la Muhammad Street cinq mois plus tôt après son combat contre Cleveland Williams et qui redeviendrait dès le lendemain la Thomas Jefferson Street. Devant le centre d'incorporation, une douzaine de manifestants avaient déployé une banderole sur laquelle on pouvait lire : « Reste ici, Muhammad Ali ». Malgré la présence de Rap Brown, c'était très loin de la manifestation de masse qu'Ali avait escomptée.

HOWARD L. BINGHAM & MAX WALLACE

S'il est sincère, c'est son droit, mais c'est son devoir de citoyen d'y aller. Moi aussi, j'ai la trouille !

JOHN MCCULLOUGH

Il était très sympa… avec tout le monde. Il était de bonne humeur. Il m'a donné un autographe.

RON HOLLAND

La matinée était consacrée à une visite médicale complète. À midi, on a distribué leur déjeuner aux conscrits : un sandwich au bœuf, un autre au jambon, une pomme, une orange et un morceau de gâteau. Ali a jeté le sandwich au jambon et mangé le reste.

THOMAS HAUSER

À l'extérieur, quelques étudiants de l'université du Texas avaient rejoint les manifestants. Cinq étudiants noirs ont brûlé leur livret militaire. À l'intérieur, les conscrits ont été rassemblés dans la salle 1B. Le lieutenant Steven S. Dunkley se tenait sur une tribune encadrée par des drapeaux américains. La salle fourmillait d'agents du FBI.

HOWARD L. BINGHAM & MAX WALLACE

Je savais que ce serait un jour particulier. Je savais que tout serait enregistré pour le Pentagone. Un tas de types qui travaillaient au centre étaient des fans d'Ali… on était tous excités qu'il soit là !

STEVEN DUNKLEY

Dunkley a lu la formule consacrée que des milliers de jeunes gens avaient entendue avant eux : « Vous allez être incorporés au sein des forces armées des États-Unis. Dans l'armée de terre, la marine, l'aviation ou le corps des marines comme il vous sera indiqué après que votre nom aura été appelé. Quand votre nom sera appelé, vous ferez un pas en avant, ce pas signifie votre incorporation dans l'arme indiquée. »

Howard L. Bingham & Max Wallace

Jason Adams... Armée de terre ! Luis Cerrato... Armée de terre ! Cassius Clay... Armée de terre !

Steven Dunkley

Silence. Ali se tenait droit. Immobile. Une recrue a gloussé. Dunkley a rougi. Il a demandé aux autres conscrits de sortir. Il a réitéré sa demande. Silence. Il s'est retourné vers le lieutenant Clarence Hartman. Les deux hommes ont échangé quelques mots.

Howard L. Bingham & Max Wallace

Monsieur Clay ou monsieur Ali si vous préférez, pouvez-vous me suivre dans mon bureau s'il vous plaît ? Je voudrais vous parler en privé, si cela ne vous ennuie pas.

Clarence Hartman

Ali et le lieutenant Hartman se sont retrouvés dans une petite pièce peinte en vert, les murs recouverts de portraits d'officiers supérieurs.

Howard L. Bingham & Max Wallace

Peut-être réalisez-vous la gravité de votre acte, peut-être que vous ne la réalisez pas, quoi qu'il en soit, il est de mon devoir de vous informer que, si c'est votre décision définitive, vous serez inculpé et que vous pouvez être condamné à cinq ans de prison et dix mille dollars d'amende. Vous pouvez encore changer d'avis.

Clarence Hartman

Je ne puis ni ne veux rien rétracter, car il n'est ni sûr ni salutaire d'agir contre sa conscience. Que Dieu me soit en aide.

Martin Luther

L'officier commandant la base avait dans sa poche un communiqué ainsi libellé : « Mesdames et messieurs, Cassius Clay a été incorporé dans l'armée des États-Unis. Le soldat Clay quittera Houston sous peu. Il sera transporté en bus jusqu'à Fort Polk en Louisiane pour être ensuite affecté dans un centre d'entraînement. Le soldat Clay a voulu (n'a pas voulu) vous faire une déclaration. » Il ne le lira pas.

Thomas Hauser

Clay refusera l'incorporation par trois fois avant de signer une déclaration certifiant que son refus était conditionné par les éléments suivants : il était de son devoir de ne participer à aucune guerre, sauf pour défendre la cause d'Elijah ; aucun Noir n'était présent dans le bureau de conscription ; il se devait d'être exempté en tant que ministre du culte ; il était interdit aux Noirs de tuer une personne de couleur. On aurait pu lui demander : mais qui donc a tué Malcolm X ?

Mark Kram

Mesdames et messieurs, Cassius Clay a refusé d'être incorporé dans les forces armées des États-Unis. La notification de son refus a été adressée au procureur général des États-Unis, au directeur général et au directeur local de la conscription pour qu'ils engagent les actions qui leur sembleront appropriées. Toutes les questions concernant le statut de monsieur Clay doivent être adressées au service de la conscription.

Colonel Edwin McKee

Ce jour-là, Ali est passé du ridicule à la béatification.

Robert Lipsyte

Je crois qu'il a fait le mauvais choix. Je crois que, s'il avait accepté, on l'aurait incorporé dans les services spéciaux… il aurait entraîné l'équipe de boxe ou un truc comme ça ! Ou il aurait été incorporé dans une unité spéciale en Allemagne comme Elvis Presley. Je suis pas sûr, mais je crois qu'Elvis a tourné deux ou trois films à l'armée, Ali aurait pu faire deux ou trois combats, il n'aurait pas été privé de son titre. Je crois qu'il aurait dû accepter, je suis sûr qu'il aurait été bien traité par l'armée. Je pense qu'il a fait une erreur.

Steven Dunkley

Le FBI le considérait comme plus dangereux que moi ou que Rap Brown. Muhammad Ali avait une assise populaire beaucoup plus large que la nôtre. Le gouvernement savait que son attitude provoquerait plus de remous que nous tous réunis. Je savais que c'était sur lui qu'ils frapperaient le plus fort. Ils lui reprendraient son titre, ça ne faisait aucun doute, ils allaient l'inculper à coup sûr, ils allaient faire tout leur possible pour le mettre à genoux. Beaucoup de gens ont refusé d'y aller, certains ont fini en taule mais, de tous ceux qui se sont opposés à la guerre du Vietnam, c'est Ali qui a risqué le plus gros.

STOKELY CARMICHAEL

Les déclarations de Clay à propos de notre politique au Vietnam ne sont pas plus antipatriotiques que celles du sénateur Fulbright ou que les miennes. Je suis pacifiste, Clay aussi, la belle affaire. Non, ce qu'ils ne supportent pas, c'est de voir un Noir se taper un melon à trois millions de dollars !

ADAM CLAYTON POWELL

Je suis pas allé à Houston couvrir l'incorporation, je savais que ce serait le cirque. J'ai pensé qu'il serait plus intéressant de savoir combien de temps la New York Athletic Commission mettrait à le déchoir de son titre. Ça a été encore plus rapide que je l'avais prévu.

JERRY IZENBERG

La Commission athlétique de l'État de New York a jugé le refus de Cassius Clay d'être incorporé contraire aux intérêts de la boxe.

EDWIN DOOLEY

Clay est un opportuniste, un combinard et un clown. Salut à toi Cassius Clay, le meilleur boxeur que la prison de Leavenworth n'accueillera jamais.

LOUISVILLE COURIER JOURNAL

Je ne veux pas que mes enfants qui ont une dizaine d'années grandissent en pensant que Cassius Clay est un héros. Je ferai en sorte qu'ils ne le pensent pas.

GENE WARD

Clay semble avoir outrepassé les frontières de la foi, il vient d'échouer sur les rives du fanatisme.

MILTON GROSS

Les citoyens ne peuvent pas choisir les guerres qu'ils veulent faire ni les lois auxquelles ils veulent obéir.

NEW YORK TIMES

Il me semble incroyablement injuste qu'il ne soit pas immédiatement emprisonné, tout ça sous le prétexte qu'il est riche et qu'il a des avocats qui vont multiplier les appels.

ROBERT MICHEL

Tant qu'Ali gagnait sur le ring, cela semblait tolérable à l'opinion, mais quand il a mené son combat hors de l'arène comme son ancêtre Spartacus l'avait fait, la société a ressenti cela comme une menace.

JEFFREY SAMMONS

Beaucoup de gens pensent que les Blancs étaient pour la guerre et les Noirs contre, en fait en avril 1967 la majorité des Blancs et des Noirs étaient partisans de la guerre et opposés à l'attitude d'Ali.

ROBERT LIPSYTE

Trente et un pour cent des Noirs étaient mobilisés et seulement dix-huit pour cent des Blancs. Sous le prétexte qu'il n'y avait qu'un seul Noir sur les six cent quarante et un membres des conseils de révision du Kentucky, les avocats d'Ali déposèrent un appel « essentiellement politique » selon les propres dires de l'un d'entre eux, Charles Morgan Jr.

Howard L. Bingham & Max Wallace

J'ai le sentiment que les soldats noirs comprennent mieux ce que signifie cette guerre que les soldats blancs.

General William Westmoreland

En 1967, trente-cinq pour cent des Noirs étaient opposés à la guerre contre vingt pour cent des Blancs. Ça allait changer, mais à l'époque beaucoup de soldats noirs n'éprouvaient pas une sympathie particulière pour Ali.

Wallace Terry

L'attitude d'Ali heurte la morale de beaucoup de jeunes soldats. Il a gagné des millions de dollars et il ne veut pas montrer sa reconnaissance envers le pays qui lui a donné cette opportunité, c'est choquant.

Jackie Robinson

La World Boxing Association, les commissions sportives du Texas et de Californie ont suivi la décision de la NYAC, il était désormais quasiment impossible pour Ali de boxer aux États-Unis. L'Angleterre déclarera le titre vacant. Tout cela n'a pas semblé troubler Ali outre mesure, lorsqu'il l'a appris, il est rentré à son hôtel téléphoner à sa mère.

Howard L. Bingham & Max Wallace

Aucune loi n'interdit à un inculpé d'exercer sa profession si celle-ci est légale.

Irwin Shaw

Il y a plus d'argent à faire dans un tournoi pour désigner son successeur que dans les combats à sens unique de Clay.

Robert Lipsyte

Cassius qui ?

Bob Arum

À Sacramento, un jour sec et morne de mai 1967, des membres du Black Panther Party de la baie de San Francisco ont convergé vers le siège de la législature de l'état de Californie les bras chargés de fusils M 1, de fusils à pompe calibre .12, de pistolets calibre .45, la taille harnachée de cartouchières.

James Sallis

Le 8 mai 1967, dix jours après qu'il eut refusé son incorporation, Ali a été convoqué à Houston par le Grand Jury fédéral. Il a été pris en photo et l'on a relevé ses empreintes. Par une ironie dont l'histoire est coutumière, l'homme qui, en tant que représentant des États-Unis, poursuivait Ali était Ramsey

Clarck, le ministre de la Justice le plus libéral que le pays ait jamais connu.

Thomas Hauser

J'ai été opposé à la guerre du Vietnam aussitôt que j'ai pris conscience de son injustice. Seulement, si je m'étais déclaré contre la guerre ou, plutôt, si je m'étais concentré sur ce qui semblait être la préoccupation morale dominante, j'aurais laissé tomber tout un tas d'autres causes qui me semblaient plus importantes encore, particulièrement celle des droits civiques. Le conflit entre Ali et la conscription me semblait important, mais moins que le sort des jeunes Noirs des ghettos et des campagnes qui n'avaient aucune chance de contester quoi que ce soit et qui allaient se faire tuer là-bas.

Ramsey Clark

On a eu un tas de réunions avec Ali et ses avocats. Ses avocats essayaient de me persuader que, si j'allais gagner en première instance, j'allais perdre en appel. J'essayais de les convaincre qu'Ali ferait mieux d'accepter d'être intégré dans les forces spéciales, où il aurait un statut privilégié. De mon point de vue, il n'était pas très loin d'accepter, mais beaucoup de ses conseillers voulaient en faire un martyr.

Mort Susman

J'ai dit à Ali de faire ce qu'il voulait, mais je lui ai rappelé ce que mon père avait fait, ça lui a suffi.

Herbert Muhammad

Ali avait la possibilité de négocier, d'être incorporé mais de ne pas être versé dans les unités combattantes. Herbert m'a demandé de lui en glisser deux mots. Ils commençaient à gagner pas mal de fric ensemble. J'ai organisé une réunion à Cleveland avec Ali et quelques athlètes noirs.

JIM BROWN

J'ai pas été à Cleveland pour discuter de sa décision avec Ali. Il était persuadé d'avoir fait le bon choix. Ali est un homme libre. Je connais personne capable d'affronter les épreuves à venir mieux que lui. Je m'inquiète pas pour lui, il a quelque chose que je n'ai pas et que peu de personnes ont, une foi sincère et absolue, je m'inquiéterais plutôt pour nous. Je l'envie.

BILL RUSSELL

Le procès d'Ali s'est ouvert le 19 juin 1967. Le juge, Joe Ingraham, était considéré comme conservateur, le gouvernement était représenté par Carl Walker, qui était noir. Les douze jurés et leurs deux remplaçants étaient tous blancs. Les audiences se sont terminées le lendemain à 5 h 50, vingt minutes plus tard, le jury a rendu son verdict. Coupable. Le juge Ingraham lui a infligé la peine maximum : cinq ans de prison et dix mille dollars d'amende.

THOMAS HAUSER

Certains ont pensé que j'avais été choisi parce que j'étais noir, mais c'est faux. Je savais que l'on allait gagner, n'importe quel jury l'aurait condamné, mais je savais que Muhammad Ali irait jusqu'à la Cour suprême et qu'à la fin nous perdrions. À Houston, le problème était plutôt qu'à ce moment-là les tensions raciales étaient assez vives, il y avait eu des manifestations à l'université, deux bâtiments avaient brûlé, il y avait eu plusieurs morts. On a négocié avec Ali pour que les Musulmans noirs ne manifestent pas pendant le procès. Ali s'en est occupé, sur ce point précis il a été formidable.

CARL WALKER

Au procès, il a été très poli, très bien élevé, je lui ai appliqué la peine qu'il méritait.

JOE INGRAHAM

Aussitôt après qu'il a été condamné, le juge Ingraham a demandé que le passeport d'Ali soit confisqué.

THOMAS HAUSER

C'était l'été de la mort de Coltrane. L'été de *Crystal Ship*. Les enfants-fleurs levaient au ciel leurs bras vides et la Chine faisait exploser sa bombe atomique. À Monterey, Jimi Hendrix mettait le feu à sa guitare. *Ode to Billy Joe* passait en boucle à la radio. Des émeutes éclataient à Newark, Milwaukee et Detroit. C'était l'été d'*Elvira Madigan*, l'été de l'amour.

PATTI SMITH

J'ai bien cru que 1967 ne s'achèverait jamais.

MARY RELINDES ELLIS

Bundini

J'suis malade avant le combat... avant chaque combat, j'suis malade... malade comme une femme enceinte ! Plus malade que le Champ ! Quand il prend un coup, j'ai mal, c'est comme si c'était moi qui l'avais pris... j'ai plus mal que lui... j'ai plus mal que le Champ ! Quand il gagne, c'est moi qui ai gagné, j'suis plus heureux que le Champ... je danse, je gesticule, je ris, je pleure ! J'suis le type qui pleure le plus vite à l'ouest du Rio Grande ! J'pourrais me rouler par terre... lécher son protège-dents ! J'sais plus qui je suis... ni où j'habite ! J'suis possédé ! Quand le Champ perd, c'est moi qui ai perdu... Le Champ reste calme, il prend ça bien... moi, j'suis détruit, c'est comme si j'étais mort ! Les gens comprennent pas ! Moi... j'sais pas comment expliquer, j'sais pas comment ça se fait, mais c'est comme ça ! Je comprends pas non plus... Quelquefois, j'sais ce qu'il pense avant qu'il le pense... avant qu'il sache qu'il va le penser ! J'peux dire ce qu'il va dire avant qu'il le dise ! C'est comme ça et pas autrement. Y en a qui disent que c'est de la sorcellerie ! C'est pas de la sorcellerie, c'est la volonté du Nain que nous avoir fait rencontrer. Les étincelles... les coups de foudre... les tornades, ça s'explique pas davantage ! C'est là... un truc là, l'autre là... les deux peinards... et bang ! C'est pas moi le sorcier, c'est le Champ ! Contre Jerry Quarry... son combat de retour... il gagne ! Il a guéri tout le monde... les aveugles ont vu, les sourds ont entendu... il nous a rendu la fierté perdue ! Il nous a guéris ! Miracle ! Sur les terres du Klan... les marchands d'esclaves l'ont laissé se battre et il les a battus ! Miracle ! Sorcellerie ! Papa-Oom-Mow-Mow ! Avant de m'occuper du Champ, j'me suis occupé de Ray Sugar Robinson, mais ce n'était pas pareil, après lui, j'me suis occupé d'autres boxeurs, mais c'était pas pareil non plus, j'me suis même occupé de boxeurs qui boxaient contre lui, et c'était pas la même chose... évidemment ! Que le Nain m'en soit témoin, j'aimais beaucoup Ray Sugar, j'aimais m'occuper de lui et j'm'en occupais bien... c'est lui qui a voulu que j'm'occupe du Champ... juste avant le combat contre Doug Jones au Garden ! Il s'était rendu compte que le Champ aimait rire, moi je faisais rire Sugar, alors il a pensé que j'm'entendrais bien avec le Champ... que ma présence pouvait lui faire du bien. On s'est tout de suite bien entendus... enfin ! bien entendus... pas comme on l'imagine ! J'me souviens encore ce jour-là... c'est Bobby Nelson, le beau-frère de Ray Sugar, qui m'a présenté le Champ. Il m'a appelé au téléphone... « Viens, y a quelqu'un qui veut te voir », il m'a dit. Le Champ était assis sur son lit comme s'il avait été un roi. J'me suis assis par terre et on a commencé à parler. Lui, le Roi et moi, le fou du Roi ! J'le connaissais pas encore, j'savais même pas c'qui me voulait, j'crois qu'il voulait voir c'que j'avais dans le ventre. Il m'a demandé qu'est-ce que j'pensais de lui comme boxeur... j'lui ai dit que c'était qu'une grande gueule... qu'il était qu'un frimeur... qu'c'était pas un boxeur, juste un frimeur ! Que son truc d'annoncer quand ses adversaires allaient tomber, c'était bidon ! De la frime... On s'est mis à gueuler tous les deux à celui qui gueulerait le plus fort. J'ai fini par lui dire : « O.K. ! T'as raison, j'te crois ! »... C'est le jour où ma vie a changé... la veille du combat contre Doug Jones ! Le lendemain, le Champ m'a invité à passer à son hôtel, il avait un billet pour moi. J'suis parti au Garden dans sa limousine... Ray Sugar s'intéressait à lui depuis un moment... c'est drôle, il avait la trouille pour lui ! Il trouvait que c'était juste un gosse... qu'il était naïf, innocent... pas fini ! Il aimait pas c'qui se passait autour de lui... il le trouvait paumé... influençable... d'après lui, c'était toujours le dernier qui parlait qui avait raison. C'était un peu vrai. Sugar disait qu'un jour ou l'autre il allait lui arriver malheur. Il avait beau frimer... faire le malin et rire tout le temps, Ray le trouvait triste... c'est pour ça qu'il m'a envoyé... pour qu'il rigole moins, mais qu'il soit plus triste ! Hully-Gully Baby ! L'air de rien, Ray s'est occupé de lui, il s'en est occupé de loin, mais il s'en est occupé. Comme un frère... un père, l'entraîneur qu'il a pas été pour lui. Avant le combat contre Liston, quand il s'est pointé, il a trouvé que le camp ressemblait à un terrible boxon ! Il avait pas tort ! C'était le boxon ! Des mecs partout, dans tous les sens ! Le Champ faisait trois fois le tour du pâté de maisons en marchant et le footing c'était fini pour la journée ! Ray s'est pointé, il lui a dit qu'avant un combat important il faisait au moins cinq miles de footing... pour être tranquille... au cas où le combat irait au bout des quinze rounds. Le lendemain le Champ faisait ses cinq miles... il les a faits tous les jours... et à toute allure ! Ray lui disait d'arrêter les couillonnades ! D'être lui-même... de tout envoyer péter ! J'étais d'accord avec lui... il était un peu couillon ! À l'époque, j'l'aimais bien déjà, mais il était un peu couillon, c'est vrai ! Tous ces Musulmans autour de lui le rendaient dingue... j'étais persuadé qu'ils allaient lui attirer des emmerdes... rien que des emmerdes ! Ray avait bien vu l'affaire... c'était pas la moitié d'un con ! Un seigneur... Sugar était un seigneur... il montait sur le ring, les cheveux bien peignés... impeccable ! Pas une goutte de sueur sur tout le corps... quand il descendait du ring, il était pas dépeigné, il suait à peine... sa transpiration, on aurait dit des diamants sur son visage. C'était un seigneur de la nuit ! Un seigneur de la fête ! J'ai aimé m'occuper de Ray et j'm'en suis bien occupé... j'crois ! J'suis sûr ! Il a jamais eu à se plaindre de moi, mais c'était pas pareil qu'avec le Champ... il avait pas vraiment besoin de moi. Tous les autres boxeurs dont j'me suis occupé, j'm'en suis bien occupé, aucun d'entre eux a jamais eu à se plaindre de moi... aucun ! Mais j'avais pas vraiment envie de m'occuper d'eux ! Le Champ... j'm'en occupe pas non plus... dans une certaine mesure, on peut pas dire que j'm'en occupe... il manque pas de gens pour s'occuper de lui... par moments, y en a trop ! Un pour ci... un pour ça ! Faut même pas être malin pour lui taper du pognon... suffit de demander... et encore... suffit juste d'être là ! Il est comme ça... c'est pas de la générosité, hein ! Le pognon... y s'en fout ! Ce qu'il veut c'est avoir tout le monde autour de lui... une bande comme Frank Sinatra ou Elvis Presley n'en ont pas... des types qui bouffent trois burgers à chaque repas... qui ont trois montres au poignet ! Le Champ, j'm'en occupe pas à proprement parler... j'veux pas dire que je suis lui, mais j'suis lui plus que tous ceux qui s'occupent de lui réunis ! Ceux qui le connaissent bien comprennent pas tout ce qu'il y a entre nous, mais ils savent que, sans moi, il va moins bien, qu'je lui donne ma force et que cette force fait de lui le plus grand. Le plus grand de tous les temps ! Le plus grand ! Plus grand que Joe Louis ! Plus grand que Ray Sugar Robinson ! « Flotte comme un papillon ! Pique comme une abeille ! Allez mec ! On y va ! On est prêt pour la bagarre ! C'que les yeux peuvent pas voir, les poings peuvent pas le toucher ! » Bang ! Bang ! J'veux pas dire que le Champ tout seul sur le ring est pas le plus grand... sur le ring, on est tout seul et c'est là qu'il est le plus grand... seul contre tous ces mecs quelquefois plus forts que lui... avec sa tête, ses deux poings, ses deux jambes et les deux trucs qu'il a entre les jambes. Pendant la minute de repos, il y a deux voix pour ses deux oreilles... celle d'Angelo et la mienne... Chitty-Chitty-Bang-Bang ! Stéréo ! Pendant le combat, y en a qu'une seule qu'il distingue de toutes les autres... une seule qu'il entend au milieu des hurlements de la foule ! C'est la mienne. La seule qu'il entend, la seule qu'il distingue clairement de toutes celles qui l'encouragent ou qui l'insultent... comme la vieille femme qui vient à tous ses combats... toujours au premier rang... toujours à gueuler... j'l'avais toujours pris pour une fan du Champ... sa fan numéro un... jusqu'à c'qu'un jour j'lui parle ! Tout ce qu'elle voulait, c'est être là le jour où il serait battu ! C'est ma voix qu'il entend... une voix dans tout le bordel ! Le capharnaüm ! Pendant la minute de repos, Angelo lui dit de faire ce qu'il croit qu'il faut qu'il fasse... Le Champ le fait... ou pas, c'est selon ! Y a que lui qui commande... Moi, c'est différent, c'est pas le sens de c'que j'dis qu'est important, c'est le son ! Peu importe vraiment c'que j'dis... j'suis pas un vrai technicien... j'vais pas me comparer à Angelo... des boxeurs, il en a vu des centaines, il en a vu des milliers ! Il sait que celui-là peut tenir vingt rounds... que l'autre n'a que trois rounds dans le ventre... qu'un tel cligne des yeux quand il est sonné, que l'autre sourit quand ça commence à lui faire mal. Dans le coin, Angelo, c'est le boss... et personne d'autre ! Les hommes de coin, la seule chose qu'ils ont à faire, c'est deux, trois trucs précis... rincer le protège-dents du Champ dans la glace... des trucs comme ça et fermer leur grande gueule ! Moi, tout c'que je sais, c'est qu'il faut qu'je donne mon énergie, qu'je vive le combat, qu'je marque le rythme ! Bam ! Bam ! Bam ! Vas-y mec ! La-Dee-Dah ! Vas-y, mec ! Bam ! Bam ! Bam ! Woo-Hoo ! Danse ! Uh ! Oh ! Danse ! Danse ! Bing ! Bang ! Bang ! Les dernières secondes de chaque round, les juges se réveillent... les dernières secondes sont les plus importantes... c'est celles dont ils se souviennent... là, j'me pointe... j'ouvre ma grande gueule ! « Danse, mec ! Bop-Bop ! Danse ! Beep-Beep ! » Et le Champ danse et les juges ouvrent les yeux... qu'est-ce qu'ils voient ? Un type qui danse et un autre qui avance et qui recule en traînant les pieds sur le tapis... ils prennent le stylo... vainqueur, le Champ ! Tout c'qu'il y a eu avant... tout c'qui s'est passé avant... oublié ! Vainqueur, le Champ ! Contre Liston, je gueulais... « Fais gaffe à sa gauche ! Recule ! Recule ! Ooo-Wee ! Attrape-le ! Tiens-le bien ! Ooo-Wee ! » Pour faire un gâteau, faut de la farine, des œufs, du lait, du sucre et puis faut un brin de muscade pour le petit goût en plus... la farine, les œufs, le lait, le sucre... pas de problème, le Champ a tout et même davantage encore que n'importe qui... Droite ! Bang-Bang ! Gauche ! Bang-Bang-Bang ! Moi, j'suis la muscade ! Le petit goût en plus... le truc particulier... le truc qui fait la différence ! Monsieur Plus ! Personne peut dire au Champ c'qu'il faut qu'il fasse parce qu'il obéit jamais à personne... pas même à Angelo... faut faire autrement. Faut pas être d'accord tout le temps... y a des mecs autour de lui qui disent : « Amen ! T'es super ! T'es le plus grand ! T'es le meilleur ! Fous rien... reste comme ça, tu l'auras ! »... Moi, j'fais pas comme ça... Il veut pas s'entraîner ? J'arrête pas... « Allez Champ ! On y va ? Allez Champ ! On y va ! » À la fin, il y va... Les types autour de lui, ils sont comme les types autour du Président... ils font « Oui ! Oui ! »... « C'est ça ! »... « Change rien ! »... Jamais dire la vérité, toujours dire « Oui ! », c'est comme ça qu'ils voient leur boulot de conseiller ! Et le Président fait des conneries... et les types sont plus là quand il leur demande : « Pourquoi vous m'avez pas dit que je faisais une connerie ? Vous êtes mes conseillers ou quoi ? » Tout ce qu'ils veulent, c'est garder le job et prendre la monnaie, c'est tout c'qui les intéresse. S'il a les godasses pas cirées, les types lui disent : « Waouh ! Jamais vu des godasses briller autant ! » J'connais les godasses à fond, dans ma première vie, j'ai ciré plus de godasses que tous les cireurs de godasses de Grand Central réunis pendant toute leur putain de vie de cireurs de godasses ! J'suis né sur l'pas d'une porte... fallait que je suce le premier nichon venu ! Personne pour changer mes couches ! A-Wop-Bop-A-Loo-Bop-A-Lop-Bam-Boum ! À neuf ans, j'payais mon loyer tout seul ! A-Wop-Bop-A-Loo-Bop-A-Lop-Bam-Boum ! Avant de m'engager dans la marine, je cirais les godasses... depuis tout gosse ! J'me suis engagé dans la marine à treize ans ! Ils m'ont viré quand j'ai menacé un officier avec un croc de boucher... il a sauté à l'eau... tout le monde saute à l'eau quand il est sûr d'y passer s'il saute pas ! Même s'il sait pas nager... on a vu des types qui savaient pas nager apprendre tout de suite quoi faire pour pas se noyer... plus que des types vivants avec un croc de boucher planté dans la jugulaire ! Faut de l'imagination pour survivre... ou alors, il en faut pas du tout ! Mon type, il a sauté et moi j'ai été débarqué ! J'me suis engagé dans la marine marchande à la suite... douze ans, j'ai passé dans la marine... j'ai fait le tour du monde... et plus d'une fois ! Vingt fois ! Vingt et une fois exactement, pas plus, pas moins... C'est au Liban qu'une fille m'a trouvé ce nom... « Bundini » ! J'sais

pas c'que ça veut dire... j'sais pas... j'ai jamais su !
J'étais le Prince noir, New York était mon jouet...
comme Paris, comme Tokyo... j'étais un pirate !
Quand on est nomade, le monde est sa maison, le ciel
est son toit... chez toi, c'est là où t'accroches ton chapeau. Comment j'ai atterri dans la boxe, j'sais plus
non plus... comme ça ! C'est le destin ! Des fois j'avais
de l'argent, des bijoux, des fois je dormais sur les
billards chez Norman Henry... j'traînais dans le salon
de coiffure de Sugar Ray, j'racontais des histoires...
j'me suis retrouvé à m'occuper de Johnny Bratton...
j'm'occupais de son entraînement et puis j'racontais
des histoires pour le distraire. Bratton, c'est le premier boxeur dont j'me suis occupé. La boxe et le
cirage, c'est mes deux spécialités ! J'suis né avec une
brosse à la main et une boîte de cirage... en vérité,
j'suis pas noir, j'ai jamais pu enlever tout le cirage,
c'est tout ! Noir... Blanc... j'sais pas ce que ça veut
dire ! J'ai jamais su... La mère de mon fils est
blanche... Elle est juive... mon fils est juif ! Pur
casher ! C'est quelqu'un... le premier pilote noir de
toute l'aéronavale ! J'aime les femmes blanches...
j'vois pas la différence avec les Noires... à part la couleur ! J'aime les Noires aussi... pas trop noires.
Comme le Champ... un peu d'lait dans l'café ! J'aime
le lait pur aussi... donc j'aime les Blanches aussi... les
toutes blanches. Avec les Musulmans, cette histoire
faisait des histoires sans fin ! Les diablesses ! Les
femmes, pas de problème, hein ! Y s'en tapent des
wagons ! Y en a des essaims autour du Champ ! Y
z'ont qu'à s'baisser pour baiser. Le seul truc, c'est...
surtout pas de diablesses blanches ! Diablesses, mon
cul ! Pour moi, ce genre de conneries, c'est pas un
problème... c'est leur problème à eux ! Leur gros problème ! Le problème de ce pays tout entier...

Got my mojo working, but it just won't work on you
Got my mojo working, but it just won't work on you
I wanna love you so bad till I don't know what to do
I'm going down to Louisiana to get me a mojo hand
I'm going down to Louisiana to get me a mojo hand
I'm gonna have all you women right here at my command
Got my mojo working, but it just won't work on you
Got my mojo working, but it just won't work on you
I wanna love you so bad till I don't know what to do
I got a gypsy woman givin' me advice
I got a gypsy woman givin' me advice
I got some red hot tips I got to keep on ice
Got my mojo working
Got my mojo working
Got my mojo working
But it — uh uh — just won't work on you

Une fois, j'ai voulu épouser une Blanche en Floride... une qu'avait du pognon... un bon paquet ! En 1964... On avait fait les analyses de sang pour savoir si on était pas pourris de vérole et tout le tremblement... on se pointe au palais de Justice... j'demande au type le bureau pour le permis. Vous savez c'que le type m'dit ? Le type, il m'dit... pour la chasse ou pour la pêche ? Ça lui venait pas à l'idée qu'un Noir puisse se marier avec une Blanche ! Remarquez... encore heureux qu'le type il ait été bouché à l'émeri... Encore heureux... j'l'ai pas épousée... elle était complètement dingue ! Faut dire... s'marier avec moi, faut pas être bien ! J'ai fait plus fort encore... y a pas de raison de pas y aller à fond, hein ? J'suis un champion dans mon genre ! Y a pas de raison, non ? Un champion pour le Champ ! J'ai amené une Blanche au Zaïre ! Deux boxeurs noirs, un promoteur noir, un show noir, un pays tout noir habité rien que par des Noirs, le noir absolu ! Noir sur noir, impossible de faire plus noir... et moi, j'me pointe avec une Blanche... j'l'ai enfermée dans sa chambre tout le séjour… j'la sortais la nuit ! Quand j'la sortais, j'lui collais un bandana sur la tête et j'disais à tout le monde qu'elle était indienne ! Tu parles d'une Indienne ! Une jolie petite salope avec un joli petit cul tout blanc, voilà ce qu'elle était ! J'me fous de tout ça… pour moi, tout le monde est pareil ! On est tous des enfants du Nain ! J'ai pas de préjugés… aucun ! La bar-mitsva d'mon fils, y avait sa petite cousine mongolienne qui courait partout en bavant… le photographe voulait pas qu'elle soit sur les photos… d'après lui, elle allait tout foutre en l'air. Elle va rien foutre en l'air du tout, mec, j'lui ai dit… elle sera sur toutes les photos ! Le Champ est pareil que moi, il adore les gosses et les gosses l'adorent… peu importe les gosses ! J'me rappelle une fois à Deer Lake, le camp a été envahi par une horde de mongoliens… j'sais pas d'où ils sortaient, y en avait partout… on aurait dit des fourmis rouges ! Et ils bavaient partout ! Le Champ a arrêté de s'entraîner… il les a pris dans ses bras… ils lui bavaient dessus et lui, il rigolait avec eux qui rigolaient avec lui… ils bavaient partout et lui il les embrassait à pleine bouche ! Mongoliens blancs ou mongoliens noirs, c'est du pareil au même ! C'est des mongols ! Ça fait pas de différence pour le Nain ! Le Champ, il sait ça, il sait tout ça… il comprend… quand les Musulmans l'emmerdaient avec ça… comme quoi j'étais chrétien, comme quoi j'étais partisan de Luther King… il leur disait de la fermer, de me foutre la paix ! Ça n'a pas été toujours le cas… au nord de la Floride, j'ai fait arrêter le bus du Champ, j'avais la fringale. Y avait Plimpton et Pope dans le bus, le frère du Champ, il voulait pas qu'on s'arrête… « Tu vas voir la réalité ! » il gueulait. Je me suis pointé au resto avec les journalistes et le patron m'a dit que je pouvais pas manger dedans… je pouvais manger dehors, pas dedans. On a discuté avec le type, pas moyen... ça va être l'émeute, il nous a dit! Yulee... Comté de Nassau... Floride... dehors les négros! Le Champ me gueulait après à la fenêtre du bus. J'suis remonté dedans... le Champ m'a traité d'Oncle Tom! Tom! Tom! Tom! Il m'a cogné dessus. Chitty-chitty-Bang-bang! J'en chialais. J'sais pas, p't-être une heure plus tard, j'avais toujours la dalle, j'vois un Howard Johnson au bord de la route... on était plus en Floride, on était en Georgie! « Tu veux revoir la réalité? T'as pas encore compris? » il gueulait, Rudy. Le chauffeur a garé le bus, les Musulmans sont restés le long du bus, moi et les Blancs on s'est assis autour d'une table. La serveuse s'est pointée: « Vous avez l'air affamés », elle nous a dit. J'vais bouffer trois steaks, j'lui ai fait, trois steaks devant ces gentlemen debout là-bas... à leur santé! Prosit! Le Champ s'est pointé un quart d'heure après. Qu'est-ce que tu fous là? je lui ai demandé, c'est un endroit pour les intégrationnistes! Le Champ s'est assis, il a commandé un café, il a versé de la crème dedans... il « intégrationnait » le café! L'intégration, j'suis cent pour cent pour, hein! Surtout l'intégration d'ma queue dans un beau petit cul blanc! La bouteille, il aime moins... c'est vrai, quand j'ai bu, j'suis comme tous ceux qui ont trop bu, hein! Et quand j'bois, j'bois trop... c'est autrement pas marrant des masses! On boit ou on boit pas! J'suis pas forcément très malin dans ces moments-là... Je nargue... « Sans olive! » j'fais au barman quand je lui commande un martini... et les Muslims se fendent pas la gueule! Ils font la gueule! Le Champ boit pas... il a jamais bu... il peut pas comprendre! Quand on sait pas, on comprend pas! C'est un truc qu'il peut pas comprendre! On a pas toujours un petit cul sous la main... Lui? Il se penche, il en cueille une douzaine! Y a eu des hauts... y a eu des bas avec ça... surtout des bas,

hein ? Quand on boit, on est con ! Quand son appart'
a brûlé, j'ai sauvé sa ceinture de Champ... la ceinture
du Champ ! C'est le genre de trucs dont il se contre-
fout ! Les médailles... les ceintures... les souvenirs, ça
l'intéresse pas. Sa médaille olympique, il l'a pau-
mée... Moi, j'sauve sa ceinture et qu'est-ce que j'en
fais ? J'la vends à un type... un coiffeur d'Harlem !
Cinq cents dollars ! Woo-Hoo ! Une affaire... Pour
moi, pour le merlan... pas pour le Champ ! C'est sûr...
J'sais pas comment ça s'est goupillé... j'me suis fait
crever vite fait sur le gaz ! J'sais pas si ce con a pas
foutu la ceinture en vitrine pour attirer le client...
pour flamber... j'en sais rien ! J'sais pas s'il a pas
appelé le Champ pour lui dire qu'il avait récupéré sa
ceinture... qu'il voulait bien lui rendre... pour un peu
plus de cinq cents dollars ! J'sais pas si les Muslims
qui traînaient dans le coin ont vu le truc... Beep !
Beep ! trop belle l'occase ! J'sais pas ! Le Champ m'a
viré ! Ni une... ni deux ! J'ai eu beau pleurer l'équivalent du Michigan, le Champ a gueulé qu'il voulait
plus me voir ! Il m'a tapé dessus... j'me suis cassé.
J'suis p't-être un maquereau, mais tous les journalistes faisaient la queue pour que je leur vende mes
paroles comme si j'avais été Jésus... mais j'suis pas
un voleur ! J'fuis vers Dieu... les gens sont ce que j'ai
trouvé de plus près du Nain. Ils se battent pour
l'argent, moi, j'essaie de savoir comment le monde est
fait... ce qui fait briller le soleil ! J'ai voulu bosser
avec Patterson, mais Patterson a pas voulu... c'que
j'lui ai dit pour battre le Champ, il l'a pas cru... qu'il
fallait se battre avec lui comme on se bat dans la
rue... Y a que Frazier qui l'a fait... qu'avait compris
que le Champ, c'est un athlète, c'est pas un voyou !
Cette fois-là, c'est pas la seule fois qu'on s'est
engueulés... c'est la plus grave ! C'est comme avec
Maman, on s'engueule, mais on s'aime... Dieu soit

loué ! Il m'a pardonné... j'suis revenu... J'lui suis toujours resté fidèle même quand j'ai pas été fidèle... le Champ, c'est comme Maman... on va tremper son biscuit ailleurs, mais on reste avec. Quand il avait plus de pognon, on était plus beaucoup ! Tout le monde avait fait la malle... Il me payait plus, j'étais là. Avec le Champ et Belinda, on mangeait le même plat dans la même assiette et le Champ est revenu ! La seule chose, hein ! la seule chose à la rigueur que je regrette, c'est de pas m'être occupé de moi davantage... j'écrivais un bouquin... *Only Human !* Jamais eu le temps de le finir. Tout pour le Champ ! Au cinéma aussi, je touchais ma bille... j'ai tourné dans *La Couleur pourpre*, dans *Shaft* et dans la suite de *Shaft* ! C'est qui Shaft ? Ça c'est un mec ! Shaft... John Shaft ! Le Champ a été sur le cul, Jésus-Marie-Joseph ! Muhammad Ali sur le cul... le Champ sur le cul, toutes les bougies se sont éteintes, mais le Plus Grand s'est relevé comme un ressort... il est revenu d'entre les morts... il a abattu les grands, les gros, les monstres ! Si Ali perd, le monde entier perd. Le Nain nous a réunis pour la bonne cause et nous avons ébranlé le monde ! Le Champ a repris son titre... pas une fois, deux fois ! On est allés partout ensemble... on a été le chercher jusqu'au fond du trou du cul de l'Afrique ! Oooh-Wee ! Vous avez la Maison-Blanche, hein ? Moi, j'ai été dans la Maison-Noire ! Le Roi a gagné le trône en tuant un monstre... un gros, il regagnera son trône en tuant un monstre plus gros encore ! Je lui ai fait les paroles... le Champ a fait le reste sur le ring. J'ai appris ce que voulait dire mon nom en Afrique. Je suis béni entre tous les négros ! Je suis plus un nègre ! Que l'on me parle plus comme si j'étais un nègre ! J'suis plus un nègre... c'était hier ! J'ai été béni... j'ai retrouvé mes racines ! J'suis en harmonie avec la terre et avec le ciel, avec la pluie et les nuages, avec les éclairs, avec l'arc-en-ciel ! Je connais mon nom, j'l'ai appris au Zaïre. Bundini veut dire que je suis de retour au cœur de mon peuple, son sang coule dans mes veines. « Quelque chose de noir », c'est ce que Bundini veut dire ! Bundini, c'est quelque chose de noir ! Tous les types autour étaient malades de jalousie quand ils ont su ce que Bundini voulait dire... ils étaient noirs, mais ils n'avaient pas de nom africain... ils étaient blancs ! Leur sang était en cabane. Ils marmonnaient, ils bégayaient, ils avaient peur de la jungle ! Jésus n'a pas peur de la jungle... Jésus, c'est Allah ! Allah, c'est Dieu... Tout vient de Dieu ! Dieu n'a pas de nom, Dieu a tous les noms, Dieu est le nom ! Appelez-le comme vous voulez... Jéhovah, Allah, Jésus, Bouddha, Vishnou, c'est la même chose ! Vous pouvez l'appeler comme vous voulez, le Champ est avec lui, il est avec le Champ ! J'sais pas lire, j'sais pas écrire... c'est plus le moment pour moi d'apprendre... Le temps que vous avez appris à vivre, vous êtes morts. C'est étrange, le temps que vous avez appris à conduire, votre bagnole est en fourrière ! j'en ai peur, peur d'apprendre. J'ai appris ce que j'ai appris, je sais ce que je sais... ma force est là où était la force de Samson... lire et écrire, c'est Dalila. Je veux pas perdre ce que Dieu m'a donné. Je suis là pour me battre avec le Champ... je me battrai avec le Champ jusqu'au bout. Je serai avec lui jusqu'au bout... jusqu'à ce qu'il tombe ou qu'il ne puisse plus décoller son cul du tabouret ! Si vous êtes prêts à mourir, vous êtes prêts à vivre.

4

Le meilleur Ali, on l'aura jamais vu !

ANGELO DUNDEE

Quand Ali est revenu de son exil, il est devenu le chouchou de l'Amérique... celui qui réconciliait les Blancs et les Noirs, mais le Ali que l'Amérique a fini par aimer n'est pas le Ali que je préfère. Je l'aime moins depuis qu'il n'est plus le guerrier qu'il a été. Il fait, désormais, partie de l'*establishment*. Après tout... réconcilier tout le monde, ce n'est pas si mal ! Sûrement mieux que de se battre seulement pour les Noirs, mais ce n'est pas pour autant que j'aime ce qu'il est devenu ! Avant son retour, Ali était incroyable ! Ce n'était pas un simple champion, il était au-delà du sport, il faisait l'histoire. Les Celtics n'étaient pas engagés comme lui, les Green Bay Packers, les New York Yankees n'étaient pas engagés comme lui. Jackie Robinson est mort pour ça, Ali est vivant et il est le plus grand sportif de tous les temps ! Quand je vois ces types... Michael Jackson, Richard Pryor, Eddie Murphy, avec tout le pouvoir qu'ils ont, se cacher derrière leur petit doigt, je me dis que ce sont des mômes ! Ali était un homme. Un homme qui voulait pas être au-dessus des autres. C'est ça son truc… peu importait sa célébrité, il aimait les gens !

Jim Brown

Il m'a dit que je serais sa femme, j'ai dit oui et voilà !

Belinda Boyd alias Belinda Ali
alias Khalilah Ali

Je n'étais pas sûre que Belinda soit prête, elle avait dix-sept ans, mais je n'ai pas voulu m'opposer au mariage. Muhammad était quelqu'un de bien, il aimait les enfants, il était généreux, j'ai apprécié qu'il refuse de faire son service militaire. Dans ma famille, les hommes sont tous objecteurs de conscience. Muhammad avait raison de ne pas vouloir aller au Vietnam, nous n'avons rien à faire là-bas. La cérémonie a été très simple, ils ont été mariés par le docteur Morris H. Tynes, c'est Herbert Muhammad qui était leur témoin. J'ai toujours pensé que Belinda serait une bonne femme pour Muhammad.

Aminah Boyd

Il était mon premier amour. Tout ce que je sais, c'est lui qui me l'a appris. En apparence, on aurait dit qu'il était sûr de lui… en réalité, pas du tout ! Par certains côtés, il ne savait pas qui il était. Il se cherchait.

Belinda Ali

Belinda était une jeune fille merveilleuse, elle était jolie, elle aimait s'amuser, mais elle était, aussi, très sérieuse, elle avait été élevée dans la religion depuis qu'elle était née. Elle était grande et bien en chair et Ali était comme son père, il aimait les femmes grandes et bien en chair. Au début de leur mariage, ils étaient comme des gosses. C'était une femme bien, elle a été une bonne mère pour leurs enfants. Elle avait un seul défaut... elle conduisait à toute blinde !

Jeremiah Shabazz

Elle ne se maquillait pas, elle n'avait jamais été au cinéma de sa vie.

Felix Dennis & Don Atyeo

Belinda semblait être la femme idéale pour Ali, croyante, pratiquante, bonne épouse, mère parfaite, mais elle n'était pas aussi soumise que ça, la première fois qu'elle avait vu la signature d'Ali, elle lui avait demandé d'apprendre à lire et à écrire correctement s'il voulait qu'elle se marie avec lui, dans un autre ordre d'idées, elle avait obstinément refusé d'avoir des relations sexuelles avant qu'il ne l'épouse.

Mark Kram

Nous avons eu quatre beaux enfants. Maryum dix mois après notre mariage et puis les jumelles, Rasheeda et Jamilah, et Muhammad Jr, le petit dernier. Muhammad adorait les enfants, mais il n'avait pas la patience de s'en occuper. Il jouait vingt minutes avec et puis il passait à autre chose... C'était un papa gâteau, il n'avait aucune autorité, ils auraient pu faire n'importe quoi de lui et ils s'en sont pas privés, il suffisait qu'ils demandent quelque chose pour qu'il le leur donne. On lui avait pris son titre, on pensait que la boxe c'était fini, nous n'avions pas beaucoup d'argent, mais je m'en moquais, j'avais l'habitude.

BELINDA ALI

Le couple s'est installé dans une petite maison à Chicago. Le travail n'avait jamais fait peur à Belinda : elle faisait le ménage, la cuisine, elle cousait ses propres vêtements, elle tapait à la machine pour répondre au courrier, elle faisait du karaté, elle étudiait la photographie. À table, elle servait Ali debout, elle s'asseyait sur la banquette arrière quand Ali l'amenait à l'école, en public, elle portait une robe longue et le voile, elle ne parlait jamais et souriait d'un air modeste lorsqu'on lui posait une question, les journalistes pensaient qu'elle était muette. On aurait pu en déduire qu'elle était entièrement soumise à son mari et aux mœurs imposées par la Nation de l'Islam mais, derrière les portes qu'Ali n'ouvrait pas, c'était elle qui parlait et lui qui écoutait. Au fil du temps, son influence sur Ali n'irait qu'en augmentant.

MARK KRAM

Sept ans plus tard, au Zaïre, Belinda portait un badge « George Foreman ». Ali l'avait trahie, plus qu'il n'avait trahi Malcolm X. Cela n'entamerait en rien son mythe.

JACK CASHILL

Après avoir joué à Broadway dans une mauvaise pièce, *Big Time Buck White*, et refusé de jouer le rôle de Jack Johnson au cinéma pour ne pas avoir à toucher de femmes blanches, Ali s'est consacré aux conférences qui lui procuraient pas mal d'argent et la reconnaissance qui lui manquait. Il était le conférencier le plus demandé du « circuit des campus » après Eugene McCarthy et Bobby Kennedy.

Felix Dennis & Don Atyeo

Ali avait signé avec Richard Fulton Inc., la firme aux cinquante mille clients.

Thomas Hauser

Il se faisait cinq mille dollars par semaine avec ses conférences. À l'époque une Chevrolet valait deux mille huit cents dollars et le prix moyen d'une maison était de vingt-six mille dollars. Ali était à l'aise.

Jack Cashill

J'ai assisté deux, trois fois à ses conférences et il était très bon ! Il était naturel, on aurait dit qu'il n'avait rien préparé. Les spectateurs étaient en majorité blancs, quelques-uns étaient fans de boxe, d'autres non. C'était l'époque où les leaders du mouvement pour les droits civiques s'affrontaient à propos du Vietnam. Ali était juste un type normal, pas très cultivé, ce n'était pas vraiment un spécialiste de politique étrangère non plus, mais c'était quelqu'un qui, d'instinct, savait où était le bien et où était le mal et qui a risqué sa carrière pour ça. Il fait partie de l'histoire de l'Amérique, les Américains peuvent être fiers de lui.

Julian Bond

On était tous les deux tout seuls, on parlait d'avenir en déjeunant dans des snacks minables. Pendant ses conférences, il y avait toujours un type au fond de la salle pour le traiter de « déserteur » et je l'encourageais à ne pas se laisser faire.

Belinda Ali

Un tas de types n'étaient pas d'accord avec ce qu'il racontait. Il se plaignait de l'odeur de marijuana dans les amphis, il était contre les mariages inter-raciaux, il était machiste, sexiste, homophobe, mais il était une fenêtre sur le monde noir que tous ignoraient et que, sans lui, ils auraient continué d'ignorer.

Robert Lipsyte

Il était fauché !

Harold Conrad

Les Musulmans lui avaient siphonné 3 135 302 dollars et son avocat, Howard Covington, lui réclamait un quart de million de dollars d'arriérés.

Felix Dennis & Don Atyeo

Des fois, il pouvait pas me payer !

Bundini Brown

Je l'ai payé mille dollars pour qu'il me serve de sparring-partner... il a essayé de me vendre un radio-téléphone douze cents dollars.

Joe Bugner

Il roulait pas sur l'or, mais il avait encore du pognon.

Angelo Dundee

Il avait des actions dans une compagnie pétrolière de San Antonio, il touchait des royalties sur la franchise de Champ Burgers, le Louisville Group lui avait mis soixante-seize mille dollars de côté sur un compte bancaire, il avait touché une grosse avance pour la publication de son autobiographie, *The Greatest*. Il avait suffisamment d'argent pour acheter soixante-quinze mille dollars cash une maison à Philadelphie avec cinq postes de télévision, vingt-deux téléphones, une piscine et, dans le garage tapissé de moquette, une Rolls-Royce valant trente-deux mille dollars et trois voitures américaines.

FELIX DENNIS

Il avait touché neuf cent mille dollars pour donner son nom à « Champ Burgers » et Random House lui avait avancé deux cent mille dollars pour son autobiographie.

JACK CASHILL

J'étais très opposé à la guerre du Vietnam, alors même que mon fils s'était engagé volontaire et se battait à Da Nang. J'ai toujours pensé que c'était une guerre horrible et Jim Jacobs y était opposé lui aussi. On a voulu faire, tous les deux, quelque chose pour Ali dont on suivait la carrière depuis les jeux Olympiques. On lui a proposé de faire un documentaire sur lui, *AKA Cassius Clay*, et de le payer mille dollars par jour pour ça. Je ne l'ai jamais vu aussi heureux que lorsque je lui ai compté ses vingt-cinq billets de vingt à la fin de la première journée de tournage.

BILL CAYTON

George Plimpton a réuni un comité composé de quelques écrivains, quelques journalistes et quelques intellectuels pour protester contre le sort fait à Ali et pour que les instances sportives l'autorisent à exercer son métier de nouveau. Il a naturellement contacté Howard Cosell pour en faire partie. « Si je fais ça, je vais me faire flinguer par un plouc dingue à peine j'aurai signé ! » lui a répondu le présentateur vedette d'ABC. Lorsqu'il n'y aura plus qu'à voler au secours de la victoire, Cosell sautera dans le train en marche.

JACK CASHILL

1968 semble avoir été l'année cruciale, l'année pivot.

JAMES SALLIS

Le 8 mai 1968, la cour d'appel a admis que les Noirs étaient, effectivement, sous-représentés dans les conseils de révision, mais affirmé également que ce n'était pas une raison suffisante pour que les décisions rendues soient considérées comme nulles et non avenues et que, comme d'autre part Muhammad Ali était boxeur professionnel, il ne pouvait pas être considéré comme ministre d'un quelconque culte.

THOMAS HAUSER

Il était complètement fauché ! On a essayé de lui organiser des combats un peu partout... au moins dans une douzaine d'États. Rien à faire ! Ronald Reagan m'a dit : « Ce déserteur ne boxera jamais en Californie. Point barre. » On a faille réussir deux fois, à Seattle d'abord et à Las Vegas ensuite. À Las Vegas, on a échoué *in extremis*, je crois savoir que c'est

Howard Hugues qui a mis son veto. C'était un comble, une ville fondée par des gangsters, tenue par des gangsters, qui refuse qu'un croyant exerce son métier sous prétexte qu'il va corrompre ses habitants !

Harold Conrad

Murray Woroner, un publicitaire, avait imaginé un tournoi virtuel entre les seize meilleurs poids lourds de tous les temps. Une terrible connerie... Max Baer dominait Jack Johnson, Jim Jeffries battait Ali alors qu'il ne serait même pas sorti des vestiaires s'il avait dû le rencontrer ! Un des avocats d'Ali a porté plainte contre Woroner pour atteinte à la réputation de son client. Ça a donné une idée à Woroner, puisque Rocky Marciano avait remporté son tournoi à la noix, pourquoi donc ne pas opposer Marciano et Ali dans un tournoi télévisé ? On leur a donné dix mille dollars à chacun. Marciano a perdu vingt kilos, on lui a collé sur le crâne la pire moumoute jamais fabriquée... à côté, celle de Cosell faisait vrai ! Ils ont disputé ensemble soixante-quinze rounds d'une minute dans un studio devant une toile de fond. Je ne sais pas combien de fins ont été filmées... Ali vainqueur par K.-O... Marciano vainqueur par K.-O... match nul... arrêt sur blessure. Finalement l'ordinateur a décidé que Marciano avait gagné par K.-O. au treizième round. La BBC a trouvé ça nul et préféré la version où Marciano était battu sur blessure. Rocky n'a jamais connu le résultat, il est mort dans un accident d'avion trois semaines après le tournage. Ali a trouvé la décision logique dans la mesure où l'ordinateur était blanc.

Bert Randolph Sugar

Il commençait par boxer dans le vide, il tournait autour de la table basse, il faisait le gong, il commentait son combat. Belinda le regardait boxer Joe Frazier qui l'envoyait à terre à la deuxième reprise, il se roulait par terre en secouant les jambes et puis il se relevait pour gagner le combat avant de se laisser tomber sur le canapé en riant. « Il est fou ! » disait Belinda.

MARK KRAM

Dites à Muhammad d'arrêter de se torturer pour ça, dites lui d'oublier tout ça... de tout laisser tomber et de plus y penser.

ROCKY MARCIANO

Il a gagné son titre sur le ring, il le perdra sur le ring.

BELINDA ALI

Lorsque des intégrationnistes comme Martin Luther King ou Ralph Abernathy se sont lancés dans le mouvement pour la paix, Ali s'est retrouvé relégué au second plan comme un chanteur ringard et il ne trouvait pas très marrante la vie en dehors de la lumière.

FELIX DENNIS & DON ATYEO

On lui a même refusé de boxer *gratis* à Oakland. Rien à faire... impossible ! Partout la haine.

GENE KILROY

J'ai parcouru plus d'États que la pluie. En Californie, Reagan n'a pas voulu de nous, dans le

Montana, c'était juste, ils voulaient trop d'argent sous la table... cent mille dollars ! On croit qu'il n'y a que des gangsters à New York, ces fils de pute du Montana pourraient leur donner des leçons. L'air de rien on approchait du but, l'hystérie avait disparu.

Harold Conrad

Ce printemps-là, juste avant les Rameaux, Martin Luther King a été abattu au motel Lorraine à Memphis. Dans le journal, il y avait une photo de Coretta Scott King, le visage inondé de larmes derrière sa voilette noire, la main posée sur l'épaule de sa fille la plus jeune. Mon cœur s'est serré comme lorsque, adolescente, j'avais regardé Jackie Kennedy derrière son voile de veuve — debout — immobile — entourée de ses enfants pendant que le corps de son mari passait dans un catafalque tiré par des chevaux.

Patti Smith

Il resta près d'elle une bonne heure à écouter les sanglots qui la secouaient et la faisaient trembler tout entière. Il comprenait qu'un homme était mort mais il ne s'expliquait pas la réaction de sa mère. Le Docteur King n'était pas l'un de leurs proches.

Mary Relindes Ellis

Le consensus à propos de la guerre était en train de s'effriter, l'atmosphère devenait plus favorable. Le gouvernement ne voulait pas perdre la face en lui rendant son passeport, mais il laissait entendre qu'il n'interviendrait pas si Muhammad Ali voulait de nouveau exercer sa profession.

Mark Kram

Il a découvert sa mère de nouveau vautrée sur le canapé, le visage dans les coussins. Elle avait encore pleuré, mais elle ne dormait pas. Elle était ivre.

MARY RELINDES ELLIS

Richard Nixon avait été élu sur sa promesse de mettre fin au bourbier vietnamien. L'Américain moyen était fatigué de soutenir la poursuite d'une guerre qui ne pouvait, soi-disant, pas être perdue. L'ère de l'hyper-patriotisme était définitivement révolue.

FELIX DENNIS & DON ATYEO

Au milieu de 1965, 380 poursuites judiciaires furent intentées contre les réfractaires. En 1968, le chiffre était passé à 3 305, fin 1969, on comptabilisait 33 960 insoumis dans le pays.

HOWARD ZINN

Cet été-là, le 20 juillet, *Apollo 11* s'est posé sur la Lune, le 9 août, la famille Manson a commis les meurtres que l'on sait dans les canyons au-dessus de Los Angeles et, le 15 août, un demi-million de jeunes Américains ont autocélébré leur libération dans un pré à vaches de l'État de New York. Cet été-là, Mary Jo Kopechne s'est noyée au large de Chappaquiddick et Ted Kennedy a donné dix-sept coups de téléphone à ses avocats avant d'appeler la police. Son frère Bobby avait été assassiné un an plus tôt.

JACK CASHILL

Woodstock, la secte de Manson, bal masqué de notre confusion.

PATTI SMITH

Dans une certaine mesure, son exil a été la meilleure chose qui ait pu arriver à Muhammad Ali. Non pas en termes techniques, sur ce plan son retour a été une tragédie, mais en termes économiques et financiers, cela s'est soldé par un succès inimaginable. Ali ne rapportait plus d'argent, le public ne l'aimait pas, pire encore, il s'était lassé de ce qu'il était devenu. L'exil a retourné toutes ces données, il est redevenu l'outsider qu'il n'était plus, il s'est transformé en symbole pour tout un tas de gens qui ne s'étaient jamais intéressés à la boxe. La tournée des campus s'est révélée l'équivalent d'une tournée préélectorale. Tout le monde savait que s'il avait été le dixième mondial on ne lui aurait pas retiré sa licence. Pour toutes ces raisons, il a été davantage payé pour son combat de rentrée qu'il ne l'avait jamais été auparavant.

Jim Jacobs

Si Ali n'avait pas été privé de ces trois années cruciales, il aurait remporté d'autres victoires, mais la fin aurait été la même. Il est une hypothèse plus poignante à envisager : et si Ali n'avait jamais été autorisé à combattre de nouveau ? Le monde aurait été privé d'Ali/Frazier et d'Ali/Foreman, mais Muhammad Ali serait aujourd'hui sain et sauf et en bonne santé, il serait le brillant symbole d'un boxeur invaincu.

Thomas Hauser

Ali avait à peu près l'importance sociale de Frank Sinatra.

Mark Kram

Lors de son exil, Muhammad Ali est devenu plus important que le sport, il s'est mué en une véritable force sociale et politique. Il n'y a que deux boxeurs qui ont bénéficié de ce statut, même s'ils ne sont pas connus en dehors des États-Unis : Jack Johnson et Joe Louis.

Thomas Hauser

C'est la politique qui l'a éloigné du ring et c'est la politique qui l'a ramené sur le ring. Et cela juste à l'endroit le plus étrange qu'il était possible d'imaginer : Atlanta en Georgie.

Harold Conrad

Le seul truc qui cloche à Atlanta, c'est la Georgie autour.

Proverbe local

À New York, ils te servent au restaurant parce que c'est la loi, à Atlanta, ils te servent parce qu'ils le veulent bien. À New York, on te parle parce que t'as du pognon, à Atlanta, si un Blanc te parle, c'est que ça vient du cœur.

Bundini Brown

À la fin des années 60, quand le Mouvement pour les droits civiques a commencé à battre de l'aile, le gouverneur de Georgie était une ordure de raciste blanc appelé Lester Maddox, toujours de ce monde sous une forme plus ou moins calamiteuse.

Hunter S. Thompson

Le gouverneur de Georgie, Lester Maddox, était le dernier représentant de ce que Robert Sherrill appelait la « politique sudiste gothique ».

MARK KRAM

Il n'y avait pas de comité sportif en Georgie, ce qui faisait que Sam Massell, le maire d'Atlanta, pouvait faire absolument ce qu'il voulait en ce domaine ! Quand Bob Arum a cherché à monter le combat d'Ali contre Jerry Quarry, il a demandé à Bob Kassel, l'un de ses associés, de contacter son beau-père, Harry Pett, un gros industriel local qui a lui-même contacté Leroy Johnson, un sénateur de Georgie d'autant plus influent qu'il était noir. Johnson a pris à sa charge une partie de la promotion et il a négocié la tenue du combat avec Sam Massell. Le maire d'Atlanta n'était pas chaud, mais Leroy Johnson contrôlait une bonne partie de l'électorat noir, alors il a accepté. C'est comme ça que ça s'est passé avant qu'on réussisse notre coup : argent, politique et trois ans de négociations.

HAROLD CONRAD

La première fois que Lester Maddox avait attiré l'attention sur lui, c'était lorsqu'il avait chassé à la hache un groupe de manifestants de son restaurant, qu'il fermera d'ailleurs un peu plus tard, plutôt que d'appliquer la loi qui faisait obligation de servir les Noirs.

JACK CASHILL

Faut faire boire un cocktail Molotov à tous ces hippies et leur offrir une clope vite fait !

LESTER MADDOX

En 1967, les démocrates locaux ayant préféré voter pour un fou plutôt que pour un républicain, Lester Maddox avait été élu gouverneur avec sa fameuse hache pour logo de campagne.

Jack Cashill

C'est un crime vivant, une offense au Tout-Puissant, une tumeur qu'il faut éradiquer.

Hosea Williams

Dans une certaine mesure, Lester Maddox et Elijah Muhammad se ressemblaient, leurs folies furieuses étaient juste différentes, si ce n'est la conviction que le mélange des races était contraire à la volonté de Dieu.

Mark Kram

Vous pouvez pas labourer avec un âne et un bœuf attelés.

Lester Maddox

Atlanta était une vieille ville du Sud dans un État où le gouverneur avait donné à ses troupes l'ordre de tirer au moindre incident sur ceux qui suivaient les obsèques de Martin Luther King, mais Atlanta en avait marre de son image à la *Autant en emporte le vent*, envie de remplacer les magnolias et les crinolines par des immeubles de bureau et les emplois qui vont avec.

Mark Kram

Le milieu des affaires de cette ville « trop occupée pour haïr » avait besoin d'un événement de ce genre pour contrebalancer l'image réactionnaire de Maddox, ce que le gouverneur, qui était aussi un homme d'affaires, comprenait fort bien, même s'il était loin d'approuver l'initiative.

JACK CASHILL

Tout ce que Lester Maddox put faire sera de déclarer le 26 octobre jour de deuil en Georgie.

MARK KRAM

Si Lennox veut porter le deuil, qu'il le fasse. Moi, je vais voir le combat.

JESSE OUTLAR

Un jour viendra où vos fils vous demanderont : « Où étais-tu le soir où Muhammad Ali est remonté sur le ring ? »

STAN SANDERS

> 26 octobre 1970
> Municipal Auditorium
> Atlanta (Georgie)
> Jerry Quarry
> Victoire, K.-O. tech, 3e round

Deux semaines avant le combat, Ali a quitté Miami pour s'installer sur les hauteurs d'Atlanta dans le cottage de Leroy Johnson surveillé par un garde armé. La journée, il s'entraînait au gymnase du Morehouse College dont Martin Luther King était sorti diplômé.

FELIX DENNIS & DON ATYEO

Depuis George Logan, huit ans plus tôt, Jerry Quarry était le premier Américain blanc à boxer Ali.

Thomas Hauser

Le combat avait lieu dans une salle qui aurait pu servir de décor pour *Autant en emporte le vent* avec une statue de Caruso dans le hall. Il devait y avoir cinq mille spectateurs, mais la communauté noire était largement majoritaire. C'était la plus grosse concentration du pouvoir noir, de l'argent noir que j'aie jamais vue. Bill Cosby était là et Sydney Poitier et Jesse Jackson et Coretta Scott-King ! Ils arrivaient en limousines peintes de motifs psychédéliques, ils arrivaient en costume croisé doublé de vison. Ce n'était pas des amateurs de boxe, ce n'était pas des supporters, c'était des adorateurs.

Bert Randolph Sugar

C'était l'endroit où il fallait être, tous les arnaqueurs, tous les maquereaux, tous les hippies de luxe, tous les amateurs de boxe étaient là et les journalistes du monde entier aussi. Pas de bérets, pas de battle-dress, oubliée la révolution ! Le capitalisme triomphait : rouleaux de billets verts, manteaux de fourrure et même une limousine avec un toit recouvert d'alligator.

Mark Kram

Si l'on avait mis leurs bijoux en gage, on aurait pu acheter le Portugal.

Jerry Izenberg

Quand Johnny Addie, le speaker officiel, a fait les annonces au micro, sa voix a été couverte par les vociférations de la foule.

Felix Dennis & Don Atyeo

Jesse Jackson était dans le coin d'Ali avec Angelo Dundee et Bundini.

Jack « Sunny »Meremount

S'il perd ce soir, symboliquement cela voudra dire que les patriotes aveugles ont raison et que les contestataires ont tort, que protester signifie que vous n'aimez pas ce pays.

Jesse Jackson

Ce soir-là, Ali était à lui tout seul Marcus Garvey, W.E.B. DuBois et Paul Robeson, Adam Clayton Powell, Elijah Muhammad et Malcolm X, John Coltrane, Dizzy Gillespie, Bill Cosby, Jimmy Brown et Dick Gregory.

Budd Schulberg

Regarde ! regarde, Champ ! y a quelques boutons blancs sur cette chemise de soie noire !

Bundini Brown

Il faut bien imaginer que ce carnaval où la nouvelle condition noire s'affichait fièrement avait lieu cent ans après que Sherman eut pillé et incendié cette ville. Margaret Mitchell aurait dû voir Atlanta aujourd'hui, c'était *Autant en emporte le vent* à l'envers. Alors que Clark Gable et Vivien Leigh fuyaient la ville en flammes dans une carriole tirée par une mule, les fans d'Ali fondaient sur la ville dans des Rolls-Royce peinturlurées comme un cauchemar psychédélique, des Cadillac décorées comme des arbres de Noël avec antenne de télé, bar et téléphone.

BUDD SCHULBERG

L'élite de l'Amérique noire était là. C'était un sacre, le Roi récupérait son sceptre et sa couronne. J'ai croisé Mary Wilson des Supremes et je me suis dit : « Waouh, j'suis assis à côté de Mary Wilson ! » Le public était composé de vedettes, des vraies, des fausses et des caïds de la pègre. Des types avec des manteaux de fourrure descendant jusqu'aux chevilles, des femmes qui arboraient leur sourire, un collier de perles et pas grand-chose d'autre. J'étais assis derrière une jeune femme blonde et je n'ai pas arrêté de la bourrer de coups pendant tout le combat, elle ne s'est pas retournée une seule fois, elle était occupée à bourrer de coups le type assis devant elle. Cette nuit-là, Atlanta était la capitale de l'Amérique noire.

JULIAN BOND

Les maquereaux en costume de vison avec leurs Cléopâtres, leurs Pocahontas en velours à franges, rêves érotiques aux jupes fendues jusqu'aux hanches, aux bustiers transparents. Déshabillées pour tuer ou être tuées.

BUDD SCHULBERG

Je suis pas inquiète, j'ai confiance. Je me sens bien.

ODESSA CLAY

Quand j'étais enfant, en Utah, j'ai vécu sous une tente avec ma famille. On est partis en Californie pour travailler dans les champs comme dans *Les Raisins de la colère*. J'gagnais quatre-vingt-dix-neuf dollars par semaine pour changer les pneus des bus Greyhound, pour boxer Ali, j'ai touché trois cent mille dollars. Une fois tout le monde payé, il m'en restait pas tout à fait cent mille. Si j'avais gagné et j'suis sûr que je pouvais gagner, j'aurais gagné des millions de dollars ! Quatre-vingt-dix pour cent du public était noir, quatre-vingt-dix pour cent du public était pour Ali... ça m'a pas particulièrement impressionné, c'était un combat comme un autre, je boxais pas un symbole, mais un type comme moi avec deux bras, deux jambes et une paire de couilles.

JERRY QUARRY

Le combat entre Joe Frazier et Jerry Quarry avait ressemblé à la rencontre de deux tracteurs Mack dans une rue trop étroite.

FELIX DENNIS & DON ATYEO

Quarry était un bon boxeur, dur au mal. C'était le premier boxeur qu'Ali rencontrait qui était plus jeune que lui.

THOMAS HAUSER

Le problème de Quarry, c'est qu'il n'a jamais réussi à savoir quel genre de boxeur il était : styliste, battant ou encaisseur ? Son instinct le poussait à se bagarrer alors qu'il était plutôt un boxeur de contre, quand il lui arrivait de réfléchir correctement, ce qui n'était pas souvent le cas, il était rapide et efficace.

MARK KRAM

Le Roi était de retour, le Lazare noir revenu d'entre les morts par la grâce de l'opinion qui s'était peu à peu rangée à ses côtés. Le gouverneur républicain de Nouvelle-Angleterre venait de déclarer : « Cette guerre nous coûtera notre âme. »

BUDD SCHULBERG

Le Musulman noir contre l'espoir blanc.

DAVID DAVIS

Quarry est dangereux en crochet gauche, faut pas qu'il te chope avec. Évite les cordes, prends le centre du ring même s'il faut que tu cavales. Jab ! Jab ! Droite quand tu vois une ouverture. Va jamais sur lui, même si la foule siffle. Ton boulot, c'est gagner !

ANGELO DUNDEE

Le fantôme de Jack Johnson te regarde, Champ !

BUNDINI BROWN

Ali a dominé facilement la première reprise, à la deuxième, il a ralenti et Quarry l'a bien touché au corps, alors, je m'suis dit qu'il y aurait peut-être une surprise.

TONY PEREZ

Il fait maintenant en combat ce qu'il fait à l'entraînement, il peut pas faire autrement, c'est devenu une habitude.

JOSÉ TORRES

À la troisième, Ali dansait plus sur la pointe des pieds, il avait les pieds collés au sol et Quarry prenait confiance… c'est là qu'il a été coupé. J'avais jamais vu une coupure comme ça, on voyait l'os !

TONY PEREZ

Teddy Bentham, l'entraîneur de Quarry, était un aussi bon spécialiste des coupures qu'Angelo Dundee, mais il a appelé l'arbitre pour qu'il examine la blessure de son boxeur.

FELIX DENNIS & DON ATYEO

Non, Tony, non ! M'arrête pas !

JERRY QUARRY

Y avait soi-disant quatre toubibs autour du ring, deux blancs et deux noirs pour pas faire de jaloux, mais j'sais pas où ils étaient passés… j'ai dû prendre la décision d'arrêter le combat tout seul et j'ai bien fait.

TONY PEREZ

C'était pas un coup de tête, c'était une droite !

JERRY QUARRY

C'était un coup de tête…

JERRY QUARRY

En regardant la vidéo du combat, il est impossible de savoir s'il s'agit ou non d'un coup de tête.

DAVID DAVIS

Je me souviens d'Ali qui regagnait sa chambre après le combat dans un de ces ascenseurs en verre du Regency Hyatt et de tous les gens qui l'applaudissaient en le regardant s'élever. C'était fabuleux !

BERT RANDOLPH SUGAR

Lors de la conférence de presse d'après-match, la veuve de Martin Luther King et le révérend Ralph Abernathy lui remirent le prix Martin-Luther-King pour sa « contribution à la cause de la dignité humaine », madame King le qualifia de « champion de la justice, de la paix et de l'unité ».

ROBERT LIPSYTE

Ali est apparu plus puissant que par le passé, mais il s'est aussi montré beaucoup plus lent.

THOMAS HAUSER

Trois semaines après le combat Ali/Quarry, Frazier stoppait Bob Foster en deux rounds. Alors qu'il levait les bras en signe de victoire, il a pu entendre, venant des balcons, ce qu'il entendait depuis deux ans et demi : « Ali ! Ali ! »

FELIX DENNIS & DON ATYEO

Joe va pas le laisser courir sur le ring, il va le faire courir tout autour.

YANK DURHAM

Quand Ali était jeune, être son docteur, ça voulait dire passer à la salle de temps en temps et assister aux combats, c'est tout ! Après l'interruption, ça a été une autre paire de manches. Il a commencé à souffrir des mains et, avant chaque combat, je lui injectais un centimètre cube de cortisone et du Xylacene dans chaque main. Ses jambes… c'était un peu plus grave. La première chose qu'un boxeur perd, ce sont ses jambes et, quand Ali est revenu, il avait perdu ses jambes. Avant, personne ne pouvait le toucher. Après ? Après… il a découvert qu'il pouvait encaisser.

FERDIE PACHECO

La première chose qu'un boxeur perd, ce sont ses réflexes… après ? ses jambes, après ? ses amis.

GUGLIELMO PAPALEO ALIAS WILLIE PEPP

Ali est plus sympa avec ses sparring-partners que n'importe quel autre poids lourd que j'aie connu. Rocky Marciano, qui était le type le plus pacifique du monde en dehors du ring, malmenait ses sparrings en permanence, quand le jour du combat approchait, il ne pouvait pas s'empêcher de les massacrer. Ali, c'est l'inverse, il s'appuie le dos contre les cordes et laisse ses sparrings le frapper au corps, il travaille ses esquives, son jeu de jambes, il préfère épater la galerie plutôt que de malmener ses partenaires.

BUDD SCHULBERG

Tout le monde sait qu'à la salle Ali n'est pas le meilleur boxeur du monde, là où il boxe le mieux, c'est quand il y a de l'argent et sa fierté en jeu, quand le monde entier le regarde. Il est comme ça.

LARRY HOLMES

À l'entraînement, il a pris l'habitude de rester dans les cordes pendant que ses sparring-partners le frappent. Je lui ai toujours dit que ce n'était pas très intelligent, que ça ne le rendait pas plus fort, au contraire, mais il était têtu comme une mule, il faisait ce qu'il voulait, et quand il n'a plus rien fait à l'entraînement ça a été le commencement de la fin.

FERDIE PACHECO

Après son combat contre Quarry, Ali n'était pas persuadé d'être prêt pour Frazier, il a préféré rencontrer Oscar Bonavena d'abord.

ROBERT LIPSYTE

> 7 décembre 1970
> Madison Square Garden
> New York (New York)
> Oscar Bonavena
> Victoire, K.-O. tech, 15ᵉ round

Surnommé le « Taureau » par les journalistes à cause de son style et « Ringo » par ses compatriotes pour sa coupe de cheveux rappelant vaguement celle du batteur des Beatles, Oscar Bonavena était le seul boxeur qui pouvait se vanter d'avoir disputé vingt-cinq rounds face à Frazier sans jamais avoir mis un genou à terre et de s'être payé le luxe d'expédier deux fois Joe au tapis.

FELIX DENNIS & DON ATYEO

Bonavena était putain'ouaciste, chaque fois qu'on s't'ou-vouait dans la mêm' pièce, y s'bouchait les naseaux com' si j'avais pué comme une merd'd'chien.

La deuxième fois qu'on s'est ouan'contoué, l'avait ap'ouis touas mots d'anglais : « Où y a d'la chatte ? »

JOE FRAZIER

Six semaines après avoir battu Quarry, Ali a rencontré Oscar Bonavena au Madison Square Garden, le jour anniversaire de Pearl Harbor. Le combat avait été autorisé par un tribunal fédéral qui avait reconnu qu'empêcher Ali d'exercer son métier était contraire au 14e amendement.

THOMAS HAUSER

À la pesée, Oscar avait traité Ali de « poule mouillée », de « kangourou » et de « pédé ». Interloqué, Ali en sera réduit, comme Liston sept ans auparavant, à faire signe aux spectateurs que l'Argentin était dingue.

FELIX DENNIS & DON ATYEO

Oscar Bonavena n'a jamais écouté personne, mais pour ce combat il avait travaillé tous les jours. Il était prêt, et avec lui tout pouvait se passer, le pire comme le meilleur. Il avait un style bizarre, on savait pas d'où venaient ses coups... la plupart du temps de là où ils n'auraient pas dû !

GIL CLANCY

Bonavena pou'ait pas toucher Ali avec un fusil à pomp'! S'il'touche c'est pou' qu'Ali s'habitue à mes coups.

JOE FRAZIER

Le monde te regarde, Champ ! Bats-toi ! T'es le patron ! Fous-moi ce taureau en l'air !

BUNDINI BROWN

Je lui avais donné comme consigne de ne jamais poursuivre Ali, de le frapper seulement une fois qu'il serait dans les cordes et c'est ce qu'il a fait.

GIL CLANCY

Pendant trois rounds, Ali a dissipé les rumeurs qui voulaient que son exil ait diminué ses facultés, il s'est joué de son adversaire comme pendant ses meilleures années, et puis au quatrième tout a changé.

FELIX DENNIS & DON ATYEO

Le taureau a refusé le rôle qu'on lui avait assigné. Ali ne boxait plus sur la pointe des pieds, mais les pieds bien à plat, il ratait autant de coups qu'il en réussissait, il ressemblait à n'importe quel autre poids lourd doué d'une assez bonne technique, mais sûrement pas à un magicien.

BUDD SCHULBERG

Arrête de faire le clown ! Boxe comme Ray Sugar !
BUNDINI BROWN

Il s'est réfugié dans les cordes, offrant à Bonavena la cible que l'entraîneur de l'Argentin avait espérée de tous ses vœux.

FELIX DENNIS & DON ATYEO

C'était le premier combat dont Ali n'avait pas écrit le scénario à l'avance. Il boxait chaque round l'un après l'autre comme un joueur d'échecs qui n'a aucun plan et qui pousse du bois.

Budd Schulberg

Joe se rongeait les ongles, s'il avait pu, il serait bien monté sur le ring.

Yank Durham

Frappe-le !

Odessa Clay

Les nombreux coups au corps de Bonavena arrivaient tous à destination, Ali n'avait qu'une seule solution, les encaisser. Bonavena restait Bonavena, un boxeur avec une infinie dose de volonté et d'obstination, un dédain masochiste envers la douleur, mais manquant trop de technique en face d'un boxeur comme Ali.

Felix Dennis & Don Atyeo

Si continue de déconner avec ce g'ouau' sac, on paume des millions !

Joe Frazier

La Bête ne connaissait que la bagarre de rue... j'en donne/j'en prends/j'en donne/j'en prends ! Au neuvième, il a sonné celui qui croyait être Supernigger, le héros de bande dessinée qui volait alors que les autres rampaient (surtout les Blancs). Encore heureux, les cordes sont venues à son secours et, les rounds suivants, les deux boxeurs se sont accrochés l'un à l'autre comme les danseurs d'*On achève bien les chevaux*.

BUDD SCHULBERG

Une bien ennuyeuse corrida.

THE NEW YORK TIMES

Au dernier, les deux hommes se battaient comme des chiffonniers... Ali a chopé Bonavena à la pointe du menton et Bonavena est allé au tapis, il s'est relevé, mais il était cuit! Il est retourné trois fois au tapis.

GIL CLANCY

Au dernier round, ce sont deux boxeurs épuisés qui se sont levés de leurs tabourets. Plus de poésie, juste du sang et de la sueur. Et puis, soudain, une merveille de crochet gauche, un chef-d'œuvre de vitesse et de précision... et le taureau était à terre, l'épée enfoncée jusqu'à la garde. Comme tous les taureaux braves, Bonavena s'est relevé, mais maintenant Ali était Manolete, Fidel Castro en route pour La Havane, Moïse qui menait son peuple en Terre promise. Ali!

BUDD SCHULBERG

Il est à moi!

JOE FRAZIER

Monte et serre-lui la main!

YANK DURHAM

J'ai i'en à dire à ce clown!

JOE FRAZIER

Alors que sa carrière était derrière lui, Bonavena prendra comme manager Sally Burgess-Conforte, la tenancière d'un bordel de Reno, plus âgée que lui de vingt-six ans. Son mari, Joe Conforte, propriétaire du Mustang Ranch (soixante-sept hectares, cent chambres), finira par foutre Bonavena à la porte. Revenu pour s'expliquer avec Conforte, Bonavena sera abattu d'une balle dans le cœur par Willard Ross Bryner, le garde du corps du propriétaire des lieux. À sa mort, le 22 mai 1976, Bonavena avait l'âge du Christ.

LLOYD HEFNER

Le combat contre Bonavena est une preuve supplémentaire de la magie d'Ali. Il a été terriblement mauvais, le combat a été ennuyeux au possible, mais le K.-O. si dramatique que les gens ont oublié les quatorze reprises précédentes. Quoi qu'il en soit... le danger rôdait!

THOMAS HAUSER

Ali a pris davantage de coups contre Bonavena qu'au cours de n'importe quel autre de ses combats précédents. Bien plus que les gens ne s'en sont rendu compte. Il aurait dû se reposer, mais l'argent était là, l'occasion était là... alors, il y a été.

FERDIE PACHECO

Le monde va savoir! Le monde sait déjà!

BUNDINI BROWN

Ali était prêt pour Frazier, Frazier était prêt pour Ali. Ils étaient invaincus tous les deux. Ils étaient sans aucun doute les deux meilleurs poids lourds depuis Marciano et Louis, peut-être même les deux meilleurs poids lourds de tous les temps, cela portait le combat à un niveau de passion jamais atteint auparavant.

JACK CASHILL

Buster Mathis ou Joe Frazier pourront toujours faire croire aux Blancs qu'ils sont champions du monde, mais ils savent que même les petits enfants noirs se moqueraient d'eux s'ils essayaient de le faire.

LEROI JONES

Frazier aurait pu être une légende, il n'en était pas une.

FELIX DENNIS & DON ATYEO

Qu'est-ce qui faut que j'fasse ? J'ai battu tous ceux qu'j'ai ou'ancontou'és !

JOE FRAZIER

Joe voulait qu'Ali revienne parce qu'il savait que tant qu'il n'aurait pas battu Ali, un doute subsisterait, il ne serait jamais vraiment considéré comme le champion du monde.

DAVE WOLF

Un soir de victoire, il y avait toujours une voix au fond de la salle pour dominer les applaudissements et qui disait : « Ali t'aurait botté le cul, connard ! »

JACK « SUNNY » MEREMOUNT

Frazier avait été surnommé le Marciano noir.

Felix Dennis & Don Atyeo

Frazier est de la même race que Liston, un tueur de la vieille époque. Vous pouvez le frapper sur le crâne jusqu'à vous y casser les mains, le seul résultat, c'est qu'il va continuer à avancer en secouant la tête.

Henry Cooper

Tous les jours, il trempait son visage dans un seau d'eau salée pour rendre sa peau plus résistante.

Felix Dennis & Don Atyeo

Frazier est une machine de guerre. Il a une force de frappe terrifiante, un crochet gauche effrayant, même s'il vous manque, le bruit vous fait peur, et une excellente droite. Il frappe des deux mains, tous les boxeurs peuvent pas en dire autant, même les très bons. Il étouffe ses adversaires, il prend un coup, il en donne un, il prend trois coups, il en donne deux et donne encore un coup, toujours en mouvement, tout en continuant d'avancer sur vous. Il est petit pour un poids lourd, mais il n'est jamais aussi à l'aise que lorsqu'il avance, qu'il encaisse, qu'il esquive, il sait qu'il finira par vous avoir. C'est le poids lourd le plus puissant depuis Rocky Marciano.

Norman Mailer

Joe avait toujours été sympa avec Ali pendant son exil, il était profondément religieux lui-même et très respectueux des convictions religieuses d'Ali.

Dave Wolf

Si les ba'tistes étaient pas au'tau'ouisés à se battre, moi aussi, j'au'ouais oue'fusé d'le faire.

JOE FRAZIER

Jusqu'en 1970, Ali avait été plutôt chaleureux envers Frazier.

FELIX DENNIS & DON ATYEO

Les sentiments de Joe envers Ali ont radicalement changé lorsque, avant leur premier combat, Ali a commencé à le traiter d'Oncle Tom et d'ignorant.

DAVE WOLF

Le premier combat Ali/Frazier a été le plus grand événement de l'histoire de la boxe, même si beaucoup de combats ont généré plus d'argent, aucun n'a dépassé le strict cadre du sport comme Ali/Frazier I. Le combat s'est déroulé au Madison Square Garden, mais l'argent venait de Californie. Jerry Perenchio et Jack Kent Coole, le propriétaire des Lakers, ont accepté de payer chacun des boxeurs deux millions et demi de dollars, sans même les avoir rencontrés.

THOMAS HAUSER

La boxe, j'y connais rien !

JERRY PERENCHIO

Avec Harry Markson, j'ai fait une offre d'un million et demi de dollars pour chaque boxeur et trente-cinq pour cent des droits. Yank Durham nous a répondu qu'il avait une offre à deux millions et demi net. Je me suis assis avec eux dans la salle de Joe pour qu'ils comparent les deux offres. Ils ont jamais réussi à placer la virgule au bon endroit et Yank a fini par dire : « Un million et demi, ça fait un paquet de fric, mais deux millions et demi, c'est un plus gros paquet ! » S'ils avaient accepté notre offre, je me suis laissé dire qu'ils auraient gagné neuf millions de dollars supplémentaires.

TEDDY BRENNER

Ce n'était plus un combat, c'était un *happening*, une guerre entre deux rois invaincus qui allaient empocher en une seule nuit ce qu'avait rapporté *Le Pont de la rivière Kwaï*.

BUDD SCHULBERG

Frazier, c'est le stomp, le blues, le bacon, le gruau et la messe le dimanche... Ali, c'est le be-bop !

LARRY NEAL

C'était le match parfait, le combat entre la vitesse et la puissance, chacun des deux boxeurs devant résoudre le problème du style de l'autre. Pour étrange que cela semble aux non-initiés, sur un ring, c'est la *pensée* qui est la clé de la victoire.

BUDD SCHULBERG

C'était la première fois que deux poids lourds invaincus se rencontraient pour le titre et tout les opposait. C'était Baryshnikov contre un bagarreur, le déserteur contre le patriote, la grande gueule contre le modeste, le musulman contre le baptiste, le grand contre le petit, le noir contre le blanc.

Thomas Hauser

Frazier est deux fois plus noir qu'Ali, il est deux fois moins beau.

Norman Mailer

Le temps d'un combat, Frazier est devenu blanc, le public a fait de lui le bon, le Blanc.

Ferdie Pacheco

L'ironie de la chose était que Frazier était non seulement plus sombre de peau qu'Ali, mais qu'il avait une vie plus authentiquement noire qu'Ali, il était fier de ses racines Gullah ; il avait un manager noir, un entraîneur noir, toute son équipe était noire.

Jack Cashill

Joe fait partie de la classe ouvrière, Ali n'a pas travaillé un seul jour de sa vie.

Dave Wolf

J'ai été él'vé comme un Noua'r, pas lui ! J'ai fab'oui-qué de la gnôle ! j'ai débouâ'sé ! j'ai boulonné à la fe'me ! j'ai piqué des bagnoles à Bed-Stuy' ! j'ai vécu dans l'ghetto ! J'ai fait l'Oncle Tom ? Ouais ! quand y m'a d'mandé d'l'aider ! J'ai fait l'Oncle Tom pou' lui ! Pou' lui ! Y a un Blanc dans son coin, ces planteurs blindés lui ont filé du fouie, un baveux blanc l'a so'ti de taule et ce suceur d'bites me tou'aite d'Oncle Tom ?

Joe Frazier

Dans une nation divisée, Ali a assigné le mauvais rôle à Frazier, celui du traître à sa race, du leader des forces de la réaction grâce à sa rhétorique plus sophistiquée que celle de son adversaire avec l'appui de l'incroyable complaisance des médias.

JACK CASHILL

Ceux qui voulaient que Frazier gagne étaient les racistes, les réacs, les fascistes, tous ceux qui étaient opposés à ce contre quoi Ali s'était dressé.

MIKE MARQUSEE

Si vous étiez un supporter de Frazier, vous étiez partisan de la Loi et de l'Ordre, de Spiro Agnew et du *statu quo*.

FELIX DENNIS & DON ATYEO

C'était la lutte du Bien contre le Mal.

JERRY IZENBERG

Tout le monde ne parlait plus que du combat, dans les salons, dans les usines.

MARK KRAM

Ali était une figure héroïque, c'était un héros dans tous les sens du terme. Il était beau, il était noir et il gagnait tout le temps. Si vous étiez un jeune Noir défiant l'*establishment*, vous ne pouviez que vous identifier à lui.

BRYANT GUMBEL

Des millions de gens voulaient qu'Ali gagne. La plupart n'avaient rien à faire du modeste Frazier, ils n'avaient d'yeux que pour Ali. Pour quelques-uns, il était le tiers-monde personnifié, le bon sauvage, l'Enfant qui allait montrer la Voie. Pour d'autres, il était celui qui était resté digne dans l'adversité. Pour les athlètes noirs il était un exemple. Il était jeune et génial, un magicien en Technicolor dans un monde en noir et blanc. Et puis il y avait ceux qui le voyaient juste comme le type qui avait envoyé l'*establishment* se faire foutre et qui était payé deux millions et demi de dollars pour ça.

Robert Lipsyte

J'ai pas *besoin* qu'on m'aime.

Joe Frazier

Ali est un grand manipulateur, il ne fait rien au hasard. Et ce qu'il a construit de toutes pièces, c'est une identité blanche à celui qui était plus noir que lui. Il a isolé Joe de la communauté noire, il a continuellement ramené Joe au pouvoir blanc, il l'a fait volontairement et il l'a fait davantage qu'il n'était nécessaire pour vendre le combat. C'était de la cruauté pure et simple. Un point c'est tout.

Dave Wolf

Mais putain, k'èski peut bien con'nètou'e du ghetto ? Y'a jamais foutu les pieds !

Joe Frazier

L'un des paradoxes d'Ali, c'est qu'alors qu'il prônait une idéologie qui faisait des Blancs des êtres inférieurs, c'est envers les Noirs qu'il était le plus cruel.

Randy Roberts

Ali m'a toujours semblé plus amical avec les Blancs qu'avec les Noirs. Quand je travaillais à Deer Lake, j'ai jamais compris comment l'homme blanc pouvait être le diable personnifié et son meilleur pote cinq minutes plus tard. Sans compter que Kilroy et Dundee étaient blancs.

Larry Holmes

En Noir, Ali n'est pas très convaincant, il y a quelque chose de très Blanc en lui.

Norman Mailer

Aucun boxeur noir n'a été aussi complètement accepté par la communauté blanche. Aucun d'entre eux n'était aussi éloigné du ghetto et des champs de coton.

Wilfrid Sheed

En termes de race, Ali a beaucoup moins en commun avec Joe Frazier qu'avec Elvis Presley. Avec leur charme équivoque, Elvis et Ali, chacun à sa manière, sont un mélange typiquement américain des deux cultures du Sud, la blanche et la noire, une culture dont les éléments sont si inextricablement mêlés qu'elle défie toute analyse simpliste.

Jack Cashill

Ali a collé sur Joe une étiquette qui ne s'est toujours pas détachée : c'est un Oncle Tom stupide. Joe n'est pas stupide, il ne s'exprime pas très bien, en tous les cas beaucoup plus mal qu'Ali, et il a un accent de Caroline du Sud qui le rend difficilement compréhensible pour un type qui n'est pas de Caroline du Sud. Le paradoxe, c'est que Joe n'était entouré que de Noirs, Ali entouré de pas mal de Blancs et c'est Joe qui se retrouvait dans le rôle de l'Oncle Tom. Joe n'a pas pu supporter ça et le tort qu'Ali lui a infligé n'a jamais été réparé. Ali ne se souvient sûrement pas de tout ce qu'il a dit sur Joe, mais Joe, lui, n'a rien oublié.

DAVE WOLF

L'un des deux était le symbole de la fierté noire, il nous parlait d'injustice raciale, l'autre ressemblait à nos parents, il faisait son boulot, c'est tout. L'un des deux était contre la guerre, l'autre n'en avait pas grand-chose à faire. C'est difficile de se rendre compte aujourd'hui à quel point pour un jeune Noir, à l'époque, tout tournait autour du Vietnam… depuis la jeune fille avec laquelle vous sortiez jusqu'à ce que vous alliez faire plus tard. Et que ce soit juste ou pas, comme Joe Frazier se battait contre Ali, il devenait automatiquement le symbole de nos oppresseurs.

BRYANT GUMBEL

J'ai travaillé seize heures par jour, sept jours sur sept pendant deux mois, j'ai perdu dix kilos, Ali/Frazier a été le plus grand événement sur lequel j'aie jamais travaillé. J'ai distribué sept cent soixante accréditations pour la presse et j'ai bien dû en refuser cinq cents.

JOHN CONDON

J'vais pas le suiv', j'vais l'acculer dans les coins !

JOE FRAZIER

Ali en est arrivé à penser qu'il est parfait, il n'imagine pas être perfectible, perdre n'appartient pas à son vocabulaire.

BUDD SCHULBERG

Si bouge, c'est pas pask'il au'oua décidé de bouger, c'est pask' j'le f'ouais bouger !

JOE FRAZIER

On naît champion, on le devient pas.

CASSIUS MARCELLUS CLAY SR

Joe F'azier se décou'age pas !

JOE FRAZIER

Ali gagnera le premier et le deuxième, au troisième, Joe commencera à le toucher au corps, à partir du sixième, va falloir qu'il choisisse où il veut tomber.

YANK DURHAM

J'vais en pouend' deux ou touas, mais j'suis pas un sac !

JOE FRAZIER

Frazier est un boxeur fait sur mesure pour Ali. Il touche ceux qui sont là pour prendre des coups, Ali n'est pas là pour prendre des coups.

ANGELO DUNDEE

Moi, j'sais qu'j'peux p'ouend' un coup, et lui?

JOE FRAZIER

Quand Joe Frazier a quitté Philadelphie pour New York quelques jours avant le combat, il était escorté par cinq policiers armés, Jim Turner, Tony Fulwood, Ed Harrelll, Tom Payne et Ralph Taylor. Il n'avait pas défait ses bagages que le City Squire Hotel où il était descendu a été évacué à la suite d'une alerte à la bombe.

JACK CASHILL

P'ou pas étou'e emme'dés, on a rése'voué au Pierre Hotel juste à côté.

JOE FRAZIER

J'étais au point presse quand j'ai vu Angelo Dundee détendre les cordes. Je lui ai demandé ce qu'il fabriquait. Il m'a répondu : « T'occupe ! » et il a continué à détendre les cordes. J'ai été voir Yank Durham et je lui ai dit : « Tu ferais mieux de vérifier les cordes ! — Pour quoi faire? » il m'a demandé, je lui ai dit : « J'ai pas dit qu'il y avait un problème avec les cordes, je te dis de les vérifier, c'est tout ! » Yank les a vérifiées et il s'est mis à gueuler comme un putois que les types du Madison n'étaient même pas foutus de tendre des cordes. Je lui ai dit : « T'as plus qu'à trouver quelqu'un pour le faire... »

JOHN CONDON

Beaucoup de gens étaient là pour voir l'Espoir blanc détruire le nègre. C'était pas la première fois que ça arrivait, quand Ali a rencontré Liston dans le

Maine, j'ai entendu un jeune Blanc qui gueulait à Liston : « Tue-moi ce nègre ! Tue-le ! » sans se rendre compte que Liston était beaucoup plus noir qu'Ali. Ali a ce pouvoir, il rend les gens aveugles, souvent vous voyez ce qu'il veut que vous voyiez, pas ce qui est là.

José Torres

Si Ali déclare qu'il va marcher sur l'East River demain, je vous mets ma main à couper que le lendemain il y aura dix mille personnes pour assister au spectacle.

Teddy Brenner

> **8 mars 1971**
> **Madison Square Garden**
> **New York (New York)**
> **Joe Frazier**
> **Défaite aux points, 15 rounds**

Le 8 mars 1971, le monde entier avait les yeux fixés sur un carré lumineux. Le ring du Madison Square Garden était devenu la plus grande scène des temps modernes. Jamais autant de gens dans le monde n'avaient regardé — ensemble — un même événement.

Thomas Hauser

Ce n'était plus Atlanta où Ali boxait devant *son* public. Le Madison était divisé en deux parties à peu près égales, entre démocrates et républicains, libéraux et réactionnaires, faucons et colombes, gauchistes de Park Avenue et partisans de Spiro Agnew.

Budd Schulberg

Excepté Don King, tout le monde était là : Elvis Presley, les Beatles, Joe Louis, Ed Sullivan, Sugar Ray Robinson, Diana Ross, Gene Tunney, Bing Crosby, Ted Kennedy, Jack Dempsey, Count Basie, Hubert Humphrey, Aretha Franklin, Salvador Dali.

JACK CASHILL

C'était le genre de soirée où quand vous tournez la tête vous pouvez apercevoir Ethel Kennedy, Burt Bacharach, Frank Sinatra, Bernadette Devlin, Marcello Mastroianni, William Saroyan, Nancy Wilson, Alan Shepard et les deux gogos qui avaient payé un fauteuil de ring quinze cents dollars.

BUDD SCHULBERG

On vous propose *La Joconde*, vous voulez pas qu'on vous la vende pour une poignée de haricots ?

JERRY PERENCHIO

Les championnats du monde poids lourds peuvent retomber comme un soufflé. S'ils se terminent rapidement, c'est arrangé (un cliché de film noir), si ça va au bout, c'est que le vainqueur est une cloche qui frappe pas ou alors qu'il a épargné le vaincu.

MARK KRAM

Joe est un type bien, mais s'il bat Ali il deviendra le champion le plus impopulaire de tous les temps.

EDDIE FUTCH

Ali est monté sur le ring le premier dans un peignoir de velours rouge assorti à son short, chaussures blanches à pompons rouges. Quoi que vous pensiez de lui, si vous étiez honnête, vous ne pouviez que constater que ce soir-là il était au sommet de son art. Il avait tous les dons : le punch, la taille, la vitesse, l'intelligence, l'imagination, il était un poème vivant, l'égal des chefs-d'œuvre des musées, un Mozart qui ne mourrait pas assez jeune.

MARK KRAM

À dix heures et demie, Frazier a fendu la foule dans un peignoir en brocart vert et or sur lequel étaient brodés les prénoms de ses cinq enfants.

FELIX DENNIS & DON ATYEO

Tout c'que j'voyais, c'est ce tw'ou-du-cul dans son sho't en velou'ouge.

JOE FRAZIER

Je crois que si j'avais été plus vieux, j'aurais eu une attaque... derrière moi, un type a eu un malaise, il a fallu l'évacuer sur une civière.

BUTCH LEWIS

Mesdames et Messieurs... dans ce coin, portant un short rouge et pesant deux cent quinze livres... de Cherry Hill, New Jersey, le retour du champion... Muhammad Ali !

JOHNNY ADDIE

A-LI ! A-LI ! A-LI ! A-LI ! A-LI ! A-LI ! A-LI ! A-LI ! A-LI ! A-LI ! A-LI ! A-LI ! A-LI ! A-LI ! A-LI ! A-LI !

LA FOULE

Et dans le coin opposé, portant un short vert et or, pesant deux cent cinq livres et demie, de Philadelphie, le champion du monde des poids lourds... Joe Frazier !

Johnny Addie

FRA-ZIER ! FRA-ZIER ! FRA-ZIER ! FRA-ZIER !
FRA-ZIER ! FRA-ZIER ! FRA-ZIER ! FRA-ZIER !

La foule

Botte-lui le cul jusqu'à ce que ce connard en puisse plus !

Yank Durham

Les quinze premières secondes d'un combat peuvent décider du combat comme le premier baiser d'une histoire d'amour. Chacun d'entre eux a foiré. Ali a bloqué facilement les premiers coups de Frazier, mais Ali a raté sa cible.

Norman Mailer

Les quatre premiers rounds, Ali a essayé tout ce qui était en son pouvoir pour fatiguer Frazier et même pour écourter le combat. Frazier a pris ses coups sans cesser d'avancer.

Jack Cashill

On aurait dit King Kong en haut de l'Empire State Building.

Ferdie Pacheco

Le gauche d'Ali était comme la langue d'un serpent... Tssst ! Tssst ! mais le crâne de Frazier bougeait trop vite pour lui. Frazier ne reculait jamais... jamais un pas en arrière et l'ombre de son crochet gauche à déraciner un arbre flottait dans l'air.

NORMAN MAILER

Rien à fout'oue ! J'm'en vais t'botter le cul ! J'suis là pour te dét'ouir', Clay !

JOE FRAZIER

Ali a gagné les deux premiers rounds, mais il était évident qu'il ne pourrait pas continuer sur ce rythme et, au troisième, Frazier a commencé à le toucher. Il a gagné le round et le suivant. Ali semblait fatigué et un peu déprimé.

NORMAN MAILER

Frazier n'était pas plus difficile à toucher que le mur d'une grange, mais les coups d'Ali rebondissaient sur le mur comme des graviers et c'était des rochers qui lui revenaient.

BUDD SCHULBERG

F'ouaid Astai', tai'minè... Pas Joe !

JOE FRAZIER

Les deux premiers rounds, c'était le Ali d'avant, il dansait, les pompons rouges de ses chaussures virevoltaient dans tous les sens, son direct du gauche était toujours aussi rapide et toujours aussi précis mais, au début du troisième, il s'est installé dans les cordes sans y avoir été contraint. À la fin de la reprise, il a demandé à s'asseoir pour la première fois.

FELIX DENNIS & DON ATYEO

Au début du cinquième, Ali s'est levé doucement de son tabouret, très lentement. Frazier a commencé à comprendre que le combat était pour lui.

NORMAN MAILER

T'inquiète ! Ça vient... botte-lui le cul, il va décarrer !

YANK DURHAM

Au dixième, en les séparant, sans faire exprès, j'ai mis mon doigt dans l'œil de Frazier. « Sont deux ! » il a fait à Durham et Durham m'a traité de tous les noms.

ARTHUR MERCANTE

Après une demi-heure de combat, j'avais égalité. Le coin d'Ali était inquiet. Ali piquait comme une abeille et le visage de Frazier ressemblait à celui de quelqu'un qui l'avait fourré dans une ruche, mais Ali flottait comme un ballon dégonflé plutôt que comme un papillon.

BUDD SCHULBERG

La nuit était à Frazier. Les premières reprises ont été équilibrées, ce qui n'a pas empêché Ali d'encaisser plus de coups qu'il n'en avait jamais encaissé auparavant. À la mi-combat, il s'est réfugié dans les cordes où il en a encore pris d'autres, sans doute ceux qui lui ont fait perdre le combat. À la onzième, il a reculé sur un crochet du gauche et le combat a changé de physionomie.

Thomas Hauser

Ses jambes… il est touché !

José Torres

À la fin du onzième, il est rep'aouti dans son coin en titubant, Dundee et Chickie Ferrara ont passé au t'ouaver' des co'des à tout' vitesse. Dundee lui fouap'pait les guiboles, il lui gueulait ap'ouès, le toubi' Harry Kleiman le reg'aoudait pour savoi' s'il était pas dans les vap's.

Joe Frazier

Pacheco pense qu'Ali aurait gagné si le combat s'était déroulé en dix rounds, le problème c'est qu'il était prévu en quinze.

Jack Cashill

Angelo a fait un geste pour indiquer à Ferdie Pacheco qu'Ali n'avait pas besoin de ses soins. Il avait seulement besoin d'une nouvelle paire de jambes et d'un bazooka.

Budd Schulberg

Quand on rencontre un boxeur avec un bon crochet du gauche, tôt ou tard, il sortira son gauche de nulle part et il vous descendra. Celui qui a le meilleur crochet gauche, c'est pas Untel ou Untel, c'est la vie.

Norman Mailer

Au début du dernier round de ce combat où deux personnes avaient succombé à une crise cardiaque, si vous aviez seulement huit à six pour Frazier sur vos tablettes ou même sept à sept, personne vous aurait cassé une chaise sur le crâne.

MARK KRAM

Au quinzième, Ali était fatigué, tout ce qu'il voulait c'était terminer, et Frazier l'a cueilli à la mâchoire avec le meilleur crochet gauche de la décennie. Ali est tombé. Je n'aurais jamais cru qu'il puisse se relever et il s'est relevé aussi vite qu'il était tombé. C'était incroyable, Frazier l'aurait tué, il se serait relevé.

FERDIE PACHECO

Missié Moa-Moa-Moa su' le cul, les jambes en l'ai' !

JOE FRAZIER

Au dernier, Joe a touché Ali comme personne l'avait jamais touché. De plein fouet. Il est tombé, mais il s'est relevé aussitôt. Le temps de pousser Frazier dans son coin, j'ai même pas eu le temps de le compter. Je lui ai rien demandé, je suis sûr qu'il m'aurait répondu que tout allait bien et en fait il a plutôt mieux boxé après le knock-down qu'avant.

ARTHUR MERCANTE

Ce crochet a soufflé toutes les bougies !

BUNDINI BROWN

Quatre ans auparavant, Frazier n'aurait pas été un problème pour Ali. Frazier est un boxeur qui fonce tout droit, il a autant d'imagination qu'une locomotive. Le jeune Ali aurait dansé autour de lui, il l'aurait piqué avec son gauche avant de le mettre hors de combat. Ç'aurait été la rencontre d'un bon artisan et d'un artiste au sommet de son art.

PETE TAMIL

C'était Yank le patron et Joe qui boxait, mais je crois que je les ai bien conseillés. J'ai toujours vu les faiblesses dans le jeu d'Ali et, pour le premier combat, c'est la position de sa tête quand il était dans les cordes. Tous ses adversaires avaient tendance à frapper en haut quand Ali était dans les cordes, c'est une erreur, Ali esquive ce genre de coups facilement avant de contre-attaquer alors que son corps est découvert. J'ai dit à Joe de le travailler d'abord au corps quand il était dans les cordes et c'est ce qu'il a fait. Il aurait même pu le finir au onzième, mais Ali l'a trompé en surjouant le type sonné, Joe s'est pas rendu compte qu'il était réellement sonné, il l'a poursuivi en marchant et Ali a eu le temps de récupérer.

EDDIE FUTCH

J'ai botté l'cul à c'connard !

JOE FRAZIER

Les dons d'Ali semblaient s'être envolés, ses coups non seulement avaient manqué de précision, mais ils avaient, quelquefois, semblé bien mous. Pour ce qui est du courage et de la volonté, il n'avait rien à se reprocher, mais son corps n'était plus aussi performant qu'il l'avait été. Son style si brillant s'était envolé avec son arrogante confiance en lui.

PETE TAMIL

MATCH-NUL ! MATCH-NUL ! MATCH-NUL ! MATCH-NUL ! MATCH-NUL ! MATCH-NUL ! MATCH-NUL !

La foule

Le combat était si serré qu'aucun des spectateurs du Madison ne connaissait le vainqueur avant que l'on annonce la décision des juges.

Howard L. Bingham & Max Wallace

C'était un beau combat. Je suis étonné qu'il ait été jusqu'au bout.

Arthur Mercante

Pour l'arbitre Arthur Mercante… huit rounds pour Frazier, six rounds pour Ali et un nul ! Pour le juge Artie Aidala… neuf rounds pour Frazier, six rounds pour Ali ! Pour le juge Bill Recht… onze rounds pour Frazier, quatre pour Ali !

Johnny Addie

Il a été déclaré perdant uniquement à cause de sa religion et de son attitude envers l'armée.

Howard Cosell

Il est certain que, ce soir-là, Frazier boxait à la maison. Personnellement, j'avais Ali en tête… j'ai pas de problème avec la décision des juges pour autant, c'était serré, mais personnellement j'ai vu Ali vainqueur.

Larry Merchant

Ils nous ont volé le titre !

CASSIUS MARCELLUS CLAY SR

Quand Ali a été déclaré perdant, c'était horrible ! J'étais effondré. C'était comme si tout ce à quoi je croyais, tout ce pourquoi je m'étais battu s'était écroulé. Ça a été une soirée terrible, pire que celle où Nixon a été réélu. Nous étions la minorité, nous avions raison, mais nous étions les moins nombreux. C'est pour ça qu'Ali contre Frazier était si important… Un contre un, à la loyale, et on va vous montrer, bande de salopards !

BRYANT GUMBEL

D'après son chef de cabinet, à la Maison-Blanche, Richard Nixon sautait partout, fou de joie à l'idée que ce « trou-du-cul de déserteur » avait perdu.

HOWARD L. BINGHAM & MAX WALLACE

Jamais pu piffer Ali ! C'qui m'a dit m'a fait p'us mal qu'ses coups. Il m'a t'ou'aité d'Oncle Tom, il a dit que j'étais ouen'du à l'homme blanc. Il a dit que c'était pou' l'audience, mais l'audience a i'en à v'oua' avec ça. Ça l'sev'ait à lui, ça sev'ait pas la cause des N'ouars. Ali c'est pas le leader n'ouar que les Blancs y c'ouay'aient. J'lui ai fermé sa g'ou'ande gueule ! Ce s'ou'a-là, j'étais comme un chien en'ouagé ! La seule chose qu'j'ai pensé quand il s'est oue'levé c'est la même chose qu'j'ai pensé tou' la s'oua'ée : f'oua'pper ! Lui, il pa'lait, moi, je f'oua'ppais !

JOE FRAZIER

Regarde Frazier, Champ ! On dirait Quasimodo !

BUNDINI BROWN

Joe était incroyablement marqué, il avait la tête comme du pâté de foie. Il avait mal, très mal. Je me souviens qu'il a plongé sa tête dans un seau de glace pilée... il y est resté si longtemps que je me suis demandé s'il s'était pas noyé! Quand il a sorti sa tête du seau, il s'est rappelé ce qu'Ali avait promis : s'il était battu, il ramperait tout autour du ring, et il a dit à Yank : « Va d'iou'e à c't enf'ou'aé de Clay de ou'amper ju'qu'ici. » Yank est sorti mais, une fois dans le vestiaire d'Ali, il a félicité Muhammad pour son combat.

Dave Wolf

Ali n'avait même pas la force de s'habiller tout seul. Bundini lui a enfilé ses chaussettes, il a soulevé ses jambes pour lui passer son pantalon qu'il a tiré jusqu'aux cuisses avant de s'apercevoir qu'il l'avait enfilé à l'envers. La serviette a glissé...

George Plimpton

Putain! Sa mère est là! Elle va nous faire une syncope!

Bundini Brown

On a relevé le boxeur nu de la table de massage. Bundini a remonté sa braguette.

George Plimpton

On l'a assis dans une limousine et on l'a amené se faire radiographier au Flower 5th Avenue Hospital parce que sa mâchoire était très enflée. J'aurais voulu qu'il reste la nuit en observation, mais il n'a pas voulu. J'ai regardé les clichés à peine sortis du bain, il n'avait rien. Je n'ai jamais pu contrôler... quelqu'un les a volés !

FERDIE PACHECO

Dans la limousine, effondré sur la banquette arrière, Ali ressemblait à l'ivrogne que l'on ramène chez lui après une cuite monumentale.

GEORGE PLIMPTON

Aucun héros n'a survécu à cette décennie, comment auriez-vous voulu qu'il le puisse ?

THOMAS THOMPSON

Y a-t-il encore un ministère de la Justice dans ce pays ? Et dans quel pays sommes-nous pour que Monsieur Cassius Clay ne soit pas encore en prison ?

GEORGE ANDREWS

Le 19 avril 1971, le cas Muhammad Ali était examiné par la Cour suprême des États-Unis à Washington.

THOMAS HAUSER

Je n'avais aucun sentiment personnel envers monsieur Ali. Je ne le connaissais pas, je ne l'avais jamais vu, la boxe ne m'intéresse pas. C'était l'un des cent vingt-sept cas que j'avais présentés devant la Cour suprême. C'était un cas difficile, très difficile. Parfois, vous gagnez, parfois, vous perdez, celui-là, on a perdu.

ERWIN GRISWOLD

La Cour suprême avait fini par hériter de la patate chaude. Au premier tour, cinq juges étaient pour la condamnation et trois contre ; au second, l'égalité était parfaite ; Potter Stewart a fini par convaincre ses collègues des conséquences politiques désastreuses entraînées par l'emprisonnement d'une idole noire.

Jack Cashill

Le 28 juin 1971, la Cour suprême des États-Unis abandonnait toutes les charges à l'encontre de Muhammad Ali. Pour ce qui est de son titre, il allait falloir qu'il le récupère sur le ring.

Thomas Hauser

Ces années-là, chacun à sa manière, Martin Luther King, Malcolm X, Medgar Evers, Elridge Cleaver, Cassius Clay devenu Muhammad Ali nous ont dit : « Il faut nous regarder les uns les autres, il faut nous comprendre, il faut nous libérer ou nous mourrons ensemble, le maître et l'esclave, enchaînés l'un à l'autre. »

Budd Schulberg

Dans sa vie, Muhammad Ali a eu plus d'identités que n'importe qui : homme-enfant, fantaisiste, poète, déserteur, rebelle, prêcheur, champion. Il suffisait de lui demander... et il endossait le rôle. Mais s'il fallait, à toute force, lui coller une étiquette, ce serait d'avoir été le symbole des années 60. Ali capturait parfaitement l'air du temps comme Robert Kennedy, les Beatles, John Lennon. Il était passionné, en butte à l'autorité, dans un monde qui changeait à toute vitesse, il a influencé le monde plus qu'il ne l'a reflété.

Et il a survécu. John et Robert Kennedy, Malcolm X, Martin Luther King, John Lennon, tous les autres héros des années 60 sont morts. Les icônes comme Marilyn Monroe et Elvis Presley aussi, mais Ali est vivant.

JACK NEWFIELD

En tant que héros de son peuple, Muhammad Ali n'aurait jamais plus le même impact.

HOWARD L. BINGHAM & MAX WALLACE

Bien sûr, j'ai dominé Bonavena et Quarry, mais tout le monde sait qui est le vrai champion.

JIMMY ELLIS

> 26 juillet 1971
> Astrodome
> Houston (Texas)
> Jimmy Ellis
> Victoire, K.-O., 12ᵉ round

Jimmy Ellis était son sparring-partner préféré, une parfaite copie d'Ali modèle réduit, un très bon boxeur, bon frappeur, le même style qu'Ali... sans le génie.

BUDD SCHULBERG

Pour Ellis, ce combat était une véritable obsession, le couronnement de plusieurs années de frustration.

TEX MAULE

C'était bizarre de rencontrer Ali après tout le bon temps que nous avions pris ensemble. C'est lui qui m'a présenté Angelo, c'est lui qui m'a encouragé, on s'est entraînés ensemble, quand j'ai gagné le titre WBA, il était heureux pour moi. En amateur, je l'avais battu, on avait boxé plusieurs centaines de rounds ensemble, je le connaissais par cœur. J'avais le style pour le battre et la vitesse aussi, il avait plus ses jambes d'avant. Le coup que j'avais attendu toute la soirée, c'est celui qui m'a eu... sa droite par-dessus mon direct du gauche ! Je l'ai évitée toute la soirée et au douzième je l'ai prise. Il n'y a jamais eu d'animosité entre nous, je l'ai toujours beaucoup aimé et je l'ai toujours respecté, il m'a toujours traité comme j'avais envie qu'il me traite. Je suis baptiste et il m'a jamais emmerdé avec ça. Pour moi, Dieu existe et peu importe qu'il s'appelle Allah ou Jéhovah, ce que je sais c'est qu'Ali est à ses côtés. Il peut m'appeler quand il veut, de jour comme de nuit, je serai là pour lui comme il a été là pour moi.

JIMMY ELLIS

---

17 novembre 1971
Astrodome
Houston (Texas)
Buster Mathis
Victoire aux points, 12 rounds

Buster Mathis ne ressemble à rien d'autre qu'à un éléphant !

BARNEY NAGLER

Une baleine avec le bide du Père Noël.

FELIX DENNIS & DON ATYEO

La « montagne » est venue à Muhammad Ali, elle est venue et revenue inlassablement et puis elle a fini par s'écrouler d'épuisement.

RAY COLLINS

Au début du douzième, Buster s'est levé de son tabouret en titubant. Avec sa gauche, Ali l'a frappé sur le front, un peu comme on cogne à une porte et même ce genre de coup anodin faisait flageoler les jambes de Buster. Ali a envoyé une gentille droite, Buster est tombé avant de se relever péniblement. Ali l'a touché avec une gentille gauche, Buster a titubé aux quatre coins du ring. Ali l'a caressé avec sa droite et Buster est tombé une fois de plus. Quand il s'est relevé, Ali a cessé de frapper.

TEX MAULE

Le cœur y était pas.

BUSTER MATHIS

Buster Mathis est mort d'une crise cardiaque le 6 septembre 1995 à l'âge de cinquante-deux ans, il pesait plus de deux cents kilos. Trois mois plus tard, son fils, Buster Mathis Jr, sera battu par K.-O. à la troisième reprise par Mike Tyson.

LLOYD HEFNER

En décembre 1971, Ali et le Prophète sont apparus à la une de *Muhammad Speaks* sous une manchette les qualifiant de « Lumières de l'humanité ».

MIKE MARQUSEE

> **26 décembre 1971**
> **Hallestadion**
> **Zurich (Suisse)**
> **Jurgen Blin**
> **Victoire, K.-O. tech, 7ᵉ round**

Après sa défaite contre Frazier, ils voulaient quelqu'un pour le faire briller... ils voulaient un combat facile... c'est pour ça qu'ils m'ont choisi.

JURGEN BLIN

Pour rencontrer Ali, Jurgen Blin a touché la plus grosse bourse de sa carrière : cent quatre-vingt mille marks.

STEPHEN BRUNT

Je viens de nulle part. Je veux pas parler des quinze premières années de ma vie... terrible ! c'était terrible !

JURGEN BLIN

Blin était né en 1943 à Grossensee, une toute petite ville, à l'extrême nord-ouest de l'Allemagne, juste en dessous du Danemark. Son père gagnait sa vie en trayant les vaches.

STEPHEN BRUNT

Mon père était saoul du matin au soir, avec ma mère, on faisait le boulot à sa place... de quatre heures à sept heures du matin. À l'école, les autres m'appelaient « La Bouse », ils disaient que je sentais la bouse, j'allais pleurer dans les bois.

JURGEN BLIN

À quinze ans, Blin est parti à Hambourg où il a travaillé comme apprenti boucher, il y avait une salle en face de la boutique de son patron, Blin a commencé à s'entraîner après son boulot. Il n'a jamais arrêté de travailler, même lorsqu'il était professionnel. Pour les grands combats, il prenait trois ou quatre semaines de congés.

STEPHEN BRUNT

Si j'avais frappé, j'aurais pas été mauvais… j'étais pas doué, j'étais trop petit, j'étais pas assez rapide et en plus je frappais pas.

JURGEN BLIN

Blin a débuté le combat à toute allure.

STEPHEN BRUNT

Tous mes autres combats, j'avais une chance… celui-là, je savais que j'en avais aucune, alors j'ai commencé le plus vite que j'ai pu, c'était ma seule chance, je savais que ça irait pas jusqu'au bout.

JURGEN BLIN

Ali était redevenu le danseur étoile qu'il avait été, il mitraillait son adversaire avec ses jabs, il a même réussi à tripler son crochet du gauche. À la fin du combat, l'Allemand saignait du nez, il avait les deux pommettes et l'arcade sourcilière gauche ouvertes.

MIKE KATZ

Je me suis douché, je me suis rhabillé et je suis parti, j'avais plus rien à faire là !

JURGEN BLIN

Une semaine après le combat, Jurgen Blin était de retour à l'usine de saucisses où il travaillait.

STEPHEN BRUNT

La Nation de l'Islam n'était plus la force qu'elle avait été dans les années 60, le *leadership* du nationalisme noir appartenait désormais à des mouvements plus radicaux. La Nation était devenue une institution respectable. Grâce à ses prises de position politiques conservatrices, Elijah Muhammad avait même gagné la reconnaissance de l'Amérique blanche, aux yeux de laquelle il apparaissait comme l'un des grands hommes de la cause noire. Le maire de Chicago, Richard Daley, avait déclaré le 29 mars « Jour d'Elijah Muhammad ». Il n'empêche que le Prophète restait sur ses gardes envers les formations schismatiques. En janvier 1973, des membres de la Nation de l'Islam assassineront brutalement cinq membres de la famille de Hamas Abdul Khaalis, le fondateur de la secte Hanafi, celle qu'avait rejointe Kareem Abdul-Jabbar alias Lewis Alcindor, le pivot vedette des Lakers.

MIKE MARQUSEE

Amina, la fille d'Abdul Khaalis : une balle dans la tête ; son frère de dix ans : deux balles dans la tête ; Abdullah, trois ans : trois balles dans la tête. Un ami de la famille : mort. Bibi, la femme d'Abdul Khaalis : huit balles à bout portant ; sa fille, un an : noyée dans la baignoire ; le fils d'Amina, neuf jours : noyé. Amina et Bibi survivront par miracle.

LLOYD HEFNER

La police arrêtera en premier James Price puis six autres de ses complices. Alors qu'ils attendaient d'être jugés, Louis Farrakhan mettra en garde contre « ceux qui seraient instrumentalisés par un gouvernement qui veut s'opposer à notre réussite » et préviendra que, malgré la bienveillance d'Elijah Muhammad, les jeunes Musulmans sauraient quel sort réserver aux « traîtres ». James Price sera retrouvé pendu dans sa cellule, les testicules arrachés, le rectum ouvert avec un poignard « fait maison ».

JACK CASHILL

Price a été mutilé avec une telle violence que même les pires exactions du Klan ne peuvent pas y être comparées.

KARL EVANZZ

> 1er avril 1972
> Nippon Budokan Hall
> Tokyo (Japon)
> Mac Foster
> Victoire aux points, 15 rounds

Contrairement à Jurgen Blin, Mac « Dynamite » Foster avait un joli palmarès : vingt-huit victoires, toutes par K.-O., sur vingt-neuf combats disputés devant des adversaires comme Cleveland Williams ou Zora Folley, il avait été battu une seule fois, avant la limite, par Jerry Quarry. En 1969, il avait été désigné comme espoir de l'année par *The Ring*.

JACK « SUNNY » MEREMOUNT

J'ai voulu m'approcher, mais j'y suis pas arrivé.

MAC FOSTER

Boxe ! Boxe !

ANGELO DUNDEE

Ali s'est comporté comme quelqu'un qui se contente de faire son boulot.

LEW ESKIN

> 1er mai 1972
> Pacific Coliseum
> Vancouver (Canada)
> George Chuvalo
> Victoire aux points, 12 reprises

En dehors du Canada, on considère George Chuvalo comme un encaisseur, un boxeur assez bon pour rencontrer les meilleurs mais pas assez pour les battre, un type un peu masochiste capable de tout encaisser et de refuser de mettre un genou à terre. Le talent singulier de Chuvalo, c'était d'accepter la douleur, d'ignorer la souffrance pour en faire les composants de la passion joyeuse qu'il éprouvait à faire ce métier.

STEPHEN BRUNT

Je suppose que vous allez dire que j'ai dérouillé comme d'hab'… peut-être, mais mes jambes n'ont pas flanché. Comme d'hab' !

GEORGE CHUVALO

Lorsqu'il est descendu du ring, sa figure ressemblait à un sac de balles de golf.

Hal Sigurdson

J'ai mieux boxé la deuxième fois, j'l'ai pas mal touché en directs, mais j'crois que j'aurais dû travailler plus en bas. J'l'ai trop travaillé au corps la première fois et pas assez la deuxième. La deuxième, Ali était beaucoup moins bien physiquement, il était obligé de truquer. Y avait des moments où il était lui-même, mais pas tout le temps. Il était en bien meilleure condition physique la première fois. Après son exil, il a jamais été aussi bien qu'avant.

George Chuvalo

En quatre-vingt-treize combats, George Chuvalo n'a jamais été mis K.-O., n'a jamais mis un genou à terre, n'a jamais été compté debout, il a demandé s'il n'était pas «un peu con» à l'arbitre qui l'a arrêté lorsque George Foreman lui a cassé le nez; depuis son combat contre Frazier, il a un bout de plastique pour maintenir son œil en place. Rien ne lui a été épargné sur le ring, rien ne lui sera épargné en dehors : son fils Jesse, défiguré accidentellement à dix-huit mois, s'est suicidé, deux autres de ses fils, Georgie Lee et Steven Louis, sont morts d'overdose.

Lloyd Hefner

Le style de vie de mon père était à l'opposé de celui de la famille normale. On habitait en banlieue, qu'est-ce que vous êtes censé faire en banlieue ? Travailler de neuf heures du matin à cinq heures de l'après-midi et tondre votre pelouse le week-end.

George pouvait pas faire ça. Ma mère, elle, avait ce genre de rêves...

MITCH CHUVALO

J'suis même pas foutue de trouver un papier propre dans c'te baraque pour écrire d'ssus que j'veux être incinérée !

LYNNIE CHUVALO

Quatre jours après la mort de George Lee, je me suis levé à huit heures du matin. Elle me tournait le dos, étendue dans un survêtement orange. Je lui ai dit : « Au revoir Lynnie, à tout à l'heure. » Quand je suis revenu, le réveil marquait 1 : 47. Elle était dans la même position, c'est comme ça que j'ai compris qu'elle était morte.

GEORGE CHUVALO

Au Canada, c'est devenu un cliché de parler du courage de Chuvalo, de la manière dont il a survécu à toutes les épreuves qu'il a endurées. Perdre trois fils, perdre sa femme dans des circonstances dramatiques, Chuvalo se croyait invincible, mais il n'aurait jamais imaginé traverser l'enfer.

STEPHEN BRUNT

Je peux parler à peu près normalement et j'ai toute ma tête, enfin... presque ! Pour un boxeur, c'est pas si mal... Ali ? Ali a toujours eu de la chance, peu importe ce qui lui arrive. Il est heureux, il est entouré de gens qui l'aiment, partout où il va, les gens l'aiment. Regardez-le... il a l'air malheureux ? J'crois pas. Il est en paix avec lui-même. Vous l'avez vu à

Atlanta ? Malgré les tremblements, y a quelque chose de beau dans tout ça.

GEORGE CHUVALO

> 27 juin 1972
> Convention Center
> Las Vegas (Nevada)
> Jerry Quarry
> Victoire, K.-O. tech, 7ᵉ round

Avant que Jerry monte sur le ring, Mike, son frère cadet, disputait le championnat du monde des mi-lourds contre Bob Foster, dont les seules défaites avaient été concédées contre des types qui pesaient vingt kilos de plus que lui. Au quatrième round, Mike est resté cinq minutes étendu sur le tapis, immobile, les bras en croix.

JACK « SUNNY » MEREMOUNT

J'me suis même pas défendu... J'étais lessivé ! J'm'en foutais !

JERRY QUARRY

Ce soir-là, Jerry avait du bide, il était apathique. Ali l'a tenu à distance avec son jab.

DAVID DAVIS

Les deux premiers rounds de cette farce ressemblaient plus à un film de Laurel et Hardy qu'à un match de boxe. Quarry était aussi désemparé qu'une douairière dansant le tango avec Groucho Marx. Ali l'a promené comme un bébé dans son landau avant de le réduire en bouillie.

TIM HORGAN

Jerry Quarry est sonné. Scientifiquement, il souffre de *dementia pugilistica*, dont les symptômes sont voisins de la maladie d'Alzheimer. Mike Quarry est sonné aussi. Bobby Quarry est sonné aussi.

LLOYD HEFNER

Mike et Jerry s'entraînaient ensemble. Il n'y avait aucune animosité entre eux, ils travaillaient.

BILL SLAYTON

Jerry frappait trop fort à l'entraînement. Il cherchait pas à me foutre en l'air, il aurait pu le faire facile, mais il frappait fort, après... il s'est excusé !

MIKE QUARRY

Toute leur vie, mon père les a conditionnés à prendre des coups.

JIMMY QUARRY

Un Quarry n'abandonne jamais.

JACK QUARRY

La boxe, c'est dur, la vie, c'est pire !

JERRY QUARRY

Les années 80 ont été les plus difficiles. Il rentrait bourré, il s'enfermait dans sa chambre et il pleurait.

JERRY LYNN QUARRY

La seule chose dont Jerry se souvienne, ce sont ses poèmes.

DAVID DAVIS

Je me souviens/J'ai des tas de souvenirs/Je me suis battu/Du sang et des larmes/Round après round/J'ai tenté.

JERRY QUARRY

En 83, après son combat contre James Williams, il a fallu lui poser soixante agrafes sur le visage, il me foutait la trouille. Il était tellement amoché que la Croix-Rouge campait devant son vestiaire.

JERRY LYNN QUARRY

En 92, à quarante-sept ans, il a disputé son dernier combat contre Ron Crammer. Quand il est rentré chez lui, il lui manquait les dents de devant et il voyait trouble. Il avait touché mille dollars.

DAVID DAVIS

Jerry Quarry a gagné deux millions de dollars sur le ring. En 1995, il vivait chez son frère Jimmy à San Jacinto, à une centaine de kilomètres de Los Angeles. Tous les mois, il touchait un chèque de six cent quatorze dollars de la Sécurité sociale.

JACK « SUNNY »MEREMOUNT

Qui a détruit Jerry Quarry ? Son père l'a détruit. Et il s'est détruit lui-même. Et la boxe l'a détruit. Nous l'avons tous détruit, nous qui les avons regardés boxer.

David Davis

C'est la vie/on monte/doucement/vers le bas.

Jerry Quarry

Jerry « Irish » Quarry est mort le 3 janvier 1999.

Lloyd Hefner

J'avais toujours rêvé d'organiser un combat en Irlande. C'est en Irlande que la boxe est née et les Irlandais se battent tout le temps. Je connaissais un tenancier de bar à Dublin, Butty Sugrue, qui lui aussi voulait organiser un combat, je lui ai dit, tu me trouves deux cent mille dollars, je te trouve Ali !

Harold Conrad

---

19 juillet 1972
Croke Park
Dublin (Irlande)
Al « Blue » Lewis
Victoire, K.-O. tech, 11ᵉ round

Le soir avant le combat, j'étais dans un pub et je parlais avec un type, je lui ai demandé s'il avait un billet pour le match, il m'a répondu : « Un Irlandais paie jamais pour voir des types se battre ! » J'aurais dû l'écouter, le soir du combat sept mille personnes ont défoncé les caisses, renversé les barrières de sécurité et ont assisté au combat gratos. Un bon combat, d'ailleurs ! Ali était un peu enrhumé, Lewis remonté comme une pendule et décidé à ne pas se laisser faire. Ali a saigné du nez, « Blue » a été arrêté à la onzième reprise.

Harold Conrad

Ça a été une démonstration de courage contre une démonstration technique. John Wayne aurait adoré ça.

Irish Independent

> 20 septembre 1972
> Madison Square Garden
> New York (New York)
> Floyd Patterson
> Victoire, K.-O. tech, 7e round

À trente-sept ans, Floyd Patterson avait eu beaucoup plus de chance que pas mal de ses collègues : Sonny Liston, mort ; Zora Folley, mort ; Eddie Machen, mort ; Hurricane Jackson, pour sa part, travaillait encore au Madison Square Garden... comme cireur de chaussures !

Felix Dennis & Don Atyeo

Les gauches de Patterson avaient à peu près autant d'effet sur Ali qu'un pistolet à bouchon sur le blindage d'un cuirassé. Jusqu'au cinquième round, Ali a évité de faire donner la grosse artillerie.

David Condon

Ali a félicité Patterson pour son courage, Patterson s'est excusé de ne pas avoir pu mieux faire et les 17 378 spectateurs se sont empressés d'oublier le match.

Felix Dennis & Don Atyeo

Dans l'histoire des poids lourds, je suis peut-être le champion du monde qui est allé à terre le plus souvent, mais je suis aussi celui qui s'est relevé le plus souvent.

Floyd Patterson

Floyd Patterson est décédé le 11 mai 2006, il souffrait depuis plusieurs années de la maladie d'Alzheimer.

Lloyd Hefner

Après le combat contre Patterson, Ali a signé un combat contre Al Jones qui devait avoir lieu le 18 novembre 1972 à Johannesburg en Afrique du Sud !

Thomas Hauser

La position de la Nation de l'Islam à ce propos est claire : Ali peut boxer dans le monde entier. Mon père ne fait pas de différence entre l'Afrique du Sud et les États-Unis, il pense que ces deux pays sont dirigés par des démons. Les mêmes crimes envers les Noirs sont commis aux États-Unis et en Afrique du Sud, donc mon père pense que si vous pouvez combattre aux États-Unis, vous pouvez combattre en Afrique du Sud.

Herbert Muhammad

Finalement, le combat n'aura pas lieu en Afrique du Sud et Al Jones sera remplacé par Bob Foster, le « Shérif d'Albuquerque », champion du monde des poids mi-lourds.

LLOYD HEFNER

> 21 novembre 1972
> Sahara Tahoe Hotel
> Stateline (Nevada)
> Bob Foster
> Victoire, K.-O. tech, 8e round

Ce sera le combat entre un moustique et une abeille.

BUNDINI BROWN

Ce fut plutôt celui d'un éléphant contre une sauterelle.

JOHN CRITTENDEN

Le plus déprimant, c'est que le combat avait lieu dans un casino à Stateline, le Las Vegas du pauvre. En boxant au milieu des bandits-manchots, des tables de blackjack et des hôtesses perchées sur leurs chaussures à talon aiguille, Ali dégringolait au niveau d'une attraction pour cabaret. Le surlendemain, Isaac Hayes se produisait à sa place.

FELIX DENNIS & DON ATYEO

J'ai essayé de l'avoir avec mon direct, j'ai jamais pu le toucher. Mon entraîneur, Billy Edwards, m'a dit : « Ça marche pas, travaille en contre », c'est ce que j'ai fait et j'ai commencé à le toucher. J'étais le meilleur poids mi-lourd du monde et, à moment donné, je me suis imaginé pouvoir le battre... il pesait vingt kilos de plus que moi... c'était mission impossible ! J'vais vous dire, Frazier m'a mis K.-O., mais Ali m'a massacré... il m'a pas fait vraiment mal, il est très rapide, mais il frappe pas. Je lui ai fait quelques misères... pas beaucoup !

Bob Foster

Foster est allé au tapis sept fois avant d'être arrêté au huitième, mais au cinquième il a réussi ce que personne n'avait jamais réussi auparavant, il a coupé Ali à l'arcade gauche. Il a fallu lui poser cinq points.

Thomas Hauser

Au moins, comme ça, ils savent qu'il a du sang dans les veines !

Angelo Dundee

J'ai revu Ali à Las Vegas pour le combat entre Larry Holmes et Michael Spinks, je lui ai dit bonjour, mais il m'a pas reconnu.

Bob Foster

Si 1972 n'avait pas été une excellente année pour Ali, au moins était-il resté actif, à l'inverse de Joe Frazier qui avait défendu son titre contre deux illustres inconnus, Terry Daniels et Ron Stander, il semblait de plus en plus évident qu'il n'était pas pressé d'accorder sa revanche à Ali.

Felix Dennis & Don Atyeo

Terry n'était pas très grand pour un poids lourd, mais il avait une droite terrible.

RONNIE WRIGHT

Je l'ai bien touché deux fois, c'était comme s'il avait rien senti. J'ai commencé à avoir la trouille.

TERRY DANIELS

Daniels a fait quatre combats après sa défaite contre Frazier, quatre défaites. Doug Lord a vendu son contrat. Terry a continué à perdre, souvent avant la limite. Dix ans après qu'il eut arrêté, ses mains ont commencé à trembler.

KEVIN SHERRINGTON

Je reste assis là, toute la journée.

TERRY DANIELS

À l'époque, Ron Stander, surnommé « Le Boucher », s'entraînait quand il lui tombait un œil, avait un penchant pour la bière et n'avait aucune chance contre Frazier.

DAN BARRY

La scène sortait tout droit de *Rocky* alors que *Rocky* n'était pas encore écrit : au début de la quatrième reprise, Ron Stander s'est relevé de son tabouret en titubant et a fait signe à Frazier de venir se battre. Une question reste sans réponse : qu'est-ce que Stander venait faire là ?

THE RING

Le Boucher saignait comme un bœuf, après le combat, il a fallu lui poser trente-deux agrafes. Dans la salle, une de ses anciennes copines de classe, Toddy Ann Leytham, s'est évanouie.

DAN BARRY

Vous engagez pas une Volkswagen aux 500 Miles d'Indianapolis si vous croyez pas aux miracles.

DARLENE STANDER

Stander a boxé jusqu'en 82, acheté un bar, eu quelques problèmes avec la police, beaucoup bu, travaillé à droite à gauche, ramassé des canettes pour survivre, divorcé trois fois, eu quatre enfants, arrêté de boire, mais pas tout à fait. Il s'est remarié avec Toddy Ann Leytham, la fille qui s'était évanouie en le voyant couvert de sang.

DAN BARRY

Seul sait vaincre celui qui ne gagne jamais.

FERNANDO PESSOA

Il n'y a que les docteurs et les soigneurs qui comprennent les encaisseurs et les ivrognes, ceux qui savent ce que c'est d'en prendre une. Les encaisseurs s'assoient — seuls — devant leur café dans l'attente que quelqu'un leur dise bonjour. Ils sont plus humains que les autres.

FREDDY BROWN

Je me fous de ce que Freud a écrit. Moi, ce que je voulais, c'est gagner.

WILLIAM SAROYAN

On avait offert cinq millions de dollars à Frazier pour rencontrer Ali, mais même cette somme n'avait pas semblé le motiver particulièrement. Au lieu de cela, il accepta de rencontrer le 22 janvier 1973 George Foreman à Kingston, à la Jamaïque, pour moins d'un million de dollars.

FELIX DENNIS & DON ATYEO

Il croyait me faire un cadeau. Il m'en a fait un.

GEORGE FOREMAN

Joe a été envoyé au tapis six fois en quatre minutes trente-cinq secondes !

YANK DURHAM

Ce soir-là, Don King est arrivé avec Frazier dans une limousine précédée des motards de la police toutes sirènes dehors, il s'est installé au premier rang dans le coin de Frazier.

PHIL BERGER

Le premier round, George a soulevé Frazier de terre. Chaque fois que George touchait Frazier, je changeais de place. Au deuxième, quand le combat s'est terminé, j'étais dans le coin de George. Je suis grimpé sur le ring, je lui ai dit : « Je te l'avais bien dit ! » Je suis reparti avec lui... limousine, motards, sirène. Je suis arrivé avec le champion, je suis reparti avec lui.

DON KING

J'étais dans le camion, c'est moi qui produisais la retransmission du combat, je le suivais sur les moniteurs, je m'occupais du choix des différés et j'ai vu

King sur le ring, devant mes caméras, sur mes moniteurs... il me piquait mon combat... sous mes yeux !
Chutzpah !

Hank Schwartz

Quand tu serres la main de King, t'as intérêt à compter tes doigts pour vérifier qu'ils sont tous là.

Mike Tyson

J'crois que c'est plié, Joe. Tu prends trop de coups... j'veux pas jouer avec ta vie, Joe. Faut pas que tu le fasses non plus... t'as une famille sympa, t'as assez de pognon... laisse tomber ! Qu'est-ce que t'as à gagner ?

Yank Durham

La revanche Ali/Frazier pour le titre tombait à l'eau et des millions de dollars s'envolaient en fumée.

José Torres

> 14 février 1973
> Convention Center
> Las Vegas (Nevada)
> Joe Bugner
> Victoire aux points, 12 rounds

Joe Bugner est bâti comme une statue grecque, à une différence près, il bouge moins vite.

Hugh McIlvanney

Quand nous sommes arrivés de Hongrie, ma mère parlait pas un mot d'anglais. Elle a pris tous les boulots qui se présentaient, elle a même lavé des voitures. Je sais pas si vous êtes au courant mais l'hiver en Angleterre il fait très froid.

Joe Bugner

Bugner a perdu son premier combat professionnel par K.-O.

Stephen Brunt

Faut pas abandonner pour ça, mon gars ! Dempsey, aussi, est allé sur le cul pour son premier combat.

Jarvis Astaire

La comparaison entre les deux hommes s'arrêtait là. Dempsey était célèbre pour son incroyable agressivité ; alors qu'il était souvent physiquement plus imposant que ses adversaires, Bugner n'avait aucun goût pour la castagne. Certains disaient qu'il était comme ça depuis que l'un de ses premiers adversaires, Ulric Regis, était mort des suites de ses blessures, d'autres affirmaient qu'il manquait tout simplement de *fightin' spirit*. C'est l'une des raisons pour lesquelles il n'était pas très populaire en Angleterre, une autre étant qu'il avait mis fin à la carrière de Henry Cooper.

Stephen Brunt

Je déteste pas Cooper, j'aime pas les gens qui l'ont mis sur un piédestal qu'il mérite pas, c'est tout ! Quand le combat a été fini et que l'arbitre a levé ma main, le public a sifflé, les médias m'en ont voulu, j'avais battu le vieil' Enry. On me l'a jamais pardonné.

Joe Bugner

La soirée avant de rencontrer Bugner, le couloir de l'hôtel où logeait Ali était encombré par les filles qui faisaient la queue devant sa chambre. À trois heures du matin, Harold Conrad est descendu au casino en secouant la tête.

MARK KRAM

Je sais pas comment il fait... c'est un dingue de la chatte !

HAROLD CONRAD

La cloche sonne, premier round. Il commence à danser. Une droite... Boum! Quinze agrafes! Harry Gibbs qui avait été le *cutman* de Henry Cooper m'a arrangé ça. J'ai été jusqu'au bout des douze rounds, personne l'aurait cru.

JOE BUGNER

C'était un peu comme un maître donnant la leçon à un bon élève appliqué.

HENRY COOPER

Pour ce combat, Muhammad Ali portait un peignoir offert par Elvis Presley, aussi discret que les tenues de scène du King période Las Vegas. Trois mille dollars.

LLOYD HEFNER

Elvis était la seule vedette qu'Ali voulait rencontrer.

VICTOR BOCKRIS

Ali et Elvis étaient tous les deux des gentils garçons, les chouchous de leur maman avec une blessure enfouie au plus profond : sa race pour Ali, sa classe pour Elvis. Ils ont eu tous les deux du succès trop vite et trop tôt et tous les deux ressentaient un immense besoin d'être protégés ; ils étaient tous les deux angoissés, naïfs et à la recherche d'un mentor. Pour Ali, ce sera Elijah Muhammad, le colonel Parker pour Elvis.

Jack Cashill

Herbert avait la même influence sur Ali que le colonel Parker sur Elvis.

Wanda Bolton alias Wanda X
alias Aaisha X

Son problème, c'est qu'il est dans le show-biz. C'est dur de prendre de la distance quand on est là-dedans avec toutes ces menaces autour. Je suis surpris que les boxeurs ne se droguent pas alors qu'ils font le même métier que les rock-stars.

Andy Warhol

Comme Elvis, Ali n'était pas libre. Dans leurs deux cas, le héros finit seul, détruit par ce qui a fait sa gloire. Sauf qu'Ali a survécu.

Victor Bockris

La star est une marchandise totale : pas un centimètre de son corps, pas une fibre de son âme, pas un souvenir de sa vie qui ne puissent être jetés sur le marché.

Edgar Morin

Elvis a rempli exactement les termes du contrat. Excès, déchéance, autodestruction, conduite insensée.

Un corps qui enfle, un cerveau qui se délabre sous l'effet d'une volonté grotesque. Sa place dans la légende est assurée.

Don DeLillo

Ali est l'enfant du monde et les enfants ont besoin d'être protégés, même s'ils pleurnichent, même s'ils font du boucan, même s'ils disent n'importe quoi. Et Ali, comme les enfants, concentre tous nos espoirs. Dans les années 60, il incarnait tout ce qu'il y avait de naïf et d'innocent à cette époque.

Dick Gregory

Les gens qui se sont occupés de la carrière d'Ali ont fait du bon travail. Quelquefois, ils ont bien été obligés de lui faire rencontrer des types dangereux comme Liston, Frazier ou Foreman, mais la plupart du temps ils lui ont fait rencontrer des types hors de forme, trop vieux ou trop lents pour l'inquiéter. Quelquefois, ils se sont fourré le doigt dans l'œil... Doug Jones, par exemple, était une erreur de casting, quand Ali a vieilli, tous les combats sont devenus dangereux pour lui, mais la plus grosse erreur de son entourage a été de lui faire rencontrer Norton. Norton était en pleine forme et il avait un style qui convenait pas du tout à Ali.

Eddie Futch

---

31 mars 1973
Sports Arena
San Diego (Californie)
Ken Norton
Défaite aux points, 12 reprises

Pour son combat précédent, Norton avait touché trois cents dollars et boxé devant sept cents spectateurs. Les organisateurs l'avaient tellement sous-estimé que la rencontre était télévisée en direct ; Ali n'a pas fait autre chose en prenant Norton à la légère, il s'est entraîné trois semaines après s'être blessé en jouant au golf.

THOMAS HAUSER

Personne pensait que Norton avait la moindre chance, j'ai croisé Howard Cosell à l'aéroport, il disait que l'on aurait dû retirer sa licence au type qui avait mis ce rien-du-tout en face d'Ali. Le type, c'était moi. J'ai fermé ma gueule en me disant qu'on se reverrait plus tard.

EDDIE FUTCH

Ken Norton est issu de la classe moyenne, c'était un athlète tellement exceptionnel qu'à sa sortie du lycée pas moins de quatre-vingts universités lui avaient fait des propositions pour qu'il intègre la fac. Après avoir passé deux ans sans beaucoup de succès à l'université du Missouri, il s'est engagé dans les marines. Après son service, il a trouvé du travail sur une chaîne d'assemblage chez Ford. Le soir, il s'entraînait sous la direction d'Eddie Futch.

STEPHEN BRUNT

La grande qualité de Norton, c'est qu'il écoute. Il fait ce qu'on lui dit de faire. Son problème, c'est qu'il est plus connu comme sparring-partner de Joe Frazier que comme boxeur.

EDDIE FUTCH

Moi, les vannes d'avant-match d'Ali me touchent pas, je les connais par cœur. Je les ai toutes entendues quand il a boxé Frazier... avec Joe, ça marche, pas avec moi ! J'écoute pas, j'écoute personne sauf Eddie Futch.

Ken Norton

Quand il envoie son direct du gauche, t'envoies le tien. Sa main droite est là où il faut pas, la tienne, si. Tu vas bloquer son direct, il va prendre le tien. Quand tu l'auras touché avec ton gauche parce que sa droite est mal placée, il va reculer et il va recommencer... c'est une habitude qu'il a... il a fait ça toute sa vie et il va pas changer pour toi. Direct... direct ! Il recule, tu suis. Direct... direct ! Il recule, tu suis. Trois directs, il est dans les cordes. Tu fais pas comme les autres, tu frappes en bas, tu remontes après, seulement quand il a baissé les mains.

Eddie Futch

Le matin du combat, lorsque Harold Conrad a été réveiller Ali, il y avait deux femmes dans son lit.

Mark Kram

Ce soir-là, j'aurais battu Godzilla ! Je savais que j'allais gagner avant que le gong sonne. Dans mon camp, personne disait *peut-être*, y avait pas de *peut-être*... c'était : « Tu vas gagner ! » Point.

Ken Norton

C'est au deuxième que Norton a cueilli Ali à la mâchoire ! Mon boulot, c'était rincer son protège-dents. Contre Norton, chaque fois que je le rinçais, le seau devenait plus rouge !

WALTER YOUNGBLOOD ALIAS « BLOOD »
ALIAS WALI MUHAMMAD

Norton lui a cassé la mâchoire au deuxième. Juste à l'endroit où il lui manquait une dent. Ali pouvait sentir sa mâchoire bouger, je l'ai senti aussi. En tant que médecin, j'aurais dû dire : « On arrête ! Perdre sur blessure n'est pas honteux, on fait la revanche dans six mois et on n'en parle plus ! » mais Norton était un type qu'Ali devait battre les deux doigts dans le nez... et ce n'était pas le moment de perdre devant un type qu'il aurait dû battre les deux doigts dans le nez. Sans compter qu'Ali boxait dans une ambiance où tout se mélangeait... les Musulmans, le Vietnam, les droits civiques. Ce n'était pas juste un combat au cours duquel un médecin blanc peut décider qu'il faut arrêter contre la volonté de son boxeur.

FERDIE PACHECO

C'était un combat d'un symbolisme terrible. Ken Norton était un ancien marine qui boxait contre un « déserteur » à San Diego, une base navale, tandis que les ouvriers du bâtiment défilaient dans les rues pour soutenir la politique d'escalade de la guerre au Vietnam du gouvernement, et Nixon venait d'être réélu.

HOWARD COSELL

Ali est une putain de tête de pioche, il n'a pas pu vraiment boxer parce qu'il devait faire gaffe à sa mâchoire, mais il a boxé jusqu'au bout. Personne ne réalise que derrière ce type si élégant et si délicat se cache aussi un putain d'abruti de camionneur !

Ferdie Pacheco

Le débat fait encore rage : quand Ali a-t-il eu la mâchoire fracturée ? Est-ce que c'est ce seul coup heureux qui a décidé de l'issue du combat ? Est-ce que la seule blessure explique la performance léthargique de Muhammad Ali ? Ou bien, à trente et un ans, Ali était-il tout bonnement lessivé ?

Stephen Brunt

Ali dit que c'est arrivé au premier ou au second, moi je pense que c'est vers la fin, peut-être au dernier. Vous pouvez pas avoir une fracture à la mâchoire de trois ou quatre centimètres et prendre des coups dessus pendant dix rounds. C'est tout bonnement impossible... vous pouvez pas tenir avec une douleur pareille, vous abandonnez, c'est ce que je pense.

Ken Norton

C'est une fracture propre, mais je ne peux même pas imaginer comment quelqu'un a pu tenir dix rounds comme ça !

Docteur William Lundeen

C'est arrivé au septième... si c'était arrivé avant, Ali aurait craché ses os sur le tapis ! Seulement, les gens croient ce qu'ils veulent !

Eddie Futch

Aujourd'hui, c'est un perdant et l'on n'aime rien tant que faire se rencontrer les vieux perdants et les jeunes gagnants.

JIMMY CANNON

En fait, le combat perdu contre Norton, c'est le commencement de la fin.

HOWARD COSELL

On avait pensé qu'il était invincible et il venait de perdre pour la deuxième fois. Maintenant, chaque fois qu'il montait sur le ring, on retenait notre souffle.

THOMAS HAUSER

> 10 septembre 1973
> Inglewood Forum
> Los Angeles (Californie)
> Ken Norton
> Victoire aux points, 12 reprises

Ali a dû attendre la revanche six mois, durant lesquels il s'est entraîné dur. Il avait rencontré un moins que rien et il avait donné naissance à un monstre ; il lui avait apporté la gloire et il fallait qu'il la lui reprenne. Norton avait un style bizarre, contre de gros frappeurs comme Shavers, Foreman ou Cooney, il était nul. Il savait pas reculer et Muhammad le laissait avancer, Ali en faisait un bien meilleur boxeur qu'il n'était en réalité.

WALI MUHAMMAD

Pour leur première rencontre, Muhammad s'est gavé de glaces et de gâteaux, il n'a pas fait son footing, il n'a pas travaillé au sac et il a presque gagné.

EDWIN SHRAKE

Ali ne s'est jamais entraîné aussi dur que pour son combat revanche contre Norton.

HAROLD CONRAD

Je me suis préparé pareil, la seule différence, c'est qu'au premier je pesais deux cent dix livres, je me suis dit que si je perdais un peu de poids, je serais plus rapide, je suis descendu à deux cent une livres, j'étais moins puissant, et à la fin du combat, j'étais crevé.

KEN NORTON

Moi aussi, j'ai perdu dix kilos !

ANGELO DUNDEE

Si l'on est un tant soit peu objectif, Ken Norton était un très bon boxeur, mais ce n'était pas un boxeur exceptionnel. Un très bon boxeur opiniâtre, dangereux, difficile à boxer, avec de gros problèmes contre des frappeurs du genre Foreman ou Shavers, un puncheur honnête, sans plus. Avec Ali, Norton atteignait une autre dimension, avec Ali, il n'était jamais mauvais. La première fois, on a cru que c'était un coup de bol, mais la suite a prouvé que non.

STEPHEN BRUNT

Les deux boxeurs ont livré un combat à un rythme incroyable pour des poids lourds. Ali est à égalité avec

Norton ou pire... il est peut-être mené. Assiste-t-on à la fin de Muhammad Ali ?

BOB GOODMAN

Il jouait avec le feu. Il le savait. Il était épuisé. Les millions de dollars du combat contre Foreman scintillaient au loin. Son avenir était en jeu. Il puisa dans ses dernières ressources pour gagner le round et le match. Nous ne dirons donc pas adieu à Muhammad Ali et nous ne l'enverrons pas à la retraite avec pour solde de tout compte un sandwich et une montre en plaqué or. Il est toujours parmi nous, il a perdu son sourire, mais il a toujours la tête haute.

MELVIN DURSLAG

Je crois que la condition physique a fait la différence, mais si j'avais pas eu Ali en face, j'aurais été déclaré vainqueur.

KEN NORTON

Si Norton avait été déclaré vainqueur, la décision n'aurait pas été scandaleuse.

FELIX DENNIS & DON ATYEO

---

20 octobre 1973
Senayan Stadium
Djakarta (Indonésie)
Rudi Lubbers
Victoire aux points, 12 reprises

Cette farce mérite-t-elle le nom de combat ?

FRANK HASTINGS

En 1986, Rudi Lubbers a été condamné à huit ans de prison au Portugal pour trafic de drogue. Après sa libération, il a longtemps erré dans son camping-car avec ses dix chiens, « vivant comme un rat », d'après ses propres dires.

LLOYD HEFNER

> 28 janvier 1974
> Madison Square Garden
> New York (New York)
> Joe Frazier
> Victoire aux points, 12 reprises

Sur le ring, le combat était équilibré mais, en dehors du ring, Joe n'avait aucune chance. Joe avait gagné le premier combat, il pensait que sa victoire allait aplanir les malentendus avec la communauté noire, il n'en a rien été, Ali avait réussi à ternir sa victoire. Frazier n'était pas considéré comme le meilleur et c'était entièrement du fait d'Ali.

DAVE WOLF

J'entendu qu'j'étais malade... à moitié aveug'e... qu'mon cœur était naze... qu'j'avais une mauvaise ci'culation... qu'mon ce'veau était naze... qu'j'avais des p'ouaub'èmes ou'énaux et p'ou'tant, chaque fois qu'je monte sur le ou'ing, ça finit toujou's p'aou'eil, le type en face qu'est en plein boum se ret'ouve K.-O. Pou' un infi'me, j'm'en so's pas t'ouau' mal... Ali va découvou'ir à quel point j'suis naze.

JOE FRAZIER

Le 23 janvier, les deux boxeurs ont été invités à commenter leur premier combat dans les studios d'ABC.

PHIL BERGER

C'est Joe qui a commencé, c'est lui qui a parlé le premier du séjour d'Ali à l'hôpital après leur combat et Ali a eu beau jeu de lui répondre qu'il y était resté dix minutes alors que Joe y était resté trois semaines.

HOWARD COSELL

Rahaman a fait irruption sur le plateau... Joe lui a demandé s'il voulait en prendre une lui aussi... Ali s'est levé et il a ceinturé Joe. Il rigolait. Joe ne rigolait pas du tout. Ali l'avait traité d'ignorant une fois de trop.

THOMAS HAUSER

En fait, c'est Rahaman qui a fait monter la pression depuis les coulisses. Chaque fois que sur l'écran on voyait Ali réussir un coup, il psalmodiait : « Amen, mon frère ! Prie Allah ! » Pour ce qui est du qualificatif « ignorant », je ne sais pas si Ali savait que c'était le mot à ne surtout pas prononcer, mais je pense qu'il l'a employé à dessein. Joe a eu tort d'ouvrir la boîte de Pandore avec l'histoire de l'hôpital puisqu'il ne pouvait pas dire pourquoi il y était resté si longtemps. En fait, Joe souffrait d'hypertension bien avant la rencontre, des problèmes si sévères que son camp a failli demander le report du combat. C'est pour soigner ses problèmes d'hypertension qu'il était resté à l'hôpital, pas du tout pour des problèmes liés aux séquelles du combat. C'est ça l'histoire de l'incident du studio, et si personne n'était intervenu, je peux vous dire qu'Ali aurait passé un sale quart d'heure, parce que Joe n'est pas le genre de type avec lequel il faut se bagarrer dans la rue. Il aurait massacré Ali.

DAVE WOLF

Cassons-nous d'ici !

EDDIE FUTCH

Z'avez vu les yeux qui f'sait ? J'lui ai v'ou'aiment foutu la tw'ouille à ce n'ègou'e !

JOE FRAZIER

Malgré quelques beaux moments de la part de l'un et de l'autre, ce combat a, surtout, été l'affaire de l'arbitre.

MARK KRAM

C'est vrai qu'au deuxième j'ai cru que le gong avait sonné juste au moment où Ali a bien touché Frazier, mais le chronométreur m'a prévenu aussi sec et je leur ai fait reprendre le combat tout de suite. C'est une affaire de cinq secondes, pas plus. Ils ont boxé plus de quarante rounds ensemble et Ali a jamais été capable d'envoyer Joe à terre, pourquoi voulez-vous qu'il ait réussi à le faire ce soir-là ? Pour ce qui est des accrochages provoqués par Ali, du fait qu'il ait appuyé sur le crâne de Joe pendant tout le combat, c'est vrai, mais j'ai eu l'impression que Joe avait rien contre. Pendant tout le combat, chaque fois qu'il avait réussi à pénétrer dans la garde d'Ali, il posait sa tête sur sa poitrine et il arrêtait de travailler à l'intérieur comme il aurait pu le faire. En réalité, il se reposait jusqu'à ce que je les sépare. Son coin lui disait de plier les genoux, il est beaucoup plus petit qu'Ali, s'il l'avait fait, il se serait retrouvé en position de frapper, mais il l'a jamais fait. On aurait dit qu'il était pas si mécontent que ça de se retrouver dans cette position.

TONY PEREZ

Si vous voulez voir deux personnes se cramponnant l'une à l'autre toute une soirée, allez plutôt dans un drive-in.

JIM MURRAY

L'a fait tout c'qu'il a pu pou' pou'ir le combat... c'était pas d'la boxe, c'était du catch !

JOE FRAZIER

Les combats de ce genre posent toujours le même problème : est-ce qu'un coup puissant compte davantage que plusieurs coups inoffensifs délivrés par un boxeur qui recule ?

WALTER WELLESLEY ALIAS RED SMITH

Les premiers rounds, Muhammad Ali a manœuvré Joe Frazier comme un laveur de carreaux travaille au quarantième étage d'un gratte-ciel... au bord du précipice, mais en sachant pertinemment ce qu'il fait.

STEVE CADY

Frazier le poursuivait comme un taureau sauvage en balançant des swings qui rataient leur cible, Ali reculait en lui mitraillant le visage.

COOPER ROLLOW

Lors de leur première rencontre, Joe avait envoyé Ali à terre et cabossé son visage, mais cette fois le visage de Joe ressemblait à la rocade du West Side.

RED SMITH

Joe a porté à son paroxysme l'art de sourire quand on se fait cogner.

STEVE CADY

Le second combat a été moins bon que le premier car Smokin' Joe a un peu perdu le feu sacré et qu'Ali, à trente-deux ans, pique comme un papillon plus que comme une abeille.

DAVID CONDON

C'qui est sûr, c'est qu'on a pas perdu.

EDDIE FUTCH

Joe Frazier pense qu'il a gagné. Les spectateurs du premier rang sont d'accord avec lui. Peut-être que l'arbitre et les deux juges ont été influencés par la version que donne Ali du combat de 71. Ça fait trois ans qu'il répète que ce soir-là il a donné plus de coups que Frazier. Hier soir, l'arbitre et les juges ont peut-être été enclins à comptabiliser les coups et à négliger leur puissance.

DAVE ANDERSON

Ali et Frazier sont faits l'un pour l'autre. Ali est un danseur, Frazier, un battant. Je soupçonne l'un et l'autre de ne plus être aussi performants, mais ils se complètent et l'opposition de leurs talents est fascinante.

JOE MCGUFF

Ali, c'est la poésie, la musique et la danse, Frazier, la discipline, la patience et la force. Le monde a besoin des deux.

WLADZIU VALENTINO LIBERACE
ALIAS LIBERACE

J'le veux! Encou'e une fois!

JOE FRAZIER

Quand j'ai rencontré Ali pour la première fois... il devait avoir seize ans. C'était devant le Top Hat Lounge à Louisville... il était trop jeune pour entrer. Chaque fois que je jouais au Top Hat, il était là, il disait qu'un jour il serait champion du monde et aussi célèbre que moi, je lui répondais : « Rêve! » Il me demandait des conseils pour draguer les filles, je lui refilais quelques dollars en lui disant que c'était un bon commencement. Quand il est passé pro, on s'est vus plusieurs fois à New York. J'l'ai trimballé dans ma Cadillac rouge pour la promo de son combat contre Doug Jones. C'est à peu près à la même époque que j'ai fait la connaissance de Don King. Il vivait à Cleveland, c'est moi qui les ai branchés. Don s'occupait pas de boxe à l'époque, il était dans les jeux... juste avant d'être dans la merde!

LLOYD PRICE

Il était un peu plus de midi, le 20 avril 1966 à Cleveland. Don King est monté dans sa Cadillac décapotable garée en face de son appartement, il avait un .357 Magnum chargé à la ceinture et deux mille dollars dans les poches.

JACK NEWFIELD

À 12 h 30, nous avons repéré une agression au coin de la 100ᵉ et de Cedar. Un individu de couleur était étendu sur le trottoir, un autre individu de couleur le frappait à coups de pied dans la figure. Quand nous sommes sortis de la voiture, nous nous sommes rendu compte que l'agresseur était porteur d'un revolver. Nous lui avons intimé l'ordre de le lâcher, il l'a jeté sur la banquette arrière d'un véhicule à l'arrêt avec sa main droite, et il a frappé de nouveau le visage de la victime avec son pied droit. Nous lui avons passé les menottes. L'agresseur répondait au nom de Donald King, domicilié 3451 Sutton Boulevard. Il nous a déclaré que la victime, Sam Garrett, lui devait de l'argent qu'il refusait de lui rembourser, Sam Garrett l'ayant menacé, il avait été dans l'obligation de se défendre.

ROBERT TONNE

Je… te… paie… rai, Don !

SAM GARRETT

Après avoir passé cinq jours dans le coma, Sam Garrett, qui souffrait d'un tympan éclaté, d'une fracture du crâne et d'une autre de la mâchoire, est mort le 25 avril à 11 h 15, il pesait cent trente-quatre livres, Don King un peu plus de deux cent quarante. Garrett n'était pas armé, il devait six cents dollars à King qui a été inculpé de meurtre au second degré. Il risquait pour cela la prison à vie.

JACK NEWFIELD

Je connaissais King depuis quinze ans, je l'avais arrêté pour la première fois en 1954. Pendant plusieurs années, je m'en suis servi comme indic. Dès le début de son inculpation pour meurtre, il y a eu des trucs pas nets, les témoins ont commencé à disparaître, à perdre la mémoire ou à revenir sur leur témoignage. Ça puait !

CARL DeLAU

J'aurais pu me faire dix mille dollars si j'étais revenu sur mon témoignage. Ils voulaient que je déclare que c'était de la légitime défense, mais c'était pas une bagarre, c'était un meurtre.

ROBERT TONNE

Le 23 février 1967, le jury déclarera l'accusé coupable de meurtre au deuxième degré, mais le juge Hugh Corrigan suspendit la condamnation de Don King.

JACK NEWFIELD

La cour d'appel reviendra sur la qualification de meurtre pour la transformer en « coups et blessures ».

JACK « SUNNY » MEREMOUNT

Ils se sont arrangés entre eux, j'avais jamais vu ça en trente ans.

CARL DeLAU

En faisant des recherches, j'ai découvert que le juge Corrigan était corrompu jusqu'à la moelle, il était contrôlé par James Licavoli, le patron de la mafia de

Cleveland. En 1976, Hugh Corrigan s'est présenté pour être élu juge à la cour d'appel et King s'est arrangé pour que Muhammad Ali fasse campagne pour lui. Il est évident que c'était un renvoi d'ascenseur.

JACK NEWFIELD

En mars 1971, Don King écoutait le compte-rendu du premier combat Ali/Frazier depuis sa cellule de Marion dans l'Ohio. Trois ans plus tard, il était la cheville ouvrière du combat Ali/Foreman au Zaïre, un an après, le promoteur de la belle entre Ali et Frazier à Manille. En un peu moins de quatre ans, il était devenu l'un des businessmen noirs les plus prospères et la clé de voûte de son pouvoir n'était autre que Muhammad Ali.

THOMAS HAUSER

C'était l'enfer rien que d'aller aux chiottes, mec! On se réveille la nuit avec envie de pisser, mec! Qu'est-ce qu'on voit, mec? Des taulards en train de sucer des matons, mec! Dieu tout-puissant! Des matons en train de tailler une pipe aux taulards! Un mec qui en encule un autre! Putain, t'as intérêt à avoir la tronche solide, mec! J'ai décidé d'étudier... j'ai lu Martz, Fred, il m'a fait sauter le boulon çui-là, mec! Les seins, la bite, l'anus... tout le machin! J'ai lu Kant, mec! La *Critique de la pure raison*, saint Thomas d'Aquinine et Nicht aussi... des trucs puissants, mec!

DON KING

King s'habille comme un maquereau, parle comme un évangéliste et réfléchit à la vitesse de Bobby

Fischer. Il est intimement persuadé qu'un destin exceptionnel l'attend.

JACK NEWFIELD

Le corps de King a fait quatre ans de taule, ses cheveux sont passés à la chaise électrique.

DICK SCHAAP

À sa sortie de prison, Don a repris contact avec Lloyd Price, il lui a demandé de proposer à Ali de faire une exhibition lors d'un gala de charité au bénéfice du Forest City Hospital à Cleveland. Don avait besoin de quelqu'un pour organiser tout ça... c'est sur moi que c'est tombé. J'ai fait la connaissance de Don au téléphone et, à la fin de la conversation, il avait déjà réussi à faire baisser mes honoraires ! C'est comme ça qu'il a commencé... Aussitôt que je l'ai vu, j'ai pensé qu'il était fait pour ça. Je lui ai mis le pied à l'étrier, je lui ai fait cadeau de la moitié d'Earnie Shavers qui boxait pour moi, quelques mois plus tard, il avait tout et moi, plus rien. C'est comme l'histoire de l'hôpital... le gala a rapporté quatre-vingt-six mille dollars, je crois que l'hôpital en a touché cinq mille... et encore, au mieux ! Y en a qui disent que c'est plus près de quinze billets de cent... Chaque fois que je croise Don, il me dit : « Tu te serais associé avec moi, tu serais millionnaire ! » et moi, je lui réponds : « Don, si je m'étais associé avec toi, je serais en taule. »

DON ELBAUM

Elbaum ira en taule tout seul, il sera condamné à six mois de prison pour fraude fiscale.

JACK NEWFIELD

Don voulait à tout prix organiser un combat d'Ali, je refusais à chaque fois, mais quand la possibilité de rencontrer Foreman est devenue envisageable, je lui ai dit O.K.! Et j'ai rajouté : « C'est cinq millions de dollars pour mon boxeur ! » Tout le monde m'aurait traité de fou, mais Don m'a pris au mot. Il a posé une seule condition, que le combat puisse avoir lieu n'importe où, je lui ai répondu que, pour cinq millions de dollars, Ali boxerait sur la Lune.

HERBERT MUHAMMAD

J'ai frappé à la porte de Herbert Muhammad avec un contrat pour une troisième rencontre entre Ali et Jerry Quarry, le Madison proposait un million de dollars. C'est Bundini qui m'a ouvert, il m'a dit que Don King était planqué dans la chambre du fond et qu'il venait d'offrir à Ali cinq millions pour boxer Foreman. Je lui ai répondu : « C'est ça, et moi, je suis le pape ! » Herbert s'est pointé et il m'a confirmé l'offre. Je lui ai serré la main, j'ai posé le contrat sur la table et je lui ai dit : « Au cas où tu toucherais pas les cinq millions, tu peux signer celui-là ! » Avant de claquer la porte, j'ai gueulé : « Don King, t'es qu'un tas de merde, mais si tu lui files vraiment cinq millions, il serait dingue de pas les prendre ! »

TEDDY BRENNER

Celui qui peut vendre son numéro cinq millions de dollars l'heure dans le monde entier exploite un filon entre magie et folie.

HUNTER S. THOMPSON

Ali touchera, en définitive, 5 450 000 dollars, soit davantage que ce que Joe Louis, Rocky Marciano ou

Jack Dempsey avaient gagné durant *toute* leur carrière.

THOMAS HAUSER

Don King et Hank Schwartz avaient la signature des deux boxeurs sur des feuilles blanches et pas un rond sur leur compte en banque. Il allait leur falloir trouver l'argent... et vite. Après quelques recherches infructueuses, un nommé Fred Weyner leur sauvera la mise. Fred Weyner était l'agent de Joseph Mobutu, il s'occupait des comptes en Suisse du dictateur zaïrois. Mobutu voulait financer un événement, le plus extravagant possible, pour distancer son rival Idi Amin Dada dans une compétition tout ce qu'il y a d'imaginaire pour le *leadership* du continent africain.

JACK NEWFIELD

Le monde a connu des tyrans bien plus démoniaques que l'ancien président du Zaïre, Mobutu Sese Seko, même parmi la légion africaine des grands hommes qui se sont emparés du pouvoir au moment où l'Europe abandonnait sa mainmise coloniale sur le continent. En revanche, je ne connais pas de despote plus pittoresque que lui. Excepté peut-être Jean-Bédel Bokassa qui, en 1977, s'autoproclamait empereur de la République centrafricaine et se plaisait à festoyer avec la chair de ses ennemis. Les penchants cannibales de Mobutu se limitaient à sa consommation occasionnelle de sang humain.

ROBERT WIENER

Mobutu était à la recherche de l'événement qui pourrait lui faire regagner l'estime du monde entier et, en 1974, il a vu l'occasion se présenter. C'était Don King, le seul type au monde qui pouvait le concurrencer sur son terrain favori : la kleptomanie, qui le lui proposait.

Jack Cashill

Dans la vie, vous avez pas ce que vous méritez, vous avez ce que vous négociez.

Don King

Ils ont organisé le championnat du monde poids lourd au Congo, je suppose que l'Everest était déjà pris. Je comprends pas qu'ils ne l'aient pas organisé au Yankee Stadium comme tout le monde.

Jim Murray

---

30 octobre 1974
Stade du 20-Mai
Kinshasa (Zaïre)
George Foreman
Victoire, K.-O. tech, 8e round

Depuis son accession au pouvoir en 1965, Mobutu avait transformé le Congo en un paradigme de la désintégration post-coloniale. Les infrastructures étaient soit inexistantes soit ruinées, la campagne était en friche et les villes surpeuplées. À la fin des années 60, il avait entrepris une politique d'africanisation qui se révélera catastrophique. En 72, il avait changé son nom en Mobutu Sese Seko Kuku Ngbendu wa Za Banga (« le guerrier qui va de victoire en victoire sans que personne puisse l'arrêter »), rebaptisé son pays Zaïre, et la capitale, Kinshasa. Avec le soutien de la CIA, des gouvernements occidentaux et du capital international, Mobutu agissait comme si le pays lui appartenait, exploitant ses ressources avec des méthodes aussi brutales que celles employées par les Belges du temps de Léopold II. Alors que son pays vivait dans les conditions du tiers-monde, il avait amassé l'une des plus importantes fortunes privées du monde.

MIKE MARQUSEE

Un jour, alors que je voyageais à ses côtés entre la France et le Zaïre à bord de son DC-8 privé, je l'ai vu renvoyer l'avion vers la Riviera pour récupérer un magazine de mode que Madame Mobutu avait oublié.

ROBERT WIENER

Quel plaisir de constater que cet état révolutionnaire noir, partisan du monopartisme, a réussi à réunir les aspects les plus répressifs du communisme avec les aspects les plus répréhensibles du capitalisme. Le président Mobutu, septième fortune mondiale, a décrété que le terme adéquat pour un Zaïrois s'adressant à l'un de ses compatriotes était « citoyen ». Dans ce pays où le revenu par habitant est de soixante-dix dollars par an, n'importe quel Zaïrois est *obligé* d'appeler « citoyen » le septième homme le plus riche du monde.

NORMAN MAILER

Le Zaïre, c'est soixante-dix pour cent des ressources mondiales de diamants et de bauxite.

JACK NEWFIELD

Ce pays ressemble à un tas de merde.

Hank Schwartz

Pour les journalistes, Kinshasa était un cauchemar : des rats sur les trottoirs, des serpents dans les égouts et le whisky à quatre dollars le verre. « Si vous repeignez tout à neuf, vous obtenez un enfer acceptable », a commenté l'un des premiers reporters à se rendre sur place.

Felix Dennis & Don Atyeo

Le taux de chômage à Kinshasa frôlait les cinquante pour cent. Une simple piste menait au stade à ciel ouvert, d'une contenance de soixante-dix mille places, il n'y avait pas de parking, les sièges étaient ruinés, le sol des vestiaires était couvert de merde. Il n'y avait aucune connexion satellite pour transmettre le combat. « Pas de problème ! » a répondu Mobutu à Schwartz qui s'en inquiétait. Pour résoudre les problèmes, il lui suffisait d'ouvrir le coffre au trésor.

Jack Cashill

Personne ne saura jamais le montant des sommes investies par Mobutu sur les fonds publics pour rendre le spectacle possible. En moins de quatre mois, le stade sera reconstruit de fond en comble ; cent lignes téléphoniques installées entre le stade et la tour de retransmission satellite distante de cinquante kilomètres ; une nouvelle piste d'atterrissage sera construite ainsi qu'une autoroute à quatre voies allant de l'aéroport aux hôtels du centre-ville.

Mike Marqusee

Mobutu a fait tout ce qu'il avait promis. Il a sûrement dépensé autant pour la construction des infrastructures que pour le combat lui-même. Il a transformé un tas de merde en un stade pouvant rivaliser avec n'importe quel autre stade du monde développé. Et il l'a fait en six mois.

Hank Schwartz

Ce stade n'était pas seulement fait pour accueillir le public, il servait aussi à impressionner les habitants et au besoin les emprisonner. Avant le combat, la police avait arrêté les trois cents pires criminels qui lui étaient tombés sous la main, elle les avait enfermés dans des salles sous le stade puis avait exécuté — au hasard — cinquante d'entre eux dans ce qui serait les vestiaires des boxeurs, avant de relâcher les autres pour qu'ils répandent la nouvelle.

Norman Mailer

Ali et Mobutu : ils avaient plus en commun qu'on n'aurait pu le croire à première vue. Ils se retrouvaient dans le dégoût que suscitait en eux l'arrogance des Blancs. Ils arboraient tous deux leur négritude comme une source de fierté. Tous deux avaient rejeté leur nom de baptême pour des raisons politico-religieuses.

David Van Reybrouck

Mobutu était lié à la mort de Lumumba comme Elijah Muhammad l'était à celle de Malcolm X. Karl Marx a écrit : « L'histoire survient d'abord comme une tragédie et se répète ensuite comme une farce. » La tragédie avait eu lieu dix ans auparavant lorsque

Ali avait fait allégeance à un homme qui avait encouragé le meurtre de l'un des deux plus grands héros du nationalisme noir, Malcolm X. La farce, lorsque Ali fera allégeance à l'homme qui avait orchestré le meurtre du deuxième, Patrice Lumumba. On peut trouver des excuses à la naïveté d'Ali, un peu moins à ceux qui élaborent son mythe. Eux savent.

JACK CASHILL

Ali allait boxer sous le patronage du meurtrier de Patrice Lumumba, l'un des héros de Malcolm X.

MIKE MARQUSEE

Le combat va attirer des milliards de fans parce qu'Ali est russe, arabe, juif! Ali est tout ce que peut imaginer l'esprit humain. Il plaît au monde entier! Il plaît même à ceux à qui il plaît pas! Il plaît même aux morts!

DON KING

George Foreman avait attiré l'attention du public une première fois lorsqu'il avait brandi un petit drapeau américain après sa victoire en finale des poids lourds aux jeux Olympiques de Mexico. En 1968... l'année où Robert Kennedy et Martin Luther King avaient été assassinés, l'année des émeutes de Chicago, l'année de l'élection de Richard Nixon, l'année où John Carlos et Tommie Smith avaient brandi leur poing ganté de noir sur le podium du 200 mètres!

STEPHEN BRUNT

Foreman avait grandi à Fifth Ward, l'un des pires ghettos de Houston. Il avait passé toute sa jeunesse à se droguer, boire, se battre et voler.

FELIX DENNIS & DON ATYEO

Il portait jamais d'armes, l'arme, c'était lui.

ROY FOREMAN

Ali avait toujours été très important pour moi. Je me souviens avoir écouté son disque au collège avec un copain de classe. C'est pour ressembler à Ali que j'ai commencé à faire de la boxe et je voulais boxer comme lui. Quand j'ai dit ça à Dick Sadler, il m'a dit : « O.K. ! je vais te faire boxer tout en finesse », mais dans les vestiaires avant mon premier combat pro, il m'a dit : « Oublie tout, frappe ! Descends-moi ce type ! » Avant chaque combat, c'était ce qu'il me répétait : « Oublie Ali, frappe ! »

GEORGE FOREMAN

Foreman avait demandé un billet classe affaires pour son chien. Le président d'American Airlines avait dû intervenir pour que le chien obtienne un billet à son nom.

JACK NEWFIELD

Beaucoup de Zaïrois pensaient que Foreman était belge. Daggo, son chien berger, leur rappelait les chiens policiers des colons.

FELIX DENNIS & DON ATYEO

Ali a été transcendé par le simple fait de se retrouver en Afrique alors que Foreman s'y est toujours senti comme un étranger. C'est l'un des aspects déterminants du combat, Ali aimait traîner avec les musiciens, se mêler à la population, Foreman évitait les interviews et les conférences de presse ; il vivait reclus avec son équipe et son chien. Se sentir isolé dans une atmosphère hostile n'a pas amélioré la confiance en lui du champion.

Jack Newfield

Ali était logé à N'Sele dans une villa pas très éloignée des rives du Zaïre. L'intérieur avait été meublé par le gouvernement dans le style que l'on peut imaginer. Les pièces avaient beau faire le double de la surface de celles d'un motel, elles étaient aussi déprimantes avec leurs canapés recouverts de velours vert et leurs coussins orange.

Norman Mailer

Je le suivais pendant ses footings, c'est là que j'ai appris à courir à l'envers.

Horst Vaas

Ali était fou de joie, il se baladait dans des coins où il n'y avait même pas la télé et tout le monde savait qui il était.

Ferdie Pacheco

On se promenait tous les deux, main dans la main, au bord du Zaïre, c'est là que nous sommes tombés amoureux l'un de l'autre.

Veronica Porche alias Veronica Ali

J'peux pas vous dire bonjour, j'ai les mains dans les poches !

GEORGE FOREMAN

Foreman gardait ses mains dans ses poches comme un chasseur garde son fusil dans son étui doublé de velours.

NORMAN MAILER

Ali était incroyablement confiant. Au milieu de toute cette agitation, il restait calme, serein. Rien ni personne ne l'énervait, sauf peut-être Don King.

LEON GAST

En coulisses, un autre combat se menait dont Belinda, l'imperturbable princesse musulmane, tenait le premier rôle, le deuxième étant tenu par Veronica Porche, une jeune fille catholique de dix-neuf ans, le teint si pâle que l'on aurait pu croire qu'elle était blanche. Elle apparaissait régulièrement aux côtés d'Ali qui la présentait comme sa « baby-sitter » ; pour sa part, Belinda était de plus en plus opposée à la tournure que prenait la carrière d'Ali. Herbert Muhammad, sachant à quel point Ali était influençable, lui avait présenté Veronica Porche, avec la complicité de Don King, pour contrebalancer l'influence de celle qui n'était plus qu'une sœur pour Muhammad. Entre Belinda et Veronica, à l'écart de tous, mais avec l'accord de Belinda, se tenait une autre jeune fille, Aaisha.

MARK KRAM

Wanda Bolton avait seize ans lorsqu'elle a rencontré Muhammad Ali pour la première fois en 1973 ;

à l'époque, Ali avait le double de son âge et Wanda était encore au lycée. Leur fille Khaliah est née en 1974, Elijah Muhammad les a « mariés » onze mois plus tard, et a rebaptisé la jeune fille Aaisha (l'épouse préférée du Prophète). Le père d'Ali était fou d'Aaisha ; Khaliah était la petite-fille préférée d'Odessa ; Belinda a accepté la situation, elle considérait Aaisha comme sa petite sœur plus que comme une rivale.

LLOYD HEFNER

Je ne regrette rien, mais j'ai honte de la peine que j'ai fait à ma mère.

WANDA BOLTON

Ali a été un boxeur extraordinaire mais, comme père, il a toujours laissé à désirer. Il ne s'est pas occupé de nous, il a toujours plus ou moins considéré que ma naissance était une erreur.

KHALIAH ALI

Muhammad Ali a eu une autre fille, Miya, avec Pat Harvil dont l'existence est plus dissimulée encore que celle de Wanda Bolton.

LLOYD HEFNER

Au Zaïre, je me doutais de quelque chose, mais je savais pas que Veronica était la favorite du harem. Je les ai surpris un soir tard à l'Intercontinental... il devait être une heure du matin. Je lui en ai envoyé une bonne... je l'ai sérieusement griffé... j'aurais pu botter le cul de Veronica, mais elle s'est échappée. Je savais pas vraiment ce qu'elle était pour lui... il est resté discret sur le sujet. J'ai cru que c'en était une parmi les autres.

Belinda Ali

Toute la presse s'inquiétait de la jeunesse, du gabarit, de la force et de la puissance du nouveau venu susceptibles de l'entraîner au royaume des morts, mais Ali savait que Foreman était lent, que ses coups l'étaient encore davantage, qu'il ne frappait jamais en séries, qu'il était dans une condition physique médiocre, mais surtout qu'il était émotionnellement fragile.

Jack Cashill

Le combat avait été fixé au 25 septembre à trois heures du matin et, huit jours avant, George Foreman s'est blessé à l'entraînement. L'un de ses sparring-partners, Bill McMurray, lui a ouvert l'arcade d'un coup de coude. Il a fallu poser huit points au champion.

Thomas Hauser

A-Ali n'a-n'a pa-pas été pa-particulièrement heureux d'a-apprendre que-que le combat é-était re-reporté. En public, il a-a-affirmait qu'il n'a-n'avait ja-jamais été au-aussi heureux, mai-mais, en privé, il regrettait de-de ne-ne pa-pas être aux États-Unis. Même les Africaines ne-ne lui plaisaient pa-pas, elles étaient beau-beaucoup trop noires à son goût ! Pendant de-deux heures, il a en-envisagé toutes les so-solutions… autoriser Foreman à boxer a-avec un casque, le ren-remplacer par Joe Frazier, ra-rapatrier tou-tout le cirque à Los Angeles ou à Houston et puis il s'est calmé. Peut-être d'un mal, il pou-pourrait ti-tirer un bien.

Howard Bingham

Au Zaïre, Foreman n'était pas tranquille, il pensait que l'eau et la nourriture pouvaient être empoisonnées, il aurait préféré que le combat ait lieu aux États-Unis. Lorsque Mobutu a eu vent de ses intentions de repartir aux USA, il lui a fait confisquer son passeport. Le champion était prisonnier au Zaïre.

Jack Newfield

Une rumeur courait selon laquelle il ne fallait pas laver ses vêtements à Kinshasa sous peine de choper un parasite qui finissait par se loger sous les paupières.

Jim Murray

Le combat a été reporté au 30 octobre et Ali a probablement moins souffert du report que Foreman, puisqu'il a pu continuer à s'entraîner normalement.

Thomas Hauser

Les premiers temps, Ali a, lui aussi, fait savoir qu'il préférerait que le combat ait lieu en Californie ou au Texas, mais il a rapidement réalisé que rester au Zaïre lui procurait un avantage psychologique non négligeable, il pouvait bien attendre cinq semaines avant de retrouver les crèmes glacées et les minijupes. Hank Schwartz a proposé à Mobutu de déplacer le combat dans une salle couverte, mais le dictateur a refusé, il a proposé d'agrandir le toit déjà existant.

Jack Newfield

La blessure de Foreman couronnait une série de déconvenues qui avaient débuté juste avant son séjour : Adrienne, sa femme, venait de gagner leur procédure de divorce, ce qui lui coûtait deux cent trente-cinq mille dollars ; Pamela Clay, une jeune fille d'Oakland, âgée de dix-neuf ans, l'avait accusé d'agression sexuelle et lui réclamait cinq millions de dollars de dommages et intérêts ; un promoteur lui réclamait cent millions de dollars pour rupture de contrat. À N'Sele, son cuisinier était tombé malade et sa limousine avait fini dans un fossé.

FELIX DENNIS & DON ATYEO

Ce qui est certain, c'est que King a sauvé le combat, il a su trouver les mots pour persuader Foreman de rester. Le champion et son équipe envisageaient de faire traîner les choses jusqu'à ce que la saison des pluies soit amorcée, ce qui aurait forcé les organisateurs à annuler le combat.

HANK SCHWARTZ

Enfermé entre les quatre murs de sa chambre d'hôtel, Foreman devenait fou. L'ennui a joué un rôle important dans le dénouement de l'histoire.

FELIX DENNIS & DON ATYEO

La pesée, qui avait lieu à minuit en plein air, s'est transformée en un rituel absurde, télévisé en direct aux États-Unis, devant vingt mille Africains qui n'avaient jamais vu une pesée de leur vie. Foreman est entré le premier dans un peignoir à motifs tribaux, il saluait la foule qui scandait « *Ali, bomayé !* », Ali l'a suivi, entouré de cinq cents supporters. Quand Foreman est monté sur la balance, un type de l'entourage d'Ali lui a piqué son chien.

JACK NEWFIELD

Où est mon chien ? Où est passé mon chien ?

GEORGE FOREMAN

La retransmission satellite est très vite tombée en panne, laissant Howard Cosell boucher les trous et rendant l'événement encore plus absurde qu'il ne l'était.

JACK NEWFIELD

Le ring était dans un état épouvantable. Il était neuf, mais il avait été mal monté, un des poteaux de coin s'était enfoncé dans le sol, il a fallu le caler avec des parpaings. Le tapis était en Ensaflor™, ce qui est bien, sauf que l'Ensaflor™ est une mousse qui craint l'humidité. On avait dit à l'équipe de montage de l'installer au dernier moment, mais ils nous avaient pas écoutés. Le tapis était glissant, on l'a enduit de résine, mais un type de la télé s'est plaint que ça faisait sale, on a surpris un ouvrier en train de le nettoyer avec de l'eau et du savon. Et tout ça, c'était rien à côté des cordes !

BOBBY GOODMAN

Angelo a toujours nié avoir détendu les cordes.

THOMAS HAUSER

Les cordes étaient neuves, avec la chaleur et l'humidité elles avaient rétréci et l'équipe de montage les avait tendues à fond. On a été obligés de les couper et de les réajuster. On s'est emmerdés tout l'après-midi avec une lame de rasoir parce que personne a été foutu de trouver un couteau. On a demandé à Sandy Saddler et à Archie Moore de nous aider... ils ont trouvé qu'il faisait trop chaud ! Si on l'avait pas fait, tout se serait écroulé. On a détendu le système à fond et Angelo a demandé au type qui s'occupait du matériel de retendre les cordes avant le combat. Il l'a jamais fait.

BOBBY GOODMAN

Deux jours avant le combat, j'ai demandé leur avis aux clodos du Bowery. Sur trente-deux, la moitié donnait Foreman vainqueur, l'autre moitié donnait Ali. Ce qui veut dire que la moitié des clodos du Bowery étaient plus sensés que les trois quarts des experts.

JOSÉ TORRES

Si Ali gagne, c'est que le combat aura été arrangé…

JIM BROWN

Le moment est peut-être venu de dire adieu à Muhammad Ali car, très sincèrement, je ne crois pas qu'il puisse battre George Foreman.

HOWARD COSELL

Tout ce qu'Ali a demandé à Dundee, c'est de détendre les cordes et que le tapis soit bien tendu pour avantager sa vitesse de déplacement.

MARK KRAM

Les enfants n'ont pas eu à aller à l'école. Les entreprises devaient accorder à leurs employés une journée de congé rémunérée. Les bars devaient servir la bière à moitié prix. La farine était même gratuite.

ZIZI KABONGO

Avant son combat contre Frazier, on avait pas cru qu'il pouvait être battu et l'on a eu tort. Avant le combat contre Foreman, on était inquiets. Tout le monde pensait que George allait tuer Ali.

WALI MUHAMMAD

Dans les vestiaires, on avait tous les dents qui claquaient, on tremblait comme des feuilles.

BERNIE YUMAN

En toute sincérité, je priais pour que George ne tue pas Ali. Je sentais que c'était possible.

ARCHIE MOORE

Pendant le combat, j'ai pas eu peur, j'suis morte trois ou quatre fois. Raide morte. J'pouvais pas r'garder, j'avais mis mes mains d'vant mes yeux et, de temps en temps, j'demandais s'il était encore vivant. J'me foutais qu'il gagne ou qu'il perde, j'craignais pour sa vie. Acculé dans les cordes, encaissant c'qu'il encaissait, mais il a trouvé la Voie, Dieu tout-puissant, il a trouvé la Voie !

LANA SHABAZZ

Mobutu et son collègue Idi Amin Dada assistaient à la retransmission du combat à la télévision.

MIKE MARQUSEE

Un corps divin luisait sous la lumière des projecteurs. *Ali, bomayé ! Ali, bomayé !* scandait le Zaïre.

DAVID VAN REYBROUCK

Pendant qu'Ali dansait contre son ombre, Angelo Dundee contrôlait soigneusement les poteaux et, à la vue des premiers rangs et de la salle entière, il a desserré les tendeurs des cordes avec une tige et une clé qu'il avait dû glisser dans son sac à N'Sele, transporter dans le bus et puis du vestiaire au ring. Quand les cordes furent assez détendues à son goût, assez lâches pour que son boxeur puisse s'y installer confortablement, il rangea ses outils, redescendit du ring et retourna dans son coin. Personne ne lui avait prêté une attention particulière.

NORMAN MAILER

Quand Foreman s'est glissé sous les cordes, le ring a semblé rétrécir aux dimensions d'un parc pour enfants.

GREGORY ALLEN HOWARD

Foreman n'affronte pas qu'un homme, il affronte un monde.

JACK WILKINSON

Quand je suis entré au Madison Square Garden pour assister à la retransmission du combat par satellite, mon cœur battait à tout rompre. Je me suis retrouvé englouti dans un océan bigarré... des Noirs, des métis, des Jaunes, des Africains, des Portoricains, des Afro-Américains, des Sud-Américains, des Amérindiens, des Antillais, des Haïtiens, des Jamaïcains en veux-tu en voilà ! Une Babel d'hommes de couleur. Le *tiers-monde* s'était déplacé en masse.

GREGORY ALLEN HOWARD

Ali avait perdu les dons de sa jeunesse, au Zaïre il en a cultivé d'autres. Ce type est le meilleur encaisseur de toute l'histoire des poids lourds, le type le plus courageux que j'aie jamais connu, sans compter qu'il avait cette faculté exceptionnelle de pouvoir réfléchir calmement en plein champ de bataille.

Ferdie Pacheco

Le génie d'Ali, c'est sa capacité à improviser comme les jazzmen, comme Louis Amstrong, Charlie Parker, Miles Davis ou John Coltrane. Le Zaïre sera son *Birdland*.

Jack Newfield

Ali a traversé le ring. Il semblait aussi massif et déterminé que Foreman, il se tenait comme si la vraie menace, ça avait été lui.

Norman Mailer

J'ai qu'un conseil à te donner, tu dois lui faire mal d'entrée. Foreman a la mentalité d'une brute, si on lui fait mal, il se dégonfle. Tout ce que tu as à faire, c'est frapper le premier... et lui faire mal !

Cus D'Amato

George était le plus gros frappeur de son époque, mais quand Ali, sans montrer la moindre appréhension, s'est rué sur lui au début de la première et qu'il a frappé George le premier, je me suis dit que nos plans étaient tombés à l'eau et que George allait devoir trouver autre chose.

Archie Moore

Dans les rangs de la presse, une constatation étonnée courait des uns aux autres : « Il envoie des *droites* ! » Les champions ne frappent pas en droite. Pas au premier round. C'est difficile et c'est dangereux. Les bons boxeurs n'utilisent pas souvent leur droite contre d'autres bons boxeurs. Pas au premier round. Ils attendent. Ils la gardent en réserve. Des directs du droit ! Mon Dieu !

NORMAN MAILER

Au premier round, Ali est resté à distance, mais trente secondes après que la deuxième reprise eut commencé, il s'est installé dans les cordes, c'est-à-dire l'endroit où il ne faut surtout pas se trouver lorsque l'on est en face d'un gros frappeur.

THOMAS HAUSER

Traditionnellement, les cordes sont l'antichambre du tapis.

GEORGE PLIMPTON

La foule a gémi. Ali était dans les cordes. On avait tellement glosé sur sa capacité à esquiver et il était déjà pris au piège. Déjà. Mais Foreman avait perdu de sa détermination, les directs d'Ali l'avaient perturbé, ses coups n'étaient pas bien assurés. Corps à corps. Intervention de l'arbitre. Ali sort des cordes. Facilement.

NORMAN MAILER

Au premier, Ali dansait comme on pensait qu'il le ferait pendant six ou sept rounds, le temps de fatiguer Foreman. Au lieu de ça, il s'est planté dans les cordes et il a laissé Foreman lui envoyer des crochets à couper un arbre en deux. Bundini s'est rendu compte que les cordes étaient détendues, il a voulu les retendre, Ali lui a dit de pas le faire.

Wali Muhammad

C'est pas possible, c'est arrangé !

George Plimpton

Les deux premiers rounds, j'ai donné beaucoup de coups, mais aucun a atteint la cible. Je l'ai bien attrapé avec ma droite au troisième. À la fin du round, j'étais déjà crevé comme si j'avais boxé quinze reprises. Au quatrième, j'ai continué à lui courir après.

George Foreman

Même dans les cordes, Ali domine Foreman... il le domine vraiment !

Jim Brown

Contrairement à ce que l'on pense, Ali n'a pas fait qu'encaisser, il a gagné au moins trois des quatre premiers rounds. À partir du cinquième, il a semblé faiblir et il a survécu tant bien que mal au sixième et au septième.

Thomas Hauser

Les hommes de coin d'Ali lui hurlaient des conseils comme à un aveugle en train de se balader au bord d'une falaise.

George Plimpton

Attention ! Attention ! Fais gaffe...

BUNDINI BROWN

Sors de là ! Danse !

ANGELO DUNDEE

Il m'a épaté, faut le dire ! Il m'a dominé mentalement et physiquement. Ce soir-là, il était le meilleur, c'est tout. Je pensais que je le battrais facilement... je lui donnais un ou deux rounds, pas plus. J'étais très confiant. Ce dont je me souviens le mieux, c'est de l'avoir touché au corps avec le coup le plus puissant que j'aie jamais donné de toute ma carrière... n'importe qui aurait dégringolé, pas lui. J'ai bien vu qu'il était touché, mais ce qui m'a impressionné davantage, c'est son regard qui disait : « Tu m'auras pas ! »

GEORGE FOREMAN

George ne connaît qu'une façon de boxer, alors il s'est mis à frapper, à frapper et à frapper encore. Le plan était d'acculer Ali dans les cordes mais, une fois Ali dans les cordes, George ne savait pas quoi faire.

ARCHIE MOORE

C'est sûr, c'est moi qui attaquais, c'est sûr, c'est moi qui envoyais le plus de coups, mais je savais que j'étais en train de perdre.

GEORGE FOREMAN

Je disais à George de passer en dessous, entre ses bras, mais George avait une autre idée en tête. Lors d'un de ses précédents combats, il avait cassé un bras à Gregorio Peralta, alors il voulait frapper les bras d'Ali avant de le frapper au corps. Ce n'était pas si bête... à quelques détails près.

Archie Moore

Foreman ressemblait à un ivrogne qui cherche le trou de la serrure.

Jim Murray

J'ai demandé à Angelo : « Qu'est-ce qui se passe ? » et il m'a répondu : « J'en sais rien ! »

Wali Muhammad

Soit Ali était bien à l'abri derrière ses coudes et ses avant-bras, soit il évitait les coups de George en se renversant dans les cordes. Et quand il arrivait à le toucher, Ali montrait un tel dédain qu'il a commencé à persuader George qui frappait comme une mule qu'il ne frappait pas du tout.

Archie Moore

Au septième, Muhammad a vu que j'étais fatigué, il a commencé à m'envoyer des vannes, mais je savais qu'il sifflait dans un cimetière. J'étais crevé, mais j'étais sûr que j'allais trouver l'ouverture et que si Ali avançait, il allait y avoir droit.

George Foreman

Joue pas avec ce con ! Joue pas avec lui.

Angelo Dundee

Au huitième, j'ai baissé les mains pour encourager Muhammad à m'attaquer. Quand j'ai pris son enchaînement gauche-droite, j'étais en déséquilibre, j'ai eu le temps de me dire que j'y allais. Je suis sûr que Muhammad était aussi surpris que moi. Quand je me suis retrouvé au tapis, je me suis dit... il s'est foutu de moi toute la soirée, il croit qu'il va m'avoir, mais j'en ai encore assez pour le foutre en l'air. Je me suis levé à huit, Zack Clayton a fait : neuf, dix ! C'était plié.

GEORGE FOREMAN

Je vais pas vous raconter des salades, quand il s'est calé dans les cordes, ça m'a rendu malade. J'étais persuadé qu'Ali pouvait gagner, mais pas comme ça. Foreman est un boxeur lent, statique, il bouge pas beaucoup la tête non plus, je pensais qu'Ali danserait, qu'il boxerait avec son jab, qu'il fatiguerait George et qu'il finirait par le cueillir dans les derniers rounds. George a un style qui convient parfaitement à Ali, mais tout ce que nous avions prévu tournait autour de la faculté d'Ali à esquiver.

ANGELO DUNDEE

Toutes ses victoires viennent de son intelligence, pas de ses poings.

CUS D'AMATO

Muhammad a pas arrêté de se vanter de ses dons de stratège... je sais, et il le sait aussi, qu'il n'avait qu'une seule stratégie... survivre. Ce qui est vrai, c'est que ce n'est pas sa stratégie qui a gagné le combat, mais que c'est moi qui ai boxé n'importe comment en le laissant pas avancer.

GEORGE FOREMAN

Boxer dans les cordes, c'était ce qu'il fallait pas faire, mais c'est ce qu'il fallait faire. Ali voyait des choses que personne d'autre voyait.

WALI MUHAMMAD

J'avais pas beaucoup d'estime pour sa force de frappe, j'étais crevé, j'avais les mains en bas, je rate ma droite et boum, je prends la sienne ! J'aurais pu me relever, mais c'était pas la peine, j'y aurais eu droit. À l'époque, il était trop intelligent pour moi. Après le combat, j'ai trouvé tout un tas d'excuses : les cordes étaient détendues, l'arbitre a compté trop vite, ma blessure a perturbé mon entraînement, j'ai été drogué... J'avais jamais perdu de ma vie, je savais pas ce que c'était, alors je savais pas quoi faire avec ça. Dans ma tête, j'ai refait le combat mille fois et puis j'ai réalisé que j'avais perdu contre un grand champion. Aujourd'hui, je suis juste fier de faire un tout petit peu partie de sa légende. Je l'aime beaucoup pour ça. Vraiment.

GEORGE FOREMAN

Je me suis jamais autant trompé de toute ma vie.

JIM BROWN

Ce fut une folle nuit. Aussitôt après le match, un orage d'une exceptionnelle violence éclata. Les boîtes de nuit de Kinshasa étaient bondées. Les boissons étaient gratuites. Tout le monde faisait la fête, tout le monde riait, tout le monde buvait.

DAVID VAN REYBROUCK

Le nouveau champion du monde est retourné à N'Sele avec Belinda dans une DS noire.

Thomas Hauser

Avec tous ces gens alignés le long de la route pour voir passer la Citroën d'Ali, on aurait dit la libération de Paris.

Felix Dennis & Don Atyeo

Tout le long de la piste, au bord de la savane, leurs enfants dans les bras, sous une pluie battante, les gens attendaient pour le voir passer.

Ferdie Pacheco

À cinq heures du matin, je suis parti pour N'Sele avec un photographe, Ken Regan. La pluie tombait si fort qu'on n'y voyait pas à trois mètres. On est sortis de route trois fois, on a mis deux heures pour arriver. Il n'y avait plus personne, pas un journaliste, pas un proche, personne... sauf Ali assis sous le porche qui faisait un tour de magie à une bande de gosses. Le coup de la corde coupée en deux... je sais pas qui ça amusait le plus, Ali ou les enfants.

Pete Bonventre

On était vingt mille au Madison Square Garden et sur la 7ᵉ Avenue il y avait dix mille personnes qui nous attendaient, celles qui n'avaient pas pu entrer. Trente mille dingues grimpés sur le toit des bagnoles. Trente mille dingues qui ont bouché la 7ᵉ pendant des heures.

Gregory Allen Howard

Il est des héros du sport qui deviennent des héros tout court. Ces dernières années, on peut en compter quelques-uns, une demi-douzaine, pas davantage, qui sont devenus des figures historiques, des emblèmes de l'Amérique. Joe Louis, bien sûr, Joe DiMaggio, Jackie Robinson… mais Ali est le plus grand d'entre eux. Il est temps de le reconnaître pour ce qu'il est : le plus grand athlète de son temps et, peut-être, de tous les temps, l'un des Américains les plus courageux et les plus importants de toute l'histoire de son pays. Le temps est venu d'en finir avec les anciennes rancœurs et d'oublier le passé. Le temps est venu d'apprécier à sa juste valeur l'incroyable athlète et le merveilleux être humain qu'il est.

MAURY ALLEN

À Louisville, Walnut Street a été rebaptisée Muhammad Ali Boulevard.

FELIX DENNIS & DON ATYEO

Le 10 décembre 1974, Muhammad Ali a été invité à la Maison-Blanche par le président Gerald Ford.

THOMAS HAUSER

Lonnie

La première fois que j'ai rencontré Muhammad Ali, j'avais cinq ans et demi. Mes parents venaient de s'installer dans le quartier, pas très loin de la maison des parents de Muhammad Ali, Verona Way. Un jour que je rentrais de l'école, Muhammad était assis sur les marches du perron de notre maison. Il y avait tout un tas de vélos dans l'allée et plein d'enfants autour de lui, tous les gosses du voisinage qui riaient en l'écoutant, rien que des garçons. Il portait une chemisette blanche à manches courtes, un pantalon et un nœud papillon noirs. Il avait vingt ans, ce qui me paraissait très vieux à l'époque. Ma mère m'a dit : « T'as vu, Lonnie, c'est Cassius Clay ! » Je ne savais pas qui c'était ni ce qu'il faisait. Muhammad a demandé qui j'étais, mon frère Albert, qui avait un an de plus que moi, lui a dit : « C'est ma sœur ! » Muhammad m'a demandé de m'approcher, je n'ai pas bougé et je me suis mise à pleurer, j'étais très timide, et puis j'ai fini par me décider, j'ai fait ce qu'il me demandait. Après, je ne me souviens plus de rien. Il a dû me prendre sur ses genoux, me demander comment je m'appelais et me dire que j'étais très mignonne, comme il disait à toutes les petites filles. Sur une photo prise ce jour-là par Steve Shapiro, on me voit debout devant lui qui est assis, il est penché vers moi, les enfants, tout autour de nous, rigolent, et moi, dans mon uniforme, la blouse blanche, la jupe avec les bretelles, je me tortille en refaisant mes tresses, un peu comme une enfant, un peu comme une femme. Le photographe nous a envoyé un exemplaire de cette photo et je l'ai encore aujourd'hui, encadrée, dans notre propriété du Michigan. Il n'y a pas si longtemps, j'ai appris le nom de celui qui l'a prise, en tombant sur un livre de lui chez ma coiffeuse. Ce jour-là, Muhammad Ali a joué avec les enfants toute la journée, il a fait du vélo, il s'est mis torse nu pour jouer au Monopoly, il a fait tâter ses biceps aux garçons, il a fait semblant de se battre avec eux, moi, je ne me souviens plus de rien, mais ce que je sais, c'est que chaque fois que Muhammad Ali passait par Louisville, il passait me voir. Il me considérait comme sa petite sœur. Quand il ne me trouvait pas, il me cherchait partout, il me récitait des poèmes, il m'emmenait me balader dans sa voiture, il m'achetait des glaces. Je me souviens que, juste avant de se battre avec Sonny Liston, il est arrivé dans un grand bus avec «Cassius Clay» peint de toutes les couleurs et des haut-parleurs un peu partout. Il a fait monter autant d'enfants que le bus pouvait en contenir et il nous a emmenés faire un tour. Quand il nous demandait qui était le plus grand, on hurlait : « C'est toi ! » de toutes nos forces. Quand il s'est marié avec Sonji, je trouvais que c'était la plus jolie fille du monde. Je l'ai rencontrée une seule fois, je jouais à la corde devant la maison avec mes copines. Elle ne nous connaissait pas, mais elle nous a dit bonjour ! Elle a sauté à la corde avec nous et elle nous a appris le *double-dutch*. Un an plus tard, j'ai vu Muhammad Ali avec une autre femme, très grande avec des vêtements bizarres. J'aurais voulu lui demander qui c'était, mais je ne voulais pas être impolie.

Finalement, je le lui ai demandé quand même et Muhammad m'a dit qu'elle s'appelait Belinda et que c'était sa nouvelle femme. Ça m'a paru bizarre parce que Sonji me paraissait être une femme parfaite et je ne comprenais pas pourquoi il en avait besoin d'une autre. Ensuite, je n'ai pas arrêté de le voir. Ma mère était devenue la meilleure amie de Bird. Quelquefois, Muhammad s'asseyait devant chez nous, il parlait avec mes parents ou il jouait avec moi. Il voulait tout le temps me voir, pour lui, j'étais, sans doute, la petite sœur qu'il n'avait pas eue. Il était beau, doux, gentil, terriblement sûr de lui. Pour moi, c'était le plus bel homme du monde. Et à dix-sept ans je suis tombée amoureuse de lui.

Made for me
You were made for me
A fish was made to swim in the ocean
A boat was made to sail on the sea
As sure as there are stars above I know,
I know you were made for me
You were made for me
A grape was made to grow on a vine
An apple was made to grow on a tree
As sure as there are stars above I know,
I know you were made for me
We'll have our quarrels and you'll upset me
But what can I do ?
You've been mine ever since I met you
And I'll never leave you, no I'll never leave you
As sure as there's a Heaven above me
From you I know I'll never be free
As sure as there are stars above
I know, I know you were made for me
A fish was made to swim in the ocean
A boat was made to sail on the sea
As sure as there are stars above
I know, I know you were made for me
You were made for me

A grape was made to grow on a vine
An apple, an apple was made to grow on a tree
As sure as there are stars above
I know, I know you were made for me
We'll have our quarrels and you'll upset me
But what can I do ?
You've been mine ever since I met you
And I'll never, never, never, never, never, never leave you
As sure as there's a Heaven above me
From you I know I'll never be free, no no
As sure as there are stars above
I know, I know you were made for me

À partir de ce moment-là, j'ai su qu'un jour je me marierais avec lui. Même s'il avait quatorze ans de plus que moi, même s'il était marié avec une autre femme. Aujourd'hui encore, je ne peux pas l'expliquer, mais j'ai très vite été persuadée que je ne serais heureuse avec personne d'autre que lui. J'ai toujours pensé qu'il y avait un lien spécial entre nous deux et que c'était la volonté de Dieu. Quand j'ai fini le primaire, j'aurais dû m'inscrire à Fisk, un lycée noir de Nashville, parce que mon beau-frère y était prof, mais Muhammad m'a dit qu'il fallait que j'aille voir d'abord s'il me plaisait, qu'il fallait que je trouve le meilleur lycée possible avec une bonne bibliothèque et de bons labos, sans me préoccuper de savoir si le lycée était blanc ou bien noir. J'ai pris le bus et j'ai été jeter un coup d'œil à Fisk. Ce qui est certain, c'est que je n'aurais jamais pu y aller, je n'aurais jamais pu vivre là-dedans. Ça m'aurait déprimée, parce que je n'étais pas habituée à vivre dans un environnement exclusivement noir. Bien sûr, j'habitais dans un quartier noir, bien sûr, je savais que je n'étais pas blanche, mais je n'avais jamais été dans une école exclusivement noire et mes parents n'étaient pas comme ça. Le hasard a bien fait les choses, mon beau-frère a été muté à Vanderbilt et je l'y ai suivi. Après le lycée, j'ai été admise à l'université de l'Illinois et en même temps j'ai eu une proposition pour travailler chez Kraft Foods. J'ai toujours eu un problème avec le commerce, je suis plutôt portée sur le social. Au lycée, j'ai jamais suivi les cours d'économie, mais quand j'ai eu fini mes études, il a fallu que je choisisse : aller à la fac ou travailler. Je savais qu'il me fallait cinq ans pour avoir mon diplôme de psychologie clinique et j'ai commencé à calculer combien ça allait coûter et combien d'argent je pouvais gagner durant cette période. Après ça, je me suis posé des questions sur mon caractère : est-ce que j'allais être capable de fréquenter des enfants battus toute la journée et bien dormir la nuit ? Je me connais, je suis sûre que je n'aurais jamais arrêté de penser aux enfants, alors j'ai décidé de prendre le job chez Kraft. J'ai commencé comme attachée commerciale et puis je suis devenue responsable des ventes, en même temps j'ai commencé un MBA à l'université de Louisville. En 82, je me souviens, Muhammad m'a invitée à déjeuner avec lui. Il logeait au Hyatt-Regency, il est descendu dans le hall, quand il est sorti de l'ascenseur, il ne marchait pas droit. Il bafouillait. On est allés déjeuner et dans la rue il titubait. Il était déprimé, ce n'était pas le Muhammad que je connaissais. Il avait toujours été sûr de lui, il savait toujours ce qu'il voulait faire et comment le faire, là, je ne le reconnaissais plus et je ne savais pas comment me comporter avec lui. Un peu plus tard, j'ai rencontré Gene Dibble, qui travaillait pour le département de la santé de Louisville à cette époque, il m'a dit : « Lonnie, Muhammad ne va pas bien, je crois que si personne ne fait quelque chose pour lui, il n'en a plus pour très longtemps ! » Ça m'a terrorisée. Je savais qu'il avait des problèmes avec Veronica, mais il était évident qu'il y avait quelque chose d'autre. J'ai beaucoup réfléchi à ce que m'avait dit Gene Dibble et j'ai décidé de m'installer à Los Angeles pour m'occuper de Muhammad. J'étais consciente des risques que cela représentait. Je quittais un bon job, sans parler de ce que les gens allaient raconter à propos de ma présence aux côtés de Muhammad, mais je me suis dit que tout cela n'avait aucune importance, que je ne devais pas y faire attention. Je me suis dit, j'ignore si j'avais raison ou pas, que le bien-être de Muhammad comptait plus que tout ça. J'ai déménagé à Los Angeles pour m'occuper de lui et en même temps j'ai commencé des études de commerce à l'UCLA. J'avais vingt-cinq ans, par certains côtés j'étais très naïve et Muhammad me traitait toujours comme si j'avais été une enfant. J'ai trouvé un appartement près de chez lui, financièrement, Muhammad s'occupait de tout pour moi. Veronica le savait et elle était d'accord. Les choses n'allaient pas très bien entre eux. Je ne sais pas tout, je ne connaissais pas bien Veronica. Ce que je sais, c'est que Muhammad a ses angoisses comme tout le monde et je crois qu'il était fasciné par la beauté de Veronica. Un mariage a besoin de plus que ça pour marcher mais, quand ils se sont connus, tout ce qu'il voyait c'était l'apparence de Veronica. Il doit bien y avoir d'autres qualités qui l'ont attiré chez elle, mais la plus évidente, c'était sa beauté. Elle était très belle et Muhammad était complètement fasciné par son apparence. En ayant une relation avec lui alors qu'il était encore marié, je suis sûre que Veronica pensait bien faire puisqu'elle faisait ce que Muhammad voulait, mais bon... il y a tout un tas de « choses » que Muhammad désirait et qu'il n'a pas eues parce qu'il ne pouvait pas les avoir. Je savais ça, même quand j'avais l'âge de Veronica. Muhammad voulait beaucoup de choses et, à l'époque, on lui en proposait beaucoup, mais si vous lui disiez non, il n'insistait pas. Muhammad n'a jamais été le genre d'homme qui insiste lourdement ou qui harcèle les femmes. C'est à Los Angeles que j'ai commencé à étudier l'islam. J'ai été élevée dans la religion catholique et jusqu'au lycée j'étais très pratiquante et puis j'ai commencé à me poser des questions. Un dimanche à Nashville, je suis entrée dans une église baptiste. Elle était pleine comme un œuf, les gens étaient debout les uns contre les autres, ils chantaient des gospels, je me souviens que le pasteur avait fait un très bon sermon, plein d'énergie. Ça m'a impressionnée. Je n'avais jamais connu ça auparavant. Je ne voulais pas devenir baptiste pour autant, mais ça m'a fait me poser des questions : « Pourquoi je suis mieux là que dans une église catholique ? » J'ai continué à aller à l'église, mais je n'ai pas arrêté de me poser des questions au sujet des autres religions. Je cherchais celle qui me correspondrait le mieux. Muhammad avait des tas de livres sur l'islam, il m'en a prêté quelques-uns et il m'a expliqué quelques principes religieux de base. Il y avait une mosquée à Los Angeles où je me suis rendue plusieurs fois. Par beaucoup d'aspects, l'islam m'a semblé proche de ce que j'avais appris à l'église. La discipline était la même et j'avais arrêté de manger du porc à dix-sept ans, comme je n'ai jamais bu de ma vie, ce n'était pas un problème non plus. La grande différence, c'est que pour l'islam il n'y a qu'un seul Dieu alors que pour les catholiques il y a le Père, le Fils et le Saint-Esprit. J'ai commencé à réfléchir à ce propos, j'ai pris conscience que Dieu est tout-puissant et qu'il ne peut donc pas avoir un fils qui ait la forme d'un homme. Jésus est un prophète, mais il n'y a qu'un seul Dieu. Il est digne de notre adoration et aucun autre dieu n'en est digne. Finalement, Muhammad et Veronica se sont séparés. Veronica n'a pas quitté

Muhammad, Muhammad n'a pas quitté Veronica, ils ont tous les deux compris que leurs chemins se séparaient et qu'ils n'étaient plus faits l'un pour l'autre. Je connaissais Muhammad depuis que j'avais six ans et la première fois que je l'ai vu pleurer, c'est quand il s'est séparé de Veronica et qu'il s'est rendu compte que sa vie de famille était fichue, qu'il ne vivrait plus avec Hana et Laïla. Le divorce a été prononcé en juillet 1986 et Muhammad m'a demandé de l'épouser. Ça aurait été charmant s'il s'était agenouillé pour me demander en mariage, mais ce n'était pas son genre. Pour ce genre de choses, il n'est pas très romantique. En réalité, ce qui s'est passé entre nous, c'est que notre amitié était devenue extrêmement forte, je pense que c'est comme ça que tous les mariages devraient commencer, si deux personnes ne sont pas amies, je ne vois pas comment elles peuvent s'aimer. Nous savions que nous voulions partager notre vie, mais il aurait été contraire aux principes de l'islam de le faire sans être mariés. Nous nous sommes donc mariés le 19 novembre 1986. C'est Harvey Sloane, l'ancien maire de Louisville, qui a procédé à la cérémonie. Un mariage discret, pas plus de vingt personnes, la famille et quelques amis. Je ne sais pas si j'aurais pu supporter que tout le monde me regarde, grâce au Ciel, je n'ai pas été obligée de le faire ! J'avais un certain nombre d'avantages sur les autres femmes avec lesquelles Muhammad s'était marié : je le connaissais depuis si longtemps que je savais qui il était et d'où il venait et nos familles étaient unies par des liens très forts, la mère de Muhammad et la mienne étaient comme des sœurs. Muhammad est un paradoxe vivant, si je commence à expliquer quelque chose à son propos, il va aussitôt faire le contraire, je ne peux donc pas expliquer Muhammad, je peux seulement en faire l'expérience et il me surprend tous les jours. L'une des choses qui m'étonne le plus de sa part, c'est l'étendue de sa culture alors qu'il a arrêté ses études très tôt. Il y a des choses qu'il sait alors qu'il ne devrait pas les savoir, quelquefois je me demande comment il peut bien savoir ce qu'il sait et d'où il peut bien sortir ses connaissances. Quelquefois on dirait qu'il n'écoute pas, mais en réalité il fait attention à ce qui se dit, d'autres fois il fait semblant de ne pas comprendre jusqu'à ce qu'il pose une question qui montre bien qu'il a fait le tour du sujet. Je ne comprends pas comment il a pu être un si mauvais élève. J'ai plusieurs théories à ce sujet. Dans ma famille, mon père pensait que l'éducation était ce qu'il y a de plus important dans la vie, il a fait des sacrifices pour nous envoyer dans une école privée, je ne pense pas que les parents de Muhammad l'ont motivé comme nous l'avons été. Deux des enfants de Muhammad sont dyslexiques, je pense que Muhammad était dyslexique lui aussi, à l'époque il n'a pas été diagnostiqué comme tel, mais ça l'a handicapé durant sa scolarité. Dans la vie quotidienne, Muhammad est très facile à vivre. Il n'est pas macho, il se préoccupe de ce que je pense et il négocie. À la maison, c'est moi qui prends toutes les décisions, quelquefois, quand il n'est pas d'accord, on discute. Une des concessions que j'ai faites, c'est de ne pas travailler. Je suis diplômée de l'UCLA, je suppose que si j'avais été mariée à quelqu'un d'autre que Muhammad, j'aurais mon job, mais Muhammad ne voulait pas que je travaille, il voulait que je lui consacre tout mon temps. Avant de me marier, je me suis posé la question : est-ce que je m'occupais de ma carrière ou bien de Muhammad ? Il a fallu, aussi, que je change mon attitude envers les autres, surtout les autres hommes. Je suis très ouverte, très amicale, j'aime communiquer, Muhammad pense que, quelquefois, je suis trop proche des gens. Si l'on se rapporte aux standards islamiques, c'est vrai, si l'on me compare avec Veronica à qui personne n'osait adresser la parole, c'est vrai aussi. Bien sûr, il y avait une certaine dose de jalousie dans l'attitude de Muhammad, mais il faut aussi que j'admette qu'il avait plus d'expérience que moi et qu'il était sûrement plus avisé que je ne l'étais. Alors, j'ai fait en sorte de maintenir une certaine distance avec les autres hommes, je suis toujours amicale avec eux, mais il est évident qu'aucune méprise n'est possible, que j'appartiens tout entière à Muhammad. Et, je touche du bois, aucune femme ne peut être sûre à cent pour cent à ce propos, mais je crois que, de son côté, Muhammad m'est fidèle. Délibérément, il n'a jamais rien fait pour me blesser, il ne fait rien non plus qui puisse être un affront à Dieu, il sait qu'il y a une vie après la vie et il prend tout cela très au sérieux. Ce qui m'a été difficile au début, c'est la manière de me comporter avec tous ceux que je croisais chez nous. Muhammad, tout seul, est facile à vivre, il n'a pas beaucoup d'exigences, il ne se plaint jamais de rien, il a des goûts simples, il n'aime pas les conflits. Il lui arrive d'être triste, mais le lendemain il a oublié ce qui l'a perturbé la veille. Il est calme, tellement silencieux qu'il m'arrive de ne pas savoir s'il est à la maison ou non. Il lit le Coran, il répond à son courrier. La seule chose négative, c'est tous ces gens que je ne connais pas toujours qui traînent à la maison... le côté portes ouvertes ! Muhammad aime les gens, il aime avoir des gens autour de lui. Je comprends que les gens l'aiment et aiment le voir, je comprends qu'il ne faut pas que je ferme la porte. Muhammad ne m'appartient pas, Muhammad appartient à tout le monde. C'est pour cela que, quand nous sommes ensemble en public, je me mets délibérément en retrait, je fais toujours en sorte que les gens profitent de lui le temps de sa présence, mais j'aimerais que cela s'arrête au seuil de notre foyer et cela ne s'arrête pas. Beaucoup de gens n'ont aucun respect pour notre intimité. Quand nous sommes en voyage, ils sont encore là, peu importe que l'on occupe une chambre ou une suite, ils sont là. Je n'ai plus aucune intimité, je ne suis plus libre. Ce n'est pas sympa à mon égard... pas du tout, et la plupart d'entre eux sont des parasites, ils téléphonent à l'étranger, ils commandent le room-service. Jamais je ne me permettrais ce qu'ils se permettent. À la maison, c'est pareil, la porte est toujours ouverte. Peu importe l'heure, on peut être en train de manger ou en train de recevoir des invités, celui qui frappe à la porte, il entre. Ce n'est pas nouveau, quand Muhammad vivait à Chicago ou à Los Angeles, il y avait des queues sur le trottoir. Je ne sais pas comment Belinda et Veronica le vivaient, parce que moi, quelquefois, ça me rend folle ! Quand ce sont des étudiants de Notre Dame ou d'Andrews, je trouve ça très bien, ils maintiennent Muhammad en forme, ils échangent des idées, il est important pour lui de garder le contact avec les nouvelles générations. Les gens que nous connaissons, les amis, les voisins, évidemment, je suis d'accord, mais il y a les touristes ! Les gens savent que Muhammad habite ici et cela devient l'attraction de leurs grandes vacances. Ils viennent de tous les coins du monde, je ne parle évidemment pas de ceux qui viennent des quatre coins des États-Unis. Je ne sais pas ce qu'ils font là, mais ils frappent à la porte et Muhammad les invite à entrer. Franchement, des fois, je n'apprécie pas du tout. Je comprends bien que, pour tous ces gens, c'est la chance de leur vie, mais j'aimerais qu'ils respectent les limites. À part ça, j'adore être mariée avec Muhammad. On s'entend bien, nous avons les mêmes idéaux et nous partageons les mêmes valeurs à propos de la famille et de la religion. Il y a des gens qui me traitent autrement qu'ils ne le devraient parce que je suis la femme de Muhammad, mais j'essaie qu'il n'y ait pas de malentendu entre moi et les autres. J'ai toujours voulu être moi-même et sûrement pas l'appendice de quelqu'un d'autre. Je ne me promène pas en me disant : « Oh, mon Dieu, je suis la femme de Muhammad Ali ! », je sais que c'est quelqu'un de particulier, je sais que les gens l'adorent, mais pour moi il est juste Muhammad. Je ne pourrais pas être mariée avec une statue sur un piédestal. Ce ne serait pas vivable. Pour ce qui concerne l'argent, c'est un peu le même problème. Il y a des gens qui l'ont trompé, utilisé son nom, falsifié sa signature, volé des millions de dollars. Muhammad les connaît, il leur a toujours pardonné. La même personne peut revenir six mois plus tard, tout est oublié. C'est une bénédiction de Dieu de n'avoir mis aucune malice dans son cœur. C'est une des choses pour lesquelles je l'aime et je l'admire, mais j'ai fini par m'intéresser à ses investissements. J'avais les connaissances pour ça. Lui, il lisait le Coran et, au début, il était choqué : les femmes musulmanes ne doivent pas s'occuper d'argent. Je crois que c'est plus culturel que religieux parce que le Coran dit que l'un des devoirs de la femme est de protéger les biens de son mari. Cela a été un compromis important pour chacun d'entre nous. Muhammad et moi sommes unis, nous ne sommes pas une seule personne, mais ce qui l'affecte m'affecte. Ce qui est bon pour moi est bon pour lui. Je suis peut-être trop vindicative, il faudrait que je prie pour l'être moins, mais pas mal de profiteurs ont disparu maintenant. Quand je me suis mariée avec Muhammad, les médecins avaient diagnostiqué un syndrome de Parkinson, plus tard ils ont changé d'avis, Muhammad ne souffrait pas seulement du syndrome de Parkinson, il était atteint par la maladie proprement dite. Ce qui voulait dire que son état allait empirer. Quand Muhammad a commencé à avoir des troubles, quand son élocution a changé, je ne crois pas qu'il en ait été très conscient. Après, il a compris que quelque chose n'allait pas, mais il n'a pas voulu l'admettre. Il lisait dans les journaux qu'il était mourant, qu'il n'était plus que l'ombre de lui-même. Imaginez, il est déjà difficile de faire face à son déclin, ça l'est encore plus si votre vie a été basée sur vos facultés physiques et que le monde entier vous regarde. Et, pour la première fois de sa vie, Muhammad a eu peur. Il a arrêté de parler sans réfléchir comme il avait l'habitude de le faire parce qu'il avait peur que les gens disent : « Écoute ça, il sait même plus parler ! » Il y avait des gens qui disaient : « Il va bien, il est juste déprimé. Il est fatigué, il s'ennuie ! » Non, Muhammad a un problème physique et ce n'est pas d'en parler à voix basse comme du cancer qui va aider à le résoudre. Une partie du problème, c'est que pour beaucoup de gens Muhammad représente la jeunesse, leur jeunesse. Quand ils voient un film d'Ali, c'est comme s'ils regardaient un film de famille. Ils veulent que Muhammad aille bien, Muhammad est ce que leur vie a été de mieux, ils veulent le Muhammad d'avant, ils ne veulent pas qu'il vieillisse. Ils veulent le jeune homme arrogant, le grand provocateur, mais même s'il n'était pas malade Muhammad ne hurlerait plus, il a mûri, il s'est adouci. Il a une personnalité plus riche qu'avant. Si John Kennedy était encore vivant, il serait différent de ce qu'il a été, Elvis Presley aussi. Les gens aiment se souvenir de leurs héros d'une certaine façon, mais Muhammad a laissé tout ça derrière lui. Quand nous avons appris qu'il était atteint de la maladie de Parkinson, je me suis sentie très seule, je n'avais jamais rencontré personne qui en était atteint, je n'avais personne avec qui en parler.

J'ai appris au fur et à mesure, appris qu'il faut tout savoir : les causes, les symptômes, le pronostic à long terme, les traitements disponibles, les nouveaux traitements. Appris que savoir vous rend capable d'anticiper les nouveaux besoins physiques, mentaux et émotionnels du malade. Personne n'est capable de s'occuper d'un malade chronique vingt-quatre heures sur vingt-quatre et sept jours sur sept, alors, il faut dresser la liste des amis et des parents à qui l'on fait confiance et que l'on peut appeler pour vous soulager quelques heures ou vous aider en cas d'urgence. Et même quand on croit avoir un peu de répit, dans un coin de sa tête, on est toujours préoccupé. On se demande tout le temps : « Est-ce que ça va ? », « Est-ce qu'il a pris ses médicaments ? » Muhammad n'aime pas prendre ses médicaments et il faut que je l'occupe avec des choses suffisamment intéressantes pour lui permettre de garder un certain intérêt pour l'existence, il faut que je lui offre tout ce qui est nécessaire pour avoir une bonne qualité de vie. C'est du travail ! Ce peut être très fatigant, alors il faut que je garde une attitude positive et le sens de l'humour. Tout le monde a besoin d'aide, même si on fait tout ce qu'il faut, on a besoin de quelqu'un qui vous le dit. On a besoin d'être rassuré, de savoir que l'on fait du mieux que l'on peut, alors il est important de rencontrer d'autres parents de malades pour communiquer et échanger. Les plus solides s'épuisent, je suis un être humain et j'ai mes limites. Il faut que je me ménage et que je m'occupe de moi. Certes, il faut programmer des activités auxquelles on participe ensemble, ça permet de se retrouver pour d'autres choses que les soins, mais il faut prendre aussi soin de soi-même. Manger sain, bien se reposer et faire de l'exercice. Ne pas oublier ses rendez-vous chez le médecin et prendre ses vitamines. On a besoin d'un peu de repos et de distractions qui n'ont rien à voir avec les soins, il faut continuer à voir ses amis, à avoir des hobbies. Et, plus important que tout ça encore, il ne faut pas arrêter de vivre ! Ma vie a changé, mais j'en ai une. M'occuper de moi autant que je le faisais auparavant rend ma qualité de vie meilleure et celle de Muhammad aussi. Lorsque la maladie devient une infirmité, il faut apprendre à parler à la fois en son nom et en lieu et place du malade. Muhammad Ali, maintenant, c'est moi !

5

La vie imite l'art seulement dans les films du genre *The Greatest*.

JACK CASHILL

Un combat de boxe, ce n'est pas Robert de Niro, le visage déformé par le maquillage, pissant le sang comme une fontaine municipale, filmé par Martin Scorsese, debout sur un skateboard, la caméra à la main. Ne parlons pas de la série des *Rocky* qui pulvérise tous les clichés à propos de la boxe, transformant le noble art en dessin animé.

MARK KRAM

La victoire d'Ali sur Foreman restera comme le conte classique du beau prince, injustement privé de sa couronne, qui se bat contre les méchants pour récupérer son bien et finit par réussir. Après son triomphe, toutes les inimitiés à son égard ont brusquement disparu ; ses détracteurs de toujours sont devenus ses fervents admirateurs.

THOMAS HAUSER

Aussitôt après qu'Ali a battu George Foreman et regagné le titre de champion du monde, il a envisagé d'arrêter la boxe et de commencer la deuxième partie de sa carrière : voyager autour du monde pour faire des conférences et dire ses poèmes.

Victor Bockris

La période qui avait débuté avec Sonny Liston et fini au Zaïre avec George Foreman avait été une décennie en or pour les poids lourds, et Ali en était le roi Midas.

Felix Dennis & Don Atyeo

Il nageait dans un océan de contradictions, il affirmait se conformer aux stricts principes de l'islam, mais il habitait une maison luxueuse dans la banlieue blanche de Philadelphie et l'argent coulait de ses doigts comme de l'eau. Il achetait des voitures comme Elvis le faisait, un jour je l'ai aperçu à l'arrière d'une limousine Lincoln blanche, le lendemain il paradait dans une Rolls-Royce verte toute neuve.

Victor Bockris

Il vit dans les contradictions et les paradoxes. Lorsqu'il y a un journaliste dans le secteur, il n'arrête pas de parler, mais en réalité il n'est pas bavard. Personne ne lui a jamais vraiment parlé, on l'écoute. Vous ne pouvez pas échanger une seule idée avec lui, il n'écoute pas. Il n'aime que lui, il est complètement narcissique. Il n'a aucun humour, il prend tout au sérieux.

Ferdie Pacheco

Il y aurait une étude formidable à faire sur les ressemblances entre Muhammad Ali et Ernest Hemingway. Ils ont tous les deux cette ambition très américaine d'être la seule planète de l'univers. D'être le Soleil.

NORMAN MAILER

Et, brusquement, il y eut un changement.

THOMAS HAUSER

Le Soleil s'est changé en ténèbres et la Lune en sang.

ACTE DES APÔTRES

Le 25 février 1975, le leader spirituel de la Nation de l'Islam, Elijah Muhammad, est mort. Son fils, Wallace Muhammad, lui a succédé.

FELIX DENNIS & DON ATYEO

La mort d'Elijah Muhammad a marqué un tournant pour la Nation de l'Islam et par conséquent sur l'attitude publique d'Ali concernant le problème racial.

THOMAS HAUSER

Ali n'a jamais haï personne de sa vie, Blanc, Noir ou Jaune, il n'a jamais marché dans cette connerie raciste.

PAT PUTNAM

Ali semble avoir eu une affection particulière pour les Juifs, à l'inverse des leaders de la Nation de l'Islam qui professaient un antisémitisme féroce, ou de Malcolm X qui est resté antisémite jusqu'au bout. Ali avait beaucoup de Juifs dans son entourage, il mangeait souvent dans des restaurants cashers, et il a quelquefois suggéré que les Juifs seraient épargnés lors de l'Apocalypse.

Howard L. Bingham & Max Wallace

Quand mon père est mort, j'ai tout de suite pensé que Wallace allait faire prendre une nouvelle direction à la Nation, personnellement, je pensais que c'était la bonne et je crois savoir que mon père, lui-même, se doutait des réformes que Wallace ferait adopter à la Nation.

Herbert Muhammad

Cela faisait une éternité que Wallace considérait que les croyances de son père étaient en contradiction avec les authentiques enseignements de l'islam, en particulier sur la question de la séparation des races. En décrétant que la couleur d'une personne n'avait rien à voir avec sa valeur, Wallace a adopté une attitude beaucoup plus libérale envers l'ennemi héréditaire : l'homme blanc. Les nouvelles options retenues par la direction ont entraîné la scission du mouvement ; sous la direction de Louis Farrakhan, certains membres de la Nation sont restés fidèles aux dogmes anciens.

Felix Dennis & Don Atyeo

Ali a changé comme la Nation a changé. C'était une métamorphose que j'approuvais pas. Quand le Prophète est mort, son fils a dit qu'il perpétuerait l'enseignement de son père, mais il a menti, il a rapproché notre religion de l'islam orthodoxe. Si nous étions restés unis, si nous avions continué sur notre lancée, à l'heure actuelle nous serions une puissance religieuse reconnue, nous ferions l'admiration du tiers-monde. Le Prophète avait le meilleur programme qui soit pour notre peuple.

JEREMIAH SHABAZZ

Si on creuse, c'est un type bien, mais son ego et ses angoisses sont perpétuellement en conflit et le laissent quelquefois comme vide. Il sera toujours un homme seul... vide. Il a peur de la vie, il n'apprendra jamais à vivre. Il voudrait écouter, mais son ego l'en empêche. Je ne suis pas certain que les Musulmans l'utilisent, c'est peut-être le contraire.

ARCHIE MOORE

Avant le combat contre Wepner, c'est moi qui servais de leurre à Ali... j'accompagnais Veronica à l'hôtel comme si j'avais été son petit ami. Veronica était pas le genre de fille qu'Ali appréciait d'habitude, elle était grande et mince et il aimait les filles bien en chair.

LARRY HOLMES

Quatre semaines après la mort d'Elijah Muhammad, Ali est monté sur le ring pour défendre son titre pour la première fois contre Chuck Wepner, âgé de trente-cinq ans, vendeur dans une cave à Bayonne dans le New Jersey.

FELIX DENNIS & DON ATYEO

C'est le combat entre un artiste et un peintre en bâtiment.

LARRY MERCHANT

> **24 mars 1975**
> **Richfield Coliseum**
> **Richfield (Ohio)**
> **Chuck Wepner**
> Victoire, K.-O., 15ᵉ round

Chuck Wepner est le genre de boxeur qui ne sait pas boxer. Selon ses propres dires, ses trois meilleurs coups étaient « le coup du lapin, la manchette et le coup de boule ». La moindre tentation d'esquiver un coup l'aurait fait passer pour une effroyable tapette à ses propres yeux. Il aimait la bière et la vodka plus que de raison et, pour tout arranger, il avait la peau fragile et saignait comme un bœuf dès qu'il regardait un match de boxe à la télévision.

FRÉDÉRIC ROUX

J'étais en train de regarder *Kojak* à la télé quand le téléphone a sonné... j'adore *Kojak* ! C'était ma mère. « Tu sais que j'aime pas que tu téléphones quand je regarde *Kojak* », je lui ai dit. Elle m'a répondu : « Le 24, tu boxes pour le titre contre Ali à Cleveland ! » J'me suis habillé et j'ai été acheter les canards au coin de Broadway et de la 47ᵉ pour vérifier... quatre exemplaires ! C'était peut-être écrit en dernière page, mais c'était écrit noir sur blanc.

CHUCK WEPNER

C'est King qui a financé le combat. Il voulait rester sur le devant de la scène chez les poids lourds et en profiter, si possible, pour prendre le contrôle d'Ali. Il a été obligé de cracher au bassinet pour obtenir l'organisation du combat. Comme il n'avait pas un rond, il a été voir quelques gangsters de Cleveland et il leur a demandé de lui avancer le fric. King est bon pour faire parler de lui, pour emprunter du pognon aux autres, pour piquer des boxeurs à ceux qui les ont découverts, mais pour le reste… il est nul ! Il a perdu un sacré paquet pour ce combat. Il a remboursé ses dettes à la pègre de Cleveland jusqu'en 82.

Bob Arum

King a demandé à l'un de mes amis de lever le contrat que la pègre de Cleveland avait mis sur sa tête à cause de la dette impayée du combat de Wepner. C'était chaud, un tueur à gages le cherchait dans tout New York pour le flinguer.

Teddy Brenner

D'ordinaire, pour un combat comme celui-là, Ali touchait un demi-million de dollars. Dans ces conditions, qui allait investir trois fois plus dans un combat qui ressemblerait à une séance d'entraînement et rapporterait des clopinettes ? Où King allait bien pouvoir trouver un crétin pour financer son entreprise ? Un milliardaire de Cleveland, Carl Lombardo, a accepté de jouer ce rôle ; à l'âge de trente-cinq ans, Lombardo était propriétaire d'une entreprise de construction, d'un cynodrome à Daytona Beach et de cinq circuits automobiles dans l'Ohio. On disait aussi qu'il avait quelques boutiques de location de films pornos à Cleveland. Que la pègre ait mis de l'argent pour financer le combat était un secret de Polichinelle dans les milieux autorisés.

Jack Newfield

Ali a obtenu un peu plus d'un million et demi de dollars, Wepner a été payé un peu plus de cent mille dollars, bien davantage que ce qu'il avait jamais touché auparavant, et le combat a été un désastre financier.

Felix Dennis & Don Atyeo

Jusque-là, le point culminant de la carrière de Chuck Wepner avait été sa défaite sur blessure à la neuvième reprise contre Sonny Liston, dont c'était le dernier combat.

Thomas Hauser

À la fin du huitième, l'arbitre, Barney Felix, est venu dans mon coin, il m'a demandé : « J'ai combien de doigts ? » en me montrant sa main... j'en savais foutrement rien, j'y voyais plus que dalle. J'ai combien d'essais ? je lui ai demandé. Ça l'a pas fait rire... « Combien j'ai de doigts ? » il m'a redemandé. Al m'a tapé trois fois sur l'épaule. Trois, je lui ai dit. Il m'a laissé reprendre... je voyais même pas Liston qu'était pourtant mahousse, j'ai collé un pain à l'arbitre... un officiel a grimpé sur le ring pour arrêter le massacre.

Chuck Wepner

À l'époque, Liston avait largement plus de quarante ans, mais il frappait toujours autant et il a haché menu Wepner qui considérait que bouger la tête pour esquiver les coups était un crime. À la fin du combat, le nez de Wepner était cassé, sa pommette aussi, il crachait du sang et ses deux arcades étaient ouvertes. Son short ressemblait à un tablier de boucher et le tapis au tableau d'un Jackson Pollock qui n'aurait eu que du rouge à sa disposition. À l'issue de la rencontre, il faudra poser soixante-dix agrafes au « Saigneur de Bayonne » pour lui redonner figure humaine. Quand un journaliste demandera à l'ancien champion du monde si Wepner était le type le plus courageux qu'il ait jamais rencontré, Sonny répondra : « Sûrement pas ! — Qui est le plus courageux ? a insisté le journaliste. — Son manager ! » a grogné Sonny.

JACK NEWFIELD

Pour le nez, vous faites pas chier ! Ça fait cinq fois qu'il pète, c'est une vraie merde !

CHUCK WEPNER

Ali est peut-être le roi de la boxe, mais toi, t'es le roi de la bagarre ! Vous êtes des rois tous les deux ! Chacun à votre manière...

AL BRAVERMAN

C'était la première fois que je pouvais m'entraîner correctement. D'habitude, je me levais à six heures du mat', j'allais faire mon footing, je partais au boulot et je travaillais à la salle le soir tard. Là, je me suis entraîné sept semaines dans les Catskills... c'est les sept meilleures semaines de toute ma vie. J'étais en pleine bourre. J'avais survécu aux marines, c'est pas Ali qui allait me faire peur.

CHUCK WEPNER

Les deux héros du New Jersey sont Bruce Springsteen et Chuck Wepner, ils sont les preuves vivantes que l'on peut devenir quelqu'un en venant de nulle part.

JEFF FEVERZEIG

J'ai une pommade magique pour les arcades de Chuck. C'est Doc Kearns qui me l'a refilée, il la tient d'un vieil Indien. C'est des herbes avec un truc qui pue sacrément... je lui passerai sur les arcades une heure avant le combat et Chuck saignera pas !

AL BRAVERMAN

Malgré la publicité, les billets ne se vendaient pas, ni sur place, au Coliseum, ni dans les cent trente-cinq salles qui retransmettaient le combat en circuit fermé. Le résultat ne faisait aucun doute, c'était l'équivalent d'un pilote pour une *sitcom* plus qu'une rencontre sportive. Ali ne s'est pas beaucoup entraîné, il n'avait jamais été aussi lourd. Pour relancer la vente des billets, King, sachant qu'il n'y en aurait aucun, a annoncé que les bénéfices seraient reversés à des organismes de charité.

JACK NEWFIELD

La veille du combat, j'ai acheté un négligé bleu à ma femme et je lui ai dit : « Mets-le ce soir, parce que ce soir tu couches avec le champion du monde des poids lourds ! »

CHUCK WEPNER

Bien sûr, Chuck a perdu. Tous ceux qui ont vu *Rocky* le savent. Cela n'a pas été un très beau combat et cela n'a pas été aussi dramatique qu'un film de Hollywood, ni bien sûr très serré.

STEPHEN BRUNT

Ça tenait plus de la transfusion sanguine que du sport.

RED SMITH

Wepner avait si peu de chances de gagner que les bookmakers ne prenaient aucun pari, mais le courage de Wepner a rendu la soirée intéressante. Il n'a pas eu peur d'Ali, il n'a pas eu peur de se retrouver là. Il frappait sans arrêt, ratait perpétuellement sa cible et continuait d'avancer comme si de rien n'était, il se bagarrait comme il savait le faire, comme on se bagarre dans un bar quand tout le monde est fin saoul. Tout le long du combat, il n'a pas cessé de frapper Ali derrière la tête et au-dessous de la ceinture.

JACK NEWFIELD

Les sept, huit premiers rounds, il faisait son cinéma et moi j'faisais le pressing, j'le faisais reculer dans les cordes. J'crois qu'un juge m'a donné trois rounds... Si vous regardez bien, les quatre ou cinq premiers rounds, il me met pas un coup et je lui en mets trois ou quatre fois plus ! J'savais bien qu'il fallait que je gagne avant la limite... j'l'avais vu perdre plusieurs fois et être donné gagnant.

CHUCK WEPNER

Et puis, il y a eu ce bref moment, celui où Wepner est entré dans l'histoire, l'instant où l'impossible a semblé possible.

STEPHEN BRUNT

Au neuvième round, Wepner a marché sur le pied d'Ali, il l'a poussé plus que frappé... et Ali est tombé. L'arbitre, Tony Perez, a comptabilisé sa chute comme un knock-down, il a compté Ali. Quand on revoit le film du combat, ça ressemble à une glissade plutôt qu'à autre chose.

Jack Newfield

J'me rappelle que j'ai dit à Braverman : « Al, démarre la bagnole, on passe à la banque, on est millionnaires ! » et qu'Al m'a répondu : « Tu ferais mieux de te retourner... il s'est relevé et il a l'air en rogne ! »

Chuck Wepner

C'est à ce moment-là que le mythe a pris naissance... Tout peut donc arriver... un minable peut descendre le grand Ali, le miracle est possible et la foule l'applaudit. Tout homme qui a tout perdu a un billet gagnant au fond de ses poches.

Jack Newfield

La liste des boxeurs qui ont envoyé Ali au tapis n'est pas très longue : Sonny Banks (et certains disent qu'Ali a glissé sur une flaque d'eau), Henri Cooper, Joe Frazier et... Chuck Wepner ! Même si l'arbitre n'aurait jamais dû compter Ali, c'est resté comme la carte de visite de Wepner. Il a fait immortaliser la scène sur toile par un peintre du dimanche, il était — enfin — devenu quelqu'un.

Stephen Brunt

Je crois que tu l'as énervé.

Al Braverman

Quand il s'est relevé, c'est parti !

CHUCK WEPNER

Ali s'est mis en colère et Wepner, comme d'habitude, à saigner, malgré la potion magique de Braverman. La tension dramatique du combat a grimpé : est-ce que la cloche allait tenir la distance ? Est-ce que Wepner allait boire gratis toute sa vie ? Est-ce qu'une chèvre pouvait gagner gloire et dignité en refusant d'abdiquer ?

JACK NEWFIELD

Les cinq derniers rounds, j'étais crevé... j'avais jamais boxé en quinze rounds. J'étais le meilleur poids lourd du New Jersey et lui, il était le meilleur poids lourd de tous les temps... c'est pas tout à fait la même limonade ! Tony Perez m'a arrêté... j'étais déçu... j'aurais voulu aller jusqu'au bout, même si dix-neuf secondes, ça fait pas une grosse différence.

CHUCK WEPNER

Au dernier round, Ali a décidé d'en finir. D'ordinaire, Ali était plutôt sympa avec les boxeurs qui lui étaient largement inférieurs : il avait levé le pied contre Jerry Quarry, évité d'y aller trop fort avec Blue Lewis et Buster Mathis, il avait joué au chat et à la souris avec Joe Bugner et Rudi Lubbers et eu pitié de Mac Foster, mais il a mis un point d'honneur à ce que Wepner ne tienne pas la distance. Gauche, droite, gauche, droite et pour finir une dernière droite du tonnerre de Dieu à la mâchoire. Wepner s'est emmêlé les pinceaux, les jambes comme des spaghettis, il s'est affalé dans les cordes. Tony Perez ne l'a pas laissé reprendre, il a stoppé le combat à dix-neuf secondes de la fin.

JACK NEWFIELD

Je crois qu'un coup de plus aurait pu le tuer.

TONY PEREZ

Quand Wepner est revenu dans sa chambre d'hôtel, Phyllis l'attendait sur le lit avec le négligé qu'il lui avait offert.

STEPHEN BRUNT

Alors, Champion... j'vais dans la piaule d'Ali ou tu vas pieuter ailleurs ?

PHYLLIS WEPNER

Quand j'ai vu la retransmission du combat entre Ali et Chuck Wepner, j'étais au chômage, à la recherche d'une histoire sur tous ces gens qui n'arrivent pas à réaliser leurs désirs. Le combat était pas terrible jusqu'à ce que celui que l'on considérait comme un minable expédie à terre le champion réputé invincible. J'ai vu la réaction du public et je me suis dit... je le tiens ! Tout le monde veut être immortel... juste une fois, tout le monde veut réaliser un rêve impossible et, quelquefois, c'est comme ça que ça se passe. *Rocky* est inspiré de ce combat.

SYLVESTER STALLONE

Stallone lui a volé son âme.

JEFF FEVERZEIG

Tout ce qui m'est arrivé de bien m'est tombé dessus après le combat. J'avais fait mieux que prévu, tout le monde m'invitait, tout le monde me payait à boire... j'ai même fait un film publicitaire avec Ali pour que les mômes se lavent leurs petites quenottes. J'ai fait la fête à fond la caisse... j'ai eu des centaines de copines... si j'avais été champion du monde, j'aurais baisé toutes les filles baisables des États-Unis. La coke, les filles, les filles, la coke... c'était les années 80 !

CHUCK WEPNER

Wepner a rencontré André « Le géant » au Shea Stadium, un catcheur qui pesait cent kilos de plus que lui qui l'a balancé par-dessus les cordes, il s'est battu — deux fois — avec un ours prénommé Victor, sans succès. En 1985, il a été arrêté pour possession de cocaïne et condamné à dix ans de prison. Il a été libéré au bout de deux ans.

STEPHEN BRUNT

On dit que les promoteurs niquent les boxeurs, les producteurs font pire encore !

LINDA WEPNER

En 2006, Wepner gagnera son procès contre Sylvester Stallone. La transaction entre les deux parties à l'issue du procès n'a pas été rendue publique.

STEPHEN BRUNT

J'aime bien Stallone et je regrette rien de ces années-là... je me suis bien marré. J'ai joué, j'ai perdu, j'ai payé, j'ai fermé ma gueule, j'ai donné personne. Quand j'ai été libéré, j'ai changé de mode de vie.

Depuis tout ce temps, j'suis clean. J'ai rencontré Linda, on s'est mariés... elle est formidable, elle boit pas, elle fume pas, elle aime la boxe, elle me laisse la télécommande ! Et, de temps en temps, quand elle voit une retransmission de mon combat à la télé, elle encourage Ali !

Chuck Wepner

Huit semaines après sa victoire sur Wepner, Ali a rencontré Ron Lyle à Las Vegas. Le montant de sa bourse était d'un million de dollars. Le combat était retransmis en direct sur ABC, c'était seulement la deuxième fois en neuf ans qu'un combat d'Ali était retransmis à la télévision aux États-Unis.

Thomas Hauser

---

16 mai 1975
Convention Center
Las Vegas (Nevada)
Ron Lyle
Victoire, K.-O. tech, 11ᵉ round

Ron Lyle est né à Denver d'un père pasteur et d'une mère missionnaire. Sur les dix-neuf enfants du couple, Ron sera le seul à se distinguer : à quatorze ans, après avoir arrêté l'école, il rejoint un gang, à dix-neuf ans, il est arrêté pour meurtre et condamné à vingt-cinq ans de prison.

Stephen Brunt

J'suis le seul à m'être fait piquer, mec... j'pouvais pas dire qui c'était, mec... j'suis parti au trou... C'est là que j'ai appris à boxer... ça a été ma deuxième chance, mec ! J'ai pris un coup de couteau... j'ai été déclaré mort deux fois sur la table d'opération, mec ! J'avais droit à un bol d'épinards par jour, mec ! Je tuais le temps en faisant des pompes... mille par jour, mec ! Être en taule m'a appris la patience, mec... ça m'a appris la persévérance aussi ! Si j'avais pas été en taule, rien dit que j'aurais réalisé mes rêves... c'est la route que Dieu m'a donnée... fallait que je la suive, mec ! C'est ce que j'ai fait !

RON LYLE

Lorsque Ron Lyle est sorti de prison le 29 novembre 1969, il avait vingt-sept ans. Quand il y était entré, Sonny Liston était champion du monde et Cassius Clay, champion olympique, quand il a été libéré, Liston était mort et Muhammad Ali en exil. Il n'avait pas de temps à perdre s'il voulait que son rêve se réalise. Il est passé professionnel en 1971, deux ans plus tard, il était classé troisième poids lourd mondial. Le 26 mai 1975, il disputait le titre contre un Muhammad Ali sur le déclin. Ali pouvait perdre plus que Lyle pouvait gagner.

STEPHEN BRUNT

À l'époque du combat contre Lyle, Ali et Veronica se baladaient main dans la main à Las Vegas. J'étais triste pour Belinda, c'était une femme formidable, elle se battait comme elle pouvait pour garder son mari, mais elle pouvait pas gagner, Veronica était belle, elle était jeune et Ali était amoureux.

LLOYD WELLS

Ça me rendait dingue. J'étais triste pour Belinda parce que je savais que cette fille allait tout foutre en l'air !

Lana Shabazz

Quand vous irez voir boxer le vieil Ali, il vous faudra endurer une parodie de mauvaise qualité, supporter un vaudeville insensé et, surtout, faire preuve d'une immense patience. Moyennant quoi, vous le verrez probablement faire quelque chose dont vous vous souviendrez toute votre vie.

Bill Lyon

Pendant dix rounds, le champion a été inexistant. À la fin du dixième, deux juges avaient Lyle en tête et le troisième avait égalité, mais au onzième Ali a réussi une droite à la mâchoire qui a fait reculer le challenger. Le champion a suivi en séries, Lyle, à la dérive, s'est réfugié dans les cordes et l'arbitre, Ferd Hernandez, a arrêté le combat.

Thomas Hauser

Pif ! Paf ! Deux droites comme on n'en voit qu'au cinéma et Ron Lyle s'est transformé en punching-ball vivant. Bye, bye ! Si Lyle prétend qu'il pouvait rester debout, il nous a livré la plus formidable imitation du type qui vient de prendre la correction du siècle.

Bill Lyon

Est-ce que j'en veux à l'arbitre d'avoir arrêté trop tôt ? Non... c'était pas mon heure, mec !

Ron Lyle

Le 31 janvier 1977 à Las Vegas, Ron Lyle a téléphoné à l'un de ses voisins, policier de son état. Ce dernier a trouvé le cadavre de Vernon Clarck au domicile de Lyle. Le boxeur, qui à l'époque travaillait comme agent de sécurité, a affirmé avoir agi en état de légitime défense. Pas de témoin, les empreintes effacées par inadvertance sur l'arme du crime, Lyle a été accusé de meurtre au second degré avant d'être acquitté en décembre 1978. Sa chance de rencontrer Larry Holmes, pour ce qui aurait été sa seconde chance de devenir champion du monde, était passée.

Stephen Brunt

Ron Lyle a arrêté de boxer à cinquante-quatre ans, il est mort à soixante-dix, le 26 novembre 2011. Il est considéré comme l'un des meilleurs boxeurs à ne *pas* avoir été champion du monde.

Jack « Sunny » Meremount

Ne les traitez pas de *losers*, ce sont juste des gens qui n'ont pas eu de chance.

Leonard Gardner

Sept semaines après sa victoire sur Ron Lyle, Ali était de nouveau sur le ring, contre Joe Bugner, à Kuala Lumpur, pour une bourse de deux millions de dollars.

Thomas Hauser

En 75, c'est l'été du Watergate, les choses étaient en train de changer. Quelque chose était sur le point d'éclore et ça n'a fait que confirmer ce que l'on pensait : ce gouvernement était à chier, Nixon était, de notoriété publique, un trou-du-cul. Le Watergate nous a confortés dans nos positions. L'avenir ne nous réservait rien de bon et, en réaction à ça, on a dit merde à tout…

LEGS MCNEIL

> 30 juin 1975
> Merdeka Stadium
> Kuala Lumpur (Malaisie)
> Joe Bugner
> Victoire aux points, 15 rounds

Belinda et Veronica étaient assises côte à côte au premier rang. Elles souriaient.

LLOYD HEFNER

Il y avait des menaces sérieuses… comme quoi si je battais Ali, j'allais être assassiné. Je suis resté enfermé à l'hôtel, y avait des gardes armés dans tous les coins… je faisais mon footing sur l'hippodrome… c'était, soi-disant, le seul endroit où je pouvais courir en sécurité ! Le soir du combat, y avait quarante-cinq mille spectateurs pour encourager Ali et quinze cents militaires pour me protéger !

JOE BUGNER

Le combat a été l'un des plus ennuyeux d'Ali, en grande partie parce que Joe Bugner a refusé de prendre la moindre initiative.

STEPHEN BRUNT

C'est le climat qui m'a battu.

JOE BUGNER

Écrire le compte-rendu de ce chef-d'œuvre de monotonie serait une perte de temps. Personne n'a boxé. Personne n'est blessé. Personne n'est allé au tapis. Personne n'a envie de recommencer.

Nat Loubet

Muhammad aurait dû raccrocher les gants après son combat contre Bugner. Il était en bonne santé, c'était le bon moment.

Ferdie Pacheco

Ali a besoin de la lumière, il ne peut pas vivre sans elle.

Wilfred Sheed

Alors, Ali est parti à Manille à la poursuite de sa destinée.

Thomas Hauser

En plus d'être sûrement le plus grand boxeur de tous les temps, il est libre et il était libre à une époque où il était difficile de l'être. Ali est l'un des premiers Américains à avoir été libre.

Bill Russell

Peu de temps avant de s'envoler pour les Philippines, à l'initiative de Rahaman Abdul, Muhammad Ali a rencontré les leaders du KKK.

Jim White

Une fois de plus, l'argent d'un tyran finançait un combat d'Ali. Ferdinand Marcos exerçait le pouvoir absolu sur son pays, une kleptocratie du tiers-monde, où il avait établi la loi martiale, quant à sa femme Imelda, elle vidait les caisses de l'État pour s'acheter des chaussures.

JACK CASHILL

Je me souviens de lui à l'aéroport de Manille, il a dansé avec des enfants qui dansaient. À côté d'eux, il avait l'air d'un géant, mais il dansait avec eux. Ali aime les enfants et les enfants l'adorent.

JAMES THORNWELL

Ali voyait ce combat comme l'occasion de passer six semaines de vacances avec Veronica.

FERDIE PACHECO

> **1er octobre 1975**
> **Araheta Coliseum**
> **Quezon (Philippines)**
> **Joe Frazier**
> **Victoire, K.-O. tech, 15e round**

On parlait davantage du combat Belinda/Veronica que du championnat du monde.

LEON GAST

Veronica Porche était grande, café au lait très clair, très belle avec un corps de rêve. Sa mère était infirmière, son père ouvrier dans le bâtiment. Elle était la maîtresse d'Ali depuis plus d'un an.

THOMAS HAUSER

Veronica était l'une des plus belles femmes du monde, pas une des plus belles femmes noires du monde, l'une des plus belles femmes du monde. Point barre.

Lloyd Wells

Dans notre famille, nous sommes noirs, français, espagnols, indiens, mon arrière-grand-père était juif. Je suis créole.

Veronica Ali

Quand nous nous sommes mariés, il était innocent et puis il a changé. Tout n'est pas de sa faute, son entourage a une grande part de responsabilité là-dedans. Il aurait mieux valu qu'ils deviennent comme lui, mais c'est lui qui est devenu comme eux... ça peut arriver à n'importe qui. Qu'il me trompe m'a longtemps dérangée. J'étais jeune et ignorante. Au début, il se cachait, après il a essayé d'invoquer la religion, mais il y a des règles à respecter... un homme a le droit d'avoir une autre femme si sa femme est stérile, j'ai quatre enfants, j'ai des jumelles. J'étais malheureuse, mais j'ai essayé de garder ça pour moi, ça a duré neuf ans et puis il a dépassé les bornes.

Belinda Ali

Ali ai-aime les fe-fe-femmes et les fe-fe-femmes l'aiment.

Howard Bingham

Il était l'un des types les plus séduisants du monde dans la position la plus attirante du monde. Il aurait fallu être un vrai moine pour résister à la tentation, au lieu de ça, il est devenu un missionnaire du pelvis. Qu'elles soient belles ou pas, fallait qu'elles y passent !

FERDIE PACHECO

Il aurait baisé un serpent si vous lui aviez tenu la tête... et encore, pas la peine de lui tenir la tête, amenez-lui le serpent !

LARRY HOLMES

Quand Ali a été invité par les Marcos, il s'est rendu au palais présidentiel avec Veronica. Quand Ferdinand Marcos l'a complimenté sur la beauté de son *épouse*, Ali ne l'a pas contredit et il l'a congratulé pour la beauté de la *sienne*.

JACK CASHILL

Il présentait Veronica comme sa femme à tous les journalistes philippins, alors je me suis dit : *Newsweek* a dépensé des milliers de dollars pour m'envoyer ici, s'ils voient ça étalé dans tous les journaux et que moi, je n'écris rien là-dessus, ils vont se demander ce que je suis venu foutre ici ! Alors, j'ai écrit ce que j'avais vu.

PETE BONVENTRE

Tout le monde était au courant, mais ce n'était pas parce que leur histoire était maintenant devenue publique que l'on allait s'en faire l'écho, c'est Ali qui a commis une énorme erreur, il a convoqué une conférence de presse pour se justifier. À ma connaissance, c'était la première fois qu'une célébrité convoquait une conférence de presse pour rendre son infidélité publique. Et il a obligé tous ceux qui ne voulaient pas en parler à le faire.

JERRY IZENBERG

Vingt-quatre heures plus tard, Belinda prenait un vol pour Manille.

THOMAS HAUSER

J'étais dans le même avion qu'elle. Belinda était accompagnée par une bande de types qui avaient l'air de sortir d'un camp d'entraînement des Chicago Bears. Elle était folle de rage, elle avait le même regard de tueur que Sonny Liston. J'aurais pas voulu être à la place d'Ali, elle était grande et costaud, ceinture noire de karaté, tout à fait capable, à mon avis, de balancer Veronica par une fenêtre et peut-être même Ali à la suite. Durant tout le vol, elle n'a pas fermé l'œil, elle n'a pas lu une seule ligne, elle n'a pas dit un seul mot, et le vol était long.

DAVE WOLF

Elle aurait pu arracher le pare-chocs d'une Buick avec les dents ! On aurait dit qu'elle partait à la guerre !

FLORENCE FRAZIER

On savait qu'elle arrivait. Toute la presse était là. La limousine s'est garée, Belinda est descendue. Elle est très grande, elle doit faire pas loin d'un mètre quatre-vingts, très majestueuse. Elle portait une robe et un turban blancs. Elle ne nous a pas jeté un seul regard. Elle a traversé le hall de l'hôtel jusqu'aux ascenseurs.

Un de mes collègues anglais a hoché la tête et a dit :
« La reine n'aurait pas fait mieux. »

PETE BONVENTRE

On était dans la suite d'Ali au vingt et unième étage du Hilton avec mon équipe de tournage et Angelo. Quelqu'un a frappé à la porte. Ali a ouvert. C'était Belinda. Ils ont disparu dans la chambre. Angelo m'a dit : « Je crois qu'on ferait mieux d'aller prendre un café ! »

DICK SCHAAP

Elle a insulté Ali pendant une heure, elle a tout cassé dans la chambre. Et je peux vous assurer qu'Ali flambait pas. Avant de sortir de la pièce, elle a dit : « Préviens cette pute que si je la croise, je la casse en deux ! » Elle a repris l'ascenseur, elle est remontée dans la limousine et elle est repartie dans l'avion qui l'avait amenée.

LLOYD WELLS

Imelda est amoureuse d'Ali... elle aime les hommes efféminés. Je préfère Frazier.

FERDINAND MARCOS

Le camp Frazier a eu l'impression que tout ce remue-ménage leur rendrait service, mais lorsque j'y pense maintenant, je crois que si, sur le moment, Ali n'a pas particulièrement apprécié ce qui se passait, en définitive il a plutôt tiré avantage de tout ce ramdam... Au début, bien sûr, il était un peu gêné, mais ce qu'il aime plus que tout, c'est être le centre de toutes les attentions, être sur le devant de la scène et n'importe quel moyen est le bon. L'agitation autour de lui ne l'a jamais contrarié... il ne boxait pas plus mal lorsqu'il était menacé d'aller en prison, bien au contraire. Je crois que ce genre de trucs l'empêchait de trop se focaliser sur le combat lui-même.

DAVE WOLF

Ali touchait six millions de dollars et Joe moitié moins, mais ce qui m'a frappé plus que le reste, c'est que Joe avait demandé qu'on lui réserve dix-sept chambres et qu'Ali avait demandé qu'on lui en réserve cinquante. Quand il est arrivé à Manille, il en a réclamé deux de plus !

EDDIE FUTCH

Ali était entouré par un paquet de connards. Une bande d'hypocrites et d'escrocs. Tout ce à quoi ils pensaient, c'est à se faire du fric sur son dos, à l'exception de Howard Bingham et de Dundee... Sans parler de sa valeur en tant qu'entraîneur, j'ai toujours admiré la faculté qu'avait Angelo de naviguer entre ces militants musulmans à moitié dingues et cette bande de gangsters. J'aimais bien aussi Lana Shabazz et Pat Patterson, les autres étaient là pour profiter de la vache à lait, quand la vache à lait serait tarie, ils s'évanouiraient dans la nature.

ALEX WALLAU

Vivre à Deer Lake était compliqué à cause de l'entourage d'Ali, ils arrêtaient pas de se tirer dans les pattes. La plupart d'entre eux foutaient rien et passaient leur temps à intriguer, à dire du mal des uns et des autres, à se plaindre qu'Ali leur refilait pas assez de fric quand ils piquaient pas tout ce qui traînait.

LARRY HOLMES

L'entourage d'Ali comptait quelques types légitimes : Angelo Dundee, Luis Sarria, Ferdie Pacheco, mais la plupart des autres étaient que des clodos et des escrocs qui gagnaient leur vie sur le dos d'Ali. Il avait même recruté un ancien acteur, Dick Gregory, chargé de lui presser son jus de carotte avec un mixeur spécial. Le pire de tous était Bundini, à moitié shaman, à moitié majorette, qui se saoulait la gueule tous les soirs aux frais de la princesse.

KEN NORTON

Ils avaient tous un rôle, et chacun d'entre eux le remplissait de son mieux, Ali les aimait comme on aime ses enfants. Si vous avez dix gosses et que deux d'entre eux sont des fils de pute, vous les aimez autant que les huit autres.

FERDIE PACHECO

Ali ne s'attaquait jamais au « moi profond » des gens. La seule fois où il a franchi la limite, c'est avec Joe Frazier. Joe était un type bien, honnête et fier, un type de la campagne sans beaucoup d'éducation, incapable de se défendre en dehors du ring et Ali s'est foutu de lui, il l'a traité de « gorille » et d'« ignorant ». Ali s'est mal comporté avec Joe et encore plus mal à Manille.

REGGIE JACKSON

Ali a fait à Joe le pire que vous puissiez faire à un dur, il s'est moqué de lui, il l'a ridiculisé et, pire que tout, il l'a ridiculisé en tant que Noir. Ali est cruel comme un enfant... les enfants peuvent vous arracher le cœur sans une once de pitié, et c'est ce qu'Ali a fait.

FERDIE PACHECO

Et quand un homme qui possède la force est animé d'idées d'enfant, il fait d'effroyables ravages.

ALEXIS JENNI

Nous pardonnons ses excès à Muhammad Ali parce que nous voyons en lui l'enfant que nous sommes... s'il est sot, s'il est cruel, s'il est arrogant, s'il est scandaleusement amoureux de son image, nous lui pardonnons parce que l'on ne saurait pas plus le condamner que l'on ne saurait condamner un arc-en-ciel.

DAVE KINDRED

Les deux p'ouemiers combats, Clay m'a touai'té d'hom' blanc et là, il m'touaite com'un n'ègue... un babouin... un go'ille qui pue... un débil'. Les ouaut'es gosses y s'foutaient des miens... ils ouan'taient à la maison en chialant ! J'vais pas le fou't su' son cul de métis, j'vais lui a'ouacher l'cœur ! Il est mort !

JOE FRAZIER

Ferdinand Marcos avait décrété le jour du combat férié.

MARK KRAM

Chaque boxeur a besoin d'adversaires pour répondre à certaines questions qu'il se pose sur lui-même, oublier les doutes sur ses capacités ou bien assurer sa réputation (évidemment, l'argent entre aussi en ligne de compte). En 1974, Joe Frazier ne semblait pas offrir grand-chose de ce genre au grand Ali. Il était trop vieux.

STEPHEN TOTILO

Ils ne se battent pas pour être champions du monde, ils se battent pour savoir lequel d'entre eux deux est le champion.

JERRY IZENBERG

Ma cataou'acte avait empi'oué, j'y voyais poue'sque plus du n'œil gauche et l'd'ouat commençait à baisser. Si j'me faisais opé'ouer, fallait que j'po'te des lunettes avec des vaiou'es com' des be'teilles de Coke ! Fallait m'faire des piqu'ues de co'tisone dans les mains et d'la Novocaïne dans l'dos…

JOE FRAZIER

Joe portait un short qui avait l'air taillé dans la salopette d'un fermier. Il sautillait sur place comme s'il faisait chauffer le moteur de son tracteur au ralenti. Ce n'était pas un type haineux, mais la cruauté d'Ali à son égard l'avait profondément blessé. Il ne voulait pas seulement gagner, il voulait arracher le cœur d'Ali et le broyer entre ses poings.

MARK KRAM

Thrilla in Manila est le meilleur combat que j'aie jamais vu. Tous ceux qui étaient assis autour du ring étaient conscients du fait qu'ils assistaient à quelque chose de grandiose. À partir du troisième, ça n'a plus arrêté. Au sixième, Frazier a touché Ali avec le crochet gauche le plus puissant que j'aie jamais vu, plus puissant que celui qui avait envoyé Ali au tapis lors de leur premier combat, la tête d'Ali a tourné sur elle-même comme une toupie. J'ai jamais vu deux personnes se donner autant. Jamais. J'ai jamais revu ce combat en vidéo, je m'en souviens encore comme si c'était hier.

ED SCHUYLER

La vitesse d'Ali m'a toujours impressionné, mais ce qui est plus impressionnant encore, c'est sa résistance. Il a la mâchoire la plus solide que j'aie jamais vue... de tous les boxeurs de toutes les catégories et de tous les temps. Il avait une capacité de récupération incroyable et une invraisemblable résistance à la douleur. Et il avait des couilles ! Ça a surpris tous ceux qui pensaient qu'Ali était une création des médias, un joli garçon avec une grande gueule qui se couche quand ça devient sérieux. Après Manille, on n'a plus jamais entendu ce genre de critique à son endroit, il a montré un tel courage lors de ce combat que n'importe quel plouc a compris de quoi il retournait... je vous offre ça sur un plateau d'argent : je suis aussi courageux que tous les durs à cuire que vous admirez.

ALEX WALLAU

Ali a toujours compris que, pour être grand, il vous faut croire à quelque chose de plus grand que soi. Beaucoup de boxeurs n'ont pas cette chance. Si vous vous battez pour vous-même, vous ne trouverez jamais en vous autant de ressources que si vous vous battez pour quelque chose qui vous dépasse.

Muhammad avait cette chance, il se battait pour Dieu et à Manille, grâce à cela, il a pu triompher là où d'autres auraient renoncé.

GARY SMITH

Tous les deux savaient que c'était la dernière fois qu'ils se rencontraient. Ils ont donné tout ce qu'ils avaient. Tous les deux. Quand je pense à Manille, je ne pense pas à celui qui a gagné ou à celui qui a perdu, je pense au combat épique qu'ils se sont livré tous les deux, celui qui a gagné et celui qui a perdu. Si vous étiez au bord du ring ce soir-là, votre vie a valu le coup d'être vécue.

JERRY IZENBERG

Un drame en trois actes. Acte 1 : Ali ; Acte 2 : Frazier ; Acte 3 : Ali.

SPORTS ILLUSTRATED

C'est Ali qui a remporté le meilleur combat de la meilleure trilogie de tous les temps. Il a dominé les premières reprises grâce à sa vitesse et à son jab. Vers le milieu du combat, Joe a commencé à « fumer », il a tellement dominé durant cette période qu'Ali a envisagé d'abandonner dès la fin de la dixième reprise.

MONTE D. COX

À la onzième reprise, Ali s'est fait piéger dans le coin de Frazier, chaque coup de Frazier faisait voler un filet de bave de la bouche ouverte d'Ali.

MARK KRAM

Au fur et à mesure que le combat avançait, je me demandais bien pourquoi les juges continuaient à noter, il était évident qu'aucun des deux boxeurs ne pourrait aller jusqu'au bout. À partir du septième, ils n'esquivaient plus rien, ils se battaient.

Dave Wolf

Ce combat prouvera à ceux qui en doutaient encore qu'Ali n'était pas bidon, mais qu'il était bien l'un des plus grands boxeurs de tous les temps.

Monte D. Cox

Ce combat deviendra, littérairement parlant, l'un des plus grands, sinon le plus grand de tous les championnats du monde de tous les temps.

Nat Loubet

Les scènes les plus violentes de *Rocky* sont moins brutales que ça. Sauf que ce n'était pas du cinéma, que le sang n'était pas du ketchup, que les chutes n'étaient pas répétées. C'était un vrai règlement de comptes. Les deux boxeurs ne seraient jamais plus comme avant. C'est comme si aucun des deux protagonistes de ce combat, tels deux mammouths noyés dans un puits de goudron, n'avait vraiment survécu.

Jim Murray

Vous savez, Muhammad frappe beaucoup plus que ce que les gens croient. Quand il a les pieds bien à plat, il y a pas beaucoup de poids lourds qui frappent autant. Et Muhammad est toujours meilleur quand il a quelque chose à prouver. À Manille, c'était le cas.

Angelo Dundee

Joe n'a pas assez travaillé Ali au corps, je crois qu'il était aveuglé par la haine, il voulait tellement détruire Ali qu'il a trop cherché sa tête. Je pense que s'il avait écouté Eddie Futch, il aurait gagné… Il n'est pas passé loin, il a sévèrement touché Ali, bien plus qu'on ne s'en rend compte à la télé ou même au-delà de la troisième rangée des fauteuils de ring, mais alors que l'on croyait qu'il était lessivé, Ali a puisé dans ses réserves.

Dave Wolf

Les coups de Frazier faisaient mal à Frazier et les coups d'Ali sapaient la résistance d'Ali. Ils se fatiguaient mutuellement en dédaignant les coups de l'autre. Chacun d'entre eux était son pire ennemi. Aucun d'entre eux ne pouvait mettre l'autre hors de combat, tout ce qu'ils pouvaient réussir à faire, c'était obliger l'autre à dépasser ses limites, à se mettre lui-même hors de combat.

Stephen Totilo

On arrive dans cet endroit sombre et désolé où l'on n'entend plus que son cœur battre.

Mark Kram

Noir, noir, noir. Noir comme le plus noir des trous du cul, comme une tumeur au cerveau. Mierda, mierda, maxima mierda ! Le souffle de la mort cogne dans vos poumons.

Norman Mailer

Si vous traversez l'Enfer, continuez d'avancer.
>> Sir Winston Leonard Spencer-Churchill

L'ai'e était si bû'lant qu'on au'ouait dit un fou' à pizza.

>> Joe Frazier

Aie pitié, Seigneur ! Seigneur, aie pitié !
>> Bundini Brown

Ils ont vidé leurs réservoirs tous les deux, mais le mien avait une réserve.

>> Angelo Dundee

L'hématome au-dessus de l'œil de Joe faisait la moitié d'une grappe de raisin, chaque fois qu'Ali tapait dessus, ça faisait « Squish ! Squish ! ».

>> Ferdie Pacheco

Joe a toujours eu tendance à marquer... il coupait pas, mais il enflait et à Manille, après le onzième round, ça a commencé à affecter sa vision. Au lieu de rester ramassé sur lui-même et de rester à mi-distance, comme il voyait plus que d'un œil, il a fallu qu'il se redresse et qu'il se tienne à distance. Ali en a profité et il a commencé à toucher en droite. Le treizième a été catastrophique pour Joe, mais j'ai pensé qu'Ali pourrait pas continuer sur ce rythme, qu'il allait finir par baisser les bras. C'est la seule raison pour laquelle j'ai laissé Joe continuer, mais l'avant-dernier a été pire. Joe continuait à prendre les droites, son œil gauche était fermé, le droit prenait le même chemin.

C'est dans ce genre de combats que les boxeurs sont blessés, quand ils prennent des coups qu'ils voient pas venir et qu'ils tombent pas. Je voulais pas que le cerveau de Joe soit réduit en bouillie, alors j'ai arrêté. Quand Joe s'est assis sur le tabouret, je lui ai dit : « C'est fini ! Je veux pas que tu fasses le prochain. » Il a essayé de se lever, j'ai mis mes mains sur ses épaules. « C'est fini, Joe ! Tu prends trop de coups, je veux plus que t'en prennes ! Personne oubliera ce que t'as fait ce soir ! »

EDDIE FUTCH

Il lui aurait fallu un chien d'aveugle pour terminer le combat.

MARK KRAM

Eddie a bien fait d'arrêter. Joe était mené aux points, rien ne laissait penser qu'il allait pouvoir expédier Ali au tapis dans le dernier round... il le voyait même pas. Y avait rien à gagner à lui laisser faire le dernier, le combat était perdu. Et puis, après qu'Eddie ait arrêté, j'ai vu Ali s'évanouir. Il se lève, ses jambes étaient comme de la guimauve et il a glissé au sol. J'sais pas si c'était la joie ou la fatigue, mais si Joe avait pas été arrêté, peut-être qu'Ali aurait pas pu reprendre. Arrêter le combat était une bonne décision, mais je sais pas ce qui serait arrivé si Eddie l'avait laissé reprendre.

DAVE WOLF

Willie Monroe était assis pas loin du coin d'Ali, il a essayé d'avertir Futch, il hurlait comme un possédé : « Il est fini ! Il est fini ! » mais, au milieu du vacarme, personne l'a entendu. Tout aurait été différent si on avait entendu Willie Monroe.

Marvis Frazier

À la fin de l'avant-dernière reprise, Ali voulait abandonner, mais Angelo a fait comme s'il avait rien entendu, il a épongé son visage, il lui a donné à boire. Ali n'était pas du genre à abandonner, il abandonnait jamais, mais je l'avais jamais vu dans cet état. Franchement, si Kilroy avait pas vu Eddie Futch appeler l'arbitre, je sais pas s'il aurait repris.

Wali Muhammad

C'est fini ! C'est fini !

Gene Kilroy

Je crois que, de votre vie, vous ne reverrez jamais un combat comme celui-ci.

Eddie Futch

Dans les vestiaires, avec Bundini, on s'est écroulés en pleurs.

Wali Muhammad

Ali était contusionné de partout. Il avait d'énormes hématomes sur les deux hanches. Son visage était enflé, il savait où il était, mais il était tellement fatigué qu'il ne pouvait pas prononcer un seul mot. Plus tard, il a dit qu'il n'avait jamais approché la mort d'aussi près que lors de ce combat. C'est vrai. Son cerveau a mis vingt-quatre heures à refonctionner normalement, le reste de son corps a mis des semaines à récupérer.

Ferdie Pacheco

Joe était épuisé, déshydraté, déprimé. Qu'il perde ou qu'il gagne, il avait toujours le visage marqué, mais là, on aurait dit une épave. Il était lucide, en colère qu'Eddie ait arrêté, mais il était tellement faible qu'il ne pouvait pas faire un seul mouvement.

DAVE WOLF

J'l'ai foua'pé av'ouè des coups à démoli' les mu's de Jé'icho !

JOE FRAZIER

À la réception donnée en son honneur par Ferdinand Marcos au Malacanang Palace, le visage du champion ressemblait à un masque, on aurait dit que ses yeux étaient maquillés au crayon violet, il avait des bosses sur le front et l'arête de son nez était rose vif.

ED SCHUYLER

Joe s'excuse, il viendra pas, ses yeux sont complètement fermés.

EDDIE FUTCH

À la réception donnée pour ses supporters, les yeux de Frazier étaient tellement fermés qu'il n'a pas reconnu Red Smith, en revanche il a chanté avec son orchestre.

ED SCHUYLER

Ce combat a été une guerre et, comme toutes les guerres vues avec du recul, on peut se demander qui a, réellement, été son vainqueur. En l'occurrence, le gagnant a subi d'indéniables atteintes physiques alors que le perdant s'en est mieux sorti.

STEPHEN TOTILO

J'l'aime toujou' pas ! J'le hais toujou'... mais su'l'ouing, c'est vou'ai, c'est un mec ! À Manille, j'lai f'ouapé avec des coups à démoli' un buldin', il les a pou'is et il est repaou'ti à l'attaq'... pou' ça, j'le ouespe'te... c'est un gue'ier. Il m'a secoué à Manille... il a gagné. Mais j'l'ai renvoua'yé chez lui pir' qu'il est v'nu. Ouega'dez le main'nant... c'est une ou'ine ! J'le sais... vous l'savez... tout l'monde l'sait... pe'sonne l'dit. C'est moi l'débil', c'est moi qu'ai pou'is des coups, qui c'est qui p'aou'le pas bien ? Y p'aoul' plus. J'le connais mieux que pe'sonne... Manille veux pu' ien dire aujou'd'hui, il est fini... j'suis toujou' là !

JOE FRAZIER

Avant même ce combat, Ali était sur la pente. Manille a vu la dernière lueur de son génie. Après ça, il a vieilli, il est devenu lent, incapable de montrer les qualités qui en avaient fait un cas unique chez les poids lourds.

LARRY HOLMES

Le refus d'Ali d'être incorporé a renforcé l'idée qu'en tant que boxeur il n'était pas du style à se battre sur un ring, mais le combat au Zaïre, les combats avec Frazier ont rendu évident le genre de boxeur qu'il voulait être. Il avait besoin de Frazier, un guerrier rugueux, pour montrer son courage, il avait besoin de Frazier pour prouver qu'il pouvait se battre pour de bon. Seul un homme aussi dur que Frazier pouvait battre Frazier. Ali avait besoin de Frazier pour être considéré comme un vrai boxeur, pas seulement comme un outsider tellement doué qu'il pouvait considérer la boxe comme un jeu, mais un membre à part entière de la communauté de la boxe qui peut flirter avec la mort s'il lui faut vaincre.

STEPHEN TOTILO

Ma théorie, c'est que si Ali a boxé si longtemps et qu'il a encaissé autant de coups, ça remonte à son refus d'aller à l'armée pendant la guerre du Vietnam. Il avait été considéré comme un trouillard, il a voulu prouver qu'il en était pas un.

LARRY HOLMES

Sûr que Joe avait la dalle en pente, mais je l'ai jamais vu bourré... il payait leur coup à des types édentés au coin de la 33e et de Columbia... il y voyait pas jusqu'au comptoir, mais personne l'emmerdait jamais. Il balançait son pognon par les fenêtres. Un jour, dans une station-service au milieu de nulle part, j'ai eu le malheur de dire un truc positif sur Ali... il a claqué la portière, j'ai attendu deux heures qu'il revienne. C'est un couple de fantômes... Joe n'est pas revenu de Manille et Ali sait même plus qu'il y a mis les pieds.

BURT WATSON

Joe Frazier est mort du cancer du foie le 7 novembre 2011 à Philadelphie. Muhammad Ali et Don King ont assisté à ses funérailles à l'Enon Tabernacle Baptist Church.

LLOYD HEFNER

Après Manille, Ali était fatigué, il voulait un adversaire facile, alors — naturellement — son entourage s'est tourné vers l'Europe. Il est plus facile de mentir à propos de qui vient de loin. Coopman était idéal, il était belge et il était nul. Son manager était si content à l'idée que son boxeur rencontre Ali qu'il m'a proposé que celui que j'avais baptisé « Le Lion des Flandres » dispute le combat gratis. Je lui ai dit : « Dites ça à personne, parce que si vous le dites, ils vont vous prendre au mot ! »

GEORGE KANTER

> 20 février 1976
> Jean-Pierre Coopman
> Clemente Coliseum
> Hato Rey (Porto Rico)
> Victoire, K.-O. tech, 5ᵉ round

Jusqu'à vingt-cinq ans, j'étais le champion du monde incontesté de la clope et de la picole.

JEAN-PIERRE COOPMAN

Coopman est sûrement le plus mauvais boxeur à avoir jamais disputé un championnat du monde poids lourd. Bien sûr, il existe de sérieux concurrents à ce titre, difficile toutefois de trouver un boxeur aussi peu connu et aussi peu qualifié que Jean-Pierre Coopman à ce niveau.

STEPHEN BRUNT

Le problème était que Coopman était tellement fan d'Ali qu'il voulait perpétuellement le prendre dans ses bras et l'embrasser. L'autre problème était qu'il était *vraiment* nul. Quand on est arrivés à Porto Rico et qu'il a fallu lui trouver des sparring-partners, j'ai d'abord appelé Galván... j'ai oublié son prénom... J'avais connu Galván à Paris, à l'époque il était poids moyen. Il n'avait pas boxé depuis sept ou huit ans, il avait pris du ventre et pas qu'un peu, mais comme il était fauché, il a accepté tout de suite. À peine sur le ring, il a *outrageusement* dominé Coopman, en fait, il lui a collé une volée. Je lui ai dit : « Faut pas faire ça ! », il m'a répondu : « Mais... m'sieur Kanter, j'ai même pas essayé ! »

GEORGE KANTER

Si ça continue comme ça, le 20, j'suis mort !

JEAN-PIERRE COOPMAN

Dans les vestiaires avant le combat, Coopman buvait du champagne avec sa femme sur les genoux. Il a continué entre chaque round. J'ai jamais vu un perdant aussi content de perdre, plus ça allait, plus il souriait, et c'était le sourire le plus stupide que j'aie jamais vu.

GEORGE KANTER

Coopman a été encore plus mauvais qu'on le craignait.

STEPHEN BRUNT

Un adversaire facile pour se faire du fric facile, rien de plus, rien de moins.

DAVE ANDERSON

Ali testait toujours la force de son adversaire en provoquant un corps-à-corps le plus tôt possible, quand il s'est dégagé du premier, il avait le fou rire.

FELIX DENNIS & DON ATYEO

Quand je suis monté sur le ring, j'ai pensé que j'avais une chance, deux secondes après, j'ai compris que j'en avais aucune.

JEAN-PIERRE COOPMAN

Jean-Pierre Coopman, à l'époque concierge dans la banlieue de Gand, a mis les gants pour la dernière fois le 5 avril 1999 contre Freddy de Kerpel, un autre boxeur belge, devant quatre mille spectateurs. Il avait déjà mis les gants avec lui pour les besoins du film *Camping Cosmos* à l'affiche duquel figurait Lolo Ferrari. Le réalisateur de ce chef-d'œuvre était Jan Bucquoy, conservateur du musée du Slip.

JACK « SUNNY » MEREMOUNT

En 2009, Jean-Pierre Coopman a été condamné à six mois de prison ferme pour avoir frappé sa femme qui, depuis, a retiré sa plainte.

SKYNET ACTU & SPORTS

En 2011, Jean-Pierre Coopman a été condamné à six mois de prison ferme et cinq cent cinquante euros d'amende pour escroquerie et abus de confiance, pour les mêmes délits, sa femme a été condamnée au double.

LA GAZETTE

Après la farce qu'avait été le combat contre Coopman, Ali a dévoilé à la presse son futur adversaire : Jimmy Young, un boxeur de second plan qui avait battu José Roman lors d'un combat préliminaire.

FELIX DENNIS & DON ATYEO

> 30 avril 1976
> Jimmy Young
> Capital Center
> Landover (Maryland)
> Victoire aux points, 15 rounds

Le combat a été horrible. Ali pesait deux cent trente livres, il était lent, lourd et visiblement hors de forme. Si Jimmy Young avait été plus agressif, il aurait gagné. Six fois pendant le combat, il a passé sa tête hors des cordes, obligeant l'arbitre à interrompre l'action.

THOMAS HAUSER

Ce n'est pas que Young ait été bon, c'est que Muhammad Ali a été abominable.

FELIX DENNIS & DON ATYEO

Ça a été mon combat le plus facile.

JIMMY YOUNG

Parce qu'Ali ne savait pas attaquer, qu'il ne bloquait pas les coups et qu'il ne travaillait pas au corps, il avait des problèmes avec les boxeurs petits et rapides.

Son combat contre Jimmy Young en est l'exemple type. Ce qu'il faut retenir de ce combat, ce n'est pas qu'Ali n'était plus ce qu'il avait été et qu'il était en mauvaise condition physique, c'est qu'il a été obligé d'attaquer et qu'il a été incapable de cadrer son adversaire. Qu'il n'ait pas été en forme n'a pas grande importance, ce qui est important c'est que, confronté à un boxeur purement défensif, il n'ait pas su boxer. Un Ali plus jeune et en pleine forme aurait eu les mêmes difficultés avec Jimmy Young. Young était très difficile à toucher au visage, Ali aurait dû le travailler en bas, mais il ne savait pas faire, au lieu de ça, il n'a fait que le poursuivre sans jamais réussir à le coincer. Objectivement, Jimmy Young avait gagné. Plus jeune, Ali aurait peut-être *vraiment* gagné, mais le combat aurait été aussi vilain à regarder.

FRANK LOTIERZO

Quand j'ai entendu les juges donner Ali gagnant, je me suis dit que je rêvais. Mais bon... Ali c'est Ali ! Pour gagner, il aurait fallu que je le mette K.-O. Le fric était pas pour moi...

JIMMY YOUNG

Ali a été pitoyable, mais ça me rend dingue quand on me dit que Young a gagné, on ne peut pas gagner un combat en passant la tête au travers des cordes toute la soirée.

MIKE KATZ

Une parodie de verdict.

LESTER BROMBERG

Les juges ont été influencés par la réputation d'Ali plus que par sa performance. Moi, j'avais Young gagnant.

DAVE ANDERSON

Les officiels refusent de croire ce qu'ils voient quand un de leurs super-héros ne fait pas ce qu'ils attendent.

DICK YOUNG

Ça a sûrement été le pire combat de sa carrière.

ANGELO DUNDEE

Le champion n'a jamais été aussi nul.

FERDIE PACHECO

Ali est reparti de Landover avec un tympan éclaté et les huées de la foule résonnant dans son oreille intacte.

FELIX DENNIS & DON ATYEO

Jimmy Young était brillant, il était admiré par les *aficionados* et craint de tous ses adversaires. Son problème, c'est d'être tombé à une époque riche en poids lourds de classe et d'avoir été moins puissant que la plupart d'entre eux.

BERT RANDOLPH SUGAR

Jimmy Young n'était pas un mauvais boxeur, bien au contraire, il était plutôt bon. Il a battu George Foreman une fois, Ron Lyle deux fois, il a fait match nul avec Earnie Shavers et, bien qu'il ait été déclaré perdant, il avait sûrement gagné contre Muhammad Ali et contre Ken Norton. En 1998, *Ring Magazine* l'a classé trente-septième meilleur poids lourd de tous les temps. Alcoolique et souffrant de *dementia pugilistica*, il est mort dans la misère, d'une crise cardiaque, le 20 mai 2005 à Philadelphie.

Lloyd Hefner

---

24 mai 1976
Richard Dunn
Olympiahalle
Munich (Allemagne)
Victoire, K.-O. tech, 5e round

Le combat intéressait tellement peu de gens que, deux semaines avant, les promoteurs allemands ont failli renoncer.

Felix Dennis & Don Atyeo

C'est le meilleur souvenir de ma vie avec mon mariage et la naissance de mes gosses. Ali avait été mauvais comme la peste contre Jimmy Young, je me suis dit que s'il était aussi mauvais contre moi, j'avais une chance. Au lieu de ça, il est arrivé en pleine forme.

Richard Dunn

La veille du combat, Ali a accepté d'être payé cent mille dollars de moins en échange de deux mille billets distribués gratuitement au personnel militaire stationné en Allemagne.

Thomas Hauser

Ce geste a marqué sa transformation. De « nationaliste noir en colère », il s'est mué en ce que David Wiggins a qualifié de « conservateur, partisan modéré du progrès de son peuple au sein de la société américaine ».

Jack Cashill

La guerre du Vietnam a vraiment été finie quand les femmes de vétérans ont voulu être photographiées avec lui.

Frank Deford

Au début du combat contre Dunn, Ali a arrêté de tourner en rond sur le ring quand l'hymne national a retenti. Les caméras de la NBC l'ont montré se tenant respectueusement entre un drapeau américain et Ferdie Pacheco, un homme blanc. Un autre des changements était que Herbert Muhammad et Ali n'avaient pas confié l'organisation du combat à Don King, mais à un jeune promoteur, Butch Lewis.

Jack Cashill

Don King a essayé de doubler Herbert Muhammad, il ne voulait pas seulement être le promoteur d'Ali, il voulait aussi être son manager et ça n'a pas marché.

Bahar Muhammad

L'une des choses que Herbert Muhammad a bien gérées pour Ali, ce sont les relations avec Don King. Herbert ne se faisait aucune illusion à son propos et il était difficile à Don de faire jouer l'opposition Noir/Blanc dans ses rapports avec lui. Herbert a soigneusement tenu King à l'écart du fric et il a obtenu de

King les meilleures bourses jamais accordées par le promoteur. Où allait l'argent ensuite… j'en sais rien.

Teddy Brenner

Il était rapide… en avançant, en reculant, sur les côtés, toujours sur la pointe des pieds. J'ai été au tapis cinq fois, mais je me suis relevé cinq fois, j'aurais voulu que ça dure plus longtemps. Sa dernière droite a failli m'arracher la tête ! Pendant une demi-seconde, je me suis dit : « C'est bon ! » et puis mon cerveau m'a dit : « Tu y as eu droit, connard ! »

Richard Dunn

Les cinq années qui suivront, Ali disputera sept championnats du monde et quatre-vingt-seize rounds, mais le combat contre Dunn sera le dernier où on le verra expédier son adversaire au tapis.

Thomas Hauser

Plus la boxe s'éloigne du K.-O., plus elle s'éloigne du sport.

Bertolt Brecht

J'l'ai revu en 2009 à Old Trafford… il signait des photos. J'lui ai serré la main, j'suis pas sûr qu'il m'ait reconnu. Ils l'ont baladé jusqu'à Dublin avant de le ramener chez lui… j'suis pas sûr qu'il sache où il habite. Ils disent qu'il est heureux comme il est maintenant… qu'est-ce qu'ils en savent ? Moi, j'veux plus le voir comme ça… comme un mannequin du musée Grévin.

Richard Dunn

Après le combat contre Dunn, l'adversaire suivant d'Ali n'était ni Belinda ni un boxeur, c'était un lutteur professionnel : Antonio Inoki. La rencontre présentée comme le « Championnat du monde des arts martiaux » devait avoir lieu le 25 juin 1976 à Tokyo. Pour cette farce, Inoki était payé deux millions de dollars, dont il ne touchera pas le premier centime, et Ali, six millions ; il n'en touchera, finalement, qu'un peu plus de deux.

Pepe Rooks

La rencontre Ali/Inoki était embarrassante. On s'est réunis avec Herbert et Ali pour se mettre d'accord sur le scénario du combat. Ali devait boxer Inoki six ou sept rounds, Inoki s'arrangerait pour cracher du sang, Ali demanderait à l'arbitre d'arrêter la rencontre et Inoki lui sauterait dessus par-derrière... le nouveau Pearl Harbor !

Bob Arum

Bob Arum, diplômé de Harvard, était le fils d'un comptable juif orthodoxe. Après son retour sur le ring, Ali avait choisi Arum comme avocat, il était aussi son promoteur pour tout ce qui concernait les droits télé.

Thomas Hauser

Arum a niqué CBS, il a niqué ABC, il a niqué NBC. Il les a tous niqués et ils continuent à faire des affaires avec lui parce que les affaires, c'est ça.

Butch Lewis

Il y a des types qui s'y connaissent qui vous diront que Bob Arum n'est pas foutu de voir la différence entre un combat de boxe et un match de badminton.

HUNTER S. THOMPSON

C'est le pire menteur que je connaisse.

JOSÉ SULAIMÁN

Un menteur diplômé.

FERDIE PACHECO

L'un des pires personnages de l'hémisphère Nord, je connais pas suffisamment l'hémisphère Sud pour affirmer que c'est l'un des pires personnages de la planète.

CUS D'AMATO

Je connais personne qui peut ne pas respecter un engagement de façon aussi cynique et aussi flagrante que lui.

BOB BIRON

King et Arum sont pareils. Si ce n'est que l'un est blanc et l'autre noir.

MICKEY DUFF

Il était en train de me parler, je lui ai dit : « Mais Bob, hier, tu m'as affirmé le contraire ! », il m'a répondu : « Aujourd'hui, je te dis la vérité, hier, je te mentais. »

BOB WATERS

Je veux bien lui serrer la main, mais j'enlève mes bagues d'abord.

MICKEY DUFF

Quand Arum vous tape dans le dos, c'est pour repérer l'endroit où il va enfoncer le couteau.

CUS D'AMATO

Les boxeurs m'ennuient.

BOB ARUM

Ali a jeté le scénario du combat à la poubelle, ce qui fait que lorsque les deux adversaires sont entrés sur le ring, ils ne savaient pas ce qu'ils allaient faire. Inoki, terrorisé, est resté étendu sur le dos pendant trois quarts d'heure et pendant trois quarts d'heure, il a envoyé des coups de pied dans les jambes d'Ali. Les spectateurs ont commencé à scander : « Remboursez ! Remboursez ! » avant de balancer coussins et canettes sur le ring.

FELIX DENNIS & DON ATYEO

Ce fut la plus grande supercherie depuis Orson Welles annonçant à la radio que les Martiens avaient envahi le New Jersey.

STEVEN C. LOSCH

Wakari masen... je n'y comprends rien ! L'événement le plus rasoir de tous les temps.

MARK KRAM

Le « combat » s'était terminé par un match nul, mais Inoki avait infligé de sérieux dégâts aux jambes d'Ali. De retour à l'hôtel, Ali s'est évanoui dans les bras d'Aaisha.

Jack Cashill

Se battre contre Inoki était incroyablement stupide. Compromettre un boxeur de légende dans ce numéro de clown était une erreur. Mais, encore pire, les coups de pied du Japonais dans les jambes d'Ali ont endommagé ses veines. Pour soigner ça correctement, il aurait fallu qu'il reste au repos, qu'il tienne ses jambes surélevées et lui faire appliquer de la glace. Je lui ai conseillé d'annuler sa tournée en Corée et aux Philippines et je lui ai bien expliqué que, sinon, il risquait la phlébite. Évidemment, à peine j'avais le dos tourné, son entourage l'a persuadé de ne pas annuler sa tournée, sans compter les remèdes de bonne femme que tout le monde avait à lui proposer, Bundini lui a même conseillé de soigner sa jambe à la chaleur. Le résultat de tout ça, c'est qu'à son retour aux États-Unis il a été hospitalisé pour une thrombose.

Ferdie Pacheco

Les ennuis de santé d'Ali ont retardé la date de son troisième combat contre Ken Norton.

Jack Cashill

Il a tout détruit.

Belinda Ali

Le 2 septembre, Belinda Ali a demandé le divorce pour adultère, abandon du domicile conjugal et cruauté mentale.

JACK CASHILL

> 28 septembre 1976
> Ken Norton
> Yankee Stadium
> New York (New York)
> Victoire aux points, 15 reprises

Ali était donné favori à 8 contre 5. Sa bourse se montait à six millions de dollars. Le combat était organisé par Top Rank associé au Madison Square Garden.

THOMAS HAUSER

C'est l'esclave qui revient chez son maître.

DON KING

Sa rhétorique dit « Noir » mais, en réalité, c'est une chochotte blanche !

RÉVÉREND ALFRED CHARLES
« AL » SHARPTON JR

Norton n'avait que trois ans de moins qu'Ali, mais il semblait beaucoup plus jeune que lui, peut-être parce qu'il avait commencé la boxe relativement tard.

STEPHEN BRUNT

Cette fois-ci, même si entre-temps Foreman avait détruit Norton en deux rounds, Ali n'a pas sous-estimé son adversaire. Un mois avant le combat, il est parti s'entraîner en Arizona avec Dundee, Bundini, Luis Sarria et trois sparring-partners. Malgré cela, il a été incapable de résoudre les problèmes que Norton lui avait toujours posés.

FELIX DENNIS & DON ATYEO

Ce n'est plus le même boxeur, il n'a plus de rythme, il se fatigue plus vite, mais c'est toujours le meilleur boxeur pour savoir instinctivement le peu qu'il faut faire pour être déclaré vainqueur.

ARTHUR MERCANTE

Ali était devenu un maître du blocage et de l'obstruction. Le travail des arbitres aurait été de l'empêcher d'utiliser tout cet arsenal de manœuvres irrégulières, mais aucun d'entre eux n'osait le faire.

JACK CASHILL

À près de trente-cinq ans, Ali était incapable de boxer trois minutes, tout ce qu'il faisait c'était travailler en séries à la fin de chaque reprise pour impressionner les juges. Malheureusement pour Norton, la ruse a marché, les juges avaient toujours tendance à accorder à Ali plus qu'il ne méritait.

FELIX DENNIS & DON ATYEO

Pendant la minute de repos avant le dernier round, j'ai entendu Angelo Dundee dire à Ali : « T'as plus que trois minutes... bats-toi... on a besoin de ce round pour gagner ! » Dans le coin de Norton, Bob Biron disait à son boxeur : « Fais gaffe ! Reste à distance !

Prends pas de risque, t'as gagné ! » Je me suis dit en moi-même que c'était pas un très bon conseil.

Arthur Mercante

La plus grosse erreur de Norton a peut-être été de laisser filer le dernier round. Il a passé les trois minutes à reculer, il a perdu le round... et le combat !

Felix Dennis & Don Atyeo

Ce qui est bizarre, c'est que le Champion n'était pas là. Que l'on me comprenne bien, il y avait bien quelqu'un en culotte blanche qui nous a gratifiés de quelques pitreries à la Jerry Lewis, mais ce n'était pas le vrai Ali. C'était le plus mauvais imitateur d'Ali que l'on ait pu imaginer. Les flics auraient dû arrêter cet imposteur.

Jim Murray

Il a donné une seule bonne série pendant toute la soirée.

Mark Kram

Norton a dominé tous les premiers rounds, il a bousculé Ali, il a délivré les coups les plus nombreux et les plus précis et il en a encaissé très peu en retour. Norton était persuadé d'avoir le combat dans la poche. Les spectateurs étaient tous d'accord avec lui et, lorsque l'on regarde la retransmission du combat à tête reposée, il est difficile de trouver un seul round qui justifie la décision en faveur d'Ali.

Stephen Brunt

Si Ali a gagné ce combat, les Japonais ont gagné la Deuxième Guerre mondiale.

JIM MURRAY

C'était la première fois que je pleurais depuis que j'avais huit ans.

KEN NORTON

Ali a bénéficié d'une décision bidon et il le sait.

BILL SLAYTON

Pendant la proclamation du résultat, il regardait ses godasses. Il savait, il savait qu'il avait perdu, mais il y a qu'un moyen de gagner contre Ali, le descendre avec un Magnum ! Bref, il a pris le pognon et il s'est tiré... j'aurais fait pareil ! La boxe, c'est comme ça et Ali, c'est la boxe.

KEN NORTON

C'est marrant, tous ces gens ont payé pour voir ces deux types boxer et personne sait qui je suis... alors que je peux les battre tous les deux !

LARRY HOLMES

Après son combat, Norton a continué à boxer, mais sans grande conviction.

STEPHEN BRUNT

Je me suis jamais entraîné autant. Je me suis jamais battu pareil. J'ai plus jamais fait de sacrifices. Je faisais plus que ce que je voulais. Quand je voulais faire la fête, je faisais la fête. Quand je voulais boire, je buvais. Quand je voulais sortir, je sortais. Vous pouvez pas brûler la chandelle par les deux bouts.

Ken Norton

Et pourtant, les amateurs se souviennent du combat de Ken Norton contre Larry Holmes en 1978 comme l'un des meilleurs combats du siècle entre deux poids lourds.

Stephen Brunt

Je crois que Don King a gagné le combat à la place de Holmes.

Ken Norton

Le 23 février 1986, Norton a été victime d'un grave accident de la route, il s'en est sorti avec une fracture de la mâchoire, la colonne vertébrale et une jambe en miettes ainsi que de graves atteintes au cerveau qui l'ont laissé paralysé du côté droit pendant plus d'un an, et en partie amnésique.

Stephen Brunt

Je me rappelle pas grand-chose des premiers mois que j'ai passés à l'hôpital mais ce que je me rappelle, c'est qu'Ali a été l'un des premiers à me rendre visite. J'étais entre la vie et la mort, mais il était à mon chevet... il faisait ses tours de magie à la con pour moi... il a fait disparaître un mouchoir, il a lévité... je me disais, s'il fait encore un de ses tours pourris, je guéris rien que pour le tuer ! Je veux pas que l'on se souvienne de moi comme du type qui lui a cassé la mâchoire et qui a gagné les trois combats qu'on a disputés, je veux que l'on se souvienne de moi comme du type qui a fait trois combats serrés avec lui et qui est devenu son ami après. Rencontrer Ali a été une chance et un honneur pour moi et ma famille.

KEN NORTON

Le divorce d'Ali et de Belinda sera prononcé en janvier 1977, le champion sera condamné à verser six cent soixante-dix mille dollars payables en cinq ans à Belinda qui gardait la propriété d'une maison dans la banlieue de Chicago. Ali devait également consigner un million de dollars sur un compte destiné à ses quatre enfants.

FELIX DENNIS & DON ATYEO

Ali avait divorcé, il s'était remarié, sa nouvelle femme avait eu un enfant, ses parents avaient divorcé eux aussi, son autobiographie était sortie en librairie et un film sur sa vie devait être bientôt réalisé.

JACK « SUNNY » MEREMOUNT

Les Musulmans avaient vendu sa bio un quart de million de dollars à Random House, elle avait été écrite par Richard Durham, un collaborateur de *Muhammad Speaks*. Durham, marxiste plus que musulman, faisait d'Ali un champion essentiellement mû par la colère et l'injustice. Le Louisville Sponsoring Group était décrit comme une bande d'hommes d'affaires assoiffés de sang, le livre racontait la fameuse anecdote d'Ali jetant sa médaille d'or dans l'Ohio après qu'on lui avait refusé l'entrée d'un restaurant et qu'il avait été agressé par une bande de motards blancs. En réalité, les motards étaient imaginaires et Ali ne se rappelait pas ce qu'il avait fait de sa médaille.

DAVID REMNICK

Sa médaille ? Il l'a perdue ou il se l'est fait piquer !

CASSIUS MARCELLUS CLAY SR

L'histoire de la médaille est fausse, mais au bout d'un moment Ali a commencé à y croire. Quand il était jeune, il prenait tout à la rigolade, même ce qui lui était vraiment arrivé.

JAMES SILBERMAN

Comme les bios de Joe Louis et de Jack Johnson, *The Greatest* mélangeait la réalité et le folklore, le tout au service des intérêts d'Elijah Muhammad. Toni Morrison, qui s'occupait du livre chez Random House, a été étonnée par les incessantes demandes de correction de Herbert Muhammad, qui tendaient toutes à faire de Herbert Muhammad le pivot de la gloire d'Ali.

DAVID REMNICK

Mon inquiétude, c'était que Herbert Muhammad gâche tout. En définitive, le livre n'était pas si mauvais, mais Ali s'est très vite désintéressé de la promotion, il voulait faire des signatures dans les grands magasins et les grands magasins étaient terrifiés à l'idée de se voir envahis par des hordes de barbares noirs.

TONI MORRISON

Le film sur Ali, *The Greatest*, a été distribué par Columbia en 1977, il était médiocre.

THOMAS HAUSER

C'est un navet et un bide. Un vrai film sur ce formidable personnage et son temps ne sera possible que lorsque Ali acceptera de ne pas être à la fois la vedette et son censeur.

FRANK DEFORD

Ali a signé un contrat publicitaire avec une firme de pesticides et les éditions DC Comics ont publié *Superman contre Muhammad Ali : le combat pour sauver la Terre des envahisseurs*, un album de bandes dessinées. Dans la presse, il était de plus en plus question de sa retraite.

THOMAS HAUSER

Ali connaissait le sort que la vie réserve aux boxeurs. Les images de la fin de Joe Louis étaient toujours présentes à son esprit, il avait beau tourner l'ancien champion en ridicule, ce qu'il était devenu lui faisait peur.

MARK KRAM

Dire à un boxeur d'arrêter, c'est une insulte.

LUIS SARRIA

L'image du vieux Joe Louis était toujours là pour lui rappeler le danger qui le guettait, il était le miroir où il pouvait se contempler à l'avance et il avait d'autres exemples de tout cela tous les jours à Deer

Lake où une cohorte d'indigents défilait comme une procession de pénitents venus du Moyen Âge pour quémander un peu d'argent ou juste de quoi manger. Johnny Juliano, un vieux boxeur sonné, n'était jamais très loin de Deer Lake... Ali voyait son cerveau détruit par les coups, il voyait l'état de son frère qui avait disputé seulement dix-sept combats en huit ans contre des minables et qui n'avait plus toute sa tête.

MARK KRAM

Ali savait qu'il fallait qu'il arrête avant d'être blessé, mais il a boxé cinq ans supplémentaires.

FERDIE PACHECO

> 16 mai 1977
> Alfredo Evangelista
> Capital Center
> Landover (Maryland)
> Victoire aux points, 15 reprises

Vous savez ce que c'était boxer contre lui ? C'était boxer contre Dieu !

ALFREDO EVANGELISTA

Evangelista était pro depuis dix-neuf mois, il n'avait jamais disputé un combat de plus de huit rounds de toute sa carrière, il avait perdu le dernier. C'était personne.

THOMAS HAUSER

J'arrêtais pas de lui dire : « Arrête de courir et viens te battre ! », mais je lui disais en espagnol, je suppose qu'il comprenait pas.

Alfredo Evangelista

L'un des pires combats de boxe de l'histoire. Evangelista ne savait pas boxer du tout et Ali n'a pas beaucoup mieux boxé que lui. Que le combat ait été jusqu'au bout démontre bien qu'Ali était foutu.

Howard Cosell

Ses réflexes ne sont plus qu'un souvenir, le seul coup qui lui reste, c'est son direct du gauche.

Mike Katz

Il peut plus arrêter personne avec ça.

Larry Holmes

Je pense qu'il veut prendre sa retraite, mais il y a trop d'enjeux financiers en jeu, il fait vivre au moins cent cinquante personnes.

José Sulaimán

Après avoir perdu la centaine de millions de pesetas gagnés sur le ring, Alfredo Evangelista est passé deux fois par la case prison pour trafic de drogue. Aujourd'hui, il est gérant d'un restaurant à Calafell en Catalogne.

José M. Baselga

Le 19 juin 1977, à Los Angeles, Muhammad Ali s'est marié avec Veronica Porche devant deux cent cinquante invités, dont Joe Louis et Ray Sugar Robinson, Howard Bingham était leur témoin. Les mariés sont partis à Hawaï pour leur lune de miel.

Thomas Hauser

En août 1977, j'ai servi d'intermédiaire à Andy Warhol qui voulait faire le portrait de Muhammad Ali.

Victor Bockris

Muhammad Ali était l'athlète le plus difficile à convaincre de poser pour ma série d'athlètes. J'ai demandé à Victor Bockris de nous aider. Victor Bockris est un jeune écrivain qui n'écrit que sur trois personnes : William S. Burroughs, Muhammad Ali et moi. Un de ses meilleurs textes avait été publié par *Screw Magazine*. J'aimais le titre : « À qui Andy Warhol vous fait-il le plus penser ? À Muhammad Ali ! »

Andy Warhol

Comparé à moi, ce type et ses boîtes de soupe sait rien faire du tout.

Cassius Marcellus Clay Sr

Il y avait un portrait de trois mètres réalisé par LeRoy Neiman sur le mur en face. J'espérais que le mien serait aussi réussi.

Andy Warhol

Il était parfaitement proportionné. Extraordinairement beau, extraordinairement charismatique. Ali ressemblait à une statue sans le moindre défaut.

LeRoy Neiman

Il était né-né pour la pho-photo. Il y a-a-avait quelque chose de ma-ma-magique entre lui et l'appareil pho-photo. Si-si je prends cent pho-photos de n'importe qui, j'en au-aurais une de bo-bo-bonne, avec Ali... la moi-moitié, au moins !

Howard Bingham

Pour un photographe, c'était un rêve. Il était si beau. Tout le monde aurait voulu lui ressembler. Il savait poser, c'était de la vanité de sa part, mais aussi de la bonne volonté. Vous pouviez pas faire une mauvaise photo d'Ali. Mission impossible.

Neil Leifer

J'ai commencé à manquer de pellicule et je n'avais toujours pas de photos d'Ali. Pendant trois quarts d'heure, il s'était emporté contre la prostitution qui envahissait jusqu'aux marches de la Maison-Blanche, la gravité, les météorites, les suicides par défenestration, Israël, l'Égypte, le Zaïre, l'Afrique du Sud, la drogue, les fractures du crâne, la folie des grandeurs, les gâteaux à la crème, les blondes décolorées, le jour du Jugement dernier, l'éthique musulmane, Jésus, la boxe, la Suède, le Coran, l'amitié et Elvis Presley. J'ai pris mon courage à deux mains et je lui ai demandé : « Monsieur Ali, est-ce que l'on pourrait en faire quelques-unes sur lesquelles vous ne seriez pas en train de... parler ? »

Andy Warhol

La rencontre avec Warhol a été un pastiche de mes rencontres précédentes avec Ali. Il nous a récité un poème et nous a lu une conférence avant que nous puissions repartir. Le poème était nul, la conférence affligeante.

Victor Bockris

Je ne sais pas s'il est intelligent. Je suis sûr qu'il est malin, mais est-ce qu'il est intelligent ?

Andy Warhol

Je me rappelle… la veille du combat contre Shavers, nous étions assis tous les deux dans le hall du Statler, juste en face du Madison Square Garden… tous les deux… tout seuls… en tête à tête. Il m'a fait part de sa lassitude, moi, je lui ai avoué que je comprenais pas la moitié de ce qu'il disait dans la publicité qu'il avait faite pour l'insecticide, je lui ai parlé des dangers qui le guettaient s'il continuait à boxer encore et du chagrin que j'aurais s'il finissait sonné.

Jerry Izenberg

---

29 septembre 1977
Earnie Shavers
Madison Square Garden
New York (New York)
Victoire aux points, 15 reprises

Shavers, c'est le type qui pouvait vous casser une cheville en vous frôlant le coude.

Jerry Izenberg

Le combat avait beau être télévisé en direct, le Madison Square Garden était plein. Les trois quarts des postes de télévision en état de marche étaient branchés sur la retransmission du combat.

THOMAS HAUSER

Une heure ou deux avant le combat, Ali s'est pointé avec une cinquantaine de types qu'il avait ramassés dans la rue. Il m'a demandé qu'ils rentrent gratis, sans ça, il boxait pas, la salle était pleine à craquer, il a fallu que j'en laisse entrer une vingtaine.

HARRY MARKSON

Boxer Ali était difficile pour moi, c'était un type bien, c'était mon idole. Il m'a aidé à plusieurs reprises, il m'a donné des conseils. Je l'aimais vraiment beaucoup et personne a envie de battre une légende... mais je boxais pour moi et pour ma famille... alors !

EARNIE SHAVERS

Le combat contre Shavers était un bon combat une fois que vous aviez accepté le fait qu'Ali était un bien moins bon boxeur qu'il ne l'avait été.

ANGELO BARTLETT GIAMATTI

Ça n'a pas été un bon combat, mais ça a été un combat intéressant avec des moments dramatiques. Ali était déjà un performeur plus qu'un boxeur. Au deuxième, Shavers a réussi une droite fabuleuse, mais comme souvent il ne tenait pas la distance, il n'a pas suivi, et Ali a pu terminer le round.

THOMAS HAUSER

Au second, je l'ai bien touché en droite... il a titubé, il a tellement exagéré que j'ai cru qu'il m'embrouillait... j'ai cru qu'il me tendait un piège... j'ai pas suivi.

EARNIE SHAVERS

Muhammad Ali est devenu le clown des rings ou plutôt un mime Marceau raté qui amuse son public avec des pantalonnades grotesques.

PAT PUTNAM

Ali n'était pas tiré d'affaire pour autant, il a dû compenser ses lacunes par son courage. Il s'était enorgueilli toute sa jeunesse de ce que ses adversaires ne pouvaient pas le toucher, maintenant il était fier de ce qu'ils pouvaient le frapper sans lui causer le moindre dommage... en apparence. Il semblait capable d'encaisser sans relâche et de renaître de ses cendres après chaque combat, mais c'était une illusion. Ceux qui s'y connaissaient le savaient bien.

THOMAS HAUSER

On aurait dit deux vieux taureaux se disputant une jeune vache. Les cornes enchevêtrées, se poussant en grognant sans oser frapper.

PAT PUTNAM

Veronica s'est peignée pendant tout le combat.

LANA SHABAZZ

Shavers a très bien boxé pendant le treizième round et encore mieux au cours du suivant. Ali a réussi, tant bien que mal, à rester debout alors qu'il était groggy. À la fin du round, il a dû piocher dans ses réserves, juste pour retourner dans son coin. Il a réussi à s'asseoir, les yeux dans le vague. Quand la cloche a sonné, il pouvait à peine tenir debout.

PAT PUTNAM

Je croyais avoir gagné, mais quand j'ai revu le film du combat et que je l'ai revu encore, je me suis rendu compte que c'était plus serré que je pensais et j'ai surtout compris pourquoi les juges l'avaient donné gagnant.

EARNIE SHAVERS

Je ne pense pas qu'Ali ait gagné contre Shavers, pas plus qu'il n'avait battu Ken Norton en septembre 76 ou Jimmy Young au printemps de la même année. Je ne pense pas non plus qu'Ali en ait eu quelque chose à faire.

ANGELO BARTLETT GIAMATTI

Vous ne voyez pas que ce type est sonné ? Vous ne vous rendez pas compte que ce genre de combat aggrave son état ?

FERDIE PACHECO

Pendant sa carrière, Ali a pris moins de coups que Frazier pendant ses deux combats contre Foreman.

JOSÉ TORRES

Le Madison Square Garden n'organisera plus un seul combat de Muhammad Ali tant que je serai vivant. La boxe est un sport de jeunes gens, Ali a trente-cinq ans. Pourquoi prendre des risques ? Il n'a plus rien à prouver. Je veux pas qu'il vienne me voir un jour et qu'il me demande comment je m'appelle. Le truc, c'est de se retirer au bon moment et la dernière reprise de ce combat est le bon moment de se retirer pour Ali.

Teddy Brenner

Il prend des coups pas seulement pendant les combats, il en prend aussi à l'entraînement, et que l'on vienne pas me dire qu'il les évite tous quand il est dans les cordes, si on lui en donne cent et qu'il en prend cinq, ça fait cinq de trop. Il perd du sang après les combats, ses reins sont atteints. Les boxeurs peuvent sembler en forme à l'extérieur alors que leurs organes internes sont en ruine.

Ferdie Pacheco

Ali est un vieil homme fatigué. Il est bon à prendre et il faut que quelqu'un le fasse.

Sam Solomon

Bien sûr qu'il est le plus grand, mais il va bien falloir qu'il renonce un jour ou l'autre, non ?

Leon Spinks

Leon Spinks est une pure création de la télévision. Il a sept combats à son palmarès mais, comme ils ont été vus par soixante millions de téléspectateurs, ça lui donne, soi-disant, le droit de disputer un championnat du monde. Quand Cassius Clay a rencontré Liston pour le titre après seulement vingt combats, tout le monde a trouvé que c'était prématuré. Si cette hâte était indécente, celle qui conduit Spinks à disputer le titre est obscène.

Norman Giller

Leon est un type sympa, les gens ont tendance à se foutre de sa gueule, mais c'est dur de pas l'aimer, c'est à lui seul qu'il fait du tort en étant comme il est. Ali était son idole, avant le premier combat, il a fallu que je lui bourre le mou pour qu'il soit agressif.

Butch Lewis

Clay ne s'entraînait pratiquement pas et Spinks dansait sur le ring, visiblement heureux de le faire.

Felix Dennis & Don Atyeo

Voir ce jeune homme s'entraîner joyeusement me ramène à Miami Beach en 64, quand je regardais un autre jeune homme impudent s'entraîner pour le championnat du monde poids lourd, il s'appelait Cassius Clay et quelques jours plus tard c'était lui le champion.

Donald Saunders

L'un des problèmes d'Ali, c'est que, tout autour de lui, tout le monde lui lèche le cul. Pendant qu'il s'entraînait pour le combat contre Leon, personne lui disait ce qu'il fallait qu'il fasse et personne avait les couilles de lui dire qu'il faisait n'importe quoi… il prenait pas Leon au sérieux. Moi, l'une des choses que je m'étais dites, c'est que Leon se pointerait sur le ring en plein boum. C'est ma mère qui lui faisait la cuisine, je dormais dans une piaule à côté de la sienne pour pas qu'il cavale dans un bar ou une boîte. Et malgré ça, une nuit, il a réussi à faire le mur pour faire la fête à Monticello.

BUTCH LEWIS

> 15 février 1978
> Leon Spinks
> Las Vegas Hilton
> Las Vegas (Nevada)
> Défaite aux points, 15 reprises

Ali était mon idole, je l'admirais, mais j'ai boxé pour gagner... j'ai boxé, je m'suis pas occupé de ce qu'il faisait.

LEON SPINKS

Le laisse pas te toucher une seule fois... si tu donnes trois coups et qu'il t'en donne un seul, les juges le donneront gagnant.

GEORGE BENTON

Dans le fond de leur cœur, ils étaient prêts pour ce jour-là, mais pas pour cette torpille qui a envoyé leur paquebot par le fond à Las Vegas et pour pas un rond. Ce mercredi soir, Leon Spinks a démoli une industrie prospère qui, bon an mal an, avait rapporté cinquante-six millions de dollars en un peu plus de quinze ans.

HUNTER S. THOMPSON

Au début du combat, Ali s'est installé dans les cordes dans l'espoir que Spinks se fatigue, mais Spinks ne s'est pas fatigué. Le challenger n'était pas vraiment bon, mais il était jeune et costaud et le champion n'était plus ce qu'il avait été.

Thomas Hauser

Vers le milieu du dernier round, toute une génération a accusé le coup tandis que le dernier prince des années 60 faisait sa sortie dans une tempête de douleur, groggy, plongé dans une confusion furieuse si complète qu'il était difficile de savoir ce qu'il fallait ressentir et encore moins dire. Quand il est revenu dans son coin — lentement —, la fête était finie.

Hunter S. Thompson

J'savais que j'avais gagné, mais vous savez comment sont les juges... quand le combat était serré, ils le donnaient toujours gagnant, alors j'ai été surpris quand ils m'ont déclaré vainqueur...

Leon Spinks

Spinks pouvait seulement se dire qu'il avait battu Muhammad Ali, mais il ne savait pas si c'était parce qu'il était très bon ou parce qu'Ali était trop vieux.

Norman Mailer

Ali avait été dominé et détrôné. Pour la première et la seule fois dans sa vie, Ali perdait son titre sur le ring.

Thomas Hauser

Dans son vestiaire, j'ai failli pleurer... il en faut pourtant beaucoup pour qu'un promoteur pleure... surtout à Las Vegas.

Bob Arum

Quand j'ai entendu la décision, je me suis dit : « Bon, cette fois, ça y est ! Qu'est-ce qu'on va faire maintenant ? » Ça faisait longtemps que je me préparais à ce jour-là. On avait été jeunes ensemble, et maintenant je me sentais vieux avec lui.

Angelo Dundee

Pendant quinze ans, il s'était moqué d'eux et de ce à quoi ils croyaient ; il avait changé de nom, refusé le service militaire, battu les meilleurs types qu'ils avaient mis en travers de son chemin, et maintenant — Dieu soit loué ! — ils assistaient enfin à sa dégringolade.

Hunter S. Thompson

Ça veut dire que les années 60 sont terminées ?

Elliot J. Gorn

On dirait qu'un pan entier de ma génération vient tout à coup de s'effondrer, et c'est atroce.

Edmund Wilson

Le lendemain du combat, on a pris l'avion pour Chicago. Ali s'est couché de bonne heure mais, à deux heures du matin, j'ai entendu du bruit dans sa chambre. Je me suis levé voir ce qu'il fabriquait, il était en tenue pour faire un footing. Je me suis habillé à mon tour, j'ai pris ma voiture et je l'ai suivi. À deux heures du mat', il courait au bord de cette putain d'autoroute, quand il a eu fait quatre ou cinq miles, il a fait du vide sous un réverbère. On était en février, il faisait sacrément froid, mais la sueur coulait sur son visage. Il a boxé contre son ombre pendant une heure avant de rentrer se recoucher.

HAROLD SMITH

Ken Norton était le challenger officiel du nouveau champion du monde, mais la revanche entre Spinks et Ali était financièrement beaucoup plus avantageuse pour le clan Spinks, alors Butch Lewis a signé le contrat pour le combat retour.

FELIX DENNIS & DON ATYEO

Que Bob Arum aille se faire foutre ! Il a qu'à boxer ce connard de Norton lui-même !

BUTCH LEWIS

Pendant une quinzaine de jours après Vegas, la famille entière était restée sonnée, mais maintenant, en ce début mars, ils étaient impatients de relancer la grosse machine à plein régime pour la revanche contre Spinks en septembre.

HUNTER S. THOMPSON

Dans les semaines qui ont suivi sa victoire sur Ali, Spinks a été traîné en justice par son propriétaire à qui il avait oublié de payer son loyer, par un motel à qui il n'avait pas réglé sa note, il a été arrêté pour avoir conduit à contresens et sans permis, arrêté et menotté pour possession de drogue. Je savais qu'il finirait au volant d'une Cadillac, sans un rond et le cerveau en compote.

LARRY HOLMES

Pendant les deux semaines qui ont précédé le combat, Spinks était saoul tous les soirs.

BOB ARUM

J'viens du ghetto ! J'suis qu'un négro ! Faut pas oublier ça... j'suis pas Ali. J'suis pas le plus grand, j'suis le dernier ! Les gens ont la trouille que j'sois juste un con de négro... j'suis Leon !

LEON SPINKS

Après sa victoire, j'ai un peu relâché la pression et deux jours après il se faisait piquer avec de la coke plein les poches. On allait se faire des millions de dollars et il se faisait serrer pour cinq dollars de coke ! Y avait sa photo, menotté, à la une de tous les quotidiens. Le pognon se barrait et les profiteurs étaient là et bien là. Je l'ai retrouvé au fin fond de la Caroline du Nord bourré comme un coing au mauvais whisky. Pour le combat retour, il a dû s'entraîner dix jours... on avait engagé un garde du corps pour le surveiller, mais Leon cavalait à peine il avait le dos tourné. Au bout d'un moment, j'ai laissé tomber... le combat était vendu, qu'il aille se faire foutre !

BUTCH LEWIS

Une seconde défaite contre Spinks aurait été pire que la première, elle marquerait la fin du voyage pour Ali, la famille et, en fait, l'industrie Ali en son ensemble.

HUNTER S. THOMPSON

Spinks est descendu de l'avion, il a donné une interview. Pas de problème ! Et puis, ils l'ont fourré dans la bagnole du shérif pour l'amener à l'hôtel et la première chose qu'il a fait, c'est allumer un joint... dans la bagnole du shérif !

Vic Ziegel

> 15 septembre 1978
> Leon Spinks
> Superdome
> New Orléans (Louisiane)
> Victoire aux points, 15 reprises

Bien que le combat ait été télévisé par ABC, 62 532 spectateurs se pressaient au Superdome, laissant aux caisses une recette de 4 806 675 dollars, soit la plus grosse affluence de l'histoire pour un combat en salle et la plus grosse recette de l'histoire de la boxe depuis le combat entre Gene Tunney et Jack Dempsey. ABC enregistrait le deuxième score le plus important de son histoire, juste derrière la diffusion du dernier épisode de *Roots*.

Thomas Hauser

Son style désordonné le rendait dangereux, mais Spinks était vulnérable, il était facile à toucher. Il était rapide de bras, mais son jeu de jambes était aussi lent que celui de Frazier.

Hunter S. Thompson

Spinks est une bête à boxer, tout ce qu'il sait faire, c'est avancer et donner des coups... des bons et des mauvais, mais il en donne tellement qu'il en réussit suffisamment pour gagner. Il y a des gens qui disent qu'Ali a perdu le premier combat en ne boxant pas les premiers rounds mais, s'il l'avait fait, Spinks l'aurait battu encore plus nettement. Cette fois, Ali est en forme, mais le vieil homme avec sa barbe blanche est assis sur le même tabouret que lui.

HAROLD CONRAD

Objectivement parlant, ce combat a été une catastrophe. Ali a gagné, mais aucun des deux n'a boxé.

HOWARD COSELL

Il n'était pas mieux la deuxième fois... il s'est accroché... moi, j'étais ailleurs...

LEON SPINKS

Ça a été un combat accroché, c'était ce que voulait Ali. C'était la seule manière pour lui de gagner. Au cinquième, il a été pénalisé pour accrochage. Il a pas arrêté de s'accrocher pour autant. Spinks avançait mais sans l'explosivité qu'il avait montrée la première fois. La tension dramatique a grimpé... Muhammad Ali allait regagner son titre une fois encore.

THOMAS HAUSER

Le coin d'Ali était un mélange assourdissant de peur, de folie, de délire, un océan de boucan et de violence. Depuis que Bundini avait été terrassé par une attaque à la fin de la douzième reprise, Jimmy Ellis et le frère d'Ali se cramponnaient aux cordes en lui gueulant des conseils à la con. Spinks a bien dû encaisser vingt ou trente droites d'Ali, je pense pas qu'il en ait senti passer plus d'une ou deux.

HUNTER S. THOMPSON

Leon avait davantage de conseillers dans son coin que les Dallas Cow Boys au Texas Stadium ! Ils parlaient tous en même temps... à la cinquième, j'ai laissé Leon se débrouiller tout seul.

GEORGE BENTON

Pendant la conférence de presse, après le combat, Ali était entouré par Veronica Ali et l'actrice Jayne Kennedy, elles se ressemblaient comme deux sœurs. Les stars étaient pour Ali, mais les jeunes étaient pour Spinks. Dans Bourbon Street, tous les types de trente-six ans souriaient aux anges.

ISHMAËL REED

J'l'ai battu... il m'a battu. C'est tout c'qui y a à dire.

LEON SPINKS

Allez pas croire toutes ces conneries comme quoi Ali aurait gagné la revanche, Ali n'a rien gagné du tout, c'est Leon qui a perdu. Allez pas avaler ces bobards sur Ali qui se serait entraîné comme un dingue pour être en forme la seconde fois, il était pas plus en forme la deuxième fois que la première, à mon avis, il était encore pire.

BUTCH LEWIS

J'repense plus à ce combat... c'est fait, c'est fini. Ce à quoi j'pense quelquefois, c'est ce qu'est devenue ma vie quand j'ai été champion... tout ce que j'voulais, c'est mener ma vie comme j'voulais et les gens voulaient que j'sois Ali... j'pouvais pas faire ce que j'voulais... j'pouvais pas être qui j'voulais être. J'suis pas Ali, j'suis Leon Spinks.

Leon Spinks

Après avoir rapidement dépensé tout ce qu'il avait gagné sur le ring, Leon «Neon» Spinks finira dans la misère après avoir fait la fortune des tabloïds à scandale, toujours dans les vapes, toujours flanqué d'invraisemblables putes, exhibant toujours ses gencives chauves. Il est atteint de *dementia pugilistica*.

Lloyd Hefner

Et pourquoi je me ferais du souci pour Ali? Il est vivant, il a de quoi manger, il a du fric, un toit au-dessus de sa tête et... encore mieux, quoi qu'il fasse, il sera toujours Muhammad Ali.

Leon Spinks

Ali s'est retiré après avoir battu Leon Spinks et regagné le titre pour la troisième fois. Petit à petit, il a grossi jusqu'à peser plus de cent vingt kilos, il parlait de plus en plus lentement, il articulait mal et il s'ennuyait. Il regrettait l'époque où on le voyait à la télévision tous les soirs et où cinquante mille personnes reprenaient son nom en chœur.

Jack Newfield

Ali et Veronica avaient déménagé à Hancock Park dans la résidence la plus luxueuse qu'aucun champion ait jamais possédée. Sept chambres, un salon, une salle à manger, un billard, des fenêtres en Tiffany, le tout meublé comme un musée avec des peintures Renaissance et des tapis d'Orient, selon le goût de Veronica. Les revenus d'Ali se chiffraient à plusieurs dizaines de millions de dollars, ils étaient supérieurs aux revenus *additionnés* de tous les champions qui l'avaient précédé. Et il n'avait plus rien.

THOMAS HAUSER

Ali était incroyablement généreux, il distribuait les pourboires comme un prince. L'argent n'avait aucune importance pour lui, il le distribuait sans se préoccuper de ce qui pouvait bien lui rester.

LLOYD WELLS

Il a payé un bar à son père, l'Olympic Bar, Senior a eu vite fait de faire faillite.

JACK OLSEN

Je me rappelle d'un dîner à Las Vegas en l'honneur des champions du monde poids lourds toujours vivants, chacun d'entre eux a reçu une bague ornée de diamants qui devait valoir au bas mot plusieurs milliers de dollars. Ali a donné la sienne à une petite fille sur une chaise roulante comme si ç'avait été le genre de bague que l'on trouve dans les pochettes-surprises. La seule chose qui lui faisait plaisir, c'était de faire plaisir.

CHUCK BODAK

Il a refilé un billet de cent dollars à un clodo qui savait même pas que ce genre de coupure existait, et puis il s'est rendu compte que le type allait avoir du mal à changer un billet de cent dollars, alors il lui a donné cinq billets de vingt, mais il a oublié de reprendre celui de cent.

RALPH THORNTON

Personne peut acheter des vêtements à tous ceux qui n'en ont pas, personne peut payer le loyer des SDF, personne peut donner à manger à tous ceux qui ont faim, Ali, pas plus qu'un autre, mais il a essayé.

LLOYD WELLS

Ali était généreux avec tout le monde et beaucoup de gens en ont profité. Les notes de téléphone, de restaurant, tout atterrissait sur la note d'Ali. Je l'ai vu s'énerver une seule fois à ce sujet, en Allemagne, avant le combat contre Richard Dunn. Angelo en était malade, ça rendait Howard Bingham dingue, mais c'était comme ça et vous pouviez rien y changer... au dîner, Bundini commandait deux steaks et en laissait un avant de passer des heures au téléphone à raconter des conneries.

BOBBY GOODMAN

C'était comme s'il avait eu une douzaine d'enfants à charge.

JOHN CONDON

Il a beaucoup moins confiance en lui que les gens le pensent. Il veut que tout le monde l'aime, il n'aime pas le conflit, il y a des gens qui ont très bien compris ça et qui en profitent.

BELINDA ALI

Il n'y a pas grand monde dans son entourage qui ne le vole pas d'une manière ou d'une autre. Il n'aime pas faire la police, alors il laisse faire. Tous ses trophées, ses bagues, ses ceintures, tout a disparu. Les gens partaient de Deer Lake en emportant les draps et les serviettes. Tout ce qui pouvait être volé était volé. Ali ne marchandait jamais, ça me rendait dingue. Howard Bingham était le seul type honnête dans son entourage, mais il n'avait pas les moyens de s'opposer à ce qui se passait, alors Ali se faisait avoir... perpétuellement.

GENE DIBBLE

J'en pleu-pleurais... la mé-mé-meilleure façon de-de le plu-plumer était de se faire pa-passer pour un croyant... j'essayais de-de le-le mettre en ga-ga-garde, mais rien n'y faisait, alors, je-je lai-lai-laissais faire.

HOWARD BINGHAM

Mon père est incroyablement crédule. Ça me rendait dingue... je les voyais faire... j'avais pas huit ans et je les voyais faire ! Il n'y avait rien à faire, vous pouviez pas discuter avec lui, il n'avait confiance qu'en ceux à qui il faisait confiance et il faisait confiance à tout le monde.

MARYUM ALI

Fallait pas être un génie pour escroquer Ali. Entre les cordes, c'était le type le plus intelligent du monde mais, en dehors du ring, il n'était pas très malin. Je n'ai jamais vu un type se faire autant d'argent et avoir si peu de considération pour l'argent. Je détestais la façon dont les gens le volaient. Même quand il essayait de bien faire, ça tournait mal. Il avait vu comment le fisc avait ruiné Joe Louis, alors il mettait soigneusement l'argent de ses impôts de côté. Qu'est-ce qui s'est passé ? Jeremiah Shabazz lui a présenté un homme de loi dénommé Spiros Anthony. Anthony lui a pris deux millions et demi de dollars pour les mettre, soi-disant, à l'abri, il lui a emprunté quelques millions supplémentaires pour financer une organisation caritative et il a disparu avec le tout.

GENE DIBBLE

Je sais qu'il y a des gens qui voient Ali comme une vache à lait, qui ne sont aucunement concernés ni par son âme ni par son avenir. Ils se préoccupent de ce qu'il peut leur rapporter plutôt que de fortifier son caractère et ses convictions comme Malcolm a essayé de le faire.

BETTY SHABAZZ

Un dénommé Arthur Morrison a obtenu la signature d'Ali pour commercialiser un certain nombre de produits portant le nom du champion. Il s'en est servi pour commettre une série de malversations et d'escroqueries.

THOMAS HAUSER

Arthur Morrison est un des pires enfoirés de sa race que j'aie jamais vu !

JEREMIAH SHABAZZ

Herbert Muhammad a été l'homme d'affaires d'Ali pendant vingt-cinq ans. C'est lui qui négociait le montant de ses bourses, les contrats publicitaires, les retombées commerciales. Et les jugements à ce propos sont mitigés.

THOMAS HAUSER

C'est grâce à mon père que nous nous sommes rencontrés, mais c'est Allah qui est la force qui nous réunit. Pendant vingt-six ans, j'ai fait l'éducation religieuse d'Ali. Son père ne l'avait pas fait, sa mère ne l'avait pas fait. C'est mon père qui m'a confié cette mission et m'a demandé de lui montrer le chemin.

HERBERT MUHAMMAD

Herbert, c'est Jabba le Hutt dans *Le Retour du Jedi*. C'est un grand manipulateur. En surface, on dirait qu'il ne souhaite que le bien des gens, mais il agit autrement par en dessous.

BELINDA ALI

Les gens disent que Herbert a fait une fortune sur le dos d'Ali, c'est vrai, il est vrai aussi qu'Ali est moins à l'aise financièrement qu'il pourrait l'être, mais si Herbert avait travaillé gratis pendant vingt ans, Ali aurait gaspillé son argent de la même manière et peut-être pire. Ali gaspillait son argent et il était assez intelligent pour savoir ce qu'il faisait. Croyez-moi, Herbert mérite ce qu'il a gagné, c'était un job de dingue... vingt-quatre heures sur vingt-quatre.

FERDIE PACHECO

Voir co-comme les gens exploi-ploitent Ali me met en coco-colère, mais à qui-qui la fau-faute ? C'est pa-pa-pas la fau-faute d'Ali, c'est celle de-de Herbert. Si

Herbert lui a-avait dit de pa-pas faire quelque chose, il l'au-aurait pa-pas fait.

HOWARD BINGHAM

Pour ce que j'en ai vu, je pense que Herbert se souciait sincèrement des intérêts d'Ali, il s'appuyait sur les gens qu'il pensait être qualifiés et il étudiait pour apprendre ce qu'il pouvait sur les investissements.

HOWARD COSELL

La religion, c'est une chose, le business en est une autre. Les gens qui, comme Herbert, n'ont pas fait d'études ont quelquefois des complexes d'infériorité, ils essaient de le cacher en traitant les gens de haut et en refusant d'admettre leur ignorance. Ali aurait pu être le Noir le plus riche d'Amérique, mais Herbert n'a pas fait ce qu'il faut pour ça, en ne voulant pas confier ses intérêts à des gens capables de le faire, il a complètement ruiné son potentiel. Comme il ne voulait pas lâcher le contrôle, il a vendu les cravates à l'un, les chemises à un autre, les chaussettes à un troisième et ainsi de suite jusqu'à ce que plus personne s'y retrouve.

JEREMIAH SHABAZZ

Herbert n'était pas un très bon négociateur. Si vous lui proposez cinquante, il va vous dire « soixante-quinze », mais c'est à peu près tout. Lorsque King ou Arum se sont associés avec lui, je pense qu'Ali n'a pas vu la totalité de l'argent passé entre leurs mains, Herbert s'est fait plus d'argent avec les combats d'Ali qu'Ali n'en a fait lui-même.

HAROLD CONRAD

Je pense que ce qui intéressait Herbert, c'était les intérêts de Herbert, je pense aussi qu'il ne connaissait pas grand-chose aux affaires. Il croyait être bon négociateur, c'était pas le cas. Au lieu d'engager des conseillers top-niveau, il écoutait n'importe qui. À la fin, vous héritiez d'un merdier inextricable et vous ne pouviez plus rien démêler.

Gene Dibble

Je pense que Herbert avait les intérêts d'Ali à cœur et j'ai une certaine admiration pour lui. Si l'on pense qu'il n'avait aucune formation pour faire ce qu'il a fait, il ne s'est pas si mal débrouillé. Son boulot n'était pas facile et il était encore compliqué par l'attitude d'Ali... il ne pouvait virer personne. Il aurait fallu qu'il soit Salomon et Machiavel en une seule et même personne pour réussir à tout gérer. L'entourage d'Ali, ce n'était pas Herbert qui en voulait, c'était Ali. Bundini et tous les autres n'étaient pas les hommes de Herbert, c'était ceux d'Ali. La manière dont vivait Ali, ce n'était pas Herbert qui en était responsable, c'était Ali.

Ferdie Pacheco

Je n'ai jamais pensé qu'Ali était une figure sociale ou politique, je suis persuadé qu'il n'est qu'un amuseur public.

Wilfred Sheed

Pour l'essentiel, Ali est un comique. Ali offre au public le plaisir contradictoire d'avoir à le prendre au sérieux tout en ne le prenant pas au sérieux.

Gerard Early

Ali est quelqu'un d'important. Il est devenu un symbole dans le monde entier, notamment pour les jeunes. Nous sommes tout le temps à la recherche de symboles et de modèles pour notre jeunesse. Nous voulons qu'ils comprennent ce qui leur arrive et il y a un tas de jeunes gens qui seraient meilleurs aujourd'hui s'ils avaient un Ali pour les aider à le faire.

BETTY SHABAZZ

À cette époque, Ali a pu réaliser son rêve : rester sur le devant de la scène en faisant autre chose que boxer. Il s'est lancé dans une suite frénétique de missions de bons offices, sillonnant le monde de Paris à Pékin comme un ambassadeur des États-Unis et de l'islam réunis... un « Kissinger noir ». Il a rencontré le colonel Kadhafi pour négocier pétrole contre construction de mosquées ; en janvier 1979, il a proposé de prendre la place des soixante otages américains de l'ambassade des États-Unis à Téhéran. Deux mois après, Jimmy Carter lui a confié une mission diplomatique consistant à persuader les nations africaines et à majorité musulmane de boycotter les jeux Olympiques de Moscou. Son voyage sera un échec complet et démontrera seulement sa naïveté. À son retour, il devra subir les sarcasmes de la presse, *Time magazine* ironisant sur « la mission diplomatique la plus bizarre de l'histoire récente des États-Unis ». Trois semaines après, Ali annonçait son intention de récupérer son titre pour la quatrième fois à un journal de Cleveland.

FELIX DENNIS & DON ATYEO

Personne n'a posé un revolver sur la tempe d'Ali pour qu'il fasse son come-back. Il l'a décidé tout seul, mais certains ne se sont pas gênés pour lui faire des offres susceptibles de le tenter : Don King, Bob Arum, Harold Smith, Murad Muhammad et... le gouvernement égyptien !

JACK NEWFIELD

Je vais vous dire un truc, Muhammad est heureux que sur un ring. Il a ça dans le sang... qu'il gagne ou qu'il perde, il aimera la boxe jusqu'à la fin.

ANGELO DUNDEE

L'échec catastrophique de sa mission diplomatique en Afrique n'a pas été la seule raison de son retour sur les rings. Il avait subi un autre revers en jouant dans *Freedom Road* au côté de Kris Kristofferson et, comme d'ordinaire, ses investissements financiers : Champ Burgers, Champ Soda, Ali Candy Bar, etc., se soldaient soit par un scandale soit par un désastre ; au mieux, il ramassait des cacahuètes, au pire, il récoltait une inculpation pour fraude fiscale.

FELIX DENNIS & DON ATYEO

La maison où il vit avec Veronica semble vide, déserte.

GEORGE PLIMPTON

Pour la femme, l'homme est insaisissable. L'homme est *l'autre*, à *domestiquer* ; la femme *est* domestication.

JOYCE CAROL OATES

Le matin, il va se balader dans sa Rolls décapotable pour que les gens le reconnaissent.

FLOYD PATTERSON

Ali est un drogué... il est drogué à la gloire.

Drew Brown Jr

Enlever le public à Muhammad Ali, c'est comme priver Dracula de sang frais.

Jerry Izenberg

Je suis un ami d'Ali, je voulais pas qu'il revienne et qu'il boxe Holmes... mais il m'a dit qu'il voulait boxer pour l'égalité et la justice, pour l'avenir de nos enfants... alors je lui ai promis de l'aider.

Don King

Don King est un menteur, un voleur et un salopard. C'est le pire rat que j'aie jamais connu. Il parle de justice et d'égalité, mais sa seule politique, c'est tout pour sa gueule et pour les copains, que dalle ! Son atout, c'est d'être né noir et que les boxeurs soient noirs. Il les connaît, il sait comment les endormir pour les baiser. Ça n'empêche pas que si j'étais boxeur et que je devais choisir un promoteur, je prendrais Don King. C'est le meilleur.

Richie Giachetti

Tout le monde sait qui est Don King, mais si on garde un serpent dans sa piaule avec les lumières allumées, on peut le surveiller.

Mike Tyson

Pour un promoteur, l'honnêteté, à proprement parler, n'est pas une qualité, c'est plutôt un handicap.

John Schulian

J'avais remarqué qu'il parlait plus lentement, je pensais qu'il en était conscient. Il avait le visage gonflé, les cheveux gris, il pesait cinquante livres de trop. Trente-huit ans, pour un homme, c'est jeune, c'est vieux pour un athlète, pour un boxeur... c'est pas la peine d'en parler.

LARRY HOLMES

On aurait pu croire que sa capacité à pouvoir encaisser de terribles punitions pour renaître de ses cendres à chaque fois était un don du ciel, mais ce don était un mirage. Il semblait toujours jeune comme Peter Pan, mais il pratiquait un sport où l'on est vieux avant l'âge.

THOMAS HAUSER

Larry Holmes ne voulait pas boxer Ali. Ali était son idole et il l'aimait beaucoup. Il lui avait servi de sparring-partner de 73 à 75 et cela avait été pour lui une expérience unique. Ali lui avait acheté un équipement neuf, Larry s'était promené dans tout Easton pour montrer l'œil au beurre noir qu'Ali lui avait infligé.

JACK NEWFIELD

Qu'est-ce que je vais prouver en battant un Ali âgé de trente-huit ans ? Rien. Les gens diront : c'était pas le vrai Ali ! Si j'essaie de faire l'impasse, on dira que j'ai peur. Peur... peur de quoi ? Depuis le milieu des années 70, je sais que je suis meilleur que lui.

LARRY HOLMES

Larry voulait pas boxer Ali, il savait qu'il n'avait plus de jambes, plus rien dans les mains, il savait que le combat serait une horreur mais, une fois l'offre sur la table, y avait pas moyen de refuser.

RICHIE GIACHETTI

Tout le monde a trouvé que battre Spinks en 78 avait été le plus grand exploit du siècle depuis celui des frères Wright, mais faut pas oublier qu'Ali a regagné son titre contre un débutant qui avait tout juste réussi à faire match nul avec Scott LeDoux et qu'il a passé tout le combat à l'embrouiller. Tout le monde voulait encore voir Ali comme celui qui pouvait voler comme un papillon et piquer comme une abeille, mais ce temps-là était fini. Je détestais l'idée de le massacrer en public, mais qu'est-ce que je pouvais faire d'autre ?

LARRY HOLMES

Ali n'aurait jamais dû faire ce combat. Son médecin personnel, Ferdie Pacheco, a essayé de l'en dissuader et a démissionné plutôt que de se faire complice de ce qu'il savait devoir arriver. En mars, à l'entraînement, Jeff Sims, un poids lourd réputé pour sa lenteur, lui a ouvert la lèvre, mais Ali s'est laissé pousser la moustache pour camoufler la cicatrice, il a teint ses cheveux blancs, il a engagé Tim Witherspoon comme sparring-partner et il a signé pour rencontrer Holmes en octobre.

JACK NEWFIELD

Jeff Sims était réputé pour frapper comme une mule et ne pas pouvoir boxer deux rounds d'affilée. Après avoir passé sept ans en prison pour homicide involontaire, il fera une assez brève carrière sur le ring avant d'être tué par balles en 1993. Deux fois champion du monde des poids lourds, Tim Witherspoon est célèbre pour avoir gagné son procès contre Don King qui lui avait escroqué plusieurs millions de dollars durant sa carrière.

Lloyd Hefner

Il m'a demandé de pas le toucher en bas... je l'ai plus touché en bas, mais je le touchais facilement en haut... personne m'a dit de pas le toucher en haut... aujourd'hui, je regrette de l'avoir fait.

Tim Witherspoon

Ali était mon ami, je l'aimais beaucoup et je lui étais reconnaissant pour tout ce qu'il avait fait pour moi. Ce n'était pas le saint que l'on disait, j'ai été bien placé pour le voir mal se comporter, mais c'était un brave type, généreux et incroyablement marrant. Il était bien plus qu'un boxeur.

Larry Holmes

Je veux plus qu'il boxe. Je lui répète trois fois par semaine au téléphone.

Odessa Clay

Le contrat a été signé chez King le jour de la fête des Mères. Ali touchait huit millions de dollars, Holmes un peu plus de deux millions. Il était évident que Holmes adorait Ali, il n'arrêtait pas de dire à tout le monde qu'Ali ne devait pas faire ce combat. Il voulait pas boxer Ali, mais il pouvait rien faire pour l'empêcher.

Michael Phenner

Ali avait imaginé que l'on boxe gratis à Téhéran en échange des otages américains. Ça s'est fini à Las Vegas… comme toujours.

Larry Holmes

Les doutes sur la santé d'Ali étaient tels que la commission sportive du Nevada a demandé qu'avant la rencontre Ali subisse un examen complet à la clinique Mayo, à Rochester dans le Minnesota. Une partie du rapport était rédigée en jargon : « Le scanner du cerveau montre une variation congénitale dans la structure du *cavum septum pellucidum* », une autre partie en langue véhiculaire faisait état de quelques difficultés avec la mémoire, d'un certain ralentissement des réflexes et de tremblements occasionnels des mains, mais — paradoxalement — le rapport ne voyait aucune objection à ce que le boxeur obtienne une licence.

Jack Newfield

Ce rapport est un véritable scandale ! La plupart des entraîneurs peuvent vous dire quand un boxeur est sonné… bien avant n'importe quel neurologue ! Ray Sugar Robinson aurait pu passer haut la main n'importe quel examen médical à quarante-quatre ans, mais il était sonné… Edwin Rosario, Wilfredo Benitez étaient sonnés à vingt ans, Thomas Hearns, Joe Louis, Ali étaient sonnés à trente. Les toubibs, y compris les bons, ne peuvent pas juger de la santé des boxeurs comme de celle de patients ordinaires faisant un boulot ordinaire.

Ferdie Pacheco

C'est une coquille vide, une jolie coquille avec rien à l'intérieur. Plus de jambes. Plus rien.

BILL PREZANT

Marty Monroe le dominait outrageusement à l'entraînement. Il n'avait plus de réflexes, il n'esquivait plus rien, il ne frappait plus du tout.

JACK NEWFIELD

Ce que Monroe lui fait subir, Holmes le lui fera subir... en pire !

COLIN MALAM

Ce que Larry fera subir à Ali, Tyson le lui fera subir, huit ans plus tard... en pire !

JACK « SUNNY » MEREMOUNT

Il était lent, il tenait pas debout, il pouvait pas courir... il pouvait même pas rester réveillé ! La veille du combat, je l'ai vu avec mon frère qui est toubib... à son avis, il était impossible qu'il boxe dans cet état. J'ai demandé à Ali s'il voulait pas reporter le combat, il a haussé les épaules. J'en ai parlé à Herbert et il m'a répondu que j'y connaissais rien.

GENE DIBBLE

Ce qui est certain, c'est qu'Ali sera en meilleure forme physique et mentale contre Holmes qu'il ne l'était contre Foreman. On dirait qu'il a fait tourner les aiguilles à l'envers et qu'il a dix ans de moins.

PAT PUTNAM

Isolé dans son cocon de courtisans, il peut s'imaginer que tout le monde l'admire autant qu'il s'admire lui-même.

Jack Olsen

Chaque matin, il se regarde dans la glace et il s'admire. Ça lui donne confiance en lui et c'est ce dont il a besoin pour battre Holmes.

Angelo Dundee

On ne bat pas Larry Holmes en contemplant son image dans un miroir.

Mike Katz

Écoutez-moi bien… Ali est doué, mais il a aucune discipline, il sait se battre, mais il a aucune discipline, il est impressionnant, mais il a aucune discipline, il a tout, mais il a aucune discipline et pour boxer avec moi, vous avez intérêt à en avoir.

Larry Holmes

En perdant du poids, Ali a créé l'illusion qu'il était en forme. Peut-être. On le saura sur le ring. Il peut teindre ses cheveux blancs, il ne peut pas teindre le reste.

Dave Anderson

Ali ne souffrait pas seulement des symptômes neurologiques détectés par la clinique Mayo, il souffrait aussi des effets secondaires d'un traitement prescrit par Charles Williams, le docteur de Herbert Muhammad.

Jack Newfield

Il était déshydraté, il pissait tout le temps, il perdait du poids à toute vitesse.

GENE KILROY

Le docteur Williams avait diagnostiqué à tort une insuffisance thyroïdienne et lui avait prescrit du Thyrolar, un médicament très dangereux. Ali triplait les doses comme si le Thyrolar avait été des vitamines.

JACK NEWFIELD

Les boxeurs sont les premiers à savoir quand ils sont finis et les derniers à savoir quand il faut qu'ils arrêtent.

BARRY MCGUIGAN

Que l'on se souvienne de Jim Jeffries contre Jack Johnson ou de Joe Louis contre Rocky Marciano. Tous ceux qui connaissent un peu l'histoire de la boxe savent ça, inévitablement, un jour ou l'autre, le vieux champion reviendra faire un dernier combat qui se révélera être une terrible erreur.

STEPHEN BRUNT

> 2 octobre 1980
> Larry Holmes
> Caesars Palace
> Las Vegas (Nevada)
> **Défaite, K.-O. tech, 10e round**

Chaque année, de plus en plus de gens se suicident à Las Vegas, plus que partout ailleurs en Amérique. En fait, on se suicide tellement souvent à Las Vegas qu'on a plus de chance de s'y suicider que d'y être assassiné, et cela même si le rapport sur la criminalité du FBI classe Vegas parmi les villes les plus dangereuses du monde. À Vegas, il y a plus de suicidés que de personnes qui meurent des suites d'un accident de voiture, du sida, de pneumonie, de cirrhose ou de diabète.

JOHN D'AGATA

Ton cul, c'est du gazon et je suis la tondeuse!

LARRY HOLMES

Larry Holmes avait été pesé à deux cent onze livres, Muhammad Ali à deux cent dix-sept livres, son poids le plus bas depuis son combat contre George Foreman. Une arène temporaire avait été construite pour l'occasion sur un parking du Caesars Palace. Les 24 740 spectateurs ont laissé 5 766 125 dollars aux caisses pour assister à ce qui ne serait pas un combat, mais une exécution.

THOMAS HAUSER

Joe Louis sur un fauteuil roulant — la bouche ouverte, les yeux fixes —, qu'est-ce qu'il voit? Il tient sa tête dans ses mains. Un employé essuie la bave au coin de ses lèvres. Sa tête s'affaisse. Il voit rien. La foule applaudit Ali quand il descend l'allée qui mène au ring. Louis ne le voit pas. Il n'entend pas les applaudissements.

BUDD SCHULBERG

Il était aussi rapide qu'une bouteille de ketchup... qu'une *piñata* les yeux bandés! Son jab n'en était plus un. Il frappait pas, il poussait. Il n'avait plus rien, plus de jus, plus de force... rien.

LARRY HOLMES

C'était comme si un imposteur avait pris possession de son corps et volé son visage.

JACK NEWFIELD

Il n'avait plus rien... rien de rien... c'était affreux, on aurait dit un toutou.

DAVE KINDRED

Au quatrième, je l'ai touché en bas avec le meilleur crochet que j'aie jamais donné de ma vie. Il a failli tomber et puis il s'est repris, son putain d'orgueil l'a tenu debout... personne serait resté debout après ce coup. C'est cet orgueil qui lui a fait supporter tous les coups qu'il a pris, même dans les combats qu'il a gagnés. C'est pour ça qu'il est l'un des meilleurs boxeurs de tous les temps... à mon avis, le meilleur.

LARRY HOLMES

On pouvait presque voir Holmes soupeser un à un ses scalpels pour choisir celui qui lui permettrait de faire son boulot le plus *humainement* possible.

MARK KRAM

Et plus je le touchais, plus il m'insultait.

LARRY HOLMES

C'était comme regarder l'autopsie d'un type encore vivant.

SYLVESTER STALLONE

On savait ce qui allait arriver, on avait vu ses deux combats contre Spinks, on savait qu'il était foutu. Le seul problème était psychologique, c'était un combat difficile pour Larry à cause de l'affection qu'il portait à Ali. D'après moi, ils auraient dû arrêter au sixième, y avait aucune raison de continuer. À partir de ce moment-là, Larry a commencé à ralentir, il voulait pas blesser Ali et il a commencé à reculer parce qu'Ali voulait pas renoncer.

RICHIE GIACHETTI

Qu'est-ce que je peux bien foutre de ce type ?

LARRY HOLMES

Le mieux pour lui et pour toi... c'est de le foutre en l'air !

RICHIE GIACHETTI

Au neuvième, Holmes a sonné Ali avec un uppercut qui l'a envoyé dinguer dans les cordes. Le challenger s'est retourné en se protégeant le visage avec ses gants et le champion a suivi avec une droite dans les reins. Ali a gémi.

DAVE KINDRED

Je me suis rendu compte qu'il était là pour être battu, qu'il abandonnerait jamais. Comment faire pour le battre sans lui faire de mal ? J'ai pensé que l'arbitre m'aiderait en arrêtant le combat, mais il l'a pas arrêté.

LARRY HOLMES

Quand Holmes s'est déchaîné et qu'il a réussi cet horrible crochet dans les reins d'Ali, quand Ali n'est pas tombé et qu'il est resté là, suspendu aux cordes, ses mains devant son visage... je me suis senti mal... très mal, et j'ai commencé à hurler : « Arrêtez ! Arrêtez le combat ! »

JERRY IZENBERG

C'était comme regarder l'accident de voiture de quelqu'un qu'on aime.

DAVE KINDRED

Ça suffit !

ANGELO DUNDEE

Encore un round... rien qu'un !

BUNDINI BROWN

Va te faire foutre ! Pas question !

ANGELO DUNDEE

J'étais assis tout près de Herbert Muhammad. Herbert ne disait pas un mot, il avait la tête entre les mains et il avait l'air d'avoir envie de vomir, il n'a pas dû regarder la moitié du combat. C'était horrible, le pire événement sportif que j'aie jamais couvert. Ali avait ce gros cœur, cette fierté, ce courage invraisemblable et, round après round, Holmes réduisait son cerveau en bouillie et, round après round, Ali repartait au combat. À un moment donné, vers la fin du combat, Herbert a relevé la tête et dit quelque chose à quelqu'un et Angelo a arrêté le combat. Il ne l'aurait pas arrêté, Ali aurait continué.

DAVE KINDRED

Difficile de croire que ce vieil homme fatigué assis de traviole sur son tabouret avait été le technicien arrogant qui avait dominé la boxe mondiale ces vingt dernières années. Celui qui avait été un superbe athlète ressemblait à un vieillard qui attend, les yeux vides, qu'on le ramène à la maison de retraite jouer aux cartes avec ses potes.

DONALD SAUNDERS

Je suis malade et fatiguée d'être malade et fatiguée.

FANNIE LOU HAMER

Le Père Noël n'existait donc pas. Nous avions été jeunes et nous étions vieux.

BERT RANDOLPH SUGAR

Quand ça a été fini, j'étais triste mais, surtout, soulagé qu'Ali en ressorte vivant.

JERRY IZENBERG

Ali a eu de la chance d'en ressortir vivant.

FERDIE PACHECO

Cette nuit affreuse, la boxe est redevenue ce que le génie de Muhammad Ali avait fait oublier pendant vingt ans, un spectacle brutal et sordide. Ce que, en réalité, elle avait toujours été.

Felix Dennis & Don Atyeo

Ali avait été les années 60 à lui tout seul. Il était le Black Power à lui tout seul, l'opposition à la guerre du Vietnam à lui tout seul. Il avait plus de style que Dylan et il était plus marrant que les Beatles. La gloire avait tué Joplin, Hendrix et Jim Morrison et lui, il faisait du skate-board avec. Il avait été le progrès, le changement, la libération et maintenant il n'était plus rien. Il avait battu Liston grâce à sa vitesse, Cleveland Williams grâce à sa puissance, Foreman grâce à son imagination, Frazier grâce à son courage et Spinks grâce à ses souvenirs, et maintenant il se faisait massacrer sur un parking de casino pour que d'autres types se fassent du fric sur son dos. Il était la défaite de toute une génération. La jeunesse et l'idéalisme étaient bien morts.

Jack Newfield

Je déteste Don King pour avoir organisé ce combat et Herbert Muhammad pour l'avoir laissé faire. Pas besoin d'être un prix Nobel pour se rendre compte qu'Ali risquait de sérieuses atteintes cérébrales. Il ne parlait pas comme d'habitude, il ne se déplaçait pas comme d'habitude. Si Herbert avait eu un peu d'affection pour Ali, il l'aurait dissuadé de monter sur le ring, au lieu de ça, tout ce qu'il a fait, c'est l'envoyer se faire réduire le cerveau en bouillie. Quant à ce fils de pute de Don King, ce n'est qu'une ordure avec une pierre à la place du cœur. Tout ce qu'ils ont fait, c'est sacrifier Ali, ce combat n'était qu'un sacrifice humain pour l'argent et le pouvoir.

John Schulian

Ne parlons pas du cerveau. Le cerveau s'en va avant le corps. C'est comme ça que les choses se passent.

Don DeLillo

Je ne sais pas ce qui s'est passé en coulisses, tout ce que je sais, c'est que ce combat était primordial pour Don King, pour une fois, il avait engagé son argent pour l'organiser. Si Ali/Holmes avait été annulé ou n'avait pas été un succès, il était mal. King était le promoteur de Holmes, il le tenait dans le creux de sa main et, évidemment, il avait intérêt à ce qu'il gagne. Il lui jouait du pipeau à propos de la solidarité noire et en profitait pour le payer moins que n'importe qui, il a été payé cinq millions de dollars de moins qu'Ali. J'éprouve une certaine pitié pour Larry, mais j'ai encore plus pitié d'Ali. Pendant le combat, je pleurais, je regardais Ali sur son tabouret et les larmes coulaient sur mes joues.

Mike Katz

Le pire était à venir, Don King devait à Muhammad plus d'un million de dollars sur les huit qu'il devait toucher. Fin juillet 1982, King a demandé à Jeremiah Shabazz de passer à son bureau 69ᵉ East Street à Manhattan. Il lui a confié une mallette contenant cinquante mille dollars en liquide, un document à faire signer par Ali, un billet aller-retour en première classe pour Los Angeles et la promesse de toucher cinquante mille dollars si Ali signait le document. King savait que n'importe quel boxeur est plus impressionné par cinquante mille dollars en cash que par un chèque d'un million de dollars.

JACK NEWFIELD

Warhol avait toujours peur de manquer d'argent ou d'être à découvert. Il n'avait pas de carte de crédit et préférait se trimballer avec des liasses de billets de cent dans une enveloppe brune.

RUPERT SMITH

Je me souviens lui avoir fait un chèque de quarante mille dollars, il est allé à la banque demander un billet de quarante mille dollars ! Il est reparti avec quarante mille billets de un dollar dans un sac au nom de la banque.

WILLIAM FAVERSHAM

Arrivé à Los Angeles, Shabazz a engagé les services d'un officier ministériel pour cent dollars. L'officier ministériel a lu le document à Ali qui était en traitement à l'UCLA Medical Center et lui a demandé s'il comprenait ce qu'il signait. Ali a marmonné « oui » et il a signé. Le document stipulait que Don King et Don King Productions Inc. avaient rempli toutes les obligations du contrat les liant et ne devaient plus rien à Muhammad Ali. Il stipulait également que Don King et Don King Productions Inc. avaient le droit de promouvoir tout futur combat d'Ali. Ali avait pris la raclée de sa vie pour huit millions de dollars et maintenant il venait d'échanger plus d'un million de dollars contre cinquante mille dollars en liquide.

JACK NEWFIELD

Je regrette d'avoir fait ça. King m'a manipulé.

Jeremiah Shabazz

A-a-ali n'au-aurait ja-ja-jamais dû signer... ils n'auraient ja-ja-jamais dû le lai-laisser con-con-combattre a-a-alors qu'il était ma-ma-malade. J'sais pa-pas si y a eu une con-combine, mai-mai-mais y a des ru-rumeurs. Même quand Ali pesait deu-deux cent cinquante livres, il pou-pouvait envoyer un coup, contre Holmes tou-tou-tout ce qui pou-pouvait faire, c'est le-lever les bras. Il était foutu! Y en a qui-qui parlent de pa-pa-paris... y en a qui-qui disent que Holmes a fait un pa-paquet de pognon avec des gens qui travaillaient pour Ali... j'a-accuse personne... je-je peux rien prouver... peut-être qu'un jour on-on aura les ré-réponses.

Howard Bingham

À Los Angeles, Ali a dû encaisser le coup de grâce. Cela faisait des années que la presse sportive se faisait l'écho des malversations financières dont il était victime, ce dont il semblait se moquer, mais en 1981 un autre scandale a éclaté. Une fois encore, Ali avait été trompé, mais, pour une fois, il n'était pas la seule victime, son nom avait été utilisé pour tromper le public et la somme en jeu, 21 305 000 dollars, était trop importante pour que l'on n'y prête pas une attention particulière. L'auteur de l'escroquerie, Ross Field, qui se faisait appeler Harold Smith, avait monté deux organisations censées faire la promotion de la boxe amateur et professionnelle sous l'égide de Muhammad Ali. Sous couvert de cette activité, grâce à une ingénieuse manipulation informatique, avec la complicité d'un employé de la banque, Harold Smith soustraira plus de vingt et un millions de dollars à la Wells Fargo Bank of California. Il sera condamné pour cela à cinq ans de prison.

Thomas Hauser

Muhammad Ali n'avait aucunement connaissance des agissements de Harold Smith. Quoique le délit n'aurait pu être commis si son nom n'avait pas été mis en avant, Muhammad Ali ne peut en aucun cas être considéré comme le complice de Harold Smith.

Dean Allison

Quand le scandale a éclaté, Ali a tenu une conférence de presse à son domicile pour nier toute implication, il n'empêche que son nom avait été terni. Lorsque l'affaire a commencé à s'étaler un peu partout dans la presse, Ali, si incroyable que cela paraisse, avait rendu publique son intention de disputer un dernier combat, contre Trevor Berbick. L'organisateur était James Cornelius, l'une des cibles privilégiées du FBI, arrêté neuf fois, condamné pour vol. Après avoir essayé sans succès d'organiser la rencontre aux États-Unis, James Cornelius finit par trouver asile aux Bahamas.

Thomas Hauser

Je me fais du souci pour lui. Toute sa famille se fait du souci pour lui. J'ai peur qu'il soit blessé. Il a presque quarante ans, c'est trop vieux pour se battre.

Odessa Clay

Je voulais qu'il perde. S'il gagnait, il aurait continué et je voulais qu'il arrête.

Maryum Ali

Il est tout à fait normal maintenant. Je suis sûre qu'il a perdu trop de poids trop vite et qu'en plus il a pris plus de cachets qu'il aurait dû.

Veronica Ali

En avril 1981, Berbick avait été battu aux points par Larry Holmes. Pour avoir le droit de disputer ce championnat du monde, il avait été obligé de concéder à Don King une option sur la promotion de ses trois combats suivants. Après que James Cornelius eut refusé de lui accorder le moindre pourcentage sur le combat Ali/Berbick, Don King s'est envolé pour Freeport, la ville où s'entraînait Berbick. Le lendemain du jour où il avait exigé son dû, on a frappé à la porte de sa chambre d'hôtel. Huit heures après, King était étendu dans une chambre d'hôpital en Floride. Il lui manquait quelques dents et son nez était cassé.

Thomas Hauser

Cornelius avait deux gardes du corps, tout comme lui membres de la Nation de l'Islam. C'était des karatékas de haut niveau un peu frustrés de perpétuellement casser des planches et des briques au lieu d'exercer leurs talents sur un adversaire en chair et en os. Ils se sont fait un plaisir de les exercer sur Don. Avec beaucoup de talent. Plus tard, Don m'a accusé d'avoir organisé cette petite sauterie, j'en suis pas responsable, mais j'ai été très heureux qu'elle ait lieu. Don est une des pires ordures que je connaisse.

C'est un mégalomane, un tyran, un sac de merde. Il a exploité Ali, il a exploité Larry Holmes, il a autant de considération pour les boxeurs qu'un serpent en a pour les grenouilles. Il les charme en crachouillant un mélange d'américanisme et de nationalisme noir avant de les avaler tout crus. Une fois qu'il les a utilisés, il ne laisse que leurs os, il les disperse aux quatre vents comme des cendres. Alors... la trempe qu'il a pris aux Bahamas, il l'a méritée cent fois !

JEREMIAH SHABAZZ

Quand Don King a rapporté ses mésaventures du Bahama Princess aux agents du FBI, ils ont éclaté de rire.

JACK CASHILL

À l'entraînement, Ali semblait pire que jamais, pendant son footing, il marchait au lieu de courir. La fin était proche.

THOMAS HAUSER

Les billets ne se vendaient pas, on pouvait les trouver à moitié prix aux caisses des supermarchés de Nassau. Le soir du combat, ils étaient à dix dollars.

FELIX DENNIS & DON ATYEO

> 11 décembre 1981
> Trevor Berbick
> QEII Sports Centre
> Nassau, Bahamas
> Défaite aux points, 10 rounds

Le combat contre Holmes avait été une tragédie, celui contre Berbick sera une farce.

         Felix Dennis & Don Atyeo

Les promoteurs avaient perdu la clé du portail du stade de baseball en construction où avait lieu le combat. Il n'y avait que deux paires de gants pour tous les boxeurs qui, pendant la minute de repos, devaient s'asseoir sur des tabourets de cuisine, il n'y avait pas de gong, quelqu'un a trouvé une cloche à vache dans un camion pour en tenir lieu. Ça faisait mal au cœur, Ali était la classe incarnée, et ça finissait comme ça.

              Ed Schuyler

Le combat a commencé avec deux heures de retard, Berbick refusait de monter sur le ring s'il n'était pas payé d'avance.

         Felix Dennis & Don Atyeo

Ali était complètement lessivé. Berbick n'était pas un foudre de guerre, mais le peu qu'il avait était suffisant pour toucher Ali comme il le voulait, quand il le voulait. Les trois juges l'ont donné gagnant. La carrière d'Ali était terminée.

             Thomas Hauser

Ça a été une sale période pour Ali. Malgré sa belle maison et sa jolie femme, il semblait seul. Son entourage s'était dispersé, il savait qu'il ne monterait plus jamais sur un ring.

               Alex Haley

Il avait cette belle maison à Los Angeles remplie d'œuvres d'art et de tapis d'Orient, mais elle ne lui ressemblait pas. Il était ailleurs. Quand on lui téléphonait, il oubliait le nom de son interlocuteur au milieu de la conversation. Quelque chose n'allait pas et c'était très triste.

ALEX WALLAU

Il n'était même plus l'ombre de ce qu'il avait été. Un roi sans son royaume.

GEORGE PLIMPTON

En septembre 1984, il est entré au Columbia Presbyterian Medical Center de New York pour une série d'examens.

THOMAS HAUSER

Muhammad Ali n'est pas atteint de la maladie de Parkinson. Muhammad Ali montre quelques signes du syndrome de Parkinson. Muhammad Ali répond favorablement au traitement, ses symptômes peuvent régresser ou se stabiliser et il peut mener une vie normale. Muhammad Ali ne souffre pas de *dementia pugilistica*. Son pronostic vital n'est pas menacé et son espérance de vie n'est pas diminuée. Muhammad Ali n'est pas contagieux, il est capable de continuer ses activités.

STANLEY FAHN

Il était difficile à comprendre, même quand il était jeune et en pleine forme. En public, il parlait fort, il hurlait, mais quand il était seul, il parlait si doucement qu'il fallait que je me penche pour comprendre ce qu'il disait. Alors, pendant un bon moment, je me suis dit, il a fini de jouer son rôle, c'est tout. Après, évidemment, ça s'est aggravé.

PATTI DREIFUSS

La plupart du temps, il était tout à fait conscient de ce qui se passait, tout semblait clair dans sa tête et puis ça s'est évanoui... disparu. Ça allait et ça venait, comme une station de radio, et je ne savais pas s'il faisait exprès ou pas.

GARY SMITH

Il y a des gens qui lui proposent des produits-miracles et, bien sûr, aucun ne marche, il y a des gens qui disent qu'il est en pleine forme, moi, je comprends rien à ce qu'il dit quand il me parle au téléphone. Ali aurait dû arrêter quand il fallait arrêter, et il ne l'a pas fait, vous pouvez voir le résultat.

FERDIE PACHECO

Il ne vole plus comme un papillon, il tremble comme une feuille.

TED BODENRADER

Je savais que quand mon père arrêterait la boxe, que les projecteurs seraient éteints et que l'argent aurait disparu, Veronica le quitterait.

MARYUM ALI

Elle est partie avec ses deux filles, Hana et Leila, laissant Ali le cœur brisé.

JACK CASHILL

Le divorce d'Ali et de Veronica sera prononcé l'été 1986. Deux ans après, une femme de ménage trouvera Bundini inanimé dans une chambre d'hôtel. Crise cardiaque. Deux ans plus tard, Lana Shabazz le suivra dans la tombe. Cancer. Deux maillons de la chaîne : celui qui volait tout et celle qui n'avait jamais rien demandé. Le reste est venu après : Angelo Dundee ? Mort. Herbert Muhammad ? Mort. Wali Muhammad ? Mort. Pat Patterson ? Mort. Luis Sarria ? Mort. Jeremiah Shabazz ? Mort. Lloyd Wells ? Mort, et morts ceux qui ont raconté l'histoire : Howard Cosell, Norman Mailer, Jim Murray, Jack Newfield, George Plimpton, Budd Schulberg, Flip Schulke, José Torres, Bert Randolph Sugar.

LLOYD HEFNER

Il est venu, il a vu et il n'a pas entièrement vaincu, mais il s'est approché plus près de la victoire qu'aucun des membres de cette maudite génération que j'ai eu l'occasion de côtoyer.

HUNTER S. THOMPSON

Tous les poids lourds ont végété sous son ombre. Certains d'entre eux ont été bons, d'autres excellents, mais ils n'ont jamais pu réussir à rivaliser avec lui. Patterson m'a confié un jour : « Je me suis rendu compte que j'étais qu'un boxeur et qu'il était l'histoire. » Ali a été le sommet de la boxe et aussi sa fin. Les plus fameux gymnases du pays ont fermé les uns après les autres : le Fifth Street Gym, le Gramercy, le Stillman's, le Times Square Gym. De temps en temps, le Madison Square Garden organise encore quelques combats, mais la boxe est devenue une attraction anachronique pour les villes de jeu.

DAVID REMNICK

Quand ils ont quitté Deer Lake pour toujours, ils se sont cotisés pour acheter une plaque où leurs noms seraient gravés. Ils ont chargé Bundini de s'en occuper. Aujourd'hui, le camp est un centre d'accueil pour mères célibataires; les enfants courent à quatre pattes devant le gymnase. Il y a une grande stèle de granit gris, entourée de fleurs, sur laquelle seize noms sont gravés. Bundini Brown avait acheté une pierre tombale.

GARY SMITH

Et tous ceux qu'il a rencontrés, et tous ceux qu'il a battus, et tous ceux qui sont partis avant lui... dont les noms se sont effacés comme les noms peints par son père se sont effacés sur les rochers de Deer Lake : Tunney Hunsaker, 2005, mort; Herb Siler, 2001, mort; Tony Esperti, 2002, mort; Donnie Fleeman, 2012, mort; Lamar Clarck, 2006, mort; Duke Sabedong, 2008, mort; Willi Besmanoff, 2010, mort; Sonny Banks, 1965, mort (à vingt-cinq ans); Alejandro Lavorante (à vingt-sept ans), 1964, mort; Archie Moore, 1998, mort (à plus de quatre-vingts ans); Sir Henry Cooper, 2011, mort; Sonny Liston (qui était mort le jour où il était né), 1970, mort; Floyd Patterson, 2006, mort; Cleveland Williams, 1999, mort; Zora Folley, 1972, mort (à quarante et un ans); Jerry Quarry, 1999, mort; Oscar Bonavena, 1976, mort d'une balle dans le cœur à trente-trois ans; Joe Frazier (qui voulait le tuer jusque sur son lit de mort), 2011, mort; Buster Mathis, 1995, mort; Mac

Foster, 2010, mort ; Ken Norton, qui l'a battu trois fois, 2013, mort ; Ron Lyle, 2011, mort ; Jimmy Young, 2005, mort. Et le dernier qui s'est retrouvé sur un ring avec lui et qui a gagné... Trevor Berbick (tué à coups de barre de fer par son neveu), 2006, mort.

Lloyd Hefner

Je suis contente que Malcolm ne soit pas là pour voir ce qui est arrivé à Ali.

Betty Shabazz

Demain,
Quand il y aura de la visite
Je serai là, assis avec les autres.

Langston Hughes

Ça me rend triste. Personne ne l'écoute. On ne comprend pas ce qu'il dit. On dirait qu'il ne comprend plus rien.

Wanda Bolton

Il n'est plus rien, juste un objet. Lonnie et les autres agissent à sa place. On le commande. C'est facile. Combien de temps reste-t-il avant qu'il ne reconnaisse plus personne ?

Khaliah Ali

Tu es fatigué, mon chéri ? Tu as sommeil ? Dors...

Odessa Clay

Épilogue

Take the ribbon from my hair
Shake it lose and let it fall
Lay'in soft upon your skin
Like the shadows on the wall
Come and lay down by my side
Till the early morning light
All I'm taking is your time
Help me make it through the night
I don't care who's right or wrong
I don't try to understand
Let the devil take tomorrow
Lord tonight I need a friend
Yesterday is dead and gone
And tomorrow's out of sight
It's so sad to be alone
Help me make it through the night
I don't care who's right or wrong
I don't try to understand
Let the devil take tomorrow
Lord tonight I need a friend
Yesterday is dead and gone
And tomorrow's out of sight
It's so sad to be alone
Help me make it through the night

Paris – Louisville – Paris
18 juin 2003 – 18 octobre 2012

DU MÊME AUTEUR

LÈVE TON GAUCHE !, *Ramsay*, collection « Mots », 1984.

TIENS-TOI DROIT, *Seghers*, collection « Mots », 1991.

EXPOS 92, *ESBAM*, 1992.

LÈVE TON GAUCHE ! (réédition) SUIVI DE P.S., *Gallimard*, « La Noire », 1996.

L'INTRODUCTION DE L'ESTHÉTIQUE, *L'Harmattan*, collection « Esthétiques », 1996.

MAL DE PÈRE, *Flammarion*, 1996.

MIKE TYSON, UN CAUCHEMAR AMÉRICAIN, *Grasset*, 1999.

LE DÉSIR DE GUERRE, *Le cherche-midi éditeur*, 1999.

ASSEZ !, *Sens & Tonka*, 2000.

FILS DE SULTAN, *Mille et une nuits*, 2002.

RING, *Grasset*, 2004.

CONTES DE LA LITTÉRATURE ORDINAIRE, *Mille et une nuits*, 2004.

COPIÉ/COLLÉ, *Mamco*, 2005.

ET MON FILS AVEC MOI N'APPRENDRA QU'À PLEURER, *Grasset*, 2005 ; *Livre de Poche*, 2010.

HYPERMAN, *Bourin Éditeur*, 2006.

L'HIVER INDIEN, *Grasset*, 2007 ; *Livre de Poche*, 2009.

ÉLOGE DU MAUVAIS GOÛT, *Le Rocher*, 2011.

ALIAS ALI, *Fayard*, 2013 ; *Folio* n° 5791, 2013.

LA CLASSE ET LES VERTUS, *Fayard*, 2014.

Site de l'auteur :
http://red-dog.pagesperso-orange.fr/

COLLECTION FOLIO

Dernières parutions

5456.	Italo Calvino	*Le sentier des nids d'araignées*
5457.	Italo Calvino	*Le vicomte pourfendu*
5458.	Italo Calvino	*Le baron perché*
5459.	Italo Calvino	*Le chevalier inexistant*
5460.	Italo Calvino	*Les villes invisibles*
5461.	Italo Calvino	*Sous le soleil jaguar*
5462.	Lewis Carroll	*Misch-Masch et autres textes de jeunesse*
5463.	Collectif	*Un voyage érotique. Invitation à l'amour dans la littérature du monde entier*
5464.	François de La Rochefoucauld	*Maximes* suivi de *Portrait de de La Rochefoucauld par lui-même*
5465.	William Faulkner	*Coucher de soleil et autres Croquis de La Nouvelle-Orléans*
5466.	Jack Kerouac	*Sur les origines d'une génération* suivi de *Le dernier mot*
5467.	Liu Xinwu	*La Cendrillon du canal* suivi de *Poisson à face humaine*
5468.	Patrick Pécherot	*Petit éloge des coins de rue*
5469.	George Sand	*Le château de Pictordu*
5470.	Montaigne	*Sur l'oisiveté et autres Essais en français moderne*
5471.	Martin Winckler	*Petit éloge des séries télé*
5472.	Rétif de La Bretonne	*La Dernière aventure d'un homme de quarante-cinq ans*
5473.	Pierre Assouline	*Vies de Job*
5474.	Antoine Audouard	*Le rendez-vous de Saigon*
5475.	Tonino Benacquista	*Homo erectus*
5476.	René Fregni	*La fiancée des corbeaux*

5477.	Shilpi Somaya Gowda	*La fille secrète*
5478.	Roger Grenier	*Le palais des livres*
5479.	Angela Huth	*Souviens-toi de Hallows Farm*
5480.	Ian McEwan	*Solaire*
5481.	Orhan Pamuk	*Le musée de l'Innocence*
5482.	Georges Perec	*Les mots croisés*
5483.	Patrick Pécherot	*L'homme à la carabine. Esquisse*
5484.	Fernando Pessoa	*L'affaire Vargas*
5485.	Philippe Sollers	*Trésor d'Amour*
5487.	Charles Dickens	*Contes de Noël*
5488.	Christian Bobin	*Un assassin blanc comme neige*
5490.	Philippe Djian	*Vengeances*
5491.	Erri De Luca	*En haut à gauche*
5492.	Nicolas Fargues	*Tu verras*
5493.	Romain Gary	*Gros-Câlin*
5494.	Jens Christian Grøndahl	*Quatre jours en mars*
5495.	Jack Kerouac	*Vanité de Duluoz. Une éducation aventureuse 1939-1946*
5496.	Atiq Rahimi	*Maudit soit Dostoïevski*
5497.	Jean Rouaud	*Comment gagner sa vie honnêtement. La vie poétique, I*
5498.	Michel Schneider	*Bleu passé*
5499.	Michel Schneider	*Comme une ombre*
5500.	Jorge Semprun	*L'évanouissement*
5501.	Virginia Woolf	*La Chambre de Jacob*
5502.	Tardi-Pennac	*La débauche*
5503.	Kris et Étienne Davodeau	*Un homme est mort*
5504.	Pierre Dragon et Frederik Peeters	*R G Intégrale*
5505.	Erri De Luca	*Le poids du papillon*
5506.	René Belleto	*Hors la loi*
5507.	Roberto Calasso	*K.*
5508.	Yannik Haenel	*Le sens du calme*
5509.	Wang Meng	*Contes et libelles*
5510.	Julian Barnes	*Pulsations*
5511.	François Bizot	*Le silence du bourreau*

5512.	John Cheever	*L'homme de ses rêves*
5513.	David Foenkinos	*Les souvenirs*
5514.	Philippe Forest	*Toute la nuit*
5515.	Éric Fottorino	*Le dos crawlé*
5516.	Hubert Haddad	*Opium Poppy*
5517.	Maurice Leblanc	*L'Aiguille creuse*
5518.	Mathieu Lindon	*Ce qu'aimer veut dire*
5519.	Mathieu Lindon	*En enfance*
5520.	Akira Mizubayashi	*Une langue venue d'ailleurs*
5521.	Jón Kalman Stefánsson	*La tristesse des anges*
5522.	Homère	*Iliade*
5523.	E.M. Cioran	*Pensées étranglées* précédé du *Mauvais démiurge*
5524.	Dôgen	*Corps et esprit. La Voie du zen*
5525.	Maître Eckhart	*L'amour est fort comme la mort et autres textes*
5526.	Jacques Ellul	*« Je suis sincère avec moi-même » et autres lieux communs*
5527.	Liu An	*Du monde des hommes. De l'art de vivre parmi ses semblables.*
5528.	Sénèque	*De la providence* suivi de *Lettres à Lucilius (lettres 71 à 74)*
5529.	Saâdi	*Le Jardin des Fruits. Histoires édifiantes et spirituelles*
5530.	Tchouang-tseu	*Joie suprême* et autres textes
5531.	Jacques de Voragine	*La Légende dorée. Vie et mort de saintes illustres*
5532.	Grimm	*Hänsel et Gretel* et autres contes
5533.	Gabriela Adameşteanu	*Une matinée perdue*
5534.	Eleanor Catton	*La répétition*
5535.	Laurence Cossé	*Les amandes amères*
5536.	Mircea Eliade	*À l'ombre d'une fleur de lys...*
5537.	Gérard Guégan	*Fontenoy ne reviendra plus*
5538.	Alexis Jenni	*L'art français de la guerre*
5539.	Michèle Lesbre	*Un lac immense et blanc*
5540.	Manset	*Visage d'un dieu inca*

5541.	Catherine Millot	O Solitude
5542.	Amos Oz	*La troisième sphère*
5543.	Jean Rolin	*Le ravissement de Britney Spears*
5544.	Philip Roth	*Le rabaissement*
5545.	Honoré de Balzac	*Illusions perdues*
5546.	Guillaume Apollinaire	*Alcools*
5547.	Tahar Ben Jelloun	*Jean Genet, menteur sublime*
5548.	Roberto Bolaño	*Le Troisième Reich*
5549.	Michaël Ferrier	*Fukushima. Récit d'un désastre*
5550.	Gilles Leroy	*Dormir avec ceux qu'on aime*
5551.	Annabel Lyon	*Le juste milieu*
5552.	Carole Martinez	*Du domaine des Murmures*
5553.	Éric Reinhardt	*Existence*
5554.	Éric Reinhardt	*Le système Victoria*
5555.	Boualem Sansal	*Rue Darwin*
5556.	Anne Serre	*Les débutants*
5557.	Romain Gary	*Les têtes de Stéphanie*
5558.	Tallemant des Réaux	*Historiettes*
5559.	Alan Bennett	*So shocking !*
5560.	Emmanuel Carrère	*Limonov*
5561.	Sophie Chauveau	*Fragonard, l'invention du bonheur*
5562.	Collectif	*Lecteurs, à vous de jouer !*
5563.	Marie Darrieussecq	*Clèves*
5564.	Michel Déon	*Les poneys sauvages*
5565.	Laura Esquivel	*Vif comme le désir*
5566.	Alain Finkielkraut	*Et si l'amour durait*
5567.	Jack Kerouac	*Tristessa*
5568.	Jack Kerouac	*Maggie Cassidy*
5569.	Joseph Kessel	*Les mains du miracle*
5570.	Laure Murat	*L'homme qui se prenait pour Napoléon*
5571.	Laure Murat	*La maison du docteur Blanche*
5572.	Daniel Rondeau	*Malta Hanina*
5573.	Brina Svit	*Une nuit à Reykjavík*
5574.	Richard Wagner	*Ma vie*
5575.	Marlena de Blasi	*Mille jours en Toscane*

5577.	Benoît Duteurtre	*L'été 76*
5578.	Marie Ferranti	*Une haine de Corse*
5579.	Claude Lanzmann	*Un vivant qui passe*
5580.	Paul Léautaud	*Journal littéraire. Choix de pages*
5581.	Paolo Rumiz	*L'ombre d'Hannibal*
5582.	Colin Thubron	*Destination Kailash*
5583.	J. Maarten Troost	*La vie sexuelle des cannibales*
5584.	Marguerite Yourcenar	*Le tour de la prison*
5585.	Sempé-Goscinny	*Les bagarres du Petit Nicolas*
5586.	Sylvain Tesson	*Dans les forêts de Sibérie*
5587.	Mario Vargas Llosa	*Le rêve du Celte*
5588.	Martin Amis	*La veuve enceinte*
5589.	Saint Augustin	*L'Aventure de l'esprit*
5590.	Anonyme	*Le brahmane et le pot de farine*
5591.	Simone Weil	*Pensées sans ordre concernant l'amour de Dieu*
5592.	Xun zi	*Traité sur le Ciel*
5593.	Philippe Bordas	*Forcenés*
5594.	Dermot Bolger	*Une seconde vie*
5595.	Chochana Boukhobza	*Fureur*
5596.	Chico Buarque	*Quand je sortirai d'ici*
5597.	Patrick Chamoiseau	*Le papillon et la lumière*
5598.	Régis Debray	*Éloge des frontières*
5599.	Alexandre Duval-Stalla	*Claude Monet - Georges Clemenceau : une histoire, deux caractères*
5600.	Nicolas Fargues	*La ligne de courtoisie*
5601.	Paul Fournel	*La liseuse*
5602.	Vénus Khoury-Ghata	*Le facteur des Abruzzes*
5603.	Tuomas Kyrö	*Les tribulations d'un lapin en Laponie*
5605.	Philippe Sollers	*L'Éclaircie*
5606.	Collectif	*Un oui pour la vie ?*
5607.	Éric Fottorino	*Petit éloge du Tour de France*
5608.	E.T.A. Hoffmann	*Ignace Denner*
5609.	Frédéric Martinez	*Petit éloge des vacances*

5610. Sylvia Plath	*Dimanche chez les Minton et autres nouvelles*
5611. Lucien	*« Sur des aventures que je n'ai pas eues ». Histoire véritable*
5612. Julian Barnes	*Une histoire du monde en dix chapitres ½*
5613. Raphaël Confiant	*Le gouverneur des dés*
5614. Gisèle Pineau	*Cent vies et des poussières*
5615. Nerval	*Sylvie*
5616. Salim Bachi	*Le chien d'Ulysse*
5617. Albert Camus	*Carnets I*
5618. Albert Camus	*Carnets II*
5619. Albert Camus	*Carnets III*
5620. Albert Camus	*Journaux de voyage*
5621. Paula Fox	*L'hiver le plus froid*
5622. Jérôme Garcin	*Galops*
5623. François Garde	*Ce qu'il advint du sauvage blanc*
5624. Franz-Olivier Giesbert	*Dieu, ma mère et moi*
5625. Emmanuelle Guattari	*La petite Borde*
5626. Nathalie Léger	*Supplément à la vie de Barbara Loden*
5627. Herta Müller	*Animal du cœur*
5628. J.-B. Pontalis	*Avant*
5629. Bernhard Schlink	*Mensonges d'été*
5630. William Styron	*À tombeau ouvert*
5631. Boccace	*Le Décaméron. Première journée*
5632. Isaac Babel	*Une soirée chez l'impératrice*
5633. Saul Bellow	*Un futur père*
5634. Belinda Cannone	*Petit éloge du désir*
5635. Collectif	*Faites vos jeux !*
5636. Collectif	*Jouons encore avec les mots*
5637. Denis Diderot	*Sur les femmes*
5638. Elsa Marpeau	*Petit éloge des brunes*
5639. Edgar Allan Poe	*Le sphinx*
5640. Virginia Woolf	*Le quatuor à cordes*
5641. James Joyce	*Ulysse*
5642. Stefan Zweig	*Nouvelle du jeu d'échecs*

5643.	Stefan Zweig	*Amok*
5644.	Patrick Chamoiseau	*L'empreinte à Crusoé*
5645.	Jonathan Coe	*Désaccords imparfaits*
5646.	Didier Daeninckx	*Le Banquet des Affamés*
5647.	Marc Dugain	*Avenue des Géants*
5649.	Sempé-Goscinny	*Le Petit Nicolas, c'est Noël !*
5650.	Joseph Kessel	*Avec les Alcooliques Anonymes*
5651.	Nathalie Kuperman	*Les raisons de mon crime*
5652.	Cesare Pavese	*Le métier de vivre*
5653.	Jean Rouaud	*Une façon de chanter*
5654.	Salman Rushdie	*Joseph Anton*
5655.	Lee Seug-U	*Ici comme ailleurs*
5656.	Tahar Ben Jelloun	*Lettre à Matisse*
5657.	Violette Leduc	*Thérèse et Isabelle*
5658.	Stefan Zweig	*Angoisses*
5659.	Raphaël Confiant	*Rue des Syriens*
5660.	Henri Barbusse	*Le feu*
5661.	Stefan Zweig	*Vingt-quatre heures de la vie d'une femme*
5662.	M. Abouet/C. Oubrerie	*Aya de Yopougon, 1*
5663.	M. Abouet/C. Oubrerie	*Aya de Yopougon, 2*
5664.	Baru	*Fais péter les basses, Bruno !*
5665.	William S. Burroughs/ Jack Kerouac	*Et les hippopotames ont bouilli vifs dans leurs piscines*
5666.	Italo Calvino	*Cosmicomics, récits anciens et nouveaux*
5667.	Italo Calvino	*Le château des destins croisés*
5668.	Italo Calvino	*La journée d'un scrutateur*
5669.	Italo Calvino	*La spéculation immobilière*
5670.	Arthur Dreyfus	*Belle Famille*
5671.	Erri De Luca	*Et il dit*
5672.	Robert M. Edsel	*Monuments Men*
5673.	Dave Eggers	*Zeitoun*
5674.	Jean Giono	*Écrits pacifistes*
5675.	Philippe Le Guillou	*Le pont des anges*
5676.	Francesca Melandri	*Eva dort*

5677.	Jean-Noël Pancrazi	*La montagne*
5678.	Pascal Quignard	*Les solidarités mystérieuses*
5679.	Leïb Rochman	*À pas aveugles de par le monde*
5680.	Anne Wiazemsky	*Une année studieuse*
5681.	Théophile Gautier	*L'Orient*
5682.	Théophile Gautier	*Fortunio. Partie carrée. Spirite*
5683.	Blaise Cendrars	*Histoires vraies*
5684.	David McNeil	*28 boulevard des Capucines*
5685.	Michel Tournier	*Je m'avance masqué*
5686.	Mohammed Aïssaoui	*L'étoile jaune et le croissant*
5687.	Sebastian Barry	*Du côté de Canaan*
5688.	Tahar Ben Jelloun	*Le bonheur conjugal*
5689.	Didier Daeninckx	*L'espoir en contrebande*
5690.	Benoît Duteurtre	*À nous deux, Paris !*
5691.	F. Scott Fitzgerald	*Contes de l'âge du jazz*
5692.	Olivier Frébourg	*Gaston et Gustave*
5693.	Tristan Garcia	*Les cordelettes de Browser*
5695.	Bruno Le Maire	*Jours de pouvoir*
5696.	Jean-Christophe Rufin	*Le grand Cœur*
5697.	Philippe Sollers	*Fugues*
5698.	Joy Sorman	*Comme une bête*
5699.	Avraham B. Yehoshua	*Rétrospective*
5700.	Émile Zola	*Contes à Ninon*
5701.	Vassilis Alexakis	*L'enfant grec*
5702.	Aurélien Bellanger	*La théorie de l'information*
5703.	Antoine Compagnon	*La classe de rhéto*
5704.	Philippe Djian	*"Oh..."*
5705.	Marguerite Duras	*Outside* suivi de *Le monde extérieur*
5706.	Joël Egloff	*Libellules*
5707.	Leslie Kaplan	*Millefeuille*
5708.	Scholastique Mukasonga	*Notre-Dame du Nil*
5709.	Scholastique Mukasonga	*Inyenzi ou les Cafards*
5710.	Erich Maria Remarque	*Après*
5711.	Erich Maria Remarque	*Les camarades*
5712.	Jorge Semprun	*Exercices de survie*
5713.	Jón Kalman Stefánsson	*Le cœur de l'homme*

5714.	Guillaume Apollinaire	*« Mon cher petit Lou »*
5715.	Jorge Luis Borges	*Le Sud*
5716.	Thérèse d'Avila	*Le Château intérieur*
5717.	Chamfort	*Maximes*
5718.	Ariane Charton	*Petit éloge de l'héroïsme*
5719.	Collectif	*Le goût du zen*
5720.	Collectif	*À vos marques !*
5721.	Olympe de Gouges	*« Femme, réveille-toi ! »*
5722.	Tristan Garcia	*Le saut de Malmö*
5723.	Silvina Ocampo	*La musique de la pluie*
5724.	Jules Verne	*Voyage au centre de la terre*
5725.	J. G. Ballard	*La trilogie de béton*
5726.	François Bégaudeau	*Un démocrate : Mick Jagger 1960-1969*
5727.	Julio Cortázar	*Un certain Lucas*
5728.	Julio Cortázar	*Nous l'aimons tant, Glenda*
5729.	Victor Hugo	*Le Livre des Tables*
5730.	Hillel Halkin	*Melisande ! Que sont les rêves ?*
5731.	Lian Hearn	*La maison de l'Arbre joueur*
5732.	Marie Nimier	*Je suis un homme*
5733.	Daniel Pennac	*Journal d'un corps*
5734.	Ricardo Piglia	*Cible nocturne*
5735.	Philip Roth	*Némésis*
5736.	Martin Winckler	*En souvenir d'André*
5737.	Martin Winckler	*La vacation*
5738.	Gerbrand Bakker	*Le détour*
5739.	Alessandro Baricco	*Emmaüs*
5740.	Catherine Cusset	*Indigo*

*Composition : IGS-CP à L'Isle-d'Espagnac (16)
Achevé d'imprimer par ☙ Grafica Veneta,
le 15 mai 2014
Dépôt légal : mai 2014*

ISBN : 978-2-07-045535-5/Imprimé en Italie

256481